全国高等院校物流专业创新应用型人才培养立体化系列教材

物流与供应链金融

周利国 主编

晏妮娜 耿勇 刘晓红 陈金亮 副主编

清华大学出版社

北京

内 容 简 介

本书以物流为基点，以供应链管理为核心展开论述，详尽阐述物流与供应链金融的概念、理论与创新方法，尽可能地做到理论与实践相结合，形成较为完整的内容体系。本书采用了以案例为引导，以案例分析为主要教学方法的内容安排。在每一章的开篇，设置一个引导案例，让学生展开思考，然后进行理论阐述，最后再设置一个联系实际的案例与分析，让学生进一步地分析与消化所学内容，真正达到理论与实践相结合、学以致用的目的。

本书既可作为财经类高校物流管理专业的课程教材，也可作为企业从业人员的培训用书。

图书在版编目(CIP)数据

物流与供应链金融/周利国主编. --北京：清华大学出版社，2016（2023.7 重印）
全国高等院校物流专业创新应用型人才培养立体化系列教材
ISBN 978-7-302-44009-3

Ⅰ. ①物… Ⅱ. ①周… Ⅲ. ①物流－金融业务－高等学校－教材 ②供应链－金融业务－高等学校－教材 Ⅳ. ①F25 ②F830

中国版本图书馆 CIP 数据核字(2016)第 123458 号

责任编辑：王宏琴
封面设计：常雪影
责任校对：刘 静
责任印制：宋 林

出版发行：清华大学出版社
网 址：http://www.tup.com.cn，http://www.wqbook.com
地 址：北京清华大学学研大厦 A 座 **邮 编**：100084
社 总 机：010-83470000 **邮 购**：010-62786544
投稿与读者服务：010-62776969，c-service@tup.tsinghua.edu.cn
质量反馈：010-62772015，zhiliang@tup.tsinghua.edu.cn
课件下载：http://www.tup.com.cn，010-62770175-4278
印 装 者：北京国马印刷厂
经 销：全国新华书店
开 本：185mm×260mm **印 张**：16.75 **字 数**：403 千字
版 次：2016 年 8 月第 1 版 **印 次**：2023 年 7 月第 8 次印刷
定 价：54.00 元

产品编号：064544-03

FOREWORD

前言

从2009年开始，我们就在物流管理本科专业和物流管理硕士专业中开设“物流与供应链金融”课程。我们发现，物流和金融领域都在开展服务创新，其中对物流业有重要影响的就是物流企业参与中小企业融资中，为中小企业融资提供监管保障和服务。银行业在金融服务创新中积极开展促进中小企业发展的动产质押融资，推动中小企业发展。在这种金融创新中，许多银行将供应链管理理念引入其中，开展基于供应链管理与服务的供应链金融服务创新，为供应链中的中小企业融资设计特定的金融产品，促进了中小企业的发展和供应链管理到财务供应链管理的飞跃。物流金融和供应链金融急速地发展了起来。为了顺应这种发展，我们在设计和调整物流管理专业教学计划时，果断地在物流管理本科专业中和物流管理硕士专业中开设“物流与供应链金融”课程。该课程的开设使物流管理专业学生可以深入到金融领域了解物流业的发展，为物流服务创新提供了新的视角，开阔了学生的视野。现实中，物流与金融的结合促进了物流服务和金融服务的创新，推动了中小企业发展；教学中，物流与金融的结合提升了学生的学习积极性和跨领域理解物流服务创新的思想理念，非常符合财经类高校物流管理专业发展的特点。经过数年的教学实践，“物流与供应链金融”课程逐渐成熟，课程内容得到优化。基于该课程教学的要求和特点，我们开始酝酿编写一部相应的教材，以作为学生学习和教师们教学的参考。本书就是在这样的背景下编写的。

本书以物流为基点，以供应链管理为核心展开论述，详尽阐述物流与供应链金融的概念、理论与创新方法，尽可能做到理论与实践相结合，形成较为完整的内容体系。本书采用了以案例为引导，以案例分析为主要教学方法的内容安排。在每一章的开篇，设置一个引导案例，让学生展开思考，然后进行理论阐述，最后再设置一个联系实际的案例与分析，让学生进一步地分析与消化所学内容，真正达到理论与实践相结合、学以致用的目的。

本书的编写是我们教学团队努力的结果。我们深知，编写一部好的教材并不容易，我们会在以后的教学中不断地完善教材的内容和体系，为物流管理学科的发展做出努力。

本书在编写过程中参考了大量的文献，引用了一些专家学者的研究成果，在此致以衷心的感谢。如有不当之处，恳请批评指正。

本书由周利国教授主持编写。具体分工如下：周利国教授编写第一章和第二章，陈金亮副教授编写第三章、第四章，刘晓红教授编写第五章、第九章，晏妮娜教授编写第六章、第十章，耿勇副教授编写第七章、第八章。最后由周利国教授统稿。

本书的出版得到了清华大学出版社的大力支持，特别是编辑老师对本书的编校付出了极大的努力，在此致以深深的感谢！

编　者

2016年5月

CONTENTS

目录

CHAPTER 一

第一章 物流金融概述

引导案例

LS建材企业，主营建材业务，采购款占用了公司大量资金，同时账面上有数额巨大的建材存货，存货占有资金的情况也非常严重，由于企业经营扩张，流动资金吃紧，LS建材公司想到了贷款，但仅凭现有的规模很难从银行处获得融资，而公司又缺乏传统意义上的房地产作为担保，融资较为困难，眼下商机稍纵即逝，资金链制约了企业的发展。

LS建材企业在万般无奈之下，邀请某物流咨询公司前来为公司诊断，LS建材企业在某物流咨询公司的帮助下采用物流金融的方法使公司出现了转机，快速解决了资金链的问题。

该物流咨询公司根据企业的实际需求和存在的问题，引入楷通物流公司作为质押物监管方，为LS建材打开了通往银行的快速融资通道。针对存货，该物流咨询公司发现核定货值货物质押方式能够解决存货问题。具体做法是将该公司的建材存货作为质押物向招商银行取得融资，委托符合招商银行准入条件的楷通物流公司进行监管(仓储)，招商银行根据融资金额和质押率，确定由楷通物流公司监管的最低价值，超过最低价值以上的存货由楷通自行控制提换货，以下的部分由LS建材公司追加保证金或用新的货物赎货。同时，楷通物流公司负责建材质押的全程监控，而监控的建材正是向招商银行贷款的质押物，这就解决了采购款资金问题。

对于楷通物流公司来说(物流公司)，一项业务，可以获得两份收入，一项是常规的物流服务费，另一项是物流监管费。更主要的是，通过物流金融服务，稳定了客户关系。对LS建材来说(企业)，好处显而易见，通过楷通物流公司解决了资金链问题，经营规模得到扩张。对银行，扩充了投资渠道，并且风险性大大降低。

讨论：

为什么物流公司会参与企业的融资，物流公司参与企业融资有什么意义？

第一节 物流金融的产生与发展

一、物流金融的含义

1. 物流金融的概念

物流金融(Logistics Finance)是指在面向物流业的运营过程，通过应用和开发各种金融产品，有效地组织和调剂物流领域中货币资金的运动。这些资金运动包括发生在物流过程中的各种存款、贷款、投资、信托、租赁、抵押、贴现、保险、有价证券发行与交易，以及金融机构所办理的各类涉及物流业的中间业务等。

物流金融从狭义上讲是商业银行在物流业务过程中向客户提供的结算和融资服务，物流企业在客户融资过程中间接地提供辅助性增值服务。与传统银行贷款集中在不动产抵押或第三方信誉担保的模式不同，在融资业务中，企业在需要向银行申请贷款，而又没有足够的不动产或者有价证券或者第三人提供担保的情况下，可以将其所拥有的生产资料、存货、商品等动产交给物流企业保管，由银行、借方企业和物流企业三方签订相关协议，银行依据该动产的价值或财产权利为借方企业提供其所需要的贷款。这里，物流企业除提供仓储服务外，还负责监管货物流动状况，并及时向银行提供有关信息。物流融资是物流企业服务功能的拓展和升级，具有使资金流这一环节不断增值的功能。

2. 广义的物流金融

物流金融从广义上讲是面向供应链物流的运营过程中，通过应用和开发各种金融产品，有效地组织和调剂物流领域中货币资金的运动，解决物流领域内的各种货币资金问题。这些资金运动包括发生在物流过程中的各种存款、贷款、投资、信托、租赁、贴现、保险、有价证券发行与交易，以及金融机构所办理的各类涉及物流业的中间业务等。从融通资金的方向来看，既可以指物流企业为自身融通资金，又可以指物流企业为其他企业融通资金。在物流企业为其他企业融通资金的情形下，按物流企业在融资过程中所扮演的角色，又可以分为物流企业直接提供的基础性融资服务和物流企业间接提供的增值性融资服务。广义上的定义涉及的金融范围广，品种多，可以称为“物流金融”。物流金融涵盖了以下类型：金融物流——物流与资金流互动中的增值服务；物流银行——将物流仓储、抵押融资与物流监管相结合，对库存商品融资的金融服务；物流保险——物流风险控制与物流行业保险业务等。

物流金融是为物流产业提供资金融通、结算、保险等服务的金融业务，它伴随物流产业的发展而产生。物流金融涉及三个主体：物流企业、客户和金融机构。物流企业与金融机构联合为资金需求方企业提供融资，物流金融的开展对这三方都有非常迫切的现实需要。物流和金融的紧密融合能有力支持社会商品的流通，促使流通体制改革顺利进行。物流金融正成为国内银行一项重要的金融业务，并逐步显现其作用。

物流金融是物流与金融相结合的复合业务概念，它不仅能提升第三方物流企业的业务能力及效益，还可以为企业融资和提升资本运用的效率。对于金融业务来说，物流金融的功能是帮助金融机构扩大贷款规模降低信贷风险，在业务扩展服务上能协助金融机构处置部分不良资产、有效管理客户，提升质押物评估、企业理财等顾问服务项目。从企业行为研究出发，可以看到物流金融发展起源于“以物融资”业务活动。物流金融服务是伴随现代第三方物流企业而生，在金融物流服务中，现代第三方物流企业业务更加复杂，除了要提供现代物流服务外，还要与金融机构合作提供部分金融服务。

物流金融是一种创新型的第三方物流服务产品，它为金融机构、供应链企业以及第三方物流服务的紧密合作提供了良好的平台，使合作能达到“共赢”的效果。它为物流产业提供资金融通、结算、保险等服务的金融业务，伴随物流产业的发展而产生。

在传统的物流金融活动中，物流金融组织被视为是进行资金融通的组织和机构；现代物流金融则强调：物流金融组织就是生产金融产品、提供金融服务、帮助客户分担风险，同时能够有效管理自身风险以获利的机构，物流金融组织盈利的来源就是承担风险的风险溢价。所以，物流金融风险的内涵应从利益价值与风险价值的精算逻辑挖掘，切不可因惧怕风险而丢了市场。虽然物流金融在我国发展时间很短，但该业务的吸引力已经显现，加上我国将在上海建国际金融中心和航运中心，物流金融将迎来发展的春天。作为商业银行，物流金融是决胜未来的秘密武器，是开辟中小企业融资天地的新渠道。对于物流行业来说，物流金融已经成为某些国际物流巨头的第一利润来源。而作为物流企业，谁能够提供金融产品和金融服务，谁就能成为市场的主导者。物流金融已成为获得客户资源以及垄断资源的重要手段，在物流金融刚刚兴起的过程中，谁领先介入物流金融，谁就能够率先抢占商机。

二、物流金融产生的原因

（一）中小企业融资困难

1. 中小企业自身的缺陷

（1）中小企业技术水平低、产业类型不先进、潜在融资能力有限。在我国，中小企业由于资金、技术等的限制，客观上处于大型企业配套的地位上。不但大企业零部件外部采购率低、自给率高，就是中小企业也直接生产面向最终消费市场的产品，而不是中间产品。因此，银行无法借助完整的企业组织链条配置资金，只能分别向大、中、小企业授信，导致社会信用资源紧张。另外，中小企业所处产业的水平也是比较低级化的，其主体行业仍然以“夕阳产业”、劳动密集型为主。这种产业归属决定了：中小企业一般处于竞争性较强的领域，生存难度大；中小企业绩效低，部分调查表明在资金利税率、权益利润率、成本费用利润等指标上，中小企业比大型企业落后得多。这虽然是局部现象，但这足以使全体中小企业难受银行青睐。

（2）中小企业财务制度不健全、经营风险大、较难获得外部融资。银行是否发放贷款必须以企业真实情况为前提，以控制新增贷款风险为保证。而由于缺乏有关部门的严格管理，大多数中小企业内部管理不规范，特别是在财务核算方面随意性较大，普遍存在财务核算不真实的问题，金融机构对中小企业的贷款风险难以把握。目前以企业财务报表真实性为前提的道德信用尚未建立，所以不具备信用贷款的基础；为了防范金融风险，银行转向以企业资产信用为前提的贷款方式。银行对中下企业贷款以抵押贷款和担保贷款为主，银行的贷款审查主要注重对企业财务状况和信用记录的考察分析，对企业的资信评级主要倾向于关注企业资产规模。而处于发展和创业中的中小企业通常不具有较大的资产规模，也不具备良好的历史经营业绩和银行认可的担保和抵押，在资信评级中一般获得较低的评价。因此，缺乏信息的银行一方实行了严格的信贷配给，出现“惜贷”的现象。也就是说，中小企业存在着一个难以克服的“自然融资屏障”，较难获得外部融资。

（3）中小企业贷款具有“急、频、少、高”的特点，是银行贷款成为企业融资渠道次优选择的主要原因。众所周知，中小企业贷款需要具有“急、频、少、高”的特点（时间急、频率高、金额少、成本高）。同时，由于中小企业信用级别低，可抵押固定资产普遍较少，也难以得到大企业提供的担保，在经营活动中商业票据使用较少，要获得银行提供的融资服务在目前状况下非常困难。一般来说，中小企业由于在获取商业银行信贷时难以提供充足、有效的抵押和担保，按照信贷配给理论，银行尤其是大银行将倾向于给那些能够提供充足抵押的企业或项目放贷。

（4）中小企业长期权益性资本匮乏导致流动资金紧张。目前，许多企业为了发展，往往动用流动资金来搞技改和基建，结果导致流动资金紧张，这实际上还是其长期权益性资本匮乏所致。由于国内资本市场准入的门槛高，加上管理日趋规范，中小企业已很难像资本市场建立初期那样靠虚虚实实的"捆绑上市"获得上市资格。中国的二板市场虽早在筹划之中，却迟迟未能开辟，多数中小企业仍难以筹措发展所需的资金。而可为广大中小型企业提供融资服务的地方证券交易市场和风险资本市场则尚未提上议事日程，这类小型资本市场的缺失，使中小企业失去了直接融资的主要渠道。

2. 金融机构融资约束加大了中小企业融资的难度

如果说中小企业的先天缺陷是导致其融资难的根本原因，金融机构形成的外在约束则加大了中小企业融资的难度。这些外在约束包括以下方面。

(1) 信息不对称导致银行信贷配给的出现。由于银企之间的信息不对称会引起逆向选择和道德风险问题，所以银行的贷款供给不一定是贷款利率的单调增函数，这样在竞争均衡下也可能出现信贷配给。因此，当市场上存在不同类型的借款者时，有些类型的借款者(如中小企业)可能会因为信息不对称问题更严重而被排斥在信贷市场之外，无论他们愿支付多高的贷款利息，而其他的借款者(如大企业)却相对容易得到贷款。按照现代金融理论的解释，在银行和借款人之间永远存在"信息不对称"问题。在金融市场上，资金的使用者在企业经营方面比资金的提供者掌握更多的信息。他们有可能利用这种信息优势在事先谈判、合同签订或事后资金的使用过程中损害资金提供者的利益，使资金的提供者承担过多的风险。因此，商业银行为了保证贷款的安全，必须尽力了解客户的有关信息，加大审查的力度。可见，信息是有成本的，要取得真实信息，其成本可能更高。如果银行没有掌握借款人的真实信息，最简单的办法就是要求客户提供抵押和担保。一般情况下，银行必然倾向于向那些能够提供足够抵押和担保，或者具有较高信用评级的企业发放贷款。

(2) 商业银行的信用评估体系的不完全。我国银行业的所有制特征与高度垄断性造成了金融服务效率的低下，金融工具单一，信用监督和评估体系缺乏。因为垄断的直接后果就是金融服务产品的供给不足，造成需求和供给之间的巨大差距，这一点在中小企业融资问题上表现得非常突出。

(3) 银行系统缺乏金融服务的创新。一方面，现行的银行信贷普遍存在操作流程长、环节多的问题，难以适应中小企业经营灵活、资金周转快的特点。例如，绝大多数中小企业在急需资金向银行贷款时，银行还要对其提供的抵押物进行评估、确认、登记，而完成这些手续需要较长的时间，可能已经错过了资金的最佳效益期，与企业对贷款需求的季节性和及时性要求差距较远。另一方面，目前中央银行对商业银行规定了基准贷款利率，而且上下浮动的范围较窄。这样使商业银行难以通过对不同贷款风险和特殊的服务进行定价帮助中小企业融资，从而使贷款利率不能充分体现风险与收益对称的商业原则，导致中小企业贷款失去政策支持和商业诱惑。

(二) 银行与第三方物流企业合作开展物流金融服务的可能性

是否可以通过商业银行信贷产品的创新，找到一条解决中小企业融资困境的有效途径？在针对中小企业融资困难的金融产品创新上，商业银行面临三个挑战：①创新品种少；②使用频率低；③业务创新不均衡。我国商业银行金融产品创新尤其是面向中小企业融资困难而进行的金融产品创新具有非常重要的意义。

由于中小企业融资存在着诸如"成本高、抵押难、风险大"等问题，致使金融机构不愿向中小企业提供贷款。其实，制约银行向中小企业提供贷款的根本瓶颈就在于“抵押难”——有了足额的抵押，既可以降低信息成本，又可以有足够的风险保障。中小企业所缺乏的正是银行乐意接受的不动产抵押物。但是，中小企业在运行过程中有相当规模的动产(原材料、产成品)滞留在存储环节(特别是一些生产或销售上具有较大季节性的企业尤其如此)，但由于我国银行业的分业经营制度不允许银行经营仓储业务，加上银行缺乏专业的产品价值评估、仓储管理、商品拍卖等专业知识，使银行将企业动产质押贷款业务拒之于千里之外。如果能找到一种有效的机制，将不受银行欢迎的动产转化为银行乐意接受的动产质押物，并据此提供中小企业贷款，这无异于给中小企业开辟了一条新的融资渠道。这为第三方物流业与金融业相结合推出物流金融业务提供了可能。

(三) 物流金融业务的可行性

物流金融融资的本质是将银行不太愿意接受的动产(主要是原材料、产成品等)转变成其乐意接受的动产质押品，并以此作为质押担保品或反担保品进行信贷融资。

(1) 物流金融解决了信息不对称问题。由于通过物流金融服务可将动产转化为动产质押物，那些缺乏不动产抵押物的中小企业便有了更多的抵押贷款工具。物流金融服务还有助于分散信贷风险和解决资金借贷双方的信息不对称问题，具体表现在两个方面：①动产质押物成为风险损失的最终承担者，有了动产质押物作保障，既可以分散风险，又可以使银行不需要了解贷款企业的全面的信息，降低信息成本；②如果采用担保模式(提供物流金融服务的第三方物流企业同时提供信用担保)，第三方物流企业分担了部分风险，使银行贷款更安全。同时，第三方物流企业在与其会员企业的长期合作中，对会员企业的信息有更全面的了解，比银行有更多的信息优势，从这个意义上讲，物流金融融资方式实际上也是银行借助第三方物流企业的信息优势对信用贷款对象进行甄选，降低信息成本，解决信息不对称问题。

(2) 物流金融融资方式可以给银行、第三方物流企业、中小企业带来多赢的结果。对银行，可以拓宽服务对象范围，扩大信贷规模，这对解决当前我国许多银行存在的因惧怕风险而惜贷，同时又有大量存款沉淀之间的矛盾大有帮助。对第三方物流企业，开展物流金融服务，除可以给本企业带来更多、更稳定的客户外，还可以创新诸如价值评估、信用担保、货物拍卖等诸多的服务品种，提升物流业态，为社会提供更多的物流服务项目。最大的受益者当然是中小企业，物流金融融资方式有助于中小企业消除资金融通的劣势，提升信用等级，从而获得更多、更便利的信贷支持。

(3) 从成本角度分析也是可行的。通过物流金融融资不会大幅度提高企业的融资成本。物流金融融资方式中所涉及的仓储保管、价值评估、货款结算等大多数服务环节与第三方物流企业的传统业务是相重叠的，所以不会增加太多服务成本。而通过物流金融融资却可以大幅降低信息成本；通过将物流金融服务各环节的分工与协作程序化、制度化、计算机网络化，又可将融资交易成本降到最低；通过物流金融服务降低了风险，银行可以因贷款风险下降而减少提取风险损失准备，从而降低利率；第三方物流企业因客户增加、规模扩大从而发挥规模经济优势；中小企业可以得到专业化的物流服务而降低物流成本，而且还可以减少采用非正规融资手段和渠道所支出的关系成本。因此，与成本的大幅下降相比，通过物流金融方式融资所增加的成本是微不足道的。

三、物流金融在国内外的发展状况

（一）物流金融的产生

早在物流金融这个词汇在中国尚未出现之时，物流金融的业务早已在国企内部、民间流通领域及外贸运输专业相关金融机构悄悄地运行了。那时的物流金融业务单一，还仅限于简单信贷的小品种业务。随着对信贷金融服务需求的增加，物流运营中物流与资金流的衔接问题日益凸显。结算类及中间业务是由于现代物流业资金流量大，特别是现代物流的布点多元化、网络化的发展趋势更要求银行能够为其提供高效、快捷和安全的资金结算网络，以及安装企业银行系统，以保证物流、信息流和资金流的统一。

物流金融业务在国际结算中的应用，完整地继承了国际货物运输金融服务的标准规范，并逐步改造为本土内贸企业试行。特别是加入 WTO（世界贸易组织）后中国的物流业将全面对外开放，由于克服贸易壁垒的费用下降将推动进出口贸易的迅速增长，一些跨国物流公司也将加入国内物流业的竞争，使本土的物流业趋向国际化，各银行将为物流企业提供优质的信用证开证、结售汇、多币种汇入汇出汇款、出口托收和进口代收、进出口托收、进出口押汇、打包贷款等全功能贸易融资服务和非贸易国际结算服务。同时也开办了保证业务，为保证资金及时安全回收、减少资金占用，物流企业需要银行提供与其贸易结构相适应的应收账款保理业务及其他保证业务，主要包括关税保付保证、保释金保证、付款保证、为港口施工企业提供投标保函、履约保函、预付款退款保函等。这些带有国际金融性质的物流金融服务产品，比单一的物流金融信贷有了长足的发展，它除了带有国际金融、国际贸易结算的历史痕迹外，还借鉴了国际保险与金融证券业务的功能特征，使今天的物流金融业务向规范化、国际化迈进奠定了基础。物流金融业务扩展方向与特征还表现在其个性化服务的方面，针对不同规模的物流企业，物流金融业务可采用不同的平台实现其扩展功能。如网上银行的 B2B 业务主要适用于中小型规模的物流企业。

随着现代金融和现代物流的不断发展，物流金融的形式也越来越多，按照金融在现代物流中的业务内容，物流金融分为物流结算金融、物流仓单金融、物流授信金融。

物流结算金融是指利用各种结算方式为物流企业及其客户融资的金融活动。目前主要有代收货款、垫付货款、承兑汇票等业务形式。

代收货款业务是物流公司为企业（大多为各类邮购公司、电子商务公司、商贸企业、金融机构等）提供传递实物的同时，帮助供方向买方收取现款，然后将货款转交投递企业并从中收取一定比例的费用。代收货款模式是物流金融的初级阶段，从赢利来看，它直接带来的利益属于物流公司，同时厂家和消费者获得的是方便快捷的服务。

垫付货款业务是指当物流公司为发货人承运一批货物时，物流公司首先代提货人预付一半货款；当提货人取货时则交付给物流公司全部货款。为消除垫付货款对物流公司的资金占用，垫付货款还有另一种模式：发货人将货权转移给银行，银行根据市场情况按一定比例提供融资，当提货人向银行偿还货款后，银行向第三方物流企业发出放货指示，将货权还给提货人。此种模式下，物流公司的角色发生了变化，由原来商业信用主体变成了为银行提供货物信息、承担货物运送，协助控制风险的配角。

从赢利来看，厂商获得了融资，银行获得了利息收入，而物流企业也因为提供了物流信息、物流监管等服务而获得了利润。承兑汇票业务也称保兑仓业务，其业务模式为：开始实施前，买方企业、卖方企业、物流企业、银行要先签订《保兑仓协议书》，物流公司提供承兑担保，买方企业以货物对物流公司进行反担保，并已承诺回购货物；需要采购材料的借款企业，向银行申请开出承兑汇票并缴纳一定比率的保证金；银行先开出银行承兑汇票；借款企业凭银行承兑汇票向供应商采购货品，并交由物流公司评估入库作为质押物；金融机构在承兑汇票到期时兑现，将款项划拨到供应商账户；物流公司根据金融机构的要求，在借款企业履行了还款义务后释放质押物。如果借款企业违约，则质押物可由供应商或物流公司回购。从赢利来看，买方企业通过向银行申请承兑汇票，实际上是获得了间接融资，缓解了企业流动资金的紧张状况。供方企业在承兑汇票到期兑现即可获得银行的支付，不必等买方是否向银行付款。银行通过为买方企业开出承兑汇票而获取了业务收入。物流企业的收益来自两个方面：①存放与管理货物向买方企业收取费用；②为银行提供价值评估与质押监管中介服务收取一定比例的费用。

物流仓单金融主要是指融通仓融资，其基本原理是：生产经营企业先以其采购的原材料或产成品作为质押物或反担保品存入融通仓并据此获得协作银行的贷款，然后在其后续生产经营过程中或质押产品销售过程中分阶段还款。第三方物流企业提供质押物品的保管、价值评估、去向监管、信用担保等服务，从而架起银企间资金融通的桥梁。其实质就是将银行不太愿意接受的动产（主要是原材料、产成品）转变成其乐意接受的动产质押产品，以此作为质押担保品或反担保品进行信贷融资。从赢利来看，供方企业可以通过原材料产成品等流动资产实现融资。银行可以拓展流动资产贷款业务，既减少了存贷差产生的费用，也增加了贷款的利息收入。物流企业的收益来自两个方面：①存放与管理货物向供方企业收取费用；②为供方企业和银行提供价值评估与质押监管中介服务收取一定比例的费用。

另外，随着现代物流和金融的发展，物流仓单金融也在不断创新，出现了多物流中心仓单模式和反向担保模式等新仓单金融模式。多物流中心仓单模式是在仓单模式的基础上，对地理位置的一种拓展：第三方物流企业根据客户不同，整合社会仓库资源甚至是客户自身的仓库，就近进行质押监管，极大降低了客户的滞留成本。反向担保模式对质押主体进行了拓展：不是直接以流动资产交付银行作抵押物而是由物流企业控制质押物，这样极大地简化了程序，提高了灵活性，降低了交易成本。

物流授信金融是指金融机构根据物流企业的规模，经营业绩，运营现状，资产负债比例以及信用程度，授予物流企业一定的信贷额度，物流企业直接利用这些信贷额度向相关企业提供灵活的质押贷款业务，由物流企业直接监控质押贷款业务的全过程，金融机构则基本上不参与该质押贷款项冒的具体运作。该模式有利于企业更加便捷地获得融资，减少原先质押贷款中一些烦琐的环节；也有利于银行提高对质押贷款的全过程监控能力，更加灵活地开展质押贷款服务，优化其质押贷款的业务流程和工作环节，降低贷款风险。

从赢利来看，授信金融模式和仓单金融模式的各方收益基本相似，但是由于银行不参与质押贷款项目的具体运作，质押贷款由物流公司发放，此程序更加简单，形式更加灵活。同时，也大大节省了银行与供方企业的相关交易费用。

（二）物流金融的发展

物流金融发展起源于物资融资业务。金融和物流的结合可以追溯到公元前2400年，在美索不达米亚地区就出现了谷物仓单。而英国最早出现的流通纸币就是可兑付的银矿仓单。

1. 发达国家的业务

国际上,最全面的物流金融规范体系在北美(美国和加拿大)以及菲律宾等地。以美国为例,其物流金融的主要业务模式之一是面向农产品的仓单质押。仓单既可以作为向银行贷款的抵押,也可以在贸易中作为支付手段进行流通。美国的物流金融体系是以政府为基础的。早在1916年,美国就颁布了美国仓库存储法案(US Warehousing Act of 1916),并以此建立起一整套关于仓单质押的系统规则。这一体系的诞生,不仅成为家庭式农场融资的主要手段之一,同时也提高了整个农业营销系统的效率,降低了运作成本。

2. 发展中国家的服务

相对于发达国家,发展中国家的物流金融业务开始得较晚,业务制度也不够完善。非洲贸易的自由化很早就吸引了众多外国企业作为审查公司进入当地。这些公司以银行、借款人和质押经理为主体,设立三方质押管理协议(CMA),审查公司往往作为仓储运营商兼任质押经理的职位。通过该协议,存货人,即借款人在银行方面获得一定信用而得到融资机会。此类仓单直接开具给提供资金的银行而非借款人,并且这种仓单不能流通转移。

在非洲各国中较为成功的例子是赞比亚的物流金融体系。赞比亚没有采用北美以政府为基础的体系模式,而是在自然资源协会(Natural Resource Institute)的帮助下,创立了与政府保持一定距离、不受政府监管的自营机构——赞比亚农业产品代理公司(The Zambian Agricultural Commodity Agency Ltd.)。该公司参照发达国家的体系担负物流金融系统的开发和管理,同时避免了政府的干预,从而更能适应非洲国家的政治经济环境。

3. 中国物流金融

国外物流金融服务的推动者更多是金融机构,而国内物流金融服务的推动者主要是第三方物流公司。物流金融服务伴随现代第三方物流企业而生,在物流金融服务中,现代第三方物流企业业务更加复杂,除了要提供现代物流服务外,还要跟金融机构合作一起提供部分金融服务。国内学者关于物流金融相关领域的研究主要是物资银行、融通仓等方面的探讨,然而这些研究主要是基于传统物流金融服务展开的,未能从供应链、物流发展的角度探讨相应的金融服务问题。例如罗齐和朱道立等提出物流企业融通仓服务的概念和运作模式探讨。任文超探讨了引用物资银行概念解决企业三角债的问题。在国内实践中,中国储运集团从1999年开始从事物流金融部分业务。物流金融给中国储运集团带来了新的发展机遇,最近该集团公司总结了部分物流金融业务模式,并在集团所有子公司进行推广。

第二节 物流金融业务类型及基本运作模式

目前,在实际操作中,国内第三方物流企业提供较多的是两类物流金融服务:代客结算业务和融通仓业务。

一、代客结算业务

代客结算业务又可以分为垫资—代收货款模式和替代采购模式。

1. 垫资—代收货款模式

垫资—代收货款模式是第三方物流企业为供应商承运货物时先预付一定比例的货款(比如一半)给供应商,并且按约定取得货物的运输代理权,同时代理供应商收取货款,采购方在提货时一次性将货款付给第三方物流企业的服务模式。第三方物流企业在将余款付给供应商之前会有一个时间差，这样该部分资金在交付前就有了一个沉淀期，如图 1-1 所示。简要业务流程如下。

（1）3PL（第三方物流）依照供应商和采购方签订的购销合同，取得货物承运权；

（2）3PL 代采购方先预付一定比例货款，获得质物所有权；

（3）采购方支付 3PL 所有货款并取得货物；

（4）3PL 在一定的期限后将剩余货款扣除服务费后支付给供应商。

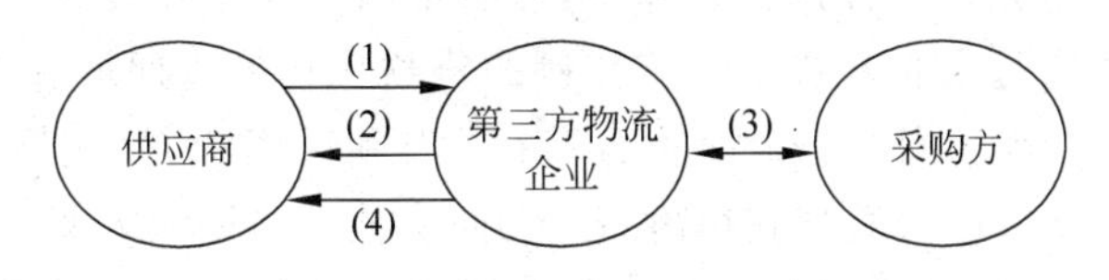

图 1-1　垫资—代收货款模式

这一模式即供应商以市场畅销、价格波动幅度小、处于正常贸易流转状态的产品作抵押，运用第三方物流企业的物流管理系统，将资金流与供应商自身的物流进行结合，由第三方物流企业向供应商提供除了物流运输外包括融资结算等综合服务业务。

2. 替代采购模式

替代采购模式是第三方物流企业代替采购方向供应商采购货物并获得货物的所有权，第三方物流企业将货物运输到指定仓库，采购方向第三方物流企业缴纳一定保证金后获取相应数量的货物，直至全部货物释放结清货款的服务模式，如图 1-2 所示。简要业务流程如下。

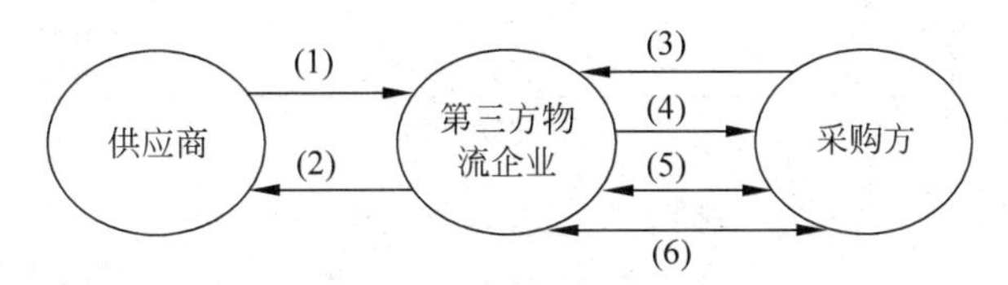

图 1-2　替代采购模式

（1）3PL 按约定代替采购方向供应商采购货物，并获得货物所有权；

（2）3PL 向供应商支付货款，一般以商业承兑汇票形式支付；

（3）采购方向 3PL 缴纳一定保证金；

（4）3PL 释放相应数量的货物；

（5）重复以上（3）、（4）两个步骤直至货物全部释放完毕；

（6）3PL 与采购方结清货款。

替代采购服务业务是供应商与第三方物流企业签订《委托配送和委托收款合同》，第三方物流企业向采购方送货上门同时根据合同代收货款，每周或者每月第三方物流企业与供应商结清货款。

二、融通仓业务

融通仓是一种把物流、信息流和资金流综合管理的创新，其内容包括物流服务、金融服务、中介服务和风险管理服务，以及这些服务间的组合与互动。融通仓的核心思想是在各种流的整合和互补互动关系中寻找机会和时机；其目的是为了提升顾客服务质量、提高经营效率、减少运营资本、拓宽服务内容、减少风险、优化资源使用、协调多方行为、提升供应链整体绩效和增加整个供应链竞争力等。融通仓业务主要有以下两种操作模式：仓单质押和保兑仓(买方信贷)，两者最大的区别在于仓单质押业务先有货再有票，保兑仓业务先有票再有货。

(一) 仓单质押业务

仓单是仓库接受货主的委托，将货物受存入库以后向货主开具的说明存货情况的存单。所谓仓单质押是指货主把货物存储在仓库中，然后可以凭仓库开具的仓单向银行申请贷款，银行根据货物的价值向货主企业提供一定比例的贷款。仓单质押具有以下功能：①有利于生产企业的销售；②有利于商贸企业获得融资；③有利于回购方(交易所或会员单位)拓展自身业务；④以标准仓单作为质押获得融资；⑤使贷款人与回购人紧密合作，达到双赢。

在仓单质押业务中，融通仓根据质押人与金融机构签订的质押贷款合同以及三方签订的仓储协议约定，根据质押物寄存地点的不同，对客户企业提供两种类型的服务：①对寄存在融通仓仓储中心的质押物提供仓储管理和监管服务，如图 1-3 所示的仓单质押模式一；②对寄存在质押人经金融机构确认的其他仓库中的质物提供监管服务，必要时才提供仓储管理服务，如图 1-4 所示的仓单质押模式二。

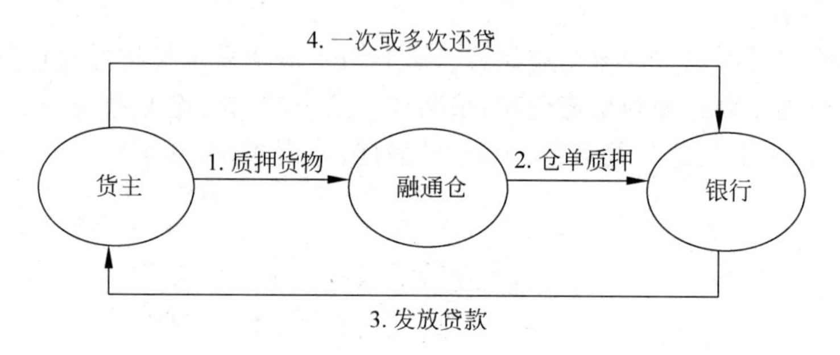

图 1-3　仓单质押模式一

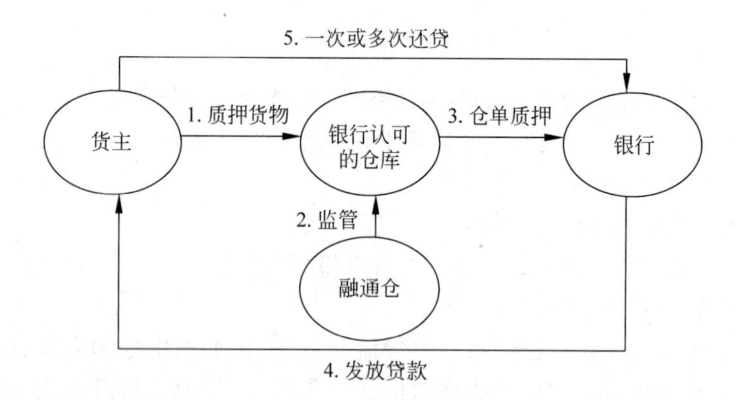

图 1-4　仓单质押模式二

1. 仓单质押模式一

关于仓单质押模式一的说明：在中小企业的生产经营活动中，原材料采购与产成品销售普遍存在批量性和季节性特征，这类物资的库存往往占用了大量宝贵资金。融通仓借助其良好的仓储、配送和商贸条件，吸引辐射区域内的中小企业作为其第三方仓储中心，并帮助企业以存放于融通仓的动产获得金融机构的质押贷款融资。融通仓不仅为金融机构提供了可信赖的质押物监管，还帮助质押贷款主体双方良好地解决质押物价值评估、拍卖等难题，并有效融入中小企业产销供应链当中，提供良好的第三方物流服务。在实际操作中货主一次或多次向银行还贷，银行根据货主还贷情况向货主提供提货单，融通仓根据银行的发货指令向货主交货。

2．仓单质押模式二

仓单质押模式二是在仓单质押模式一的基础上，对地理位置的一种拓展。第三方物流供应商根据客户不同，整合社会仓库资源甚至是客户自身的仓库，就近进行质押监管，极大地降低了客户的质押成本。

（二）保兑仓业务

保兑仓融资模式又叫买方信贷，借款企业和供应商签订购销合同，银行在收到借款企业的保证金后先给借款企业开出银行承兑汇票，借款企业凭借银行承兑汇票向供应商购买货物，然后将货物交由双方指定的第三方物流企业监管，在汇票到期后银行与供应商结算。保兑仓与仓单质押最大的不同是“先货后票”还是“先票后货”，仓单质押模式下借款企业先将质物寄存于第三方物流企业监管的仓库（可以是各种借款企业自有的仓库），然后凭第三方物流企业开具仓单向银行贷款，是“先货后票”；而保兑仓则是由银行先行开出银行承兑汇票，借款企业以此向供应商购货，然后才是货物的入库监管，至此银行、第三方物流企业、借款企业间的关系与仓单质押相似。保兑仓融资模式的简要流程如图1-5所示。

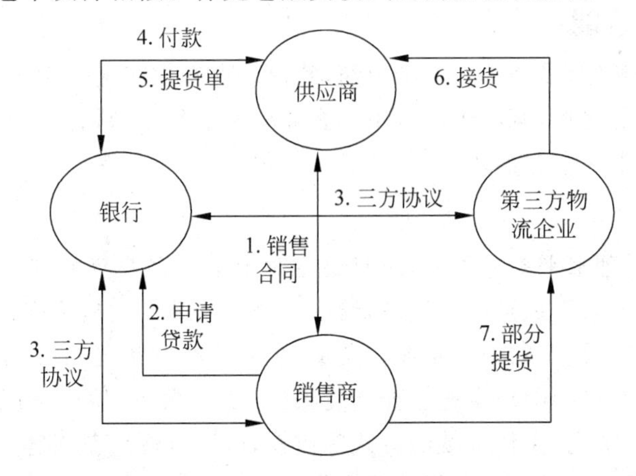

图1-5　保兑仓融资模式

这一模式的具体操作过程如下。

1．质押形成

（1）销售商需向生产厂家—供应商订货，签订进货合同。确定所需货物的数量，质量、价格等基本条件。

（2）销售商向银行申请贷款。银行（质权人）、第三方物流企业（监管方）、销售商（出质人）和供应商签订《买方信贷四方合作协议》，指定监管方和出质人签订《仓储保管协议》。银行根据《进货合同》《买方信贷四方合作协议》等条件向借款企业提供贷款。

（3）银行接受销售商的委托，向供应商支付预付款。质权人银行在签发承兑汇票或汇出货款后，向监管方签发《查询及出质通知书（附确认回执）》，并且通知监管方接货。

（4）供应商按时将货物运至指定地点。货到后由三方共同办理接货以及验收入库手续，货物入库验收后，通知银行，解除销售商与供应商的供货担保责任，销售商委托银行直接结清货款给生产企业。

(5) 监管方依据验收结果出具《查询及出质通知书(附确认回执)》的确认回执，此笔质押监管业务形成。

2. 质物出库

出质人归还部分质押贷款，或者增加质押贷款保证金，申请部分押物出库；质权人审核通过后向监管人发出相应指令，而后监管人办理货物出库手续，此笔放货业务完成。

3. 质押解除

出质人归还全部质押贷款；质权人出具《解除质押监管通知书》，送交监管方签字审核；最后，监管方根据出质人的要求办理货物出库手续，此笔质押解除作业完成。

通过保兑仓业务，第三方物流企业可以通过银行获得更多的物流业务，同时也可以提高自己的信用等级，加强与银行的合作关系，降低了银行风险。保兑仓业务过程中第三方物流企业提供了融资担保、质物监管、价值评估、质物市场价格变动的信息通知等服务，提高了物流的效率。

第三节　物流金融的作用

一、物流金融的功能

作为供应链中连接众多中小企业的枢纽，物流企业在供应链上中小企业的信息采集、分析、处理上具有独特的优势，有利于缓解中小企业融资过程中的信息不对称和风险控制难的问题，主要体现在以下几个方面。

(一) 信息筛选

中小企业经营管理水平参差不齐，所有银行对于中小企业贷款都存在筛选成本过大的问题，从而导致银行的风险识别成本较高，给中小企业贷款的动机不强。而物流企业作为中介则经常要与这些供应链上的中小企业打交道，企业的经营状况如何，企业提供的信息是否准确等，通过物流企业对于中小企业主要购货渠道、货物数量、生产情况、产品数量、企业的主要销售对象及销售情况、支付货款的方式等监控，可以方便地获得客户企业的历史信息和实时信息。这些都是银行贷款前分析的重要内容，对银行的决策有重要的参考价值，物流企业专业化的行业分析，还会提高银行贷前分析的准确性和效率。通过物流企业的这一筛选机制，银行贷前的筛选成本大大降低，由此银行信贷动机会加强，企业获得贷款的可能性就随之提高，并且由于银行与这类企业的信息结构的改善，银行的信贷资产质量也会随之提高。

(二) 质押物的评估和管理

中小企业在进行融资时往往需要提供存货、应收账款、仓单等进行质押，但这些质押物因为流动性大、单位价值低等原因导致质押物的确认和评估成本较高，管理难度较大，使一般的金融机构往往望而却步，从而增大了中小企业融资的难度。而作为供应链上中间环节的物流企业则掌握大量行业的交易信息，如该项货物每天的到货数量、库存数量、销售数量等，因而掌握了比银行更充分、更清晰的宏观及微观经济信息，更加容易对不同情况的质押物进行区别管理，提供给银行等贷款机构质押物价值的历史资料分析，定期的质押物价值报告等，帮助银行和客户确定质押物的估价、抵押成数、抵押金额、贷款期限和变现等级等内容，缓解融资过程中的信息不对称、降低交易成本。与此同时，物流企业还可利用其网络优势和信息优势，接受银行委托对质押物进行监管，把质押物的管理与中小企业供应链整合起来，降低了银行贷后管理成本，帮助银行控制了风险。

（三）信用增级

除了信息筛选和质押物评估与管理外，物流企业还可以通过帮助构筑平台，对其供应链上的中小企业进行信用增级。所谓信用增级就是物流企业作为联结中小企业与金融机构的综合性服务平台，发挥天然信息优势，通过资源的整合实现对中小企业信用级别的提升。在我国目前的市场环境下，应该主要发展以下几种模式。

1. 物流企业参与的助贷机构

有实力的物流企业可以发挥自身网络优势联合成立专门服务于中小企业的助贷机构，金融机构根据参与物流企业的规模、经营业绩、运营现状、资产负债比例，以及信用程度等情况赋予其一定的信贷额度，而助贷机构则可以利用这些信贷额度向相关企业提供灵活的质押贷款业务，这些助贷机构直接同需要质押贷款的中小企业接触、沟通和谈判，签订质押借款合同和仓储管理服务协议，即向中小企业提供质押融资的同时，为企业寄存的质物提供仓储管理服务和监管服务，从而将管理贷款和质押物仓储两项任务整合操作。这样，贷款企业与银行之间省去了银行的确认、协调和处理等许多环节，在保证金融机构信贷安全的前提下，提高质押贷款业务运作效率。

2. 直接担保

由于物流企业可以比较清楚地知道其供应链上中小企业的真实经营状况和还贷能力，因此物流企业可以直接为中小企业申请贷款提供担保，间接地提高中小企业的信用，扶持中小企业的壮大，自身通过为其供应链上的中小企业提供更为全面的服务，提升其竞争力，增加收入来源。

3. 成立互保组织

由于大型物流企业连接的是大量的中小企业，单个中小企业尽管资产规模不大，但如果物流企业把其供应链上的中小企业都组织起来进行联保或互助担保，即互保组织内的全部或部分中小企业为其中某一个提供担保，则可以大大提升组织内中小企业在申请贷款时的信用，由于组织内企业相互之间的信誉压力、业务往来关系、相互帮助的需要等因素的作用，在贷款时得到组织内其他企业担保帮助的企业在贷款后违约的概率会大大降低。具体的做法可以灵活多样，可以是若干企业联合向物流企业担保，再由物流企业向金融机构担保，也可以是中小企业联合起来直接向金融机构担保，还可以组织动员信用较高的企业为暂时规模较小、信用级别较低的企业担保等。

二、物流金融的作用

未来的物流企业，谁能够提供金融产品和金融服务，谁就能成为市场的主导者，时下，物流金融已经成为某些国际物流巨头的第一利润来源。物流金融成为获得客户资源以及垄断资源的重要手段，在目前物流金融刚刚兴起的过程中，谁能够领先介入物流金融，谁就能够率先抢占先机。物流金融将上下游企业和银行紧密地联系在一起，银行能够在一定程度上规避风险，企业也能够做到信息流、物流、资金流的整合，加速了物流和资金流的高速运转。

（1）物流金融在宏观经济结构中的功能与作用，它对于在国民经济核算体系中，提高流通服务质量、减低物资积压与消耗、加快宏观货币回笼周转起不可取代的杠杆作用。

（2）物流金融在微观经济结构中的功能突出地表现为物流金融服务，特别是在供应链中第三方物流企业提供的一种金融与物流集成式的创新服务，其主要服务内容包括：物流、流通加工、融资、评估、监管、资产处理、金融咨询等。物流金融不仅能为客户提供高质量、高附加值的物流与加工服务，还为客户提供间接或直接的金融服务，以提高供应链整体绩效和客户的经营和资本运作效率等。物流金融也是供应链的金融服务创新产品，物流金融的提供商可以通过自身或自身与金融机构的紧密协作关系，为供应链的企业提供物流和金融的集成式服务。

（3）在第四方物流出现后，物流金融才真正进入“金融家族”。物流被看成一种特殊的“货币”，伴随物流的流转一起发生在金融交易活动之中，“物流金融”利用它特殊的身份将物流活动同时演化成一种金融交易的衍生活动，而“物流金融”这时变成一种特有的金融业务工具，一种特有的复合概念，一种特有的金融与物流的交叉学科。然后，在这个交叉学科我们追踪它的存在及发展的可行性、需求乃至对策。物流金融的起因之一是缘于这些不起眼的物流原始交易中，在一个物流学、金融学尚不健全的发展中国家，来之实践的有价值方法不能被抽象、有效地提升到学术层面，是可以理解的。

物流与金融业务的相互需求与作用，在交易的过程中产生了互为前提、互为条件的物流金融圈。从供应链的角度看，厂商在发展的过程中面临的最大威胁是流动资金不足，而存货占用的大量资金使厂商可能处于流动资金不足的困境。开展物流金融服务是各方互利的选择，但是，不可回避的是风险问题。实现风险管理的现代化，首先必须使物流金融业树立全面风险管理的理念。根据《新巴塞尔资本协议》，风险管理要覆盖信用风险、市场风险、操作风险三方面。

在传统的物流金融活动中，物流金融组织被视为是进行资金融通的组织和机构；现代物流金融理论则强调：物流金融组织就是生产金融产品、提供金融服务、帮助客户分担风险同时能够有效管理自身风险以获利的机构，物流金融组织赢利的来源就是承担风险的风险溢价。所以，物流金融风险的内涵应从利益价值与风险价值的精算逻辑挖掘，且不可因惧怕风险而丢了市场。

案例与分析

中安在线讯，记者从3月21日召开的安徽省物流与采购联合会三届二次理事会上获悉，2012年全省物流业实现增加值860亿元，占第三产业增加值比重为15.2%；全省物流行业从业人员达到180余万人，成为吸纳社会就业的重要产业之一。全省物流行业正处于由传统物流向高端物流迈进的转型升级期。

据悉，截至2012年年底，全省规模以上第三方物流企业近300家，A级物流企业达到52家，成为引领我省现代物流发展的“排头兵”。中外运、中远、宝湾等物流央企纷纷落户安徽；铜冠物流、徽商物流、皖新物流等一批省属国有物流企业在通过各种方式组建成立后不断焕发蓬勃生机；安得物流、永春物流、朝阳物流等一批民营物流企业不断发展壮大，全省已初步形成了多种所有制成分、多种物流模式、不同规模物流企业竞相发展的格局。

省物流与采购联合会会长许家贵表示，2013年，省物联将加强创新引导，助推我省物流业转型升级。在物流运作模式的创新上，积极引导物流企业从单一功能、比拼价格的传统物流服务商向系统集成、合作共赢的供应链管理服务商转型，提升物流企业核心竞争力；引导物流企业与金融机构战略合作，不断拓展物流金融的深度和广度；为客户提供个性化、精细化的供应链物流服务；推进连锁配送企业物流与商流融合发展，推动物流与商流、资金流、信息流的集成化运作；推进物流企业发展一体化、多功能、全流程的高端物流业务，提升供应链管理能力。

高端物流业离不开新技术、新设备的应用和推广。许家贵表示："今后，物联网技术将进一步应用到产品可追溯、在线调度管理、全自动物流配送及智能配货等领域，并普及应用电子数据交换、货物跟踪、自动分拣、自动导引车辆、不停车自动交费系统等物流新技术。"

什么是物流金融，目前尚无定性的概念。基于供应链的角度，我们可以从广义和狭义两个方面理解。广义的物流金融是指在整个供应链管理过程中，通过应用和开发各种金融产品，有效地组织和调剂物流领域中货币资金的运动，实现商品流、实物流、资金流和信息流的有机统一，提高供应链运作效率的融资经营活动，最终实现物流业与金融业融合发展的状态。狭义的物流金融是指在供应链管理过程中，第三方物流供应商和金融机构向客户提供商品和货币，完成结算和实现融资的活动，实现同生发展的一种状态。

物流金融风险

由于我国现行经济体制以及法律体系的限制(国有商业银行不能收购物流公司，非金融机构不能提供金融服务)，物流金融在我国虽然有很大的发展空间，但目前我国仅有中远、中海等大型物流企业在以"物流银行"的形式与各大商业银行合作开展物流金融业务。并且这项业务涉及众多市场主体，物流业务和金融业务自身的风险在物流金融业务中同时存在，目前在分担风险方面还尚未建立互惠、互利、互相制约的协议，金融机构、出质人、物流公司之间的风险划分关系不一致，各主体会片面强调、规避和转嫁风险，造成风险与收益之间不对等，一定程度可能会放大物流金融的风险。

我国的物流产业还处在粗放型的发展阶段，经营风险不容忽视。由于要深入产销供应链中提供多元化的服务，相对地扩大了运营范围，物流金融业务所面临的经营风险也就随之增加。

目前我国物流金融业务的可靠资金来源主要是银行贷款，这种单一的外部融资行为除了受法律、政策的限制和影响，也给物流金融业务本身增加了诸多不确定性。

物流企业由于组织机构、管理体制和监督机制不健全，工作人员素质不高，管理层决策发生错误，运输、存储不当造成质押物损毁、灭失，由于监管企业资质差、监守自盗，以及对质物的定价评估不够公正、准确等，都会造成质物不足或落空的风险。金融机构由于介入物流金融业务的时间不长，在贷款工具设计、资金筹集、风险管理方法和内部监控方面经验不足，又受到各种制度、法律的瓶颈制约，操作疏漏和失误也难以避免。在我国，企业内部管理风险往往较大。

物流金融业务是通过对出质人的资金流和物流的全程控制来控制风险的，其业务流程较复杂，操作节点较多，因此，来自于操作过程的风险主要有质物风险和仓单风险。

物流金融业务从业人员不仅要熟悉相关金融业务，还要谙熟质押物及其所属的行业(如钢铁、汽车)情况,对市场走势要有准确的判断,并具备敏捷的思维判断能力和应变能力。实务中,由于各运作主体内的员工素质参差不齐,对工作岗位相关要求的理解有不同程度的偏差,因而存在道德风险,出现内部、外部欺诈行为。

这主要是制度安排方面的一些缺陷。例如,由于尚未建立流动资产评估体系,各种评估方法和标准的不统一使质物的价值难以和融资金额相一致,融资回收的隐性风险加大;质押制度也存在标准仓单设置难,质物处置难等问题;传统保险各环节的投保相对独立,未能提供包括包装、装卸搬运、流通加工、配送等诸多物流环节在内的全程保险服务;现代物流的制度设计在实际运行中与准时制和快速响应运行机制不相适应等。这些制度安排自身的缺陷会弱化信用制度、质押制度、担保保险制度和运行制度作为风险转移手段的效果,甚至可能增大风险。

目前,我国完整的信用体系尚未形成,金融机构无法利用自身的专业优势全面对企业的发展前景做出正确的判断;中小企业在采购数据、生产数据、销售数据等方面,也可能对金融机构采取虚假或不实信息的行为,使金融机构因无法获得真实数据,而不能采取相应的管理措施降低资金的使用风险;物流企业作为第三方介入融资过程,一方面可能会为拉拢自己的客户而向金融机构提供虚假数据,这种粉饰可能会给金融机构造成误导;另一方面由于物流企业所搜集的信用风险管理数据信息只是原始数据,在制造企业和物流企业间存在信息不对称的情况下,信用风险管理决策的正确性就存在很大的风险。

效率的降低意味着风险增加。物流金融业务利润的增长是低于业务量的增长的,业务的增加并没有带来相应的利润,物流金融服务的效率是下降的。

应对策略

金融机构(如商业银行)将经营管理和市场前景较好,但由于资本金不足而陷入困境的物流企业及第三方物流服务供应商超过一定年限的部分贷款转为对该类企业的授信额度,由物流企业根据客户的需求和条件进行质押融资和最终结算。物流企业向金融机构按企业信用担保管理的有关规定和要求开展信用担保,并直接利用这些信贷额度向相关企业提供灵活、便捷的质押融资业务,金融机构则基本上不参与融资项目的具体运作。

运用资本营销手段,以资产重组、参股控股、资产并购、产权置换、发行股票或债券、发起或借壳上市、票据性融资等多种方式扩大自身的规模,增强实力和扩大市场份额;开拓实物型、技术型融资业务,特别是在与物流经营相关的大型耐用设备租赁和关键技术领域展开合作;开发商业贷款以外的适合现代物流企业发展的其他金融授信业务(银行承兑汇票、支票、信用证、保函等);拓展物流发展基金和风险基金(可以是已经上市的投资基金,也可以是未上市的投资基金,其资金来源主要由财政补贴和企业的多元化投资组成);争取境外资金和政府财政的战略投资亦为可取之策。

利用大型物流公司集团的实力优势,通过购买股权,直接控股地区性股份制商业银行,将地区性股份制商业银行、生产企业以及多家经销商的资金流、物流、商品流、信息流有机结合,服务与融资捆绑,封闭运作,为整个供应链提供全程性、个性化的服务。建立符合物流金融业务实施要求的企业组织结构;控制信用风险;控制操作风险;加大物流金融人才培养的针对性和力度;完善现有法规体系,提高可操作性,加大执行力度,严查违法违规行为。

根据相关财税制度，计提一定比例的风险损失准备，在质物的市场价值低于融资额时，除通知融资企业增加质物外，以损失准备金抵补质物损失。

根据融资期限的长短及质押融资的比例，预交风险保证金，以承担质物市场价格波动的风险。当市场价格下跌到预警线时，按协议规定通知融资企业增加质物和保证金；如果出质人超过融资期间，以风险保证金抵充融资额或质物变现的差额；如果出质人按期归还，则退还保证金。

建议保险公司整合相关险种，为物流金融业务提供一个能够涵盖供应链各个环节的、完整的保险解决方案。通过在综合责任险中对投保人、被保险人、保险责任、保险金额（赔偿限额）、保险期限、保险费等各项保险要素进行明确约定，保险公司在创新自身和增加利润的同时，也帮助到物流公司防范金融风险。

物流企业面向出质人，对每笔融资业务按照合适的比例，收取“风险补偿金”，形成物流风险基金，对于物流业务中发生的风险损失，由物流风险基金承担的赔偿责任。与由物流企业向保险公司投保相比，由物流企业自我保险，物流风险基金能更好地避免物流企业因投保而在物流作业中不负责任的道德风险。

分析与思考：

试分析物流金融对物流企业发展的作用？

本章小结

物流金融（Logistics Finance）是指在面向物流业的运营过程，通过应用和开发各种金融产品，有效地组织和调剂物流领域中货币资金的运动。这些资金运动包括发生在物流过程中的各种存款、贷款、投资、信托、租赁、抵押、贴现、保险、有价证券发行与交易，以及金融机构所办理的各类涉及物流业的中间业务等。物流金融产生的原因在于中小企业融资难。首先，中小企业技术水平低、产业类型不先进、潜在融资能力有限；其次，中小企业财务制度不健全、经营风险大、较难获得外部融资；再次，中小企业贷款具有“急、频、少、高”的特点，是银行贷款成为企业融资渠道次优选择的主要原因；最后，中小企业长期权益性资本匮乏导致流动资金紧张。另外，金融机构形成的外在约束则加大了中小企业融资的难度，信息不对称导致银行信贷配给的出现，商业银行的信用评估体系的不完全，银行系统缺乏金融服务的创新等也成为中小企业融资的障碍。因此，物流金融的产生为解决中小企业融资难问题提供了新的路径。由于物流金融具有信息筛选，质押物的评估和管理，信用增级等功能，有利于物流金融的发展。物流金融主要包括代客结算业务和融通仓业务两种业务类型，融通仓又包含仓单质押保兑仓等基本运作模式。物流金融对经济发展和物流业发展具有积极的作用。从宏观角度看，它对于在国民经济核算体系中，提高流通服务质量、减低物资积压与消耗、加快宏观货币回笼周转起不可取代的杠杆作用。从微观角度看，物流金融在供应链中第三方物流企业提供了一种金融与物流集成式的创新服务，其主要服务内容包括物流、流通加工、融资、评估、监管、资产处理、金融咨询等。物流金融不仅能为客户提供高质量、高附加值的物流与加工服务，还为客户提供间接或直接的金融服务，以提高供应链整体绩效和客户的经营和资本运作效率等。

关键概念

物流金融　融通仓　保兑仓　仓单质押　信用增级

思考题

1. 物流金融产生与发展的原因是什么？
2. 物流金融有什么功能？
3. 物流金融的主要业务类型有哪几种？
4. 何为融通仓业务？它有哪几种业务模式？它们是怎样运作的？

CHAPTER 一

第一章

供应链金融

引导案例

地处三峡库区的云阳县，距离重庆主城区300千米。杨锦行(化名)在这里经营海尔电器经销生意已经十几年了，他的飞翔商贸有限公司(化名)是海尔遍布全国的近万家授权经销商中很普通的一个。近几年来，海尔产品的持续畅销成就了老杨的生意，但快速增长的订单量却让资金并不充裕的他有些力不从心，有时候只能看着生意白白流失而无可奈何。

讨论：

怎样才能破解中小企业融资难题?

第一节 供应链金融产生的背景

现代意义上的供应链金融概念，发端于20世纪的80年代，深层次的原因在于世界级企业巨头寻求成本最小化冲动下的全球性业务外包，由此衍生供应链管理的概念。一直以来，供应链管理集中于物流和信息流层面，到20世纪末，企业家和学者们发现，全球性外包活动导致的供应链整体融资成本问题，以及部分节点资金流瓶颈带来的“木桶短边”效应，实际上部分抵消了分工带来的效率优势和接包企业劳动力“成本洼地”所带来的最终成本节约。由此，供应链核心企业开始了对财务供应链管理的价值发现过程，国际银行业也展开了相应的业务创新以适应这一需求。供应链金融随之渐次浮出水面，成为一项令人瞩目的金融创新。

一、供应链与供应链管理的兴起

(一) 分工的演变与制造模式的变化使供应链管理成为企业管理的重要内容

最近二三十年来制造模式发生的一些重大变化，产品的生产过程往往需要经过若干工序，如果把这些工序按时间先后排列，则可以形成一条从原材料到中间产品再到产成品的产品链。按照迈克尔·波特的观点，每一道工序都是一个价值增值的环节，因此，产品链本身就是一条价值链。就某一个产品而言，其生产过程往往需要不同的人分工完成，生产的分工正是基于产品链(价值链)上的不同环节来展开的。严格地说，这种分工可以以两种形式展开：企业内分工和企业间分工。所谓企业内分工就是整个产品链的各个环节在一个独立的企业内部完成，企业管理层通过命令机制将不同环节安排到不同的班组、车间和部门实现，这种情形通常也被称为“纵向一体化”。企业间分工是整个产品链的各个环节分别由不同的企业独立完成，不同企业之间乃至整个生产过程通过市场交易机制协调。

传统上，受市场交易成本的制约，产品链的大部分环节是在一个独立的企业内完成的，除了原材料需要到市场上进行采购之外，大部分中间产品的生产、加工、储存、运输，以及最终产品的组装完成，乃至销售，都是通过企业的集中管理加以控制。20 世纪 70 年代以来，生产的分工模式开始发生了显著的变化，越来越多的分工从企业内转向企业间。过去，企业间的分工往往以产业或产品为界，而最近三四十年来，一个产品的不同生产工序在多个企业间进行分工协作经成为分工的新潮流。从经济学的角度看，不同的分工类型在整个产品链中的分布情况取决于两者进行转换时生产收益和交易成本的动态变化。制造模式的变化既有市场需求方面的考虑，也是基于市场交易成的下降。首先，随着技术进步和工业化水平的提高，人们的消费水平也日益提高，大批量生产的单一产品渐渐无法满足人们日益多样化的消费需求。特别是 20 世纪 80 年代以来，用户的定制化需求越来越强，品种更新的周期越来越短，提高品质、增加品种和缩短推向市场的时间成为企竞争优势的来源，过去纵向一体化的制造模式在适应这种变化方面存在明显不足。其次，20 世纪 70 年代以来所出现的以下因素降低了市场交易成本：①远洋运输和航空运输成本的下降；②信息技术的突破性发展；③基于 WTO 体系的国际贸易自由化过程；④以模块化为特征的技术创新模式的重大变化。市场交易成本的下降导致更多的企业间分工交易变得有利可图。企业间分工使过去行业内大而全的企业可以集中资源，专注于自身最有优势的领域，而将其他环节通过生产外包或全球化采购渠道，交由外围的中小企业承担。这种模式不但有利于发展各个企业的核心竞争力，而且可以通过不同生产环节的空间再分布来利用不同地区、不同国家的比较优势，从而尽可能降低整个产品链的生产成本。

在过去纵向一体化的制造模式下，企业为了降低生产成本，取得市场竞争优势，其主要的手段是通过标准生产流水线进行大批量、少品种的规模化生产。这种生产模式的典型代表就是福特汽车公司。但是，随着人们消费需求结构的多样化，企业间分工趋势的强化以及信息技术的兴起，市场竞争方式也发生了根本性转变。谁能在最短的时间内不断推出适应不同用户需要的新产品，谁就能赢得市场竞争的主动权。“大规模定制”成为许多世界级企业努力实现的生产模式。

市场竞争越来越激烈，要求企业在价值链每一环节的成本不断降低，提高效率，同时电子商务和物流有了根本的发展，使企业原来的市场交易成本大幅度降低。这使企业间分工和供应链取代纵向一体化将成为一种必然。企业间分工与外包成为当代制造业发展的必然，即企业为维持组织的核心竞争能力，将组织的非核心业务和低附加值的环节委派给外部的专业公司，以降低营运成本，提高品质，集中人力资源，提高顾客满意度。外包将组织解放出来以更专注于核心业务，如图 2-1 所示。

供应链管理成为企业管理的重要内容。

（二）供应链管理的基本要素、流程和发展阶段

1. 供应链与供应链管理的含义

分工与制造模式的变化导致贯穿整个产品链的管理变得更加复杂。在纵向一体化的制造模式下，整个生产过程的管理集中在单个企业的管理层手里。但是，一旦生产环节分配到多个企业，就需要有一个核心企业对整个生产过程进行协调，因此，一种新的生产管理实践在最近 20 年便应运而生，这就是供应链管理(Supply Chain Management，SCM)。供应链，

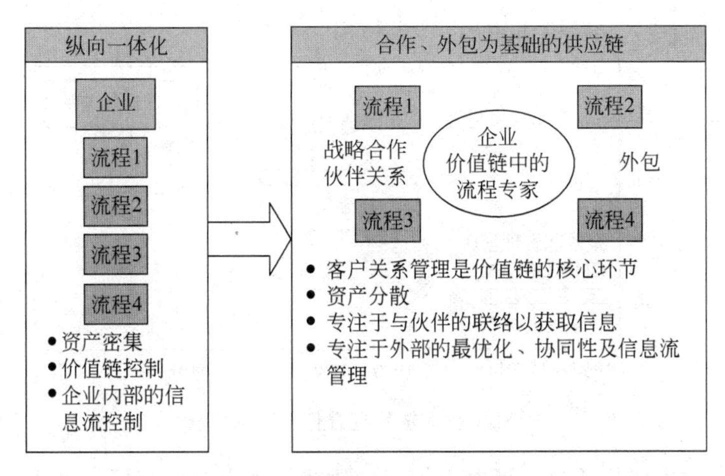

图 2-1　企业内部分工到企业间的分工的变化

它是一个比传统企业内部产品链更为复杂的系统，它是围绕核心企业，通过对信息流、物流、资金流的控制，将供应商、制造商、分销商、零售商、直到最终用户连成一个整体的功能网链结构。它是一个范围更广的企业结构模式，包含了所有加盟的节点企业，从原材料的供应开始，经过链中不同企业的制造加工、组装、分销等过程直到最终用户，如图 2-2 所示。

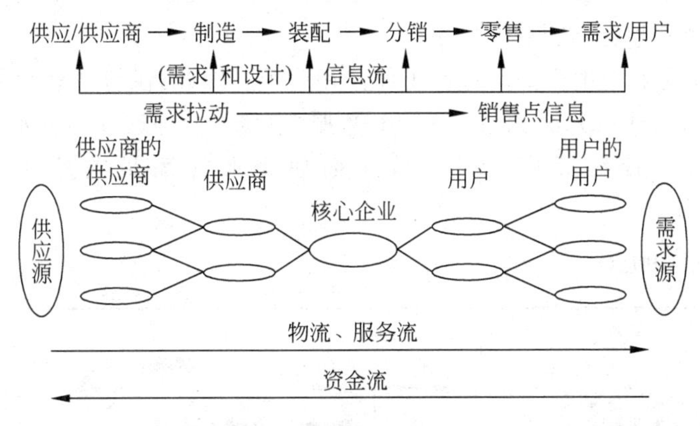

图 2-2　供应链图示

总体而言，供应链管理是指在满足一定的客户服务水平的条件下，为了使整个供应链系统成本达到最小，把供应商、制造商、仓库、配送中心和渠道商等有效地组织在一起进行产品制造、转运、分销及销售的管理方法，如图 2-3 所示。

2. 供应链的基本要素和流程。

供应链的基本要素包括供应商、核心企业、分销企业、零售企业、物流企业。供应链一般包括物资流通、商业流通(订货、合同等商业流程)、信息流通、资金流通四个流程。

3. 供应链管理导致传统管理的变化

(1) 资源管理的范畴从单一企业资源扩展到了社会资源，凡是处在同一供应链不同环节的企业都有可能基于市场交易展开合作，因此，每一个企业都要尽可能地与自己具有共同市场利益的企业形成战略联盟来解决终端顾客的具体需要。鉴于资源管理超越了企业的边界，显然，供应链管理对于社会制度环境提出了更高的要求，因为不完善的环境导致的组织

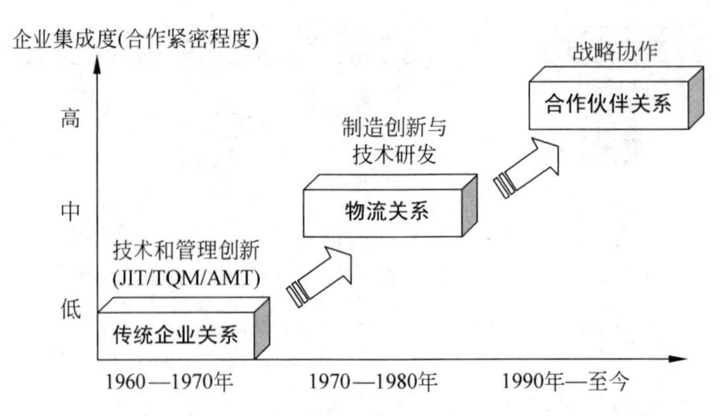

图 2-3 供应链管理合作关系的变化

成本和市场交易成本将扼杀这一新制造模式的优势。每个企业都要尽可能与自己具有共同市场利益的企业形成战略联盟。

(2) 现代信息技术成为管理过程的基本依赖手段。为了实现看板生产(Just-In-Time)和精益生产模式,许多企业在采购、库存、资金管理方面都越来越多地借助于各类管理软件(尤其是 ERP 软件)和电子网络平台。而为企业之间的交易提供支持的物流公司、金融机构也通过各类电子交易平台提供电子货单、网上支付等电子化服务手段,甚至全球卫星定位系统(GPS)来提高物流和金融管理的效率。

(3) 供应链将企业的生产活动进行了前伸和后延。因此,供应链就是通过计划(Plan)、获得(Obtain)、存储(Store)、分销(Distribute)、服务(Serve)等这样一些活动而在顾客和供应商之间形成的一种衔接(Interface),从而使企业能满足内外部顾客的需求,如图 2-4 所示。

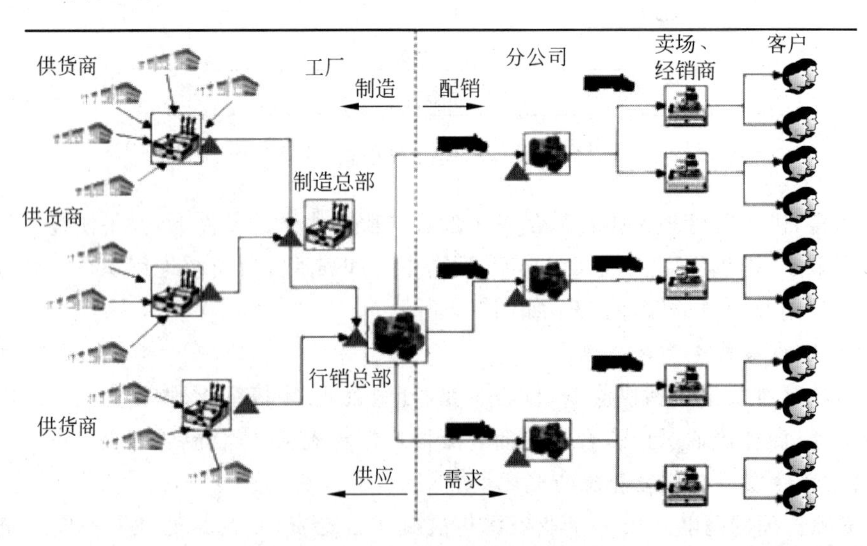

图 2-4 一个典型的供应链图示

典型完整的供应链:它从供货商向制造工厂供货开始,生产的是不同型号的产品,或者生产产品里面的某一个部分,最后汇集到制造总部。制造总部做完之后,转给行销总部,行

销总部会把产品送给分公司,分公司经过经销商再卖给客户。有时把供应链分为“供应”和“需求”两部分。有人提出一个名词叫“需求链”,它跟“供应链”有明显的区别。我们可以把“供应链”看作一个比较广泛的定义,包括“需求链”的部分,并且要保持两边的供需平衡。

4. 供应链管理的发展阶段

①物流管理阶段。供应链仅仅被视为企业内部的一个物流过程,它所涉及的主要是物料采购、库存、生产和分销诸部门的职能协调问题,最终目的是为了优化企业内部的业务流程、降低物流成本,从而提高经营效率。②价值增值链阶段。企业对供应链的理解发生了新的变化:最终用户、消费者的地位得到了重视,对信息流、资金流等方面也给予了很大的关注。这样,供应链是一个涵盖了整个产品运动过程的增值链。依照产品实体在价值链各环节的流转程序,企业的价值活动可分为上游环节和下游环节两大类。上游环节增值活动的中心是产品生产,与产品的技术特性密切相关,下游环节的中心是满足顾客,与市场紧密相连。一条供应链的最终目的是满足客户需求,同时实现自己的利润。③网链阶段。随着信息技术的发展和产业不确定性的增加,供应链的概念更加注重围绕核心企业的网链关系。

供应链的概念跨越了企业界限,从扩展企业的新思维出发,并从全局和整体的角度考虑产品经营的竞争力,使供应链从一种运作工具上升为一种管理方法体系,一种运营管理思维和模式。为达到双赢乃至多赢的协同效应,企业之间彼此在价值链的优势环节上展开合作,可以求得整体收益的最大化,这就是企业建立战略联盟的原动力,如图 2-5 所示。

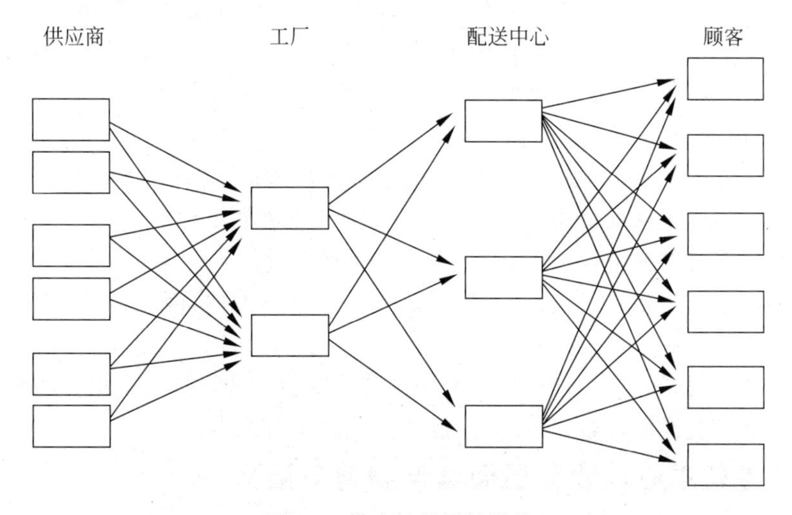

图 2-5　供应链的网链结构

二、全球贸易活动的变化与贸易增长导致供应链贸易支付方式的改变

企业间分工使供应链中的核心企业在全球范围内开展外包与采购活动,产生的一个直接后果是全球经济的贸易总量快速增长。随着企业间分工代替企业内部分工,供应链上的核心企业在全球范围内开展外包与采购活动,其产生的一个直接后果是全球经济的贸易总量快速增长,而且,全球贸易增长速度呈现高于生产总量增长的态势。根据世界贸易组织(WTO)发布的有关全球贸易的统计数据,1973—1990 年,全球制造品的贸易增长速度大约是全球生产总量增长速度的 1.8 倍,而 1990—2005 年,这一数字更是提高到了大约 2.3 倍。相比于传统贸易,以供应链为基础的贸易在产品结构、单笔交易量、交易频率和支付方式方

面都存在很大的差别，如表 2-1 所示。

表 2-1 传统贸易活动到企业间分工背景下的贸易活动

传统贸易活动		企业间分工背景下的贸易活动
产品结构	初级产品、最终产品	中间产品
单笔交易	单笔数量大，采购周期长、交易频率低	单笔订单数量下降、采购周期缩短、交易频率提高
支付结算	信用证、托收（保证金）	合作关系、了解信用状况、赊销（多次交易、集中结算）

外包、全球供应链内部贸易的增长和企业间分工背景下的贸易活动的新特点都表明：供应链的产生和发展改变了传统的贸易方式，而且现代的供应链管理和供应链金融比以往更需要进行整体的协调和规划，要从业务层面上升到更高的战略水平。

（1）从产品结构上看，传统贸易主要以初级产品（包括农产品、石油和矿石等原材料）和最终产品为主，而制造加工过程中产生的零配件、部件、半成品等中间产品的比重非常低。而供应链贸易的情况恰好相反，中间产品在其构成中占据了重要地位。由于供应链贸易的迅速发展，制造品中中间产品贸易额占贸易总额的比重持续上升，从而导致整个制造品贸易占全球贸易的比重由第二次世界大战前的 40％上升到 20 世纪 90 年代初的 70％以上。

（2）从单笔交易量和交易频率上看，为了适应看板生产和品种多样化的需要，核心企业在管理上力争降低采购库存的同时保证供应的及时性，因此，在采购过程中出现了单笔订单采购数量下降、采购周期缩短、交易频率提高的特点。据统计，2004 年企业间单笔贸易交货价值只有 50 年前的 40％左右。

（3）从交易的支付与结算方式上看，传统贸易主要采用信用证（国际贸易）和支票（国内贸易）等支付方式，为了保证信用，购买方企业必须要在相应银行的账户上留存一定数量的保证金。而在供应链贸易中，由于交易双方往往保持较长的合作关系，对对方的信用状况比较了解，而且，由于交易频繁，反复开立信用证变得非常不方便，因此，赊账贸易正在越来越多地被采用，双方往往在交易一段时间后再集中进行结算。根据咨询公司 Killen 和 Associates（2002）的估算，如果供应链贸易采用传统支付方式，那么，全世界的企业将多搁置 5000 亿～10000 亿美元的资金，从而大大提高企业的运营成本。

三、供应链管理重心从物流层面延伸到财务层面

（一）供应链财务管理的重要性及其影响

1. 供应链生产模式对财务成本的影响

供应链本身包括三个“流”：需求信息流、货物与服务流、资金流。需求的力量是使整个供应链充满活力的驱动力，它以订单的形式从下游企业层层上传；物流是生产过程依次延续的基础，它以各种中间产品和产成品的形式从上游供应商往下游传递。而资金流则是供应链得以循环维系的最关键之处，如果供应商不能及时获得回款，则必然影响其下一阶段的生产，从而使整个供应链中断甚至崩溃。供应链管理的难点就在于如何使三“流”尽可能做到有序衔接。从当前的实践看，目前做得比较好的是前两个流，而表现最差、受关注最少的则是资金流。这一状况已经影响供应链制造模式的整体成本和运营绩效，从而必须引起所有采用这一生产模式的企业的重视。和传统纵向一体化制造模式相比，供应链模式有可能

大大提高了整个生产过程的财务成本。财务成本的增加来自两个方面：①由于更多的生产工序是通过市场来协调，因此，从原材料采购到中间产品生产，以及最终产品被消费者购买的过程中，贸易总量和交易频率都提高了，企为了满足市场交易的需要，就必须准备更多的现金，从而带来了运营成本的上升；②当前赊销模式已经成为供应链贸易中主要的交易模式，该模式通过延缓买家的付款时间，表面上降低了作为核心大企业的财务成本，但是却将资金需求压力推给了上游的众多中小企业，而按照传统的银行信贷实践，这些资金需求迫切的中小企业被认为属于高风险的贷款人，因此，需要支付更高的资金成本(甚至可能因为银行的信贷配给而根本得不到贷款)，从而带来整个供应链资金成本的上升。根据 Hartley-Urquhart 的估算，戴尔(Dell)公司比其上游的合同制造商 Flextronics 公司在市场上融资的成本(发行公司债的利率差)要低 280 个基点或 2.8%。另一个例子是，零售业巨头沃尔玛(Wal-Mart)比其非投资级的供应商之间的平均资金成本差要大于 64 个基点。

2. 通过财务供应链管理降低产品成本

财务供应链管理(Financial Supply Chain Management，FSCM)，是通过对供应链上下游不同企业之间的资金筹措和流动统筹安排，合理分散资金成本，从而实现整个供应链财务成本的最小化。财务供应链管理的主动权显然掌握在核心企业手里，然而，其上下游中小企业的配合也是必不可少的。为了改善财务供应链管理，在尽可能保证购买方的延迟支付期限的前提下，又能够让供应商尽早取得货款，以解决其资金压力，就必须要借助于第三方的金融机构提供相应的融资服务。供应链融资的发展正是适应了解决该挑战的需要。供应链融资是银行根据特定产品供应链上的以企业贸易行为所产生的确定未来现金流为直接还款来源，配合银行的短期金融产品和封闭贷款操作所进行的单笔或额度授信方式的融资业务。如果借助供应链融资方式，例如，尽管买家的付款期限不变，现在供应商在开票后几天内便可从金融机构得到大部分货款，则前面所讲的供需双方的资金矛盾就能得到缓解。

Aberdeen 集团在其提供的《供应链融资基准报告》一文中给出了一个具体的实例：ATJ 是一家在英国和爱尔兰拥有 90 家连锁店的快速时尚零售商，过去，其亚洲的供应商通常在当地银行从 ATJ 提供的信用证中提取预付款，但是这样做的前提是必须给予 ATJ 20%的价格折扣。现在，ATJ 邀请其供应商利用供应链融资服务，这样，供应商在集装箱装船离开码头时即可从融资服务者那里获得 70%的货款，等到货物进入英国仓库时再得到剩余的 30%。要做到这一点，ATJ 必须向融资服务的提供者传递供应商的信息，以便其准确地评估融资风险。使用供应链融资服务后，供应商可以挽回 5%～15%的订单价值，而且 ATJ 本身也可以通过享有 5%～10%的折扣率分享这笔节约的价值，从而实现双赢。然而，根据 Aberdeen 集团的调查，即便在发达国家，运用供应链融资改善财务供应链管理的做法也并不普遍，目前已经这样做的企业只占被调查企业总数的 13%，表示错过了机会、目前正在制定和考虑可行方案的企业占 56%，还有 31%的企业在这方面仍然没有采取任何措施。

根据同一个调查，Aberdeen 集团发现，购买商(通常是核心企业)关注供应链融资的主要原因分别是："降低最终产品成本的压力"(77%)、"相互深化的财务往来压力过大"(55%)和"降低端到端供应链中的整体融资成本"(45%)；供应商关注供应链融资的主要原因分别是："降低最终产品成本的压力"(50%)、"降低端到端供应链中的整体融资成本"(36%)和"由于缺乏资金而无法生产、无法安排工作和无法达到需求商要求的存货量"

(32%)。由此可以看出,降低整体供应链的融资成本,从而降低最终产品成本、提高市场竞争力的要求,已经迫使发达国家的企业对通过供应链融资改善其财务状况问题日益变得重视起来。

Aberdeen集团的调查还发现,尽管过去许多购买商在改善自身财务状况方面往往采用"延长支付期限""增加使用记账式赊账"和"提前支付折扣"等方式,但是,鉴于这些方式并非符合整体供应链利益的最佳战略安排,因此,它们开始转向其他更有效的方式。那么,有哪些供应链融资技术可以帮助改善供应链财务状况呢?大多数正在积极寻求供应链融资可行方案的购买商认为,未来最好的新融资方式是"通过第三方为'供应商管理库存(VIM)'提供融资";而大部分供应商则认为,未来最好的新融资方式是"保理""第三方提前应收账款贴现"和"金融机构的存货融资"。

(二)供应链金融的必要性

1. 供应链管理促使财务供应链整合

价值链管理的思想和成本效益法则是整合财务供应链的指导原则。首先应对整个财务供应链关键财务流程进行价值分析,消除无效和非增值服务作业,然后根据具体情况可以采取以下三种途径对财务供应链进行全面整合,即利用新技术对原有财务流程重组再造、构建共享服务中心以及外包。第一,关键财务流程重组。构建标准化、自动化和商业智能化的财务业务流程。第二,构建共享服务中心。共享服务整合资源和流程可以使企业实现规模经济效益,提高了整个财务供应链的效率。第三,业务流程外包。外包的目的并不完全在于成本节约,还要提高企业的核心竞争能力。

2. 供应链金融市场潜在市场巨大

供应链金融的潜在市场巨大,根据UPS的估计,全球市场中应收账款的存量约为13 000亿美元,应付账款贴现和资产支持性贷款(包括存活融资)的市场潜力则分别达到1 000亿美元和3 400亿美元。截止到2008年,全球最大的50家银行中,有46家向企业提供供应链融资服务,剩下的4家也在积极筹划开办该项业务。

买家(通常是核心企业)运用供应链金融的手段来获得的最大益处包括:降低采购的单位成本(57%)、降低供应源的风险、减少供应中断(48%),延长对供应商的账期、增加应付账款平均支付天数(33%)。供应商获得的最大好处是:降低生产成本(52%),降低应收款回收天数(43%),改善经营的连续性(38%)。对于供应商和买家的共同好处还包括获得低成本的贸易融资(43%)。由此可看出,降低整体供应链的融资成本,从而降低最终产品成本、提高市场竞争力的要求,是供应链金融市场需求的主要支撑。

大多数核心企业认为,未来最好的融资方式是"对供应商管理库存(VMI)给予融资"。而大部分供应商则认为,未来最好的新融资方式是"保理""应收账款贴现"和"存货融资"。这说明双方对存货和融资需求有差异,这就需要供应链金融市场的深入发展和双方之间的协调。

3. 边缘化中的银行及其挑战的应对需要供应链金融

以往的信用证、跟单托收的成本高,使用减少,银行参与少,传统赊销使银行对客户供应链的运行参与机会减少,银行日益边缘化。另外,全球采购使企业对流动资金和供应链效率要求增加,因此企业向银行寻求财务供应链的解决方案。

在供应链的下游——渠道融资。分销商凭借自己的实力和信用进行高成本、低效率的融资，最终成为核心企业完成销售目标的瓶颈。这种情况促使银行、卖方和分销商合作研究增强分销商流动性的解决方案，这些解决方案通常被称为渠道融资方案。

常见的方式是卖方进一步延长对分销商的账期，并要求银行在原账期的到期日贴现应收账款。这种方式使分销商获益，而卖方也能实现自己的财务目标。

一些方案提供一种网络平台，卖方与分销商通过平台交换和处理交易单据及信息，还允许卖方设定分销商的信用额度。经销商通过这种方式所获得的流动性在资产负债表上反映为应付账款，这使分销商得以更灵活地利用自己原有的银行授信。卖方主导的分销商资金解决方案使分销商紧密地绑定在卖方的销售链中。

Trade Card 公司(贸易卡公司)的财务供应链服务

Trade Card，Inc. 拥有领先的供应链协作平台，为 60 多个国家的 7 800 家买家、供货商和服务供应商改善利润、现金流和知名度，如图 2-6 所示。

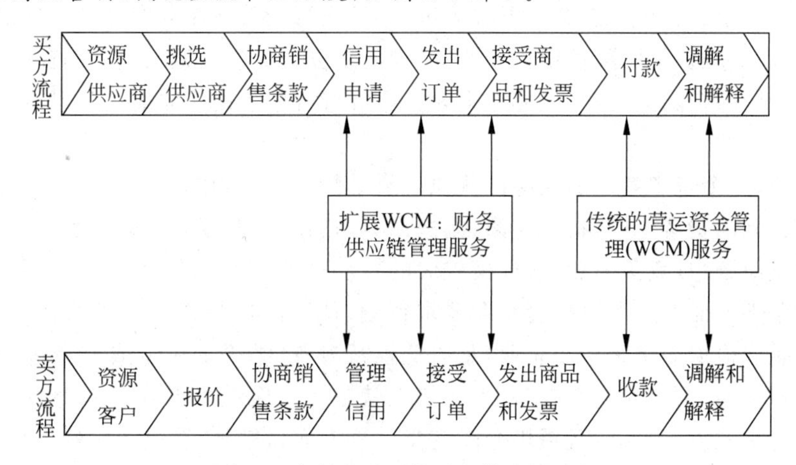

图 2-6　贸易卡公司的财务供应链服务

创新之处：

Trade Card 平台上的信用保险机构将承担买方的信用风险，信用保险机构会对买方信用进行调查，根据卖方信用调查结果提供给买方一个信用额度，在此额度下，保证卖方可得到保障。

差异的解决。在 Trade Card 平台上，双方可以通过信用保险公司快速解决差异问题。

弹性的信用保护时间期限。在此平台下，信用保护时间期限由双方自行决定，一旦买方发生信用风险，保险机构将赔付。

运用财务供应链管理交易平台。企业不但可以迅速将订单转化为现金(一般来说，从企业提出申请到取得现金可以在一个工作日完成)，而且根据与融资供应商达成的协议，可以100%地获得订单金额，利息费用成本也较低。

财务供应链管理可使资金周转天数大大缩短，从而使企业流动资金状况得到极大改善。

第二节　供应链金融及其含义

一、供应链金融的含义

1. 供应链金融的概念

供应链金融(Supply Chain Finance,SCF),是商业银行信贷业务的一个专业领域(银行层面),也是企业尤其是中小企业的一种融资渠道(企业层面)。供应链金融指银行向客户(核心企业)提供融资和其他结算、理财服务,同时向这些客户的供应商提供贷款及时收达的便利,或者向其分销商提供预付款代付及存货融资服务(简单地说,就是银行将核心企业和上下游企业联系在一起提供灵活运用的金融产品和服务的一种融资模式)。

以上定义与传统的保理业务及货押业务(动产及货权抵/质押授信)非常接近。但有明显区别,即保理和货押只是简单的贸易融资产品,而供应链金融是核心企业与银行间达成的,一种面向供应链所有成员企业的系统性融资安排。

2. 供应链金融的内涵

《欧洲货币》杂志将供应链金融形容为近年来“银行交易性业务中最热门的话题”。一项调查显示,供应链融资是国际性银行2007年度流动资金贷款领域最重要的业务增长点。在肇始于次贷问题的金融危机中,供应链金融在西方银行业的信贷紧缩大背景下一枝独秀,高速增长的态势依然。

一般来说,一个特定商品的供应链从原材料采购,到制成中间及最终产品,最后由销售网络把产品送到消费者手中,将供应商、制造商、分销商、零售商、直到最终用户连成一个整体。在这个供应链中,竞争力较强、规模较大的核心企业因其强势地位,往往在交货、价格、账期等贸易条件方面对上下游配套企业要求苛刻,从而给这些企业造成了巨大的压力。而上下游配套企业恰恰大多是中小企业,难以从银行融资,结果最后造成资金链十分紧张,整个供应链出现失衡。“供应链金融”最大的特点就是在供应链中寻找出一个大的核心企业,以核心企业为出发点,为供应链提供金融支持。一方面,将资金有效注入处于相对弱势的上下游配套中小企业,解决中小企业融资难和供应链失衡的问题;另一方面,将银行信用融入上下游企业的购销行为,增强其商业信用,促进中小企业与核心企业建立长期战略协同关系,提升供应链的竞争能力。在“供应链金融”的融资模式下,处在供应链上的企业一旦获得银行的支持,资金这一“脐血”注入配套企业,也就等于进入了供应链,从而可以激活整个“链条”的运转;而且借助银行信用的支持,还为中小企业赢得了更多的商机。

二、供应链金融体系及其有机构成

1. 供应链金融体系

供应链金融是指在对供应链内部的交易结构进行分析的基础上,运用自偿性贸易融资的信贷模型,并引入核心企业、物流监管公司、资金流导引工具等新的风险控制变量,对供应链的不同节点提供封闭的授信支持,以及其他结算、理财等综合金融服务。这里的“供应链”概念是广义的,既包括企业上游的原材料零部件供应网络和链条,即传统意义上的供应链,也包括下游的分销商、代理商,即渠道链。

供应链金融最大的特点就是在供应链中寻找出一个大的核心企业,以核心企业为出发点，为供应链提供金融支持。一方面，将资金有效注入处于相对弱势的上下游配套中小企业，解决中小企业融资难和供应链失衡的问题；另一方面，将银行信用融入上下游企业的购销行为，增强其商业信用，促进中小企业与核心企业建立长期战略协同关系，提升供应链的竞争能力。

供应链金融的优势表现在：①企业融资新渠道：为中小企业融资的理念和技术瓶颈提供了解决方案。②银行开源新通路：提供了一个切入和稳定高端客户的新渠道，核心企业被“绑定”在提供服务的银行。③供应链金融实现多流合一：供应链金融实现了“物流”“商流”“资金流”“信息流”等多流合一。

从广义上讲，供应链金融是对供应链金融资源的整合，它是由供应链中特定的金融组织者为供应链资金流管理提供的一整套解决方案。供应链金融服务通过整合信息、资金、物流等资源，达到提高资金使用效率并为各方创造价值、降低风险的目的。从供应链金融具体产品来看，它主要是金融机构提供的信贷类产品，还提供中间增值服务。从供应链融资市场来看，它基本属于短期的货币（资金）市场，如图 2-7 所示。

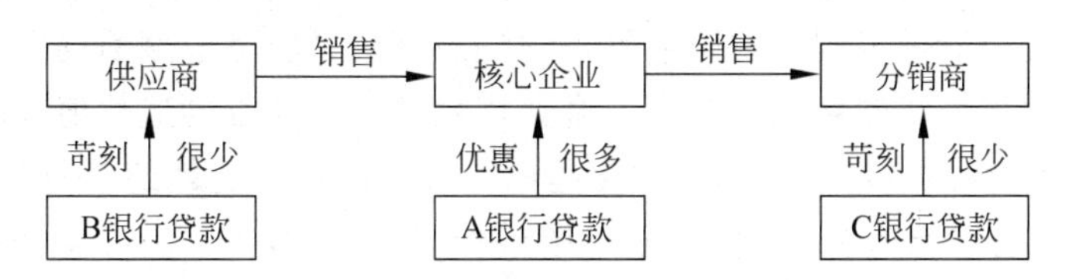

(a) 传统融资模式中银行与供应链成员的关系

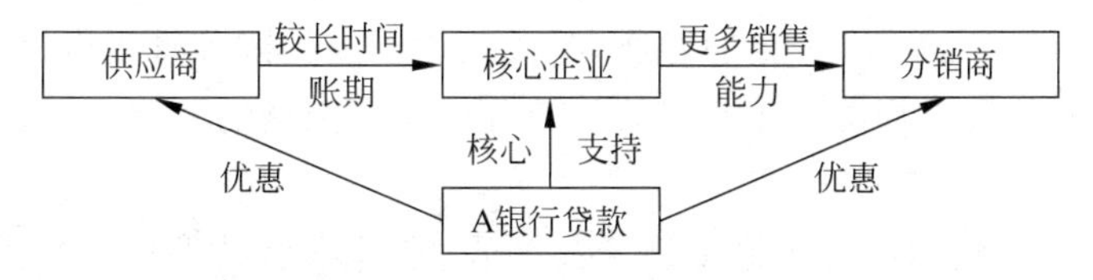

(b) 供应链融资模式中银行与供应链成员的关系

图 2-7　传统融资模式与供应链融资模式中银行与供应链成员的关系

从供应链金融体系中的参与主体来看，它大致包括：

(1) 资金的需求主体，即供应链上的节点企业。

(2) 资金的供给及支付结算服务的提供主体，主要是商业银行为代表的金融机构。

(3) 供应链金融业务的支持型机构，包括物流监管公司、仓储公司、担保物权登记机构、保险公司等。

(4) 监管机构，在国内，目前主要是指各级银监部门。

供应链金融制度环境包括相关法律环境和技术环境：

(1) 相关法律法规，比如动产担保物权的范围规定、设定程序、受偿的优先顺序、物权实现等的相关法律，以及监管部门的业务监管相关制度。

(2) 技术环境，主要包括与产品设计相关的金融技术和信息技术。

以上要素结合在一起，便组成了一个完整的供应链金融体系。

由于信息技术和流通成本的降低，供应链正在取代纵向一体化，成为国际上产业组织的主流模式。供应链上各个企业信息流、物流和资金流的管理变得更为复杂，供应链管理成为提升市场竞争力的关键因素。供应链金融站在供应链全局的高度,为协调供应链资金流,降低供应链整体财务成本而提供的系统性金融解决方案,并能够将核心企业的良好信用能力延伸到供应链上下游企业,降低供应链整体融资成本,缓解中小企业融资压力,提升整体的竞争力。

2. 供应链金融的有机构成

众所周知,金融是指人们围绕货币、资金和资本资产所从事的定价与市场交易活动。完整的金融体系包括金融产品、金融市场、金融主体和金融制度。我们可以基于对金融的上述理解,相应地给出对“供应链金融”的定义,即供应链金融是指人们为了适应供应链生产组织体系的资金需要而开展的资金与相关服务定价与市场交易活动。

(1) 从广义上讲,供应链金融是指对供应链金融资源的整合,它是由供应链中特定的金融组织者为供应链资金流管理提供的一整套解决方案。在静态上,它包含了供应链中的参与方之间的各种错综复杂的资金关系;更为重要的是在动态上,它倾向于指由特定的金融机构或其他供应链管理的参与者(如第三方物流企业、核心企业)充当组织者,为特定供应链的特定环节或全链条提供定制化的财务管理解决服务。供应链金融活动必须能够实现通过整合信息、资金、物流等资源来达到提高资金使用效率并为各方创造价值,降低风险的作用。

(2) 从供应链金融具体产品看,它主要是第三方金融机构提供的信贷类产品,包括对供应商的信贷产品,如存货质押贷款、应收账款质押贷款、保理等,也包括对购买商的信贷产品,如仓单融资(供应商管理库存融资)、原材料质押融资。此外,还包括供应链上下游企业相互之间的资金融通,比如购买商向供应商提供的“提前支付折扣”,供应商向购买商提供的“延长支付期限”等产品。除了资金的融通,金融机构还提供财务管理咨询、现金管理、应收账款清收、结算、资信调查等中间业务产品。随着供应链金融的发展,目前还不断有新的产品被开发。

(3) 从供应链金融市场看,根据上述产品列表,它基本上属于短期的货币(资金)市场,其供求双方或者是商业银行或金融公司和工商业企业,或者是供应链上下游企业。

(4) 从供应链金融体系中的参与主体来看,它大致包括以下四类主体:①资金的需求主体,即供应链上的生产和销售企业;②资金的供给主体,主要是商业银行和金融公司,有的国家还包括开发性银行;③供应链金融业务的支持型机构,包括物流公司、仓储公司、担保物权登记机构、保险公司等;④监管机构,各国的银行业务监管机构设置不一而足,在中国,目前主要是指各级银监会。最后,从供应链金融制度来看,它涉及三方面的内容:①相关法律法规,包括担保物范围与担保物权登记公示的法律规定、企业破产清算中不同权利的优先顺序等;②司法体制,包括供应链金融业务出现纠纷时司法部门的判决机制、裁决公正程度与裁决的执行效率;③银行业务监管制度,包括监管的具体方法、对象、政策等方面。以上方面结合在一起,便组成了一个完整的供应链金融体系。

三、供应链金融与物流金融的联系与区别

除运作模式的不同,物流金融与供应链金融主要区别如下。

1. 服务对象的差别

物流金融面向所有符合其准入条件的中小企业,不限规模、种类和地域等。供应链金融为供应链中的上下游中小企业及供应链的核心企业提供融资服务。

2. 担保及风险的差别

物流金融业务中,中小企业以其自有资源提供担保,融资活动的风险主要由贷款企业产生。供应链金融的担保以核心企业为主,或由核心企业负连带责任,其风险由核心企业及上下游中小企业产生;操作风险较大,金融机构的贷款收益也随之增大。

3. 物流企业的作用不同

对于物流金融,物流企业作为融资活动的主要运作方,为贷款企业提供融资服务。供应链金融则以金融机构为主,物流企业仅作为金融机构的辅助部门提供物流运作服务。

4. 异地金融机构的合作程度的差别

物流金融一般仅涉及贷款企业所在地的金融机构。供应链金融,由于上下游企业及核心企业经营和生产的异地化趋势增强,因而涉及多个金融机构间的业务协作及信息共享,同时加大了监管难度。

第三节　供应链金融的作用

供应链金融发展迅猛,原因在于其“既能有效解决中小企业融资难题,又能延伸银行的纵深服务”的双赢效果。

一、企业融资新渠道

供应链金融为中小企业融资的理念和技术瓶颈提供了解决方案,中小企业信贷市场不再可望而不可即。

供应链金融开始进入很多大型企业财务执行官的视线。对他们而言,供应链金融作为融资的新渠道,不仅有助于弥补被银行压缩的传统流动资金贷款额度,而且通过上下游企业引入融资便利,自己的流动资金需求水平持续下降。

由于产业链竞争加剧及核心企业的强势,赊销在供应链结算中占有相当大的比重。Coface(科法斯)发布的《2008中国企业信用风险状况调查报告》显示,企业通过赊账销售已经成为最广泛的支付付款条件,赊销导致的大量应收账款的存在,一方面,让中小企业不得不直面流动性不足的风险,企业资金链明显紧张;另一方面,作为企业潜在资金流的应收账款,其信息管理、风险管理和利用问题,对于企业的重要性也日益凸显。在新形势下,盘活企业应收账款成为解决供应链上中小企业融资难题的重要路径。一些商业银行在这一领域进行了卓有成效的创新,招商银行最新上线的应收应付款管理系统、网上国内保理系统就是一个备受关注的创新。据招商银行总行现金管理部产品负责人介绍,该系统能够为供应链交易中的供应商和买家提供全面、透明、快捷的电子化应收账款管理服务及国内保理业务解决方案,大大简化传统保理业务操作时所面临的复杂操作流程,尤其有助于优化买卖双方分处两地时的债权转让确认问题,帮助企业快速获得急需资金。

二、银行开源新通路

供应链金融提供了一个切入和稳定高端客户的新渠道,通过面向供应链系统成员的一揽子解决方案,核心企业被“绑定”在提供服务的银行。

供应链金融如此吸引国际性银行的主要原因在于:供应链金融比传统业务的利润更丰厚,而且提供了更多强化客户关系的宝贵机会。在金融危机的环境下,上述理由显得更加充分。供应链金融的潜在市场巨大，根据 UPS 的估计，全球市场中应收账款的存量约为 13 000 亿美元，应付账款贴现和资产支持性贷款(包括存活融资)的市场潜力则分别达到 1 000 亿美元和 3 400 亿美元。截至 2008 年，全球最大的 50 家银行中，有 46 家向企业提供供应链融资服务，剩下的 4 家也在积极筹划开办该项业务。

“通过供应链金融，银行不仅跟单一的企业打交道，还跟整个供应链打交道，掌握的信息比较完整、及时，银行信贷风险也少得多。”招商银行人士表示，在供应链金融这种服务及风险考量模式下，由于银行更关注整个供应链的贸易风险，对整体贸易往来的评估会将更多中小企业纳入银行的服务范围。即便单个企业达不到银行的某些风险控制标准，但只要这个企业与核心企业之间的业务往来稳定，银行就可以不只针对该企业的财务状况进行独立风险评估，而是对这笔业务进行授信，并促成整个交易的实现。

三、经济效益和社会效益显著

同样重要的是，供应链金融的经济效益和社会效益非常突出，借助“团购”式的开发模式和风险控制手段的创新，中小企业融资的收益—成本比得以改善，并表现出明显的规模经济。

据统计，通过供应链金融解决方案配合下收款方式的改进、库存盘活和延期支付，美国最大的 1 000 家企业在 2005 年减少了 720 亿美元的流动资金需求。与此类似，2007 年欧洲最大的 1 000 家上市公司从应收账款、应付账款和存活三个账户中盘活了 460 亿欧元的资金。

四、供应链金融实现多流合一

供应链金融很好地实现了“物流”“商流”“资金流”“信息流”等多流合一。

物流：物质资料从供给者到需求者的物理运动，包括商品的运输、仓储、搬运装卸、流通加工，以及相关的物流信息等环节。商流：商业信息和交易条件的来往。资金流：指采购方支付货款中涉及的财务事项。信息流：在整条供应链中，和物流、资金流相关联的各类信息，也是物流和信息流的一部分，包括订购单、存货记录、确认函、发票等。在供应链中，物流、商流、资金流、信息流等是共同存在的，信息流和资金流的结合将更好地支持和加强供应链上下游企业之间的货物、服务往来(物流)。

案例与分析

地处三峡库区的云阳县，距离重庆主城区 300 千米，杨锦行(化名)在这里经营海尔电器经销生意已经十几年了，他的飞翔商贸有限公司(化名)是海尔遍布全国的近万家授权经销商中很普通的一个。近几年来，海尔产品的持续畅销成就了老杨的生意，但快速增长的订单量却让资金并不充裕的他有些力不从心，有时候只能看着生意白白流失而无可奈何。不过，烦恼在今年 8 月 19 日结束了，飞翔商贸成为中信银行“海尔在线融资”模式下第一家成功融资的经销商。

“以前从来没想过自己的小本生意真能从银行拿到贷款，而且没有固定资产抵押，财神爷还是远隔千里、素未谋面的中信银行青岛分行。更没想到的是，整个贷款过程中，我不用跑银行，没花一分钱路费，一切就都在网上搞定了。”老杨兴奋地说。在当地人的传统观念里，贷款是跟民营小企业不沾边的事，“一直觉得即便是‘土豪’想贷款还得看银行的脸色，没想到我们这西部山区却抢先尝到了互联网金融的鲜。最关键的是，贷款利率仅为8%，和以前的民间借贷相比，光贷款利息一年就能给我省下二三十万元！”

在中信银行和海尔集团共同搭建的“电子商务线上供应链金融平台”上的近万家海尔经销商，很快都将有机会和老杨一样，享受到快捷、便利的互联网融资体验。然而在银行圈以往的印象里，中信银行并不是一家为追求高收益而不惜承担高风险的“激进型”银行，那么像飞翔公司这样的小微企业是怎么进入中信“法眼”的呢？这还得从今年春天的一则新闻说起。

共建“供应链网络金融”平台

2014年4月8日，中信银行与海尔集团在青岛签署供应链网络金融战略合作协议，希望整合双方各自平台的资源，搭建线上线下相融合的供应链网络融资平台，打造银行和制造业在供应链金融领域合作的新模式，为海尔经销商提供方便、快捷、灵活的线上金融服务。签约仪式上，中信集团兼中信银行董事长常振明和海尔集团CEO张瑞敏均出席，可见双方对此次合作的重视程度。

两个行业、两类企业、两种思维的融合并非易事，可以想见，讨论、磨合、碰撞甚至争吵必然不可避免，但最终战略利益消弭了文化差异，在不到4个月的时间内项目顺利上线，令人印象深刻。

“模式新颖、思路独特、高执行力，中信银行开始展现金融企业的互联网思维，这可能是研究商业银行应对互联网获客模式冲击的典型样本。除此之外，我们更应该看到的是电子商务时代中信银行的战略和差异化的市场定位。”某股份制银行网络金融部门负责人说：“互联网思维最大的特点是去中心化，但中信银行网络战略则是围绕中心而展开的。围绕中心，则需要行业核心企业构建贯穿上下游渠道的电子商务生态环境。我们可以进一步推论，对不具备条件的核心企业，中信银行势必将提供一整套的解决方案。”

与中信银行所在的金融行业一样，海尔集团所在的家电行业同样面临着来自互联网的强烈冲击。在成立的第三个10年，张瑞敏致力于通过互联网带动海尔集团的转型，搭建了“日日顺电子商务平台”，拟将海尔打造成虚实网融合的平台型企业。基于海尔经销商依托日日顺电子商务平台定向采购的特点，中信银行建立了相对完善的风险管理模型，可提供支付结算、实时在线融资、在线物流管理、自动预警等多种线上化服务。

用户体验与风险管理都重要

互联网企业视用户体验为生命，极致的用户体验是所有互联网企业的共同追求，再微小的创新都可能成为影响竞争力的关键因素。以融资申请为例，同行业的普遍做法是要求客户在网上银行完成，但为了提升客户体验，中信银行放弃了所谓的“产品联动营销”做法，通过网关形式将“多系统跳转、多步操作”简化为“一个界面、一步操作”，大大提升了用户体验。但是，作为金融企业“触网”的先行者，在低成本、高效率、易用性、友好度等良好用户体验之外，中信银行在其他方面准备好了吗？

人们最为关注的当然是风险管理。“海尔模式”的授信对象大多为小微企业，贷款需求额度普遍在500万元以下，是传统意义上的高风险客户群体。而且，这些客户普遍缺乏抵押和担保物，日常的融资需求主要依靠民间借贷，经营风险较高。与此同时，依托物流管理的货权融资模式几近走入困境：货物所有权难以准确核实、重复质押、物流监管人员道德风险难以控制的问题屡屡暴露。

此次中信银行与海尔的合作似乎为小微企业融资提供了新的样本,“海尔提供的经营数据与企业财务数据相结合,构建了更为全面的信用评价模型,一定程度上缓解了信用风险;全自动的在线操作与风险预警,最大限度控制了操作风险;消费品行业价格的稳定性,则基本能够规避货物价格波动所带来的市场风险。银行在可控的风险下批量获取了客户、海尔经销商在较低的成本下获得了融资,海尔集团则支持了销售渠道,一举多得”,中信银行公司银行部项目负责人胸有成竹地说。

中信将持续推广“海尔模式”

核心企业关系和供应链金融是中信银行的传统优势,网络金融则是其新兴优势,围绕核心企业中心节点,连接网络金融与供应链金融或将成为中信银行转型发展的战略步骤。此外,这也是中信银行在支持小微企业融资方面积极探索、不断创新的举措。这种做法既能够提高银行的定价能力,又可以获得监管层认可,从而保证了业务创新成功的可能性。

更为重要的是,“海尔模式”的关键是后台信息系统的支撑,可复制性很强。从项目实施进度来看,中信银行应该已经具备了在类似核心企业中复制推广“海尔模式”的条件,业务前景值得市场期待,未来将会有越来越多的小微企业从中受益。

“这些年来当地人的生活水平显著提高,海尔电器的销路也越来越好,赶上年节旺季,脱销是常有的事。”老杨说,“眼看中秋、国庆将至,今年再也不用为缺乏流动资金发愁了,借助中信银行的融资,我已经储备了充足的货源。”

现场回放

2014年4月8日上午,中信银行与海尔集团供应链网络金融战略合作协议签约仪式在青岛举行。中信集团兼中信银行董事长常振明、海尔集团CEO张瑞敏出席了签约仪式。

双方约定将海尔集团旗下日日顺平台现有的销售网、物流网、信息网与中信银行的供应链网络金融业务紧密结合,搭建线上线下相融合的供应链网络平台,为日日顺平台上下游中小企业提供便捷融资和支付服务,并通过严密的管理流程、借助大数据的分析技术有效控制风险。

签约仪式上,中信集团兼中信银行董事长常振明表示,在互联网新经济的浪潮下,两家传统企业不谋而合地确立了“网络化发展战略”。随着本次协议的签署,双方将以供应链网络金融为依托,基于大数据技术,以一种全新的模式和流程,在支付结算、贸易融资等领域开展全面深入的合作,借助虚拟经济助推实体经济蓬勃发展,通过为中小企业提供便捷的融资服务,助其提升经营能力,健康成长。双方的合作体现了优势互补、强强联合、共同转型的战略意愿。

作为银行业进军互联网金融的先行者,2013年以来,中信银行在“再造一个网上中信银行”的战略目标指引下,积极推进金融业务网络化,加快创新网络金融特色产品,取得显著成效。在网络融资领域,中信银行首创业内“全流程不落地”网络信用贷款模式,依托于大数据分析技术,为客户提供7×24小时方便、快捷的服务。在网络支付领域,中信银行推出了异度支付品牌。异度支付APP集金融特色应用和增值服务于一体,定位于开放式公众平台,是一款真正互联网思维下的跨界产品。海尔选择中信银行正是看好中信网络金融的优势。

海尔集团连续5年蝉联全球大型家电品牌第一名,拥有巨大的市场及品牌影响力,其在客户黏性、市场扩展、用户体验上均有极大的发展潜力;并致力于通过互联网进行企业转型，搭建了家电行业的销售网、物流网和信息网，拟将海尔打造成虚实网融合的平台型企业，与中信银行的网络金融战略高度契合。

中信银行与海尔集团达成战略伙伴关系，开创了银行业与制造业在供应链领域合作的新模式。相信双方依托各自优势资源和互惠共赢的理念，将会结出丰硕的果实。

分析与思考：

中信银行与海尔集团战略伙伴关系的确立对中小企业融资有什么好处？

本章小结

分工的演变与制造模式的变化：从企业内部分工到企业间的分工、全球贸易的增长、供应链与供应链管理的兴起、供应链管理重心的延伸——从物流层面到财务层面是供应链金融产生的主要原因。供应链管理促使财务供应链整合、供应链金融市场潜在市场巨大、边缘化中的银行及其挑战的应对需要供应链金融。

供应链金融(Supply Chain Finance，SCF)，是商业银行信贷业务的一个专业领域(银行层面)，也是企业尤其是中小企业的一种融资渠道(企业层面)。供应链金融指银行向客户(核心企业)提供融资和其他结算、理财服务，同时向这些客户的供应商提供贷款及时收达的便利，或者向其分销商提供预付款代付及存货融资服务(简单地说，就是银行将核心企业和上下游企业联系在一起提供灵活运用的金融产品和服务的一种融资模式)。供应链金融体系包括供应链金融主体和供应链金融环境两个方面。供应链金融包括：资金的需求主体，即供应链上的节点企业；资金的供给及支付结算服务的提供主体，主要是商业银行为代表的金融机构；供应链金融业务的支持型机构，包括物流监管公司、仓储公司、担保物权登记机构；保险公司等监管机构，在国内，目前主要是指各级银监部门。供应链金融制度环境；包括相关法律环境和技术环境。

物流金融与供应链金融主要区别为：服务对象的差别、担保及风险的差别、物流企业的作用不同、异地金融机构的合作程度的差别。供应链金融的主要作用在于：它是企业融资新渠道、银行开源新通路，具有显著的经济效益和社会效益、供应链金融很好地实现了“物流”“商流”“资金流”“信息流”等多流合一。

关键概念

财务供应链管理　供应链金融

思考题

1. 财务供应链管理在提高供应链竞争力方面有什么作用？
2. 何为供应链金融？供应链金融与物流金融有什么联系与区别？
3. 开展供应链金融业务对经济发展有什么作用？

供应链金融的产品模式

保兑仓：让您发展无阻力[①]

在某著名品牌空调生产商的早会上，决策者们遇到了一个难题：由于空调行业的生产、销售在淡旺季差异较大，公司的销售回款和资金需求错配问题较为严重，这种错配问题降低了公司的资金使用效率，影响了公司的市场竞争力。此外，公司的下游经销商大多为贸易型公司，在银行的信用等级普遍较低，融资比较困难。资金的缺乏致使经销商的销售能力一直难以提高，尽管公司曾试图增加经销商的赊销额度，但这会造成公司应收账款的激增。

到底该怎么办？针对该空调生产商面临的问题，ZX银行选择保兑仓业务向其进行了推介。ZX银行的业务经理介绍：实施保兑仓业务的话，贵公司将作为核心企业，而银行会向贵公司的经销商融资，专项用于向贵公司预付货款。具体而言，银行根据经销商存入的保证金签发等额的《提货通知单》，贵公司凭银行签发的《提货通知单》向经销商发货，经销商销货后向银行续存保证金，银行再签发《提货通知单》，贵公司再凭银行签发的《提货通知单》向经销商发货。如此循环操作，直至补足敞口授信。贷款到期，如银行出具的《提货通知单》总金额小于到期授信金额，则贵公司负责对该差额部分以及由于逾期产生的逾期利息、罚息承担连带保证的责任（差额保证），或承担将该差额部分款项支付至ZX银行指定账户的责任（差额退款）。

通过ZX银行业务经理的介绍，该空调生产商决定开展保兑仓业务。于是该空调生产商召开了专门的经销商大会，将保兑仓业务向经销商做了宣讲，并在ZX银行业务经理的协助下，帮助很多家经销商现场办理了保兑仓业务。该空调生产商通过ZX银行保兑仓业务的介入，实现了对经销商的融资支持，从而增强了经销商的融资能力、扶持了经销商发展、提高了经销商的忠诚度。同时，公司自身的应收账款也大幅下降，财务状况得到了较大改善。

---

① 改编自中信“保兑仓”：让你发展无阻力.东北新闻网。

第一节　应收账款类融资

一、应收账款类融资的产生与内涵

1. 应收账款类融资的产生

应收账款类融资最早可以追溯到5000千年前巴比伦王朝的保理业务。不过，现有供应链金融中应收账款类融资的产生，与当今时代交易模式的发展密切相关。随着全球经济进入结构性过剩的时代，短缺经济已被过剩经济取代，买方市场已经形成。在市场交易中，无论是在国际市场还是在国内市场，赊销已经成为商品交易的主要模式。

据有关部门测算，在国际贸易当中，我国信用证的使用率已经降至16%，而在发达国家则已降到了10%以下，赊销基本上取代了信用证，成为主流结算方式。由于信用证付款方式日益衰微，赊销方式不断增长，应收账款类融资的发展潜力巨大。在国内贸易当中，以赊销为结算方式的商业活动占比已近80%。很多专家预测，国内赊销的广泛应用，将推动国内应收账款类融资的快速发展。

虽然赊销已经成为市场交易的主要模式，但是在赊销中，供应链上游企业面临巨大的挑战。首先，赊销会使供应链上游企业的经营成本上升。比如，赊销会占用供应链上游企业的流动资金，供应链上游企业不得不支付催收赊销款的费用。其次，赊销会使供应链上游企业的经营风险上升。比如，一笔3万元的坏账，账龄为1年，银行贷款利率按5%、毛利按3%计，则需要新增156万元的销售才可以补回成本，而这156万元又会产生新的利息费用，由此产生的其他费用还未计入。最后，赊销会使供应链上游企业的经营效率下降。比如，催款人员往往是业务骨干，财务部门也必须参与其中予以配合，供应链上游企业需要投入大量的人力和物力才能开展赊销，这必然会降低企业的经营效率。

赊销促进应收账款类融资的发展，在一定程度上源于供应链上游企业所面临的挑战。赊销的发展使供应链上游企业应收账款数额明显增多，管理应收账款已成为企业经营活动的重要问题。为了确保企业生产经营的持续性，供应链上游企业急需加快应收账款的变现，凭借应收账款进行融资。

2. 应收账款类融资的内涵

应收账款类融资是指供应链上游企业以其从核心企业取得的应收账款或权利作为主要担保方式，从银行获得融资的一种供应链金融。应收账款类融资既包括应收账款质押融资、国内保理、商业承兑汇票贴现等国内融资产品，也包括出口押汇、国际保理等传统的国际融资产品。保理是应收账款类融资的最基本形式，其他融资形式均可看成是保理的衍生。

应收账款类融资适用于以赊销为主要经营方式，供应链下游企业（即核心企业）信用状况较好的情形。应收账款类融资属于供应链上游企业以自身资产支持的一种融资产品，它以供应链上游企业应收账款作为还款来源，关注应收账款的质量和资金流控制，对供应链上游企业的信用状况和授信担保条件要求不高。实施应收账款类融资能帮助供应链上游企业提前回笼销售资金、降低销售财务风险、提高资金运用能力、改善企业财务报表结构。

二、保理

（一）保理的概念

保理（Factoring）是基于上游企业向核心企业销售货物（提供服务）所产生的应收账款，

上游企业将现在的或将来的应收账款转让给保理商(一般指银行或其附属机构,有时也有独立的保理商),保理商通过收购供应链上游企业的应收账款,向上游企业提供的贸易融资、销售分户账管理、账款催收、信用风险控制与坏账担保等一揽子综合性服务。

(1) 贸易融资。保理商可以根据上游企业的资金需求,收到转让的应收账款后,立刻对上游企业提供融资,协助上游企业解决流动资金短缺的问题。

(2) 销售分户账管理。保理商可以根据上游企业的要求,定期向上游企业提供应收账款的回收情况、逾期账款分析等,发送各类对账单,协助上游企业进行销售管理。

(3) 账款催收。保理商有专业人士从事追收,他们会根据应收账款逾期的时间采取有理、有力、有节的手段,协助上游企业安全回收账款。

(4) 信用风险控制与坏账担保。保理商可以根据上游企业的需求对核心企业核定信用额度。对于上游企业在信用额度内发货所产生的应收账款,保理商提供100%的坏账担保。

(二) 保理的起源

保理作为通过购买他人债权而获利的商业活动,其雏形始于5000年前的巴比伦王朝,但现代意义上的保理源于19世纪时期的美国,到了20世纪,现代保理在英美等国家迅速发展,并扩展到全球。

1. 美国起初的保理具有代理的性质

自16世纪美国成为英国殖民地之后,欧洲对美国的消费性商品出口持续增长。由于运输条件和通信技术的限制,加上欧洲出口商缺乏对美国市场和客户的了解,欧洲的出口商往往雇用美国当地的代理商代为销售货物。这些被雇用的代理商就是早期的保理商。在这一时期,保理商主要提供六项服务:市场销售、货物存储和批发、管理、收款、防范坏账和融资。

2. 美国现代国际保理的出现

到了19世纪末期,交通运输和通信技术有了进一步的发展,欧洲的出口商逐渐摆脱了对美国当地代理商的依赖,货物越来越多地被直接发运给买主。但是,欧洲出口商仍然需要规避资金收款的风险,他们仍然需要保理商提供融资和坏账担保,甚至还需要保理商提供预付款。

在这样的背景下,代理商逐渐转变为保理商,出口商逐渐转变为保理商的客户,并向保理商出售债权。保理商从原来的推销货物,逐渐转向处理出口商的应收账款,同时也为出口商提供债务人信用评估,并在一定的限额内承担债务人的信用风险。这样,现代国际保理便从保理商提供应收账款管理、坏账担保、直接收款中发展起来。

3. 英国早期的票据贴现业务

在很早以前,英国的商业银行就开办了票据贴现业务,但是由于票据贴现收入难以弥补债务人违约造成的损失,所以很多商业银行对票据贴现业务缺乏兴趣。但是,到了20世纪50年代初期,英国的很多金融公司发现向销售商做票据贴现融资,比向销售商直接放贷获得的收益更高。于是,这种票据贴现融资业务在英国得到迅速的发展,金融公司票据贴现业务在英国逐渐走向了成熟。

在开展票据贴现业务时,销售商向金融公司提交票据副本并附文件以出售债权,同时销售商担保债务人在未来的一定期限内履行付款。金融公司根据票据副本上注明的债权转让条款和销售商的担保承诺,在扣留费用之后,根据票据面值,按照一定比例向销售商放款。销售商利用自有资金或债务人的货款归还票据贴现款,也可以用新的票据贴现款冲抵之前的票据贴现款。

4．保理业务的迅速发展

20世纪60年代，美国的国际保理与英国的票据贴现在英国出现融合，并在世界市场上引起了较大的反响。到了20世纪70年代，英国的商业银行开始重视保理业务，并纷纷组建保理公司，英国的保理业务开始飞速发展。伴随着英国保理业务的繁荣，国际保理在欧洲大陆迅速发展。由于在东南亚和东亚地区，每年都有巨额的商品向欧洲和北美销售，所以紧随欧洲大陆之后，亚洲地区的保理业务也开始了迅速发展。

（三）保理的分类

由于保理的分类对保理的理论和实践至关重要，所以理论界和实践界纷纷提出了各自的划分依据。根据分类的数量，保理的分类有三分法、四分法、五分法、六分法、七分法、八分法等。本书采用四分法对保理分类。

1．按照是否通知核心企业转让事宜

按照是否通知核心企业有关上游企业应收账款的转让事宜，保理可分为明保理（Disclosed Factoring）和暗保理（Undisclosed Factoring）。

对于明保理，应收债权转让一经发生，上游企业立即以书面形式将债权转让的事实通知核心企业，指示核心企业将应付款项直接给付保理商，或由保理商委托上游企业作为收账代理人继续向核心企业收款，核心企业将有关款项付至上游企业在保理商处开立的账户，并由保理商直接扣收。

对于暗保理，应收债权转让一经发生，上游企业在转让之时并不立即通知核心企业，保理商仅委托上游企业作为收账代理人继续向核心企业收款，核心企业将有关款项付至上游企业在保理商处开立的账户后，由保理商直接扣收。

2．按照是否保留对上游企业追索权

按照是否保留对上游企业的追索权，保理可分为有追索权保理（Recourse Factoring）和无追索权保理（Non-recourse Factoring）。

对于有追索权保理，根据上游企业的申请，保理商受让其与上游企业因交易产生的债权，核心企业不论何种原因到期不付款时，保理商有权向上游企业追索，或按照保理合同的约定，上游企业有义务按照约定金额向保理商回购应收债权，应收债权的坏账风险由转让应收债权的上游企业承担。

对于无追索权保理，上游企业将其应收债权转让给保理商，在其所转让的应收债权，因核心企业信用问题到期无法收回时，保理商不能向上游企业进行追偿，所转让的应收债权的坏账风险完全由保理商承担。

3．按照是否发生在同一国境内

按照是否发生在同一国境内，保理可分为国内保理（Domestic Factoring）和国际保理（International Factoring）。

对于国内保理，上游企业将在国内销售商品或提供劳务所形成的应收债权转让给保理商，由保理商为其提供融资、信用风险控制、销售分账户管理和应收账款催收及坏账担保等各项相关金融服务。

对于国际保理，保理交易当事人及保理交易行为已超出同一国家的范围，保理财产涉及国与国之间的转移。国际保理可以进一步分为进口保理与出口保理。进口保理（Import Factoring）是指保理商与核心企业位于同一国家，为国外上游企业的应收账款提供保理，应收账款是因核心企业的进口而产生。出口保理(Export Factoring)是指保理商与上游企业位于同一国家,为上游企业因出口而产生的应收账款提供保理。

4. 按照额度是否可循环使用

按照额度是否可循环使用,保理可分为循环保理(Revolving Factoring)和非循环保理(Non-revolving Factoring)。

对于循环保理(Revolving Factoring),上游企业将核心企业在一定期限内的特定应收债权转让给保理商,保理商在核心企业或上游企业的最高综合授信额度内,为上游企业在核定的有效期内循环提供应收债权融资。

对于非循环保理(Non-revolving Factoring),上游企业将核心企业在一定期限内的特定应收债权转让给保理商后,对已发生的特定的一笔或若干笔商务合同项下的应收债权而设立的融资额度使用完毕后,保理商不再循环提供。

(四) 保理的基本形式

1. 明保理

明保理的最大特征体现在,当供应链的上游企业将应收债权向保理商转让时,会立即以书面的形式将债权转让的事实通知核心企业。

(1) 明保理的好处如下。

① 上游企业通过转让应收账款就可以从保理商处提前获得销售回款,从而加速资金的周转,避免资金被应收账款占用。

② 有助于核心企业从上游企业获得赊销的优惠条件,从而扩大营业额。

③ 有助于保理商开拓新的信贷市场,丰富融资产品,提高综合服务能力,也有助于保理商取得保理业务的中间费用。

(2) 明保理的业务流程(见图 3-1)如下。

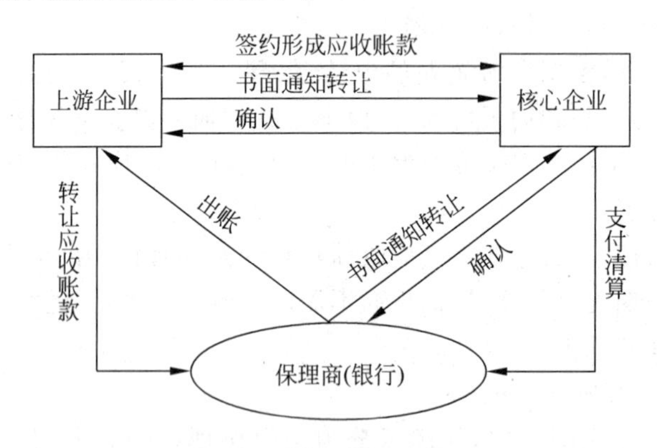

图 3-1 明保理的业务流程

① 供应链上下游企业达成购销合同,上游企业以赊销的方式销售,并取得应收账款。

② 上游企业因资金周转,需要将应收账款变现,通过与保理商协商,将应收账款转让给保理商。

③ 上游企业与保理商以书面通知的形式,将应收账款的转让情况告知核心企业。

④ 核心企业确认收到书面通知,并向上游企业和保理商反馈。

⑤ 保理商向上游企业提供融资。

⑥ 应收账款到期日前，核心企业向上游企业指定的账户支付，保理商扣除融资额后，将剩余的款项存入上游企业账户。

2. 暗保理

暗保理的流程类似于明保理，不同之处在于，上游企业向保理商转让应收债权时，不会将债权转让的事实通知核心企业。

(1) 暗保理的好处如下。

① 除了具有明保理的好处之外，手续比明保理更简便。

② 可用于核心企业比较强势，不愿意配合保理商和上游企业的情形。

③ 可用于上游企业有意隐瞒自己资金状况的情形。

(2) 暗保理的业务流程(见图 3-2)如下。

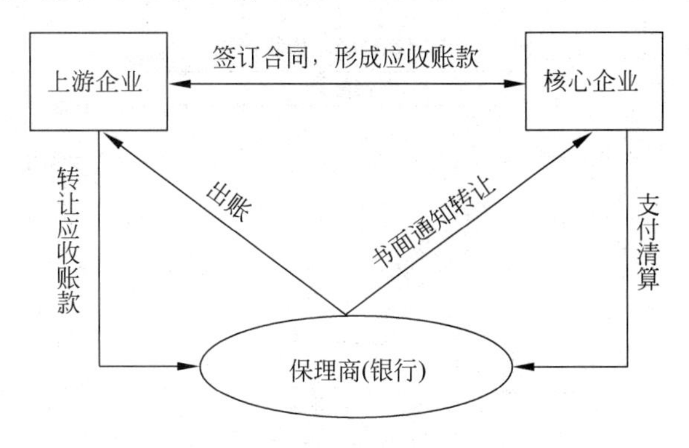

图 3-2 暗保理的业务流程

① 供应链上下游企业达成购销合同，上游企业以赊销的方式销售，并取得应收账款。

② 上游企业因资金周转，需要将应收账款变现，通过与保理商协商，将应收账款转让给保理商。

③ 保理商或以书面通知的形式将应收账款的转让情况告知核心企业，或不通知核心企业。

④ 保理商向上游企业提供融资。

⑤ 应收账款到期日前，核心企业向上游企业指定的账户支付，保理商扣除融资额后，将剩余的款项存入上游企业账户。

(五) 明保理实例

1. 背景

某供应链上游企业于 2013 年 12 月注册登记，注册资本 139 000 万元。公司主营业务：冶金设备、核电压力容器、传动件、起重运输水利设备、水泥桥梁设备、矿山设备、船用铸锻件、大型铸锻件及锻压设备等。

该企业拟售 1 580 毫米热连轧机设备给供应链核心企业，双方签订了总价款为 47 915.54 万元的供货合同。根据合同约定的结算方式，该业务大部分以赊销的方式进行交易，赊销金额约为 25 000 万元，账期 2 年。

2. 需求

供应链上下游企业的需求如下：

(1) 因供应链核心企业给予上游企业的账期较长，上游企业希望尽快将应收账款变现。

(2) 从提高自身融资能力角度考虑，上游企业希望将未到期应收账款移出资产负债表，并立即转换为销售收入，以改善财务报表。

(3) 核心企业同意在销售合同内不附加应收账款不得转让的条款，但上游企业与保理商的合作不得影响核心企业的既有账期。

(4) 核心企业同意确认应收账款转让通知书，并承诺(书面)还款至保理商的融资特户。

(5) 核心企业承诺及时出具相关商业证明(初验证明、终验证明等)，并在账期内及时还款。

3. 明保理方案

保理商为供应链上游企业设计的融资解决方案，如图 3-3 所示。

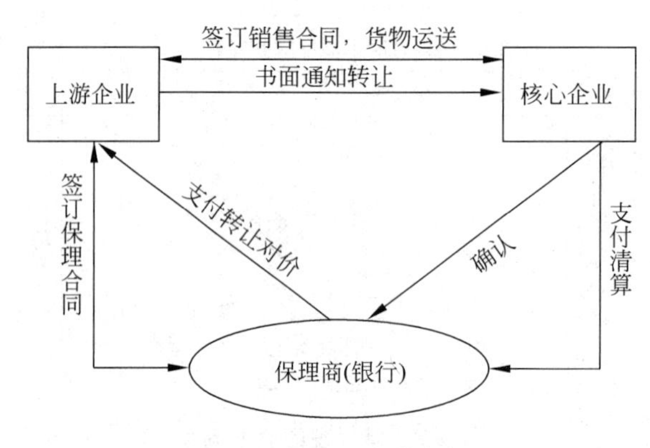

图 3-3 暗保理方案实例

(1) 上游企业与核心企业签订销售合同，上游企业在规定期限内将设备运送到核心企业。

(2) 上游企业与保理商签订保理合同。

(3) 上游企业书面通知核心企业已将应收账款债权转让。

(4) 核心企业出具承诺还款至保理商融资特设账户的承诺书。

(5) 保理商向上游企业发放融资款项。

(6) 核心企业按期向保理商支付清算。

三、保理的衍生形式

(一) 保理池融资

保理池融资是保理的衍生形式之一，是指上游企业将与核心企业形成的不同期限、不同金额的应收账款，或与不同核心企业形成的应收账款(包含不同期限、不同金额)，汇聚成应收账款池，一次性地转让给保理商，保理商根据应收账款池的余额，向上游企业提供贸易融资、销售分户账管理、账款催收、信用风险控制与坏账担保等一揽子综合性服务。

1. 保理池融资的好处

(1) 有助于上游企业挖掘零散的应收账款变现融资的潜力；

(2) 免去上游企业和保理商之间的多次保理手续，操作更便利；

(3) 便于保理商锁定上游企业所有的回笼款项。

2. 保理池融资的业务流程(见图 3-4)

(1) 供应链上游企业与下游核心企业之间形成多笔应收账款。

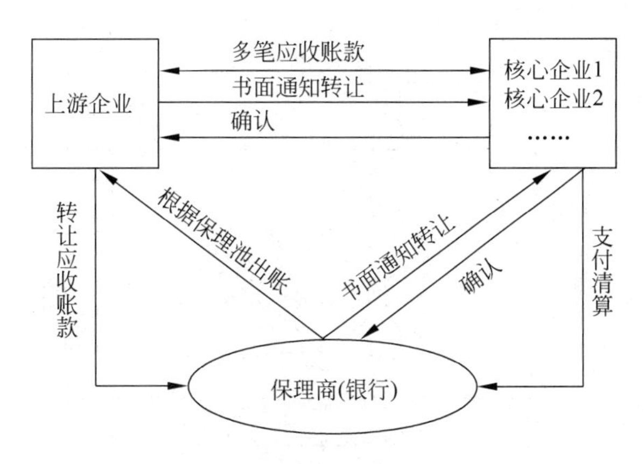

图 3-4 保理池融资的业务流程

(2) 上游企业因资金周转,需要将多笔应收账款综合起来变现,经过与保理商协商,将多笔应收账款形成应收账款池,并转让给保理商。

(3) 上游企业与保理商以书面通知的形式,将应收账款的转让情况告知下游的核心企业。

(4) 下游核心企业确认收到书面通知,并向上游企业和保理商反馈确认。

(5) 保理商向上游企业提供融资。

(6) 应收账款到期日前,下游的核心企业向上游企业指定的账户支付,保理商扣除融资额后,将剩余的款项存入上游企业账户。

(二) 票据池融资

票据作为一种重要的结算工具,在供应链上下游企业的结算交易中被广泛应用。票据是指以支付金钱为目的的证券,通常由出票人签名于票据上,约定无条件地由自己或另一人支付一定的金额,票据可以流通转让。常用的票据有本票、支票和汇票。

票据池融资是保理的一种衍生业务,是指上游企业将所持有的票据,汇聚成票据池,全部或部分向保理商质押,保理商根据票据池的余额,向上游企业提供贸易融资、票据托管、委托收款等一揽子综合性服务。

1. 票据池融资的好处

(1) 可以减少企业上游企业保管和托收票据的工作量。

(2) 解决上游企业资金使用与票据金额、日期不匹配的问题。

(3) 有助于银行吸引票据到期后的企业存款。

2. 票据池融资的业务流程(见图 3-5)

(1) 供应链上游企业与下游核心企业之间形成多笔结算的商业票据。

(2) 上游企业因资金周转,需要将票据综合起来变现,通过与保理商协商,将多笔票据形成票据池,并转让给保理商。

(3) 上游企业与保理商以书面通知的形式,将票据质押的情况告知下游的核心企业,也可不告知,具体根据票据的特征确定。

(4) 下游核心企业确认收到书面通知,并向上游企业和保理商反馈确认,也可不反馈,具体根据票据的特征确定。

(5) 保理商向上游企业提供融资。

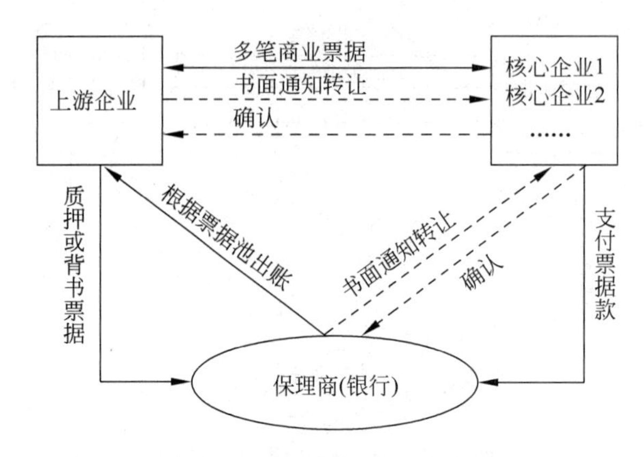

图 3-5 票据池融资的业务流程

(6) 票据到期日前，下游的核心企业向上游企业指定的账户支付票据款，保理商扣除融资额后，将剩余的款项存入上游企业账户。

(三) 反向保理

反向保理是保理业务的一个变种，是保理商与核心企业达成的融资业务，主要针对核心企业向其上游企业采购产品或服务所产生的款项，目的在于为核心企业的上游企业提供一揽子的融资、结算等综合服务。反向保理意味着，无论是哪一家上游企业持有核心企业的应收账款，只要取得核心企业的确认，上游企业都可以将其取得的应收账款转让给保理商，并从保理商处取得融资。

1. 反向保理的好处

(1) 有助于降低对上游企业进行保理融资的门槛；

(2) 银行可以深入了解核心企业，从而降低保理的系统风险；

(3) 适用于核心企业资信比较高，而其上游是大量小微企业的情形。

2. 反向保理的业务流程(见图 3-6)

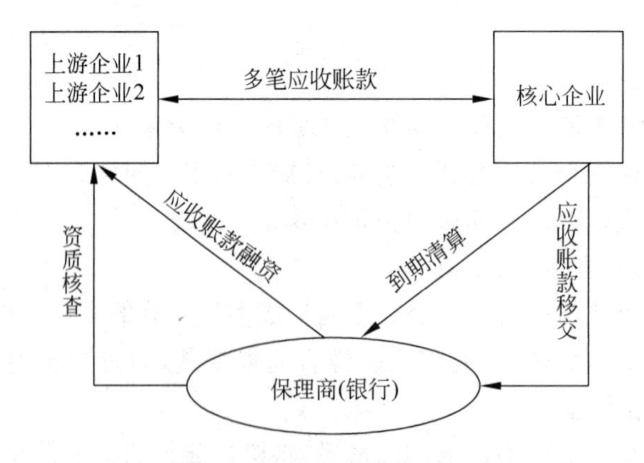

图 3-6 反向保理的业务流程

(1) 供应链上下游企业签订购销合同，上游企业以赊销的方式销售，并形成多笔应收账款。

(2) 下游核心企业将上游企业的应收账款移交给保理商，保理商对应收账款进行验证核实。

(3) 保理商对上游企业的资质情况进行核查，确认上游企业持有核心企业的应收账款。

(4) 保理商按照应收账款额度的一定比例向上游企业提供融资。

(5) 应收账款到期日前，下游核心企业向保理商指定的账户支付清算。

(四) 双保理

双保理是指由供应链上游企业指定的保理商，与供应链核心企业指定的保理商，共同完成上游企业应收账款的收购与受让，由双方的保理商共同提供贸易融资、销售分户账管理、账款催收、信用风险控制与坏账担保等一揽子综合性服务。

一般情况下，国际保理倾向采用双保理机制，分别由进出口双方企业所在国/地区的进出口保理商共同提供保理业务。双保理分为出口保理业务与进口保理业务，其中出口保理业务属于应收账款类融资范畴。

出口双保理业务是指出口企业将与进口企业签订销售合同所产生的应收账款转让给其指定的保理商，再由指定的保理商转让给国外进口企业指定的保理商。其中，出口企业指定的保理商为出口企业提供贸易融资、销售分账户管理服务，进口企业指定的保理商为出口企业提供应收账款催收及信用风险控制与坏账担保服务。出口双保理业务的还款来源为进口商的付款。

出口双保理的业务流程(见图 3-7)如下。

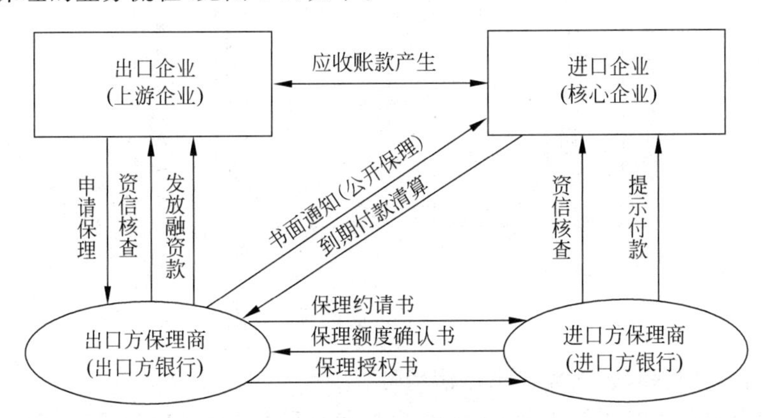

图 3-7　出口双保理的业务流程

(1) 出口企业对进口企业销售，形成应收账款。

(2) 出口企业因资金周转需要，申请将应收账款转让给出口方保理商进行融资。

(3) 出口方保理商对出口企业资信状况进行审查。

(4) 出口方保理商向进口方保理商发出约请书，请求进口方保理商评估进口企业资信状况。

(5) 进口方保理商对进口企业资信状况进行审查。

(6) 进口方保理商根据对进口企业的评估，向出口方保理商发出保理额度确认书。

(7) 出口方保理商向出口企业发放融资款。

(8) 出口方保理商向进口企业发出书面通知，告知应收账款转让情况。

(9) 出口方保理商向进口方保理商发出保理授权书，授权进口方保理商催收、控制并担保进口企业付款。

(10) 进口方保理商提示进口企业付款。

(11) 应收账款到期日,进口企业向出口企业指定的账户支付,出口方保理商扣除融资额后,将剩余的款项存入出口企业账户。

(五) 出口信用险融资

出口信用险融资是指出口企业将已投保的信用险赔款权益转让给保理商后,保理商向出口企业提供资金融通,当保险责任范围内的损失发生时,保险公司按照规定向出口企业理赔,并将理赔款直接支付给保理商。

1. 出口信用险融资的好处

(1) 零抵押、零担保,有助于解决出口企业融资难问题。

(2) 保理商和保险公司各司其职,分散了出口的风险。

(3) 适用于向高风险地区出口时,购买了出口信用险的出口企业,或向不了解进口商情况时,购买了出口信用险的出口企业。

2. 出口信用险融资的业务流程(见图 3-8)

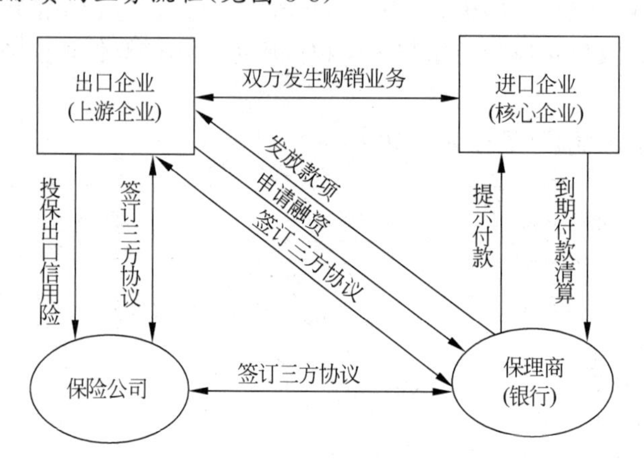

图 3-8 出口信用险融资的业务流程

(1) 出口企业向保险公司投保出口信用险。

(2) 出口企业因资金周转需要,申请将出口信用险转让给保理商进行融资,出口企业、保险公司与保理商三方面签订《权益转让协议》。

(3) 出口企业向保理商申请融资。

(4) 保理商根据三方协议以及对出口企业的审核,向出口企业发放融资款项。

(5) 保理商提示进口企业付款。

(6) 应收账款到期日,进口企业向出口企业指定的账户支付,用于归还出口企业的融资款,保理商扣除融资额后,将剩余的款项存入出口企业账户。

(六) 出口保理实例

1. 背景

某供应链上游企业是以精密仪器零配件制造为主的生产型企业,具备出口业务资质。2015 年,上游企业开始向外销方向发展,全年实现销售收入 1.2 亿元,净利润 1 000 万元,其中出口创汇 600 万美元,出口业务占比 40%。2015 年,该企业计划与排名世界 500 强的美

国R企业建立长期业务合作关系，R企业提出付款方式为赊销120天后付款。该上游企业分析，与R企业建立合作关系后，虽然企业对外销量至少会提高50%，但与R企业的合作会占用大量流动资金，企业的资金周转会出现困难。

2. 需求

(1) 上游企业希望尽快将应收账款转化为现金，及时补充现金流，提高企业运营效率。

(2) 人民币对美元汇率变化趋势不明朗，上游企业希望尽快结汇，降低企业的汇率风险。

(3) 因上游企业出口的产品退税率较高，希望尽快出具核销联，方便提前核销退税，提高资金使用效率。

3. 解决方案

针对上游企业的实际需求，出口方保理商在前期调查的基础上建议其采用出口保理方式操作。2015年下半年，上游企业在出口方保理商申请了多笔出口保理融资，均运行良好，既满足了美国R企业的付款条件，又保证了上游企业的健康运转，如图3-9所示。

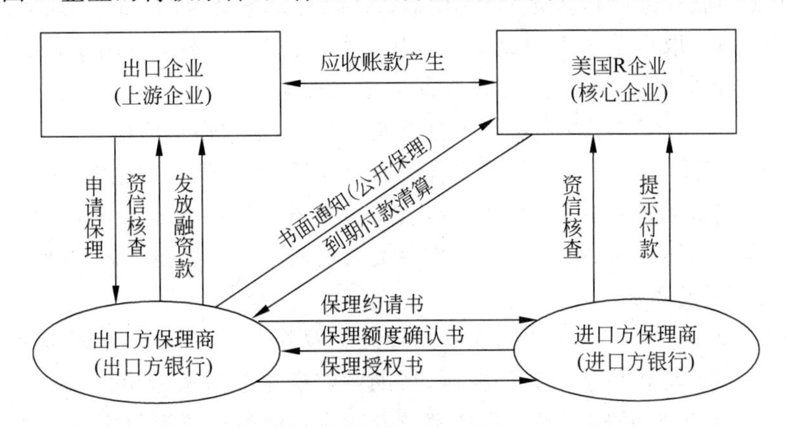

图3-9　出口保理的业务实例

(1) 出口企业向美国R企业销售，形成应收账款。

(2) 出口企业因资金周转需要，申请将应收账款转让给出口方保理商进行融资。

(3) 出口方保理商对出口企业资信状况进行审查。

(4) 出口方保理商向进口方保理商发出约请书，请求进口方保理商评估美国R企业资信状况。

(5) 进口方保理商对美国R企业资信状况进行审查。

(6) 进口方保理商根据对美国R企业的评估，向出口方保理商发出保理额度确认书。

(7) 出口方保理商向出口企业发放融资款。

(8) 出口方保理商向美国R企业发出书面通知，告知应收账款转让情况。

(9) 出口方保理商向进口方保理商发出保理授权书，授权进口方保理商催收、控制并担保美国R企业付款。

(10) 进口方保理商提示美国R企业付款。

(11) 应收账款到期日，美国R企业向出口企业指定的账户支付，保理商扣除融资额后，将剩余的款项存入出口企业账户。

第二节 库存类融资

一、库存类融资的产生与内涵

1. 库存类融资的产生

库存类融资的历史颇为悠久，公元前2400年在美索不达米亚地区就出现了谷物仓单，而在英国最早的流通纸币就是兑付银矿的仓单。现代意义上的库存融资始于美国，1916年美国颁布了《仓储存储法案》，对仓单质押做出了一系列系统的规定，库存类融资得以进一步发展。

随着全球经济一体化的深入，全球贸易和全球物流成为必然趋势，越来越多的物流企业出现并迅速成长。但是，很多物流企业发现，它们很难从传统的物流业务中寻找增长点，他们不得不从多个角度寻求利润。老牌物流企业UPS(美国联合包裹服务公司)就是其中成功的典范，早在1998年UPS就收购了美国第一国际银行，并将其并入UPS内部的UPS Capital(UPS金融服务公司)，从此UPS开始从物流与金融结合的角度寻找新的利润点，经过多年的努力，UPS取得了很大的成功。自从UPS物流与金融结合的模式取得成功之后，越来越多的物流企业开始对物流与金融的结合进行探索。

对于供应链企业而言，库存占用了大量的企业资金，这致使供应链企业错过了很多其他的赢利机会，但是充足的库存是销售稳定性的有效保证，所以供应链企业又不得不持有一定量的库存。供应链企业既要保证销售的稳定性，又要降低库存对资金的占用。就在供应链企业对库存水平反复权衡的纠结过程中，库存类融资成为颇具挖掘潜力的项目。

2. 库存类融资的内涵

库存类融资就是从供应链上下游企业与第三方物流企业的联系出发，借助第三方物流企业自身的信用或其对供应链货物的控制，帮助供应链企业解决融资需求的一种供应链金融产品。在实施库存类融资时，银行委托第三方物流企业履行监管职能，或者由第三方物流企业提供自身信用，供应链企业无须提供其他抵押即可获得融资，极大地方便了担保资源缺乏的供应链企业。

随着第三方物流的发展，货代、仓储、运输等物流企业与生产、贸易类企业的联系越来越紧密，第三方物流企业正逐渐渗透到供应链的各个环节。在供应链上下游企业之间，货物是最重要的联系纽带，因此，供应链金融必须要满足货物流通对资金融通的需求。

二、存货质押融资

(一) 存货质押融资的概念

存货质押融资是指供应链企业将银行能够接受的存货进行质押，并通过质押的存货来办理各种短期授信业务的融资方式。质押的存货包括原材料、半成品和产成品等，短期授信包括现金贷款、银行承兑汇票、商业承兑汇票和信用证等融资业务。

在进行存货质押融资时，供应链企业、第三方物流企业和银行签订三方合作协议，第三方物流企业受银行的委托，对供应链企业质押的货物进行监管，帮助银行占有质押的存货。根据是否可以自由换货区分，存货质押融资可分为静态存货质押融资和动态存货质押融资。

(二) 静态存货质押融资

静态存货质押融资是指供应链企业将存货质押给银行时，将存货送交银行指定的第三方物流企业进行监管，在第三方物流企业对仓库实施监管后，供应链企业不得以货易货，必须通过归还融资款进行赎货。

1. 静态存货质押融资的好处

（1）有利于供应链企业盘活积压的存货，扩大经营规模。

（2）不允许以货易货，银行的风险相对较低。

（3）适用于除了存货没有其他合适质物的供应链企业。

2. 静态存货质押融资的业务流程（见图 3-10）

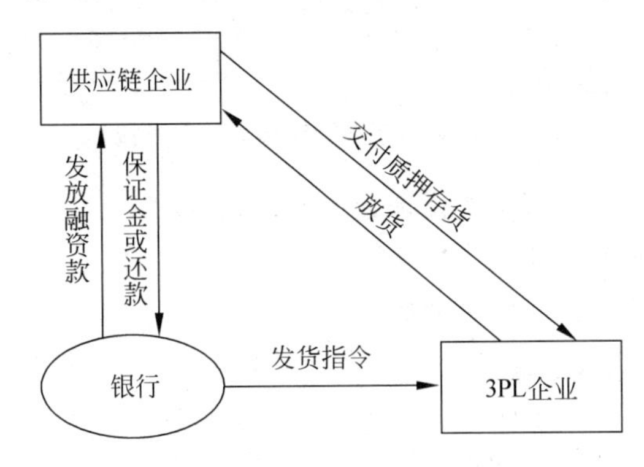

图 3-10　静态存货质押融资的业务流程

（1）供应链企业、银行与第三方物流（简称 3PL，后文同样）企业达成静态存货质押融资合同，供应链企业向第三方物流企业交付质押存货。

（2）银行对供应链企业进行授信，发放融资款。

（3）供应链企业向银行存入赎货保证金或归还融资款。

（4）银行向第三方物流企业发出放货指令。

（5）第三方物流企业向供应链企业放货。

（三）动态存货质押融资

动态存货质押融资与静态存货质押融资相比，放松了以货易货的规定。动态存货质押融资是指供应链企业将存货质押给银行时，规定了供应链企业保有质押存货的最低库存，在保证质押存货最低库存的前提下，只要入库的存货与原有存货同类、同质，供应链企业就可以自由办理以货易货，在此基础上供应链企业可以通过质押的存货办理各种短期授信业务。对于达到最低库存临界点以下的货物，供应链企业必须补足保证金或归还融资款后方可提取。

1. 动态存货质押融资的好处

（1）可以以货易货，质押存货不会对供应链企业生产经营活动产生太大影响。

（2）银行实施动态存货质押融资的成本小于静态存货质押融资。

（3）适用于供应链企业存货的品类较为一致，核定价值比较容易的情形。

2. 动态存货质押融资的业务流程（见图 3-11）

（1）供应链企业、银行与第三方物流企业达成动态存货质押融资合同，供应链企业向第三方物流企业交付质押存货。

（2）银行对供应链企业进行授信，发放融资款。

（3）在满足最低存货的前提下，供应链企业可以自由地以货易货。

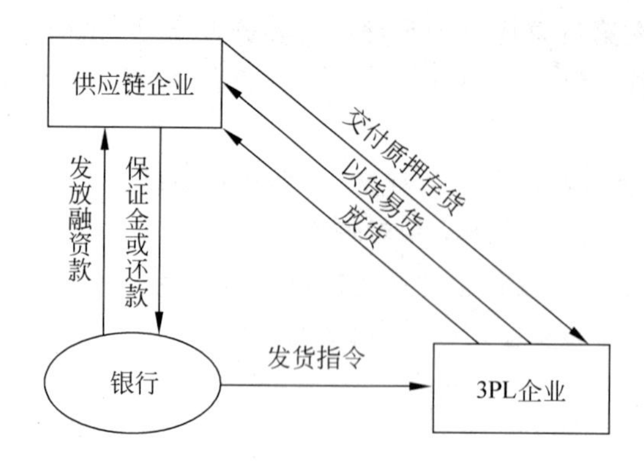

图 3-11 动态存货质押融资的业务流程

(4) 供应链企业向银行存入赎货保证金或归还融资款。

(5) 银行向第三方物流企业发出放货指令。

(6) 第三方物流企业向供应链企业放货。

(四) 动态存货质押融资实例

1. 背景

M公司是国内专注于家庭卫生杀虫系列产品研发生产的厂商，产品包括电热蚊香片、电热蚊香液、蚊香、杀虫气雾剂、杀蟑香、洗衣粉、洗洁精七大系列、近百个品种的产品族群。企业创办于20世纪80年代，是国内较早生产电蚊香的厂商。20世纪末，企业顺应时代发展，转换经营机制，在新的经营体制和激励制度下，企业发展迅速，年均增长率达到20%。为了便于业务开展，M公司计划收购当地的一家彩印包装有限公司和一家塑料制品有限公司，但是苦于缺乏资金，收购计划难以实施。

随着销量的增加，M公司建立了更多的生产基地，更多的产品线，而这些新的生产基地从投资到生产，再到形成销售收入所需的周期比较长，至少要一年多的时间。此外，占企业销售收入53%的蚊香、杀虫气雾剂等产品有明显的季节性特点，为了满足销售旺季的市场需求，必须提前生产，并保有充足的库存，高峰期企业自身的产成品库存价值达到1.5亿元。大规模的投资扩建加上库存对于资金的占用，企业的资金出现了缺口，M公司通过多方面的努力来筹措资金，但是始终未能解决资金难题。

2. 需求

(1) 资金缺乏成为收购计划实施的主要障碍，M公司希望取得充足的资金以完成既定的收购计划。

(2) 运营资金的缺口是M公司发展的瓶颈，M公司希望对高达1.5亿元的库存占用资金找到有效的解决方案。

3. 解决方案

M公司所在地的G银行为其提供了解决方案，即M公司可以其库存产成品作为质物向G银行融资3 000万元。G银行要求库存质押物存放于M公司的仓库内，但必须由制定的第三方物流公司K企业进行监管，价格以增值税发票为依据，市场价较低的情况下按市场最低价确认，质押率不高于50%。质物的质押期限自生产日期之日起不超过半年。此外，针对质物办理以G银行为第一受益人的足额财产保险，保险期限长于合同的约定期。

2015 年 6 月份，G 银行核定给 M 公司人民币综合授信总敞口额度 3 000 万元，包含流动资金贷款 3 000 万元，利率按基准上浮 20%执行，银承敞口 3 000 万元(50%保证金)，商票贴现、可贴现敞口额度 3 000 万元，可免保证金，利率随行就市，各授信业务品种之间的额度可互换，如图 3-12 所示。

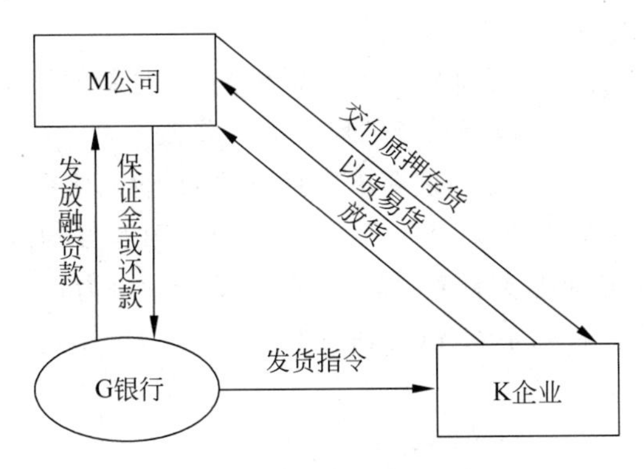

图 3-12　动态存货质押融资的实例

(1) M 公司、G 银行与 K 企业达成动态存货质押融资合同，M 公司向 K 企业交付质押存货。

(2) G 银行在授信敞口额度内向 M 公司提供贷款，M 公司也可以申请敞口额度内的银行承兑汇票或商业票据贴现。

(3) 在实际库存不低于质押库存下限的情况下，M 公司可以自由出货，K 企业按规定定期向 G 银行提交出入库报告。

(4) 当 M 公司需要低于质押库存下限的货物出库时，需向 G 银行存入相应赎货的保证金或归还贷款。

(5) G 银行收妥赎货保证金或相应贷款后，向 K 企业发出发货指令。

(6) K 企业凭银行指令放货给 M 公司。

三、仓单质押融资

(一) 仓单质押融资的概念

仓单质押融资是指供应链企业以其自有或第三方拥有的仓单作为质物向银行出质，并凭借质物向银行办理各种短期授信业务的融资方式。

仓单是指保管人向存货人填发的，表明双方仓储保管关系存在，并向持有人无条件履行交付仓储货物义务的一种权利凭证。仓单由第三方物流企业签发给存货人或货物所有权人，并记载有仓储货物的所有权，仓单持有人凭仓单可以随时向第三方物流企业提取仓储货物。仓单可分为普通仓单和标准仓单两种。

(二) 普通仓单质押融资

普通仓单质押融资是指由供应链企业以第三方物流企业填发的仓单作为质物，并凭借质物向银行办理各种短期授信业务的融资方式。

普通仓单是指由第三方物流企业自行制作的仓储物权利凭证。有时，供应链企业也会使用商品调拨单作为质物进行仓单质押融资。商品调拨单是由厂家签发的，对仓储货物的唯一提货凭证。普通仓单隐含第三方物流企业的信用，银行以其作为质物开展业务时，必须核实普通仓单的真实有效性，并为第三方物流企业核定相应的额度。由于普通仓单具有有价证券的性质，所以出具普通仓单的第三方物流企业需要具有很高的信用资质。

1. 普通仓单质押融资的好处

（1）利用仓单质押向银行贷款，可以解决供应链企业经营融资问题，争取更多的周转资金，从而扩大经营规模，提高经济效益。

（2）开展仓单质押业务可以增加银行的放贷机会，培育新的经济增长点。同时，因为有了仓单所代表的货物作为抵押，银行贷款的风险大大降低。

（3）第三方物流企业可以利用办理仓单质押贷款的优势，吸引更多的供应链企业进驻，从而保有稳定的货物存储数量，提高仓库利用率。同时，第三方物流企业还可以借此机会加强基础设施的建设，完善各项配套服务，提升企业的综合竞争力。

2. 普通仓单质押融资的业务流程（见图3-13）

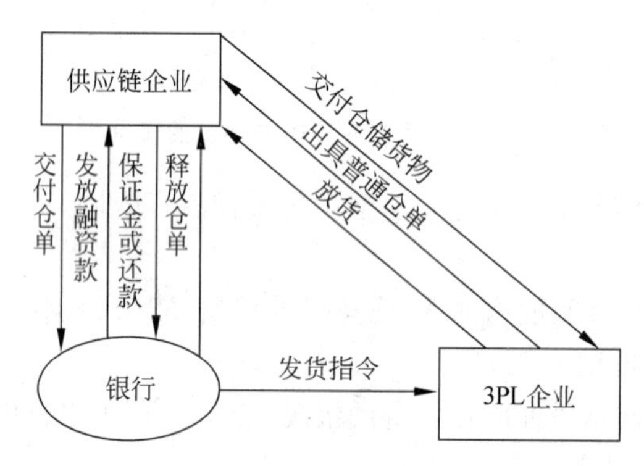

图3-13 普通仓单质押融资的业务流程

（1）供应链企业向第三方物流企业送交仓储物，并从第三方物流企业申请普通仓单。

（2）第三方物流企业向供应链企业出具普通仓单。

（3）供应链企业向银行交付仓单，并将仓单作为质物。

（4）银行向供应链企业进行授信，发放融资款。

（5）供应链企业向银行存入赎货保证金或归还融资款。

（6）银行将质押的仓单交回供应链企业。

（7）银行向第三方物流企业发出放货指令。

（8）第三方物流企业向供应链企业放货。

（三）标准仓单质押融资

标准仓单质押融资是指由供应链企业将自有或第三方拥有的标准仓单作为质物向银行出质，并凭借质物向银行办理各种短期授信业务的融资方式。

标准仓单是指符合期货交易所统一要求，由指定交割仓库在完成入库商品验收、确认合格后签发给货主，并经交易所注册生效的标准化提货凭证。标准仓单隐含交割仓库和期货交易所的信用，流通性和安全性要高于普通仓单。由于期货交易所能够保证标准仓单的提货权利，因此银行将其作为质物开展业务时，通常不需要对交割仓库和交易所核定额度。

1. 标准仓单质押融资的好处

（1）供应链企业实施标准仓单质押融资的手续较为简便，成本相对低廉。

（2）银行实施标准仓单质押融资的成本和风险都相对较低。

（3）标准仓单的流动性强，即使供应链企业出现违约，银行处理也相对便利。

2. 标准仓单质押融资的业务流程（见图 3-14）

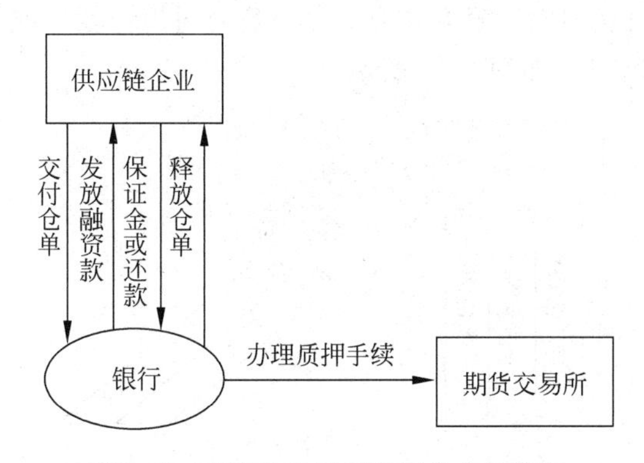

图 3-14 标准仓单质押融资的业务流程

（1）供应链企业向银行交付标准仓单，并将仓单作为质物。

（2）银行与期货交易所协商，并办理质押手续。

（3）银行向供应链企业进行授信，发放融资款。

（4）供应链企业向银行存入赎货保证金或归还融资款。

（5）银行将质押的仓单交回供应链企业。

（四）仓单质押融资实例

1. 背景

NS 油脂企业是江西省较大的油脂经销企业，企业年销售额突破 5 亿元，企业每年需要大量采购大豆，资金支出较大。NS 公司与 W 仓储企业建立了稳定的合作关系，采购的大豆 80%以上都存储于 W 仓库。G 银行业务人员详细分析了 NS 公司的情况，具体如下：

（1）NS 公司为当地龙头企业，资金运作能力较强，年销售规模较大，开发价值较大。

（2）大豆价格稳定，属于油脂加工的初级原材料，交易较为活跃，易于保存，符合质押物的基本条件。

（3）W 仓库为国储下属仓库，规模很大，操作规范，具备一定的违约赔偿能力。

（4）NS 公司为贸易类企业，所经销商品为其最大资产，缺乏其他的担保资源。

（5）NS 公司的日常销售量较大，需保持稳定的库存量，在一定时间内（如 3～6 月）不需要频繁换货。

2. 解决方案

在分析 NS 公司的具体情况后，G 银行采用了仓单质押方式为其提供融资。2015 年，G 银行接受 NS 公司提出的大豆仓单质押贷款的申请，授信金额为 700 万元。G 银行与 W 仓储企业、NS 公司签订了《仓单质押业务合作协议》，对授信金额、期限、质押率、仓单的质押、货物释放、资金用途等均作了明确规定。其中，质押价格以中国郑州粮食批发市场《中华粮网》公布的同期同品质的平均价格为准。

为控制质押仓单所列商品价格波动带来的风险，协议规定了警戒线和处置线。

警戒线：在质押仓单市值与授信本息之比小于等于 75%时，NS 公司在接到 G 银行书面通知后7个工作日内，采取追加仓单或部分(或全部)归还贷款措施，否则G银行有权宣布贷款提前到期。

处置线：在质押仓单市值总和与贷款本息之比小于等于70%时，G银行有权宣布贷款提前到期，要求NS公司立即偿还贷款本息。如NS公司拒绝偿还或无力偿还，由G银行委托机构对仓单实施拍卖转让，如图3-15所示。

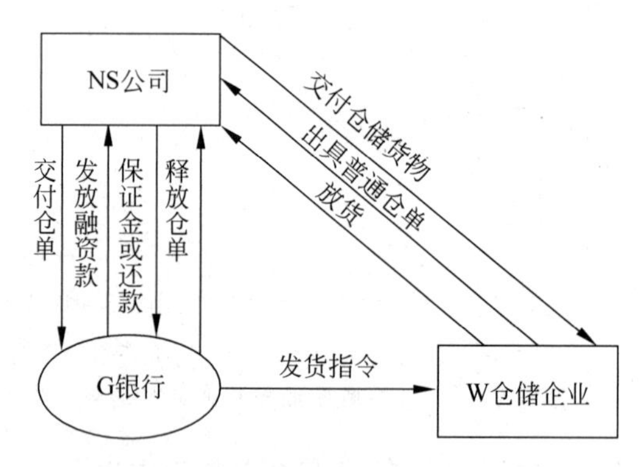

图3-15 普通仓单质押融资的实例

(1) NS公司向W仓储企业送交仓储物，并从W仓储企业申请普通仓单。

(2) W仓储企业向NS公司出具普通仓单。

(3) NS公司向G银行交付仓单，并将仓单作为质物。

(4) G银行向NS公司进行授信，发放融资款。

(5) NS公司向G银行存入赎货保证金或归还融资款。

(6) G银行将质押的仓单交回NS公司。

(7) G银行向W仓储企业发出放货指令。

(8) W仓储企业向NS公司放货。

四、融通仓融资

(一) 融通仓的概念

融通仓是存货类融资的衍生形式，其基本原理与存货质押融资类似。有学者指出，“融”即指金融，“通”指物资的流通，“仓”则是指物流的仓储。

实施融通仓时，供应链企业将原材料、半成品或产成品作为质物，存入第三方物流企业的仓库内，并通过质物向银行办理融资，质押在第三方物流企业仓库内的质物有最低库存界限的要求，只要质物在最低界限之上，供应链企业可以以款易货，或者以货易货。第三方物流企业除了要提供货物的运输、价值评估、监管与保管等业务外，还需要提供仓库，并将供应链企业的质物储存在仓库内。通常，融通仓有两种实现形式：质押担保融资，统一授信融资。

融通仓与存货质押很相似，但是有两个显著的不同之处：

(1) 在融通仓模式下供应链企业的质物必须置于第三方物流企业的仓库内，而存货质押则没有这样的要求。

(2) 在融通仓模式下第三方物流企业的作用和责任比存货质押要更大，甚至直接被银行作为授信对象。

（二）质押担保融通仓融资

质押担保形式的融通仓融资与存货质押的原理类似，在实施质押担保形式的融通仓时，供应链企业是质物的提供方和资金的需求方，第三方物流企业是融通仓的服务商，银行是融资的提供方。与存货质押的不同之处在于存货需要运至第三方物流企业的仓库，第三方物流企业需要承担更多的监管责任。

质押担保融通仓融资的业务流程（见图 3-16）如下。

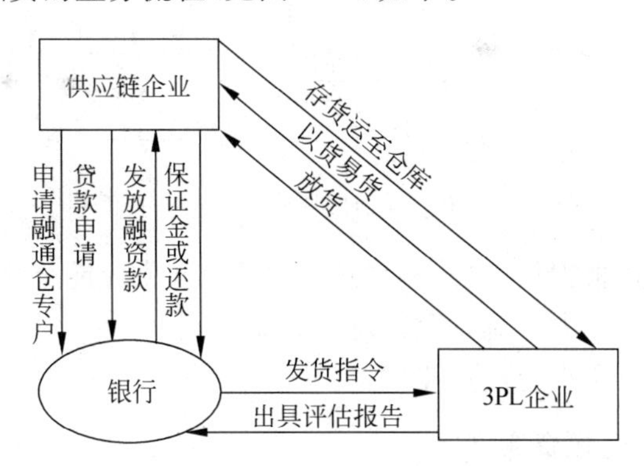

图 3-16　质押担保融通仓融资的业务流程

（1）供应链企业、银行与第三方物流企业达成质押担保融通仓融资合同，供应链企业在银行申请开具融通仓专户。

（2）供应链企业将存货运至第三方物流企业仓库，并向银行提交融资申请。

（3）第三方物流企业出具供应链企业存货评估报告。

（4）银行对供应链企业进行授信，发放融资款。

（5）在满足最低存货的前提下，供应链企业可以自由地以货易货。

（6）供应链企业向银行存入赎货保证金或归还融资款。

（7）银行向第三方物流企业发出放货指令。

（8）第三方物流企业向供应链企业放货。

（三）统一授信融通仓融资

统一授信融通仓融资是指银行根据第三方物流企业的规模、管理水平、运营情况，直接向第三方物流企业授信，第三方物流企业再利用供应链企业存放在监管仓库的货物作为担保物，向供应链企业进行授信。在实施统一授信融通仓融资时，第三方物流企业可以根据供应链企业的运营状况，灵活地提供质押贷款，银行基本上不再参与质押贷款的具体运作。

1. 统一授信融通仓融资的好处

（1）省去了很多复杂的质押贷款手续，节省了大量的时间。

（2）更容易调动第三方物流企业的积极性，规避监管的委托代理风险。

（3）适用于第三方物流企业资信水平较高的情形。

2. 统一授信融通仓融资的业务流程（见图 3-17）

（1）第三方物流企业向银行申请授信。

（2）银行对第三方物流企业进行信贷授信，给予第三方物流企业一定的授信额度。

（3）供应链企业向第三方物流企业质押存货，并进行授信额度申请。

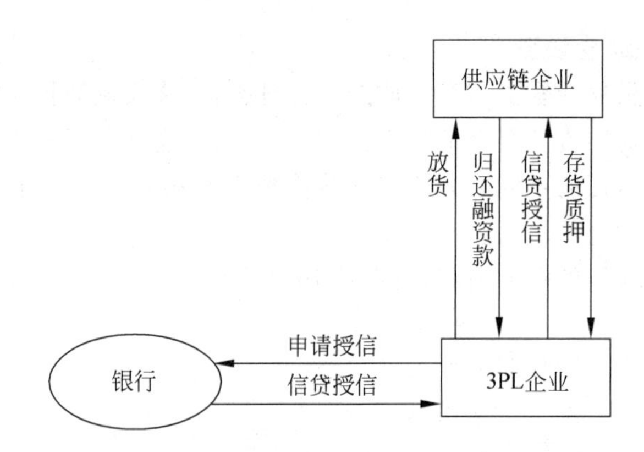

图 3-17 统一授信融通仓融资的业务流程

(4) 第三方物流企业根据供应链企业的资信状况,向供应链企业分解授信额度。

(5) 供应链企业向第三方物流企业归还融资款。

(6) 第三方物流企业向供应链企业放货。

(四) 质押担保融通仓融资实例

1. 背景

YH 公司成立于 2001 年,主营产品包括热板、冷板、不锈钢板、彩涂板、镀锌板、电镀锌板、镀锌镁铝板以及电工钢带等,主要用于汽车车体、家用电器外壳、空调设备机体、计算机机箱、机板等。YH 公司 80%的原料在国内市场采购,其中鞍山钢铁集团是 YH 公司最主要的供应商,而其下游客户大部分为从事家电、汽车、制冷设备以及家用计算机的大型生产企业。另外,还有一家专业的第三方物流公司 ZY 物流专门,负责 YH 公司下游客户的产品配送。ZY 物流希望能够同时负责 YH 公司供应商的物流业务,但由于 YH 公司对其认同度不足,该 ZY 物流迟迟未能打开 YH 公司的上游业务。

YH 公司的供应商和客户都是规模庞大,实力雄厚的大企业,在交易过程中 YH 公司几乎没有话语权。YH 公司从供应商采购产品时,往往是在签订合同后立即支付全款,YH 公司向客户交货时,往往给予一个延迟付款的期限。面对如此紧张的资金链状况,YH 公司不得不求助外部融资。2011—2014 年,YH 公司发展迅速,但是在业务量攀升的同时,YH 公司的资金链出现了前所未有的紧张。

2. 传统融资渠道分析

YH 公司外部融资的一般做法是求助商业银行,主要有三种方式:

(1) 信用贷款。这种方式一般对企业规模要求比较高,对财务报表的安全性要求比较高。但是 YH 公司不符合这些要求。

(2) 担保贷款。该方式要求实力较强、风险水平较低的第三方提供担保。但是担保公司提供担保服务会收取 3%～5%的担保费率,这种方式对 YH 公司得不偿失。

(3) 抵押授信。一般的抵押授信通常要求企业以自身的固定资产作为抵押,但是 YH 公司的固定资产占总资产的比例很低。

3. 解决方案

YH 公司通过融通仓解决了资金链紧张的问题。具体操作方法为:YH 公司与 G 银行和 ZY 物流签订三方协议。YH 公司一旦从其下游客户接到订单,便以采购的钢铁作为质物存入 ZY 物流,并以此向 G 银行申请贷款。

实施该融通仓方案可以充分利用 YH 公司的存货,极大地减少 YH 公司的预付账款,有效缓解 YH 公司的资金瓶颈,并降低 YH 公司的融资难度与融资成本。另外,实施该融通仓方案也为 ZY 物流提供了开拓业务的机会,如图 3-18 所示。

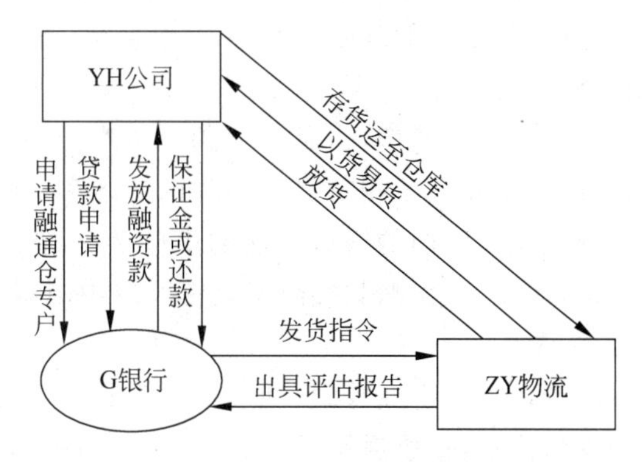

图 3-18　质押担保融通仓融资实例

(1) YH 公司、G 银行与 ZY 物流达成质押担保融通仓融资合同,YH 公司在 G 银行申请开具融通仓专户。

(2) YH 公司将存货运至 ZY 物流仓库,并向 G 银行提交融资申请。

(3) ZY 物流出具 YH 公司存货评估报告。

(4) G 银行对 YH 公司进行授信,发放融资款。

(5) 在满足最低存货的前提下,YH 公司可以自由地以货易货。

(6) YH 公司向 G 银行存入赎货保证金或归还融资款。

(7) G 银行向 ZY 物流发出放货指令。

(8) ZY 物流向 YH 公司放货。

第三节　预付账款类融资

一、预付账款类融资的产生与内涵

1. 预付账款类融资的产生

预付账款类融资最早可以追溯到信用证出现的年代,在国际贸易活动中,由于交易双方互不信任,买方担心预付货款后,卖方不按合同要求发货,而卖方担心提交货物后,买方不按时支付货款,因此需要信用度高的银行作为交易双方的保证人。银行在保证中使用的工具就是信用证,信用证是银行有条件保证付款的书面承诺。对于买方而言,信用证具有天然的预付账款融资的功能,买方只需要缴纳合同金额的一定比例作为保证金,就可以实现对卖方的采购。

近些年来,人们发现在中国的供应链运作实践中,处于供应链上游的核心企业往往可以通过不平等的贸易条件,将资金占用成本和财务成本转嫁给供应链下游的中小企业。面对上游核心企业的不平等贸易,供应链下游企业的资金压力非常大,经常出现资金无法满足生产经营需要的情况。但是,由于信用等级低,缺少担保物,供应链下游企业又很难从银行获得融资。供应链下游企业的资金缺乏极大地降低了供应链运作的效率，核心企业的经济效益也因此间接地受到了影响。

要提升供应链的运作效率，必须使下游企业取得融资。银行洞察了这一现象背后的原理，并从中找到了商机。银行通过开发了一系列融资产品为下游企业提供融资并从中获取收益。在这一系列融资产品中，最重要的就是预付账款类融资。应收账款类融资和库存类融资在国外被称为ARIF(Accounts Receivable and Inventory Financing)。ARIF以供应链企业自有的应收账款或库存作为融资的担保，是典型的以资产控制为基础的融资模式。由于有较为悠久的历史，ARIF在国外有了相对成熟的理论基础和实践应用。不同于ARIF，预付账款类融资在国内发展很快。国内的银行关注到供应链下游中小企业的融资需求，提供了更多的预付账款类融资，因此，预付账款类融资具有一定中国特色。

2. 预付账款类融资的内涵

预付账款融资是从供应链的下游企业着眼，基于下游企业和核心企业间的交易，针对下游企业向核心企业采购的支付需求，提供融资的一种供应链金融产品。由于预付账款类融资的担保基础，或是供应链下游企业向核心企业的提货权，或是发货、运输等环节的在途货物或库存货物，因此通常认为预付账款类融资是基于"未来存货的融资"。

供应链金融中的预付账款类融资与传统的用于支付预付款的授信业务存在明显区别。在传统业务中，银行在授信申请人落实相应担保后才会响应预付款的融资需求。而在供应链金融中，预付账款类融资具备自偿性，它通过对下游企业所采购的货物，在发货、运输、入库等环节所形成的在途货物和库存货物，向银行进行担保，并以其销售款作为还款来源。因此，预付账款类融资能够缓解供应链下游企业的财务压力，并能有效解决中小企业因缺乏担保资源而难以获得银行融资的问题。

二、先票(款)后货融资

(一) 先票(款)后货融资的概念

先票(款)后货融资是在核心企业与下游企业买卖关系的基础上，下游企业先缴纳一定比例的保证金后，将准备购买的货物向银行出质进行融资，并运用银行的融资款支付核心企业预付款，之后，银行按照下游企业的销售回款进度，通知行使监管职能的第三方物流企业逐步向下游企业释放质物的授信业务。

先票(款)后货融资可以看成是存货质押融资的发展和衍生。在下游企业利用银行融资款支付预付款后，在行使监管职能的第三方物流企业尚未收妥货物之前，银行对供应链下游企业的融资实际上无担保，只能认为供应链下游企业向银行出质的是融资项下的未来货权，因此又可以称先票(款)后货融资为货权质押融资。

(二) 先票(款)后货融资的业务流程

在实践中，当下游企业销售的产品为热销品时，往往会出现缺货和断供的情况，此时通过先票(款)后货融资提前预订，将有助于热销品的持续供应。

1. 先票(款)后货融资的好处

(1) 有助于供应链下游企业突破担保资源限制，解决采购预付账款不足的问题。

(2) 有助于供应链核心企业减少应收账款对资金的占用，降低资金使用成本，提高资金使用效率。

(3) 有助于银行有效带动负债业务，获得中间业务收入，提高综合收益。

2. 先票(款)后货融资的业务流程(见图 3-19)

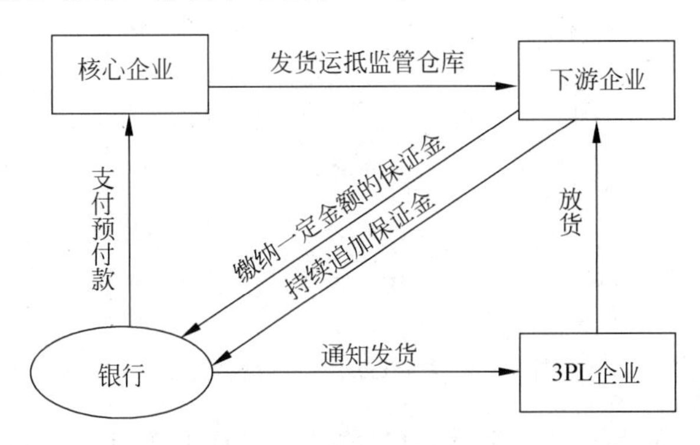

图 3-19　先票(款)后货融资的业务流程

(1) 供应链核心企业、下游企业、银行、第三方物流企业达成协议后，下游企业向银行缴纳一定金额的保证金。

(2) 银行对下游企业授信，并直接用于支付核心企业货物的款项。

(3) 核心企业向下游企业发货，直接将货物运抵第三方物流企业进行监管。

(4) 下游企业根据经营需要不断向银行追加保证金赎货。

(5) 银行根据下游企业追加保证金的金额，通知第三方物流企业发货。

(6) 第三方物流企业向下游企业发放部分货物。

(三) 先票(款)后货融资实例

1. 背景

NV 公司有限公司成立 2000 年 3 月，主营钢材、橡胶原料、散化工原料、塑料的销售，是多家钢铁集团的区域代理商。NV 公司通过对上游企业的预付货款锁定货源，经过加价后现货现款销售给下游企业，薄利多销。2015 年年底，因所在地区的基础设施建设、房地产建设项目增多，市场对钢材的需求量显著增长，钢材价格上涨趋势明显。另外，钢材市场的整体畅旺也迫使 NV 公司急需资金锁定货源。

2. 需求

(1) 钢材价格上涨趋势明显，NV 公司需要在价格上涨前保有充足的钢材。

(2) NV 公司急需大量的资金锁定供应商的钢材货源。

3. 解决方案

G 银行和 NV 公司、TY 钢铁集团、K 物流企业签订四方协议，由 TY 钢铁集团承担到期未发货的退款责任，付款时由 G 银行开立六个月银行承兑汇票，以 TY 钢铁集团作为收款人，承兑汇票开出后由 G 银行专人送至 TY 钢铁集团收款人处，并由 TY 钢铁集团收款人签收，TY 钢铁集团发货至 K 物流企业仓库，转为现货质押，NV 公司打款赎货进行销售，如果贸易合同未履行完全，则由 TY 钢铁集团将剩余款项退还给 G 银行，如图 3-20 所示。

(1) TY 钢铁集团、NV 公司、G 银行、K 物流企业达成协议后，NV 公司向银行缴纳一定金额的保证金。

(2) G 银行向 NV 公司授信，并直接用于支付 TY 钢铁集团货物的款项。

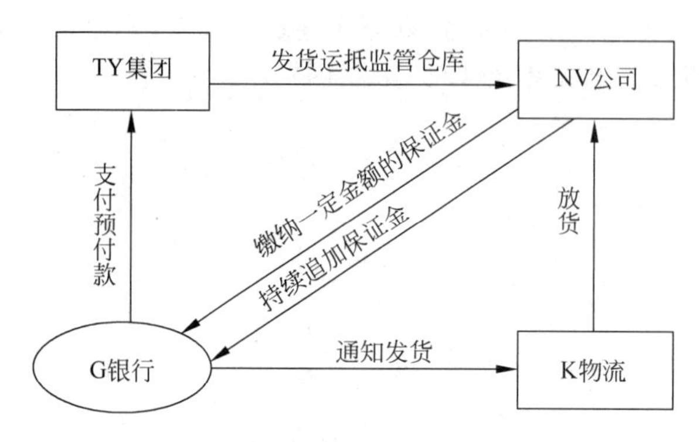

图 3-20 先票(款)后货融资的实例

(3) TY 钢铁集团向 NV 公司发货,直接将货物运抵 K 物流企业进行监管。

(4) NV 公司根据经营情况不断向 G 银行追加保证金赎货。

(5) G 银行根据 NV 公司追加保证金的金额,通知 K 物流企业发货。

(6) K 物流企业向 NV 公司发放部分货物。

三、保兑仓融资

(一) 保兑仓融资的概念

保兑仓是在核心企业与下游企业买卖关系的基础上,下游企业先缴纳一定比例的保证金后,银行向下游企业贷出全额货款,并用于支付核心企业预付款,下游企业出具全额提单向银行出质,之后,下游企业分批次向银行支付保证金,银行分批次通知核心企业向下游企业发货的授信业务。保兑仓融资又被称为担保提货融资,或卖方担保买方信贷融资,是先票(款)后货融资的发展和衍生。

在实施保兑仓时,银行根据下游企业的保证金签发等额的《提货通知单》,核心企业根据《提货通知单》向下游企业发货,下游企业销货后继续向银行存入保证金,银行再签发《提货通知单》,核心企业再根据《提货通知单》向下游企业发货,如此循环操作。授信到期时,如果银行出具的《提货通知单》总金额小于到期贷款金额,则核心企业对该差额部分以及由于逾期产生的逾期利息、罚息承担连带保证责任,并承担该差额部分及产生款项的退款。

(二) 保兑仓融资的业务流程

保兑仓的核心要点在于下游企业的销售能力和核心企业的保兑能力,保兑仓特别适用于下游企业在销售淡季向核心企业支付预付款,以此锁定优惠价格的情形,也特别适用于下游企业一次性付款以获取较大折扣的情形。

1. 保兑仓融资的好处

(1) 不占用下游企业的库存,而且有利于下游企业实施“淡季打款,旺季销售”的模式。

(2) 有利于上游核心企业取得预收款,并锁定未来的销售。

(3) 有利于银行将供货方与货物监管方合二为一,简化管理,降低风险。

2. 保兑仓融资的业务流程(见图 3-21)

(1) 供应链核心企业、下游企业、银行达成协议后,下游企业向银行缴纳一定金额的保证金。

(2) 银行向下游企业授信,并直接用于支付核心企业货物的款项。

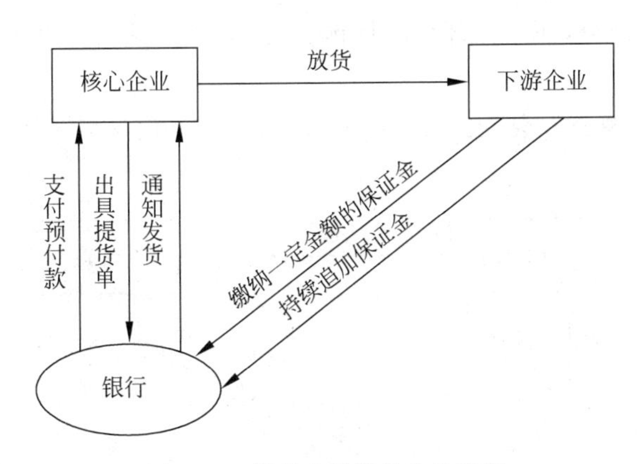

图 3-21　保兑仓融资的业务流程

(3) 核心企业向银行出具提货单用于质押。

(4) 下游企业根据经营需要不断向银行追加保证金。

(5) 银行根据下游企业追加保证金的金额，通知核心企业发货。

(6) 核心企业向下游企业发放部分货物。

(三) 保兑仓融资实例

1. 背景

MD公司是国内排名前三的品牌空调生产商，其产品极具市场竞争力。2015年，MD公司发现如下两个问题严重影响了企业的发展。

(1) 由于空调行业的生产、销售在淡季和旺季差异较大，销售淡季资金回笼最少的时候，正是生产旺季资金投入最多的时候，因此MD公司的销售回款和资金需求错配问题较为严重，这严重降低了资金使用效率，影响了市场竞争力。

(2) MD公司的下游经销商大多为贸易型公司，自有流动资金和固定资产相对较少，在银行的信用等级普遍较低，融资成本很高，融资渠道不畅通。资金不足致使下游经销商的销售能力一直难以提高。MD公司曾试图增加经销商的赊销额度来对经销商进行支持，但这造成MD公司应收账款大量增加，反而影响了其融资能力，效果非常不理想。

2. 解决方案

针对MD公司面临的两个问题，ZX银行分析了空调的市场特性和产品属性，发现空调市场更新换代较快、价格呈单向下跌趋势，不适合进行质押监管，因此ZX银行向MD公司推介了保兑仓业务。在推介过程中，ZX银行指出：

(1) 在保兑仓业务下，经销商在销售淡季、生产旺季通过向ZX银行融资大批量订货，并将采购货款一次性预付给MD公司，可以解决MD公司销售资金与生产资金错配的问题。但是，MD公司须向经销商明示销售淡季一次性付款的折扣，并鼓励经销商使用ZX银行的保兑仓产品。

(2) 通过保兑仓业务，MD公司可以借助ZX银行支持经销商的融资，从而增强经销商的融资能力、扶持经销商发展、提高经销商的忠诚度。同时，MD公司的应收账款将大幅下降，财务状况将得到较大改善。

(3) 在保兑仓业务开展过程中，MD公司虽然承担保兑责任，但其承担的仅是收款额与已发货金额间的差额部分，而差额部分的货物仍由 MD 公司控制，因此该业务不会增加 MD 公司的经营风险。

最终，MD 公司同意就保兑仓业务与 ZX 银行合作，并向 ZX 银行推荐了多家重要的经销商，如图 3-22 所示。

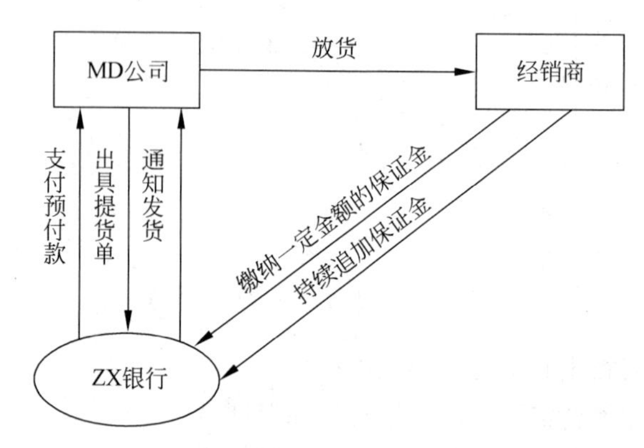

图 3-22 保兑仓融资实例

① MD 公司、下游经销商、ZX 银行达成协议后，下游经销商向 ZX 银行缴纳一定金额的保证金。

② ZX 银行向下游经销商授信，并直接用于支付 MD 公司货物的款项。

③ MD 公司向 ZX 银行出具提货单用于质押。

④ 下游经销商根据经营情况不断向 ZX 银行追加保证金。

⑤ ZX 银行根据下游经销商追加保证金的金额，通知 MD 公司发货。

⑥ MD 公司向下游经销商发放部分货物。

（四）买方信用证融资

1. 信用证的概念

信用证(Letter of Credit)，缩写为 L/C 或 LOC，是指开证银行根据申请人的要求和指示向受益人开具的，在一定期限内凭符合信用证条款的单据，即期或在一个可以确定的将来日期承付一定金额款项的书面承诺。在贸易活动中，由于交易双方互不信任，买方担心预付货款后，卖方不按合同要求发货，而卖方担心提交货物后，买方不按时支付货款，因此双方都需要信用度高的银行作为交易的保证人。银行在保证中使用的工具就是信用证，信用证是银行有条件保证付款的书面承诺。

一项约定如果具备了以下三个要素就是信用证：

(1) 开证行开出的确定承诺文件；

(2) 开证行承付的前提条件是相符交单；

(3) 开证行的承付承诺不可撤销。

2. 信用证的产生

信用证最早大概可以追溯到 12 世纪左右，但是银行出具的信用证从产生之初至今大概有二百年左右的历史，银行最初出具的信用证源于 19 世纪初的旅行信用证。旅行信用证是为了方便旅客到国外旅游时支付方便，由银行开具的信函式信用证。到了 19 世纪中期，海运的发展使提单被广泛使用，保险、公证和检验等中介机构的发展使保险单、检验证和履约证被广泛采纳，这些单证构成了最初的商业信用证。

随着国际贸易的发展，《跟单信用证统一惯例》逐渐发展起来，该惯例旨在使信用证在全世界范围内成为可靠的支付工具。后来在国际商会的推动下，《跟单信用证统一惯例》不断发展完善。国际商会在 1933 年颁布了第一版的《跟单信用证统一惯例》，后来历经了 1951 年的修订，1962 年的修订，1974 年的修订，1983 年的修订，1989 年的修订，1993 年的修订以及 2007 年的修订。伴随《跟单信用证统一惯例》的不断修订，信用证得到了越来越广泛的应用。

3. 信用证的分类

(1) 按照是否附有货运单据划分。

按照信用证项下的汇票是否附有货运单据，信用证可划分为跟单信用证和光票信用证。

跟单信用证是凭跟单汇票或仅凭单据付款的信用证。单据是指代表货物所有权的单据，或证明货物已交运的单据。

光票信用证是凭不随附货运单据的光票付款的信用证。

(2) 按照有无另一银行加以保证兑付划分。

按照有无另一银行加以保证兑付，信用证可划分为保兑信用证和不保兑信用证。

保兑信用证是指开证行开出的信用证，由另一银行保证对符合信用证条款规定的单据履行付款义务。对信用证加以保兑的银行，称为保兑行。

不保兑信用证是指开证行开出的信用证没有经另一家银行保兑。

(3) 按照付款时间不同划分。

按照付款时间不同，信用证可划分为即期信用证和远期信用证。

即期信用证是指开证行或付款行收到符合信用证条款的跟单汇票或装运单据后，立即履行付款义务的信用证。

远期信用证是指开证行或付款行收到信用证的单据时，在规定期限内履行付款义务的信用证。实际上远期信用证体现了信用证的受益人给信用证的申请人在付款时间方面的宽限。

(4) 按照受益人对信用证的权利可否转让划分。

按照受益人对信用证的权利可否转让，信用证可划分为可转让信用证和不可转让信用证。

可转让信用证是指开证行在信用证中要明确注明“可转让”，且只能转让一次的信用证。

不可转让信用证是指受益人不能将信用证的权利转让给他人的信用证。凡信用证中未注明“可转让”，即是不可转让信用证。

4. 国内信用证融资

信用证的出现主要是用在国际贸易当中，用于解决交易双方互不信任，买方担心预付货款后，卖方不按合同要求发货，而卖方担心在货物提交后，买方不按时支付货款。在信用证的使用过程中，客观上，买方实现了延期支付货款，特别是远期信用证。在国际贸易中，除了解决信任问题之外，实际上对买方来说，使用信用证结算还起到了短期融资的作用。

虽然信用证在国际结算中被广泛应用，但是由于种种原因，国内信用证一直没有被提上日程。到了 1997 年，中国人民银行为适应国内贸易活动的需要，正式推出用于国内企业商品交易的国内信用证。除了交易双方的地域范围均在国内之外，国内信用证与国际贸易中的信用证基本一致。

国内信用证是开证行依照申请人的申请开出的，凭符合信用证条款的单据支付的付款承诺。国内信用证是不可撤销、不可转让的跟单信用证。国内信用证适用于国内企业之间的交易结算，但只限于转账结算，不得支取现金。国内信用证的结算币种为人民币。

国内信用证融资的好处是：

(1) 有利于供应链下游企业节约成本，控制交易风险。

(2) 有利于供应链核心企业获得银行信用保证，并配套融资产品，有效解决供应链资金需求。

(3) 有利于银行取得中间业务收入和一定的存款沉淀，并控制授信风险。

国内信用证融资的业务流程(见图 3-23)如下。

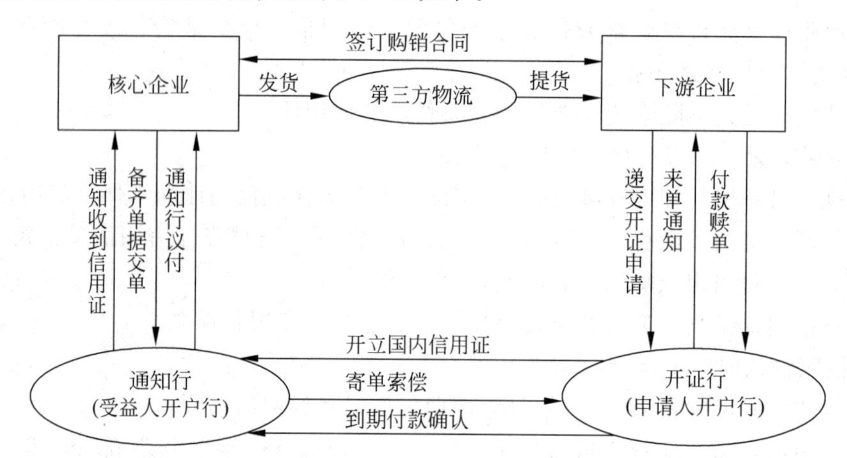

图 3-23 国内信用证融资的业务流程

(1) 供应链双方签订购销合同。

(2) 下游企业向开证行提交开证申请，申请开立可议付的延期付款信用证。

(3) 开证行受理申请，向通知行(受益人开户行)开立国内信用证。

(4) 通知行收到信用证并通知受益人(核心企业)。

(5) 核心企业收到国内信用证后，按照信用证条款和合同规定发货。

(6) 核心企业发货后备齐单据，向受益人开户行(通知行)交单。

(7) 受益人开户行向核心企业支付对价。

(8) 通知行(受益人开户行)将全套单据寄送开证行，办理委托收款。

(9) 开证行收到全套单据、审查单证相符后，向通知行(受益人开户行)发出到期付款确认书或付款。

(10) 开证行通知下游企业付款赎单。

(11) 下游企业向开证行付款，收到符合信用证条款的单据。

(12) 下游企业提货。

5. 进口押汇融资

进口押汇融资又称进口信用证押汇融资，是为处于供应链下游的进口企业提供的融资解决方案，是指进口企业的开证行为了缓解进口企业的短期资金困难，通过控制进口企业信用证下单据所代表的货权，并将其作为还款来源，而为供应链下游的进口企业进行短期授信的一种供应链金融方案。

当议付行(通常是收益人开户行)将单据交到开证行,开证行经过严格审单后无不符合点,或虽有不符合点但供应链核心企业及开证行双方都同意接受,开证行应在合理的工作时间内对外方的核心企业付款,并通知供应链下游企业赎单。此时供应链下游企业可能凭单付款有资金困难,为了缓解供应链下游企业的短期资金困难,开证行根据协议可以不立即向供应链下游企业收款,而是将到港后的货物转换为存货质押融资,为供应链下游企业办理进口押汇,待供应链下游企业出售货物收回资金后再进行付款。可见进口押汇既是信用证融资的发展和衍生,又是存货质押融资的发展和衍生。

进口押汇融资的好处:

(1) 下游进口企业可以利用少量的保证金扩大进口规模,取得商业折扣。

(2) 银行(开证行)扩大业务开发的范围,而且由于控制了货权,对应的风险并未显著放大。

(3) 适用于进口大宗商品的企业,以及需要扩大财务杠杆,降低担保成本的供应链下游企业。

进口押汇融资的业务流程(见图 3-24)如下。

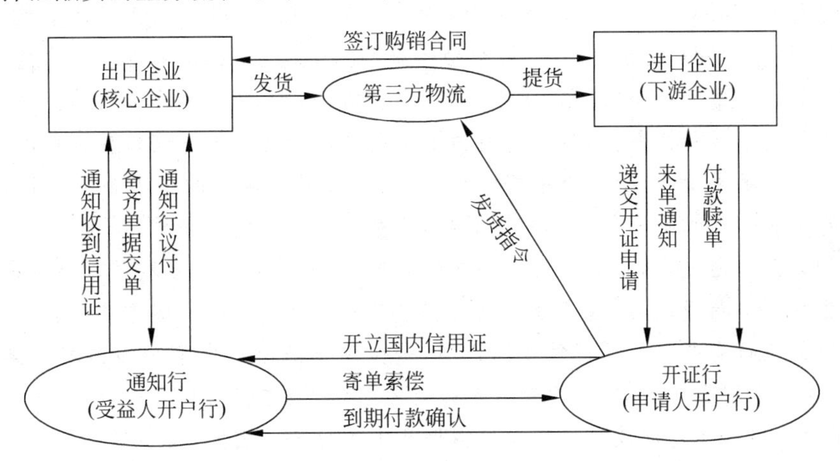

图 3-24　进口押汇融资的业务流程

(1) 供应链双方签订购销合同。

(2) 下游企业向开证行提交开证申请,申请开立可议付的延期付款信用证。

(3) 开证行受理申请,向通知行(受益人开户行)开立信用证。

(4) 通知行收到信用证并通知受益人(核心企业)。

(5) 核心企业收到国内信用证后,按照信用证条款和合同规定发货。

(6) 核心企业发货后备齐单据,向受益人开户行(通知行)交单。

(7) 受益人开户行向核心企业支付对价。

(8) 通知行(受益人开户行)将全套单据寄送开证行,办理委托收款。

(9) 开证行收到全套单据、审查单证相符后,向通知行(受益人开户行)发出到期付款确认书或付款。

(10) 开证行通知下游企业付款赎单。

(11) 下游企业向开证行交付保证金,办理进口押回。

(12) 开证行向第三方物流企业下达发货指令。

(13) 第三方物流企业向下游企业放货。

信用证融资"全攻略"①

沿海某进出口企业的董事长老王最近经常处于喜忧参半的状态,喜来自于企业产品的国际市场需求日渐扩大,市场部拉来的订单一天比一天多,看见这么大的市场和利润,每天看到销售总监,老王都想给他涨工资。但是每天经过隔壁的财务室,老王的心里就一沉——生意多了,钱反而不够了,订单的突然增多使企业的流动资金运转出现困难,原料采购需要及时付款,产品的生产需要垫资,国际贸易的货运和支付也要垫资,一算下来剩下的流动资金只够支撑目前订单20%产能的正常运转,而企业又没有什么固定资产可以抵押,无法向银行贷款,这下老王发愁了。

上面的情况是许多中国中小型进出口企业的共同困扰。中国统计局2009年1月21日发布的数据显示,2008年全年中国进出口总额2.2万亿美元,出口1.2万亿美元,进口1万亿美元,贸易顺差1 961亿美元。英国《金融时报》称,中国在2008年已经超越德国,成为全球出口的"冠军"。作为一个"冠军"国家,中小企业对外贸易额占进出口贸易总额的六成,但是其融资难题就好像待嫁剩女,越来越成为令人关注的问题——迫切希望被解决,而国际上动辄几百万美元的买卖,对于千万家资本少,但是又希望运转快的中小企业来说,不啻是一个个的千斤重担。但如果巧妙运用一些财技,不是不能"四两拨千斤"。

本案例以此为出发点,希望探讨一些在现有条件下,进出口企业利用国际贸易中比较常见的支付方式——信用证,融通资金,加快流转,节省资金成本的一些方法。

信用证是银行有条件的保证付款的证书,是国际贸易活动中常见的结算工具。其产生的原因是,在国际贸易活动中,买卖双方可能互不信任,买方担心预付款后,卖方不按合同要求发货,而卖方担心在发货或提交货运单据后买方不付款。因此,需要银行作为买卖双方的保证人,代为收款交单,以银行信用代替商业信用,银行在这一活动中所使用的工具就是信用证。在信用证的使用过程中,商业银行基于信用证开发了丰富多样的资金融通方式,以减少进出口企业的资金占用。信用证在国际支付过程中运转的流程如图3-25所示。

1. 进口商融资方式

(1) 开具信用证。

本融资方式发生在图3-25环节②。进口商到所在地银行进行开证(需提供环节①的合同和相关申请书),由进口银行开出信用证,此时一般要求企业缴纳相当于信用证合同金额的20%~30%作为保证金(信用证总额不能超过该企业在该行的授信额度),直至进口银行收到信用证对应的货物单据之后,才通知进口商付款赎单,进口开证流程完成。

此过程中,信用证起到天然的资金融通的作用,主要体现在企业只需要缴纳相当于信用证合同金额的20%~30%作为保证金(不同银行额度不同),即可避免在环节②至环节⑩这

---

① 改编自黄宽、张桢:信用证融资全攻略。

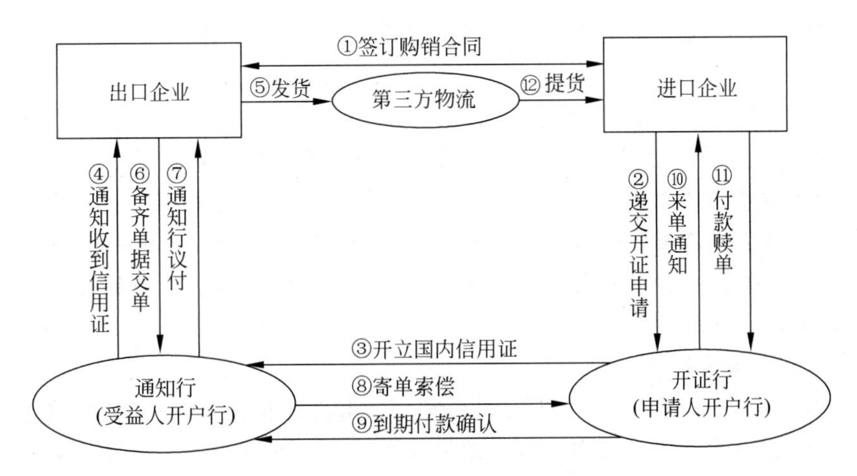

图 3-25　进出口贸易全流程示意

段时间相当于合同金额 70%～80%的资金占用，这无疑给企业的资金周转带来较大的空间。

子案例(1.1)：A 公司通过竞争得到一笔铝罐头的急单，要完成该笔订单需要价值 100 万元的电解铝作为生产原料，但 A 公司手头只有 30 万元流动资金作为该笔订单的预算，且无存货，而有一笔 70 万元的应收账款预计于 10 日之后才能收到，若等该笔款项收回，则要铝罐头拖延交货时间，并为此付出滞纳金。此时，A 公司负责人想到自己企业在本地 X 银行有信用证融资额度 100 万元，于是他决定从国外 B 公司进口电解铝，并通过 X 银行向 B 公司所在地银行开出即期信用证，而 A 公司向 X 银行缴纳 30 万元作为信用证保证金。10 日后这批电解铝到港，A 公司也正好收回 70 万元的应收账款，于是 A 公司向银行支付 70 万元赎单付款，从而获得该批电解铝，A 公司得以按时完成订单交货时间。该案例中，A 公司以银行信用证融资的利息作为代价，换来了一笔大单生意的成功，并且避免了延期交货产生的滞纳金。

(2) 进口押汇。

本融资方式发生在图 3-25 环节⑪及⑫。进口押汇是指进口商的开证行，收到出口方提交的信用证项下单据并审核无误后，开证申请人(即进口商)出现资金困难无力按时对外付款时，由开证银行先行代其付款，使进口商取得短期的资金融通。进口商办理了进口押汇后，信用证项下的货物所有权即归银行所有，进口商作为银行的受托人代替银行保管有关货物，同时保证在规定期限内用销售收入归还全部银行垫款。进口押汇是短期融资，期限一般不超过 90 天。

子案例(1.2)：某进口商有银行 100 万元的授信额度，此时进口商计划进行某项采购，预算为流动资金 20 万元，并计划用一笔预计 15 日收回的 80 万元的短期应收账款支付剩余款项。此时该企业用 20 万元作为保证金在银行开出信用证，进口了价值 100 万元的原材料(非急需)，卖方装船、开证行付款、货物到岸一切顺利，并耗费 15 日，此时有可能出现以下两种情况：

情况一：由于一笔 85 万元的应收账款未能收回，进口商出现流动资金周转困难，此时该进口商可向银行申请进口押汇，以换取资金运转的空间。

情况二：由于公司发现一个稳定可靠的投资机会，90 天内可以周转一次，且回报率超过银行进口押汇利率，则该进口商可以申请进口押汇。

(3) 提货担保。

若货物已到港，但图3-25环节⑧还未完成时，可用此种融资方式。当正本货运单据未收到而货物已到达进口商所在地时，信用证开证申请人(即进口商)可向银行申请开立提货担保函，交给承运单位先予提货，待取得正本单据后，再以正本单据换回原提货担保函。简单来说，提货担保就是在货物到港以后能立马提货，而不是货物到港以后，还要等收到出口商发出的货物单据再去提货，从而能避免压仓、减少仓储成本，防止不必要的经济损失。

2. 出口商融资方式

(1) 信用证打包贷款。

本融资方式发生在图3-25环节④、⑤之间。信用证打包贷款，是出口商在收到进口商开出的信用证以后，凭此信用证向银行贷款的业务。主要的功能是解决出口商在收到信用证后一直到备好货装船的过程中出现的资金缺口，使出口企业在资金不足的情况下，仍可以顺利地开展信用证项下的采购、生产等经营活动(信用证打包贷款具有专款专用的特点，即贷款必须用于信用证项下的采购、生产等活动，通常贷款金额不超过打包的信用证金额的80%)。

子案例(2.1)：A企业接到一笔国外订单，订单向A企业采购一批电子元件，A企业需要采购60万元的原材料进行生产，但此时A企业仅有30万元流动资金可供采购，于是A企业决定用该笔订单的进口商开出的信用证向本地银行借款30万元进行采购，并用最后的合同收入归还本金和利息。通过这种操作，A企业成功用30万元自有资金和交给银行的短期利息，得到了60万元投入才能得到的利润。

(2) 出口押汇。

本融资方式发生在图3-25环节⑤～⑦之间。出口押汇指的是出口商在备好货装船之后一直到收托结汇这段时间内，出口商将货物到港后向进口商收款的权利交给银行，向银行换取货物在出口地装船之后立刻的兑现的权利。通俗来说，就是用未来的现金，换取现在的现金，更快地收到货款。押汇一般有180天或者更多的时间期限。

出口押汇对于出口企业具有多种节省财务成本的功能：

① 加快了资金周转，应收账款提前转化成现金，而且不占用银行授信额度，可以腾出流动资金的贷款规模，缓解资金供求矛盾。

② 由于办理出口押汇后从银行取得的外汇款项可以办理结汇手续，对处于人民币对美元升值预期下的中国出口企业来说，可以避免或降低未来汇率变动所带来的损失。

③ 在外汇贷款利率较低的时期，押汇取得资金所付的利息，有可能小于同期人民币贷款利率下同等数额借款所应支付的利息，这就降低了财务费用支出。

④ 出口押汇所需要的银行利息较低，手续较简单，因此出口押汇可作为许多出口企业加速周转、规避汇率风险的财务工具。

子案例(2.2)：A公司有流动资金60万元，近期接到一笔价值100万元的玩具订单(人民币对进口方外汇汇率1∶4)，需要将60万元全部用于购买原材料，生产完工后A公司已按时按量备货装船(已完成图3-25中的环节⑤)。由于这期间A公司另接到一笔抱枕订单，急需向原料商订货，而原料商要求必须先款后货，若原料不能及时到位，则可能延误A公司对外交货，导致违约，这样除了会产生滞纳金外，还会影响企业信誉。而此时由于A公司流动资金全部投入玩具订单的采购，若要等装船到岸并且进口方付款起码需要10天时间，这必将导致延误抱枕订单的交货期。于是A公司向银行提出办理出口押汇，用今后向进口商收款的权利作为抵押，提前将当期汇率下400万美元中的240万美元结汇获得60万元人民币现金，完成了抱枕订单的采购。于是A公司付出了出口押汇的短期贷款利息和服务费，但得到了一笔抱枕订单的成功。

由于出口押汇不占用授信额度，A公司在该银行拥有的60万元授信额度不受影响，使得A公司能够充分利用自己的授信额度进行信用证打包贷款，完成了另一笔坐垫订单的采购与生产。

在办理出口结汇后，直至收到进口商付款的10天时间，A公司发现进口商用于支付的外汇对人民币贬值了5%，A公司若未办理出口结汇，则最后只能收到95万元人民币。而A公司提前通过出口押汇办理了60万元人民币的结汇(相当于10日前240万美元)，因此外汇贬值对于A公司的影响仅限于未结汇的160万元美元部分，即除60万元贷款以外，还能收取38万元，总共98万元人民币。出口押汇提前结汇为A公司节省了3万元人民币。

(3) 福费廷。

本融资方式也发生于图3-25环节⑤～⑦之间。福费廷(英文Forfaiting)，是一种出口商把经进口商承兑的，并按不同的定期利息计息的，通常由进口商所在银行开具远期信用证，无追索权地售予出口商所在银行的一种资金融通方式。简单来说，就是出口商把应收账款卖给银行，先拿回现金，并且不欠银行钱。其与出口押汇的不同点在于，出口押汇属于贷款，因此出口商仍拥有应收账款所有权，同时也负有还款给银行的责任，而在福费廷的情况下银行买断了应收账款，因此对出口商没有追索权。

福费廷对于出口企业的意义与出口押汇基本相同，可以加速资金回笼，同时避免或减小汇率变动的风险。同时，福费廷与出口押汇相比有两点优势：

① 可以起到改善财务报表的作用，因为用福费廷融到的资金在表上体现为应收账款减少与银行存款增加，而不同于押汇的短期借款增加。

② 采用福费廷业务后，卖方可立即获得核销单，可加快办理退税流程。

但在福费廷业务中，由于银行承担的风险较大，因此银行对办理该业务的出口企业有很严格的资质审核。

以上讨论的都是即期信用证的情况，另有远期信用证的情况，其实质是出口方给予进口方在付款时间上的宽限。进口方可以争取用远期信用证推迟付款时间，出口方也可以用远期信用证的较长付款时间争取客户，即期信用证和远期信用证没有本质区别，只不过远期信用证要比即期信用证付款时间长一些，仅此而已。

总之，进出口企业利用信用证在国际贸易的各个环节中，都能找到一些加快资金流转、规避收汇风险的一些银行信用证产品，利用好这些产品将让企业可以通过财务的手段达到“四两拨千斤”的效果。

分析与思考：

(1) 请绘制出进口押汇的业务流程。

(2) 出口押汇对于出口企业具有哪些节省财务成本的功能？

(3) 福费廷与出口押汇相比较有哪些优势？

本章小结

本章对供应链金融的三大类融资模式进行了介绍，包括应收账款类融资、库存类融资、预付账款融资。

应收账款类融资是指供应链上游企业以其从核心企业取得的应收账款或权利作为主要担保方式，从银行获得融资的一种供应链金融。库存类融资就是从供应链上下游企业与第三方物流企业的联系出发，借助第三方物流企业自身的信用或其对供应链货物的控制，帮助供应链企业解决融资需求的一种供应链金融。预付账款融资是从供应链的下游企业着眼，基于下游企业和核心企业间的交易，对下游企业向核心企业采购的支付提供融资的一种供应链金融。

通过本章的学习，可以了解到供应链金融三大类融资模式的基本原理以及具体的操作方式。

关键概念

应收账款类融资　库存类融资　预付账款融资　保理　明保理　暗保理　保理池融资　票据池融资　反向保理　双保理　存货质押融资　静态存货质押融资　动态存货质押融资　仓单质押融资　普通仓单质押融资　标准仓单质押融资　融通仓融资　质押担保融通仓融资　统一授信融通仓融资　先票(款)后货融资　保兑仓融资　信用证　国内信用证融资　进口押汇融资

思考题

1. 请简述保理的概念和分类。
2. 请结合图示阐述明保理及其业务流程。
3. 请给出保理的三个衍生形式，并结合图示给出说明。
4. 请简述存货质押融资的概念。
5. 请结合图示阐述动态存货质押融资及其业务流程。
6. 请举例说明仓单质押及其业务流程。
7. 请结合图示比较质押担保融通仓融资与统一授信融通仓融资。
8. 请结合图示阐述先票(款)后货融资及其业务流程。
9. 请举例说明保兑仓及其业务流程。
10. 请结合图示阐述进口押汇融资及其业务流程。

CHAPTER 第四章

供应链金融范式

深圳发展银行的"1+N"供应链金融[①]

自20世纪90年代开始，深圳发展银行就不断地归纳和总结银行在贸易融资方面成功的案例，并在此基础上推出了对中小企业和银行都有利的供应链金融业务，并在原来业务的基础上开创了新的市场，解决了国内中小企业融资难、贸易融资门槛高等方面的问题。

2003年，深圳发展银行在国内首先提出了"1+N"的供应链金融业务，所谓"1+N"是指：基于核心企业与供应链上下游企业的合作关系，深发展将上下游企业之间的贸易融资业务扩展到整条供应链，形成"1+N"供应链金融业务模式。这种融资方式从供应链的整体视角出发，其着眼点不在于解决单个企业的融资问题，而是为了给核心企业上下游的众多企业提供融资支持。"1+N"供应链金融有利于整条供应链企业间业务的开展。

深发展主要选择两种途径来开展这项"1+N"的供应链金融模式：一是从"1"到"N"，即指利用核心企业"1"在整条供应链中的实力和管理方面的优势，对"1"的上下游企业"N"开展融资业务。二是从"N"到"1"，这种情况一般是针对供应链上的核心企业为那些垄断型企业或政府型企业而采取的融资模式。深发展通过先开发核心企业的上下游企业"N"，积累银行对"N"的信誉，从而利用"N"对核心企业"1"的总体影响力，对"1"开展融资业务。

这种"1+N"的融资模式，从供应链的角度出发，促进了银行业务的增加，并为银行开发了许多客户。同时，银行对整条供应链提供了金融服务，加强了供应链企业与企业之间的合作，为供应链企业间的业务往来提供了方便。目前，深圳发展银行已经建立了比较完善的供应链金融体系，供应链金融的业务量一直持续高速增长，发展了一批又一批的客户，为其带来了可观的利润增长点。

第一节　供应链金融：一种特殊的服务供应链业务

一、供应链与供应链管理

（一）供应链的概念与特征

客户需求的多样化与市场竞争的不断加剧，促使越来越多的企业开始专注于核心业务

① 改编自供应链金融的中国故事，汤曙光，任建标，银行供应链金融：中小企业信贷的理论、模式与实践。

能力的培育，并将不擅长和相对低价值的业务进行外包。伴随企业不断追求产品与服务质量的提升，同时实现成本的降低，这种“专注”与“外包”呈现日趋精细的趋势。越来越精细的外包，使外包的管理变得日益复杂。在这样的背景下，需要有一个核心企业负责整个生产与服务过程的协调，供应链的概念由此应运而生，并且得到迅速发展。

一般而言，供应链是指围绕核心企业，基于对商流、物流、信息流和资金流的集成，将供应商、制造商、分销商、零售商一直到客户有效连成整体的复杂网络。一个企业是一个节点，节点企业和节点企业之间是一种需求与供应关系。供应链主要具有以下特征。

1. 复杂性

因为供应链节点企业组成的跨度（层次）不同，供应链往往由多个、多类型甚至多国企业构成，所以供应链结构模式比一般单个企业的结构模式更为复杂。

2. 动态性

供应链管理因企业战略和适应市场需求变化的需要，其中节点企业需要动态地更新，这就使供应链具有明显的动态性。

3. 面向用户需求

供应链的形成、存在、重构，都是基于一定的市场需求而发生，并且在供应链的运作过程中，用户的需求拉动是供应链中信息流、产品/服务流、资金流运作的驱动源。

4. 交叉性

节点企业可以是这个供应链的成员，同时又是另一个供应链的成员，众多的供应链形成交叉结构，增加了协调管理的难度。

（二）供应链管理的概念及演变

20 世纪 80 年代，惠普公司（HP）提供的产品种类多达 22 000 多种，其生产基地和研发中心分布在全球 16 个国家，销售和服务中心分布在全球的 110 个国家。研发、生产和销售中心之间错综复杂的关系和业务流程，使惠普公司的产品供应环节出现了很多瓶颈。为了缓解这些瓶颈，惠普公司不得不通过提高产品的库存来满足客户的需求。但是随着客户个性化需求的飞速增长，惠普公司的库存成本不断攀升，客户的满意度却在不断下降。

在这样的背景下，惠普公司面临着库存成本攀升和客户满意度下降的双重考验。为了解决这两个问题，惠普公司的决策层通过严密的测算，提出了供应链的运作模式，并依据供应链的布局来设定仓库。经过不懈的努力，惠普公司通过供应链运作和分散库存的设定，解决了库存成本和客户满意度下降引起的双重问题，极大地提高了赢利。惠普公司供应链组织模式的成功，受到了广泛的关注，供应链管理开始进入人们的视野。

一般而言，供应链管理是在满足一定客户服务水平的条件下，为了使供应链运作成本最小化，通过核心企业对供应链的参与主体及其生产活动有效计划、组织、协调、控制的管理方法。自惠普公司凭借供应链管理取得成功之后，其供应链管理的运作模式被总结出来，形成了最早的供应链管理模型：H-P 供应链管理模型。之后，供应链管理模型又得到了不断的演化和完善。

1. H-P 供应链管理模型

H-P 模型是一个较早的供应链管理框架模型，该模型是根据惠普公司供应链运作的经验总结出来的。H-P 供应链管理模型认为供应链是一个产品生产和配送的网络，网络包括加工原材料、将原材料转化为中间产品、将中间产品转化为最终产品、将最终产品配送到客户手中等多个环节。同时 H-P 供应链模型还涉及采购、制造和配送等多项业务活动。惠普公司的供应链管理模型如图 4-1 所示。

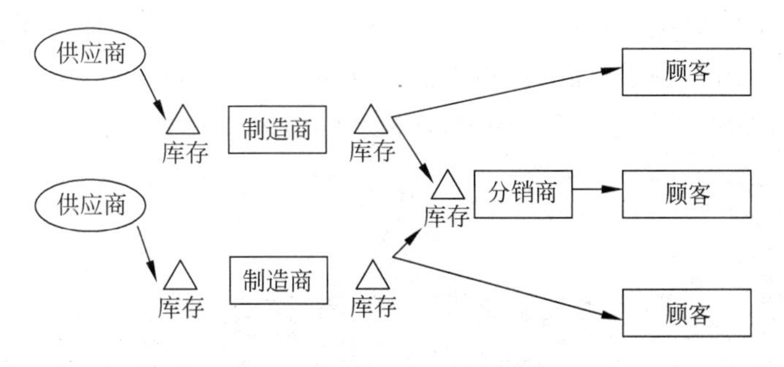

图 4-1　H-P 供应链管理模型

2. SCOR 供应链管理模型

供应链运作参考模型(SCOR 模型)是另一个供应链管理模型。该模型由国际供应链协会(Supply Chain Council)提出,发表于 1996 年,是一个被广泛接受的供应链模型。SCOR 模型以制造商为中心,通过从上游供应商到下游客户之间的供需关系,描述了用来满足需求的各个业务活动。SCOR 模型认为整条供应链的业务活动主要包括计划、采购、生产、配送和退货五个业务流程。计划是指在评估企业生产能力的基础上,制订采购、生产和配送的计划。采购是指企业获取、检验、接收(拒收)与发送物料等活动。生产是指企业在获取物料后,进行产品的制造、测试、包装以及出货等活动。配送是指将产品在指定的时间内送到指定的地点,包括订单管理、产品库存管理、产品运输管理以及配送管理等。退货包括原料退回和产品退回。原料退回是指将原料退还给供应商,产品退回是指将产品从客户手中退还给销售企业。相对于 H-P 模型,SCOR 模型更加翔实地表述了供应链的业务活动,更加清晰地界定了供应链上下游企业之间的业务关系。该模型如图 4-2 所示。

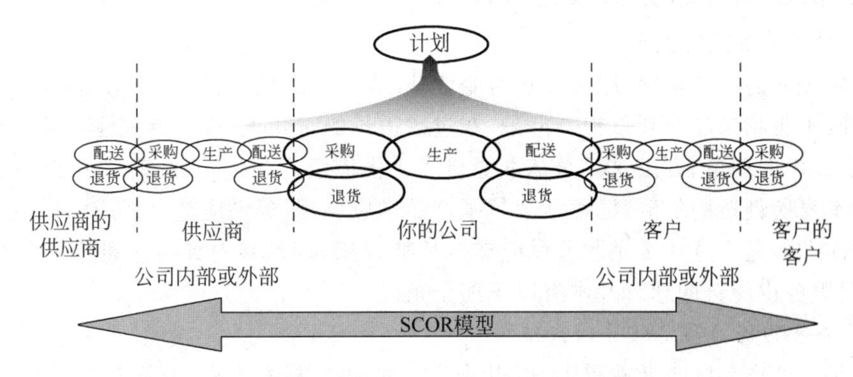

图 4-2　SCOR 供应链管理模型

3. GSCF 供应链管理模型

全球供应链论坛(Global Supply Chain Forum)在描述供应链管理模型时,抽象出了更多的业务流程,提出了全球供应链论坛(GSCF)供应链管理模型。全球供应链论坛认为供应链是从供应商到最终客户的多种业务流程的集成。通过供应链的各个业务流程,供应商可以为客户提供产品、服务和信息。供应商与客户等供应链的利益相关者也因此获取收益和价值。在GSCF供应链的基本框架中，供应链业务流程是核心，GSCF供应链的基本框架包括客户关系管理(Customer Relationship Management)、客户服务管理(Customer Service Management)、需求管理(Demand Management)、订单执行(Order Fulfillment)、生产流程管理(Manufacturing Flow Management)、采购(Purchase)、产品研发和商业化(Product Development and Commercialization)以及退货(Return)八个业务流程。将业务流程展开之后，就可以构建出GSCF供应链管理模型，该模型的结构如图4-3所示。

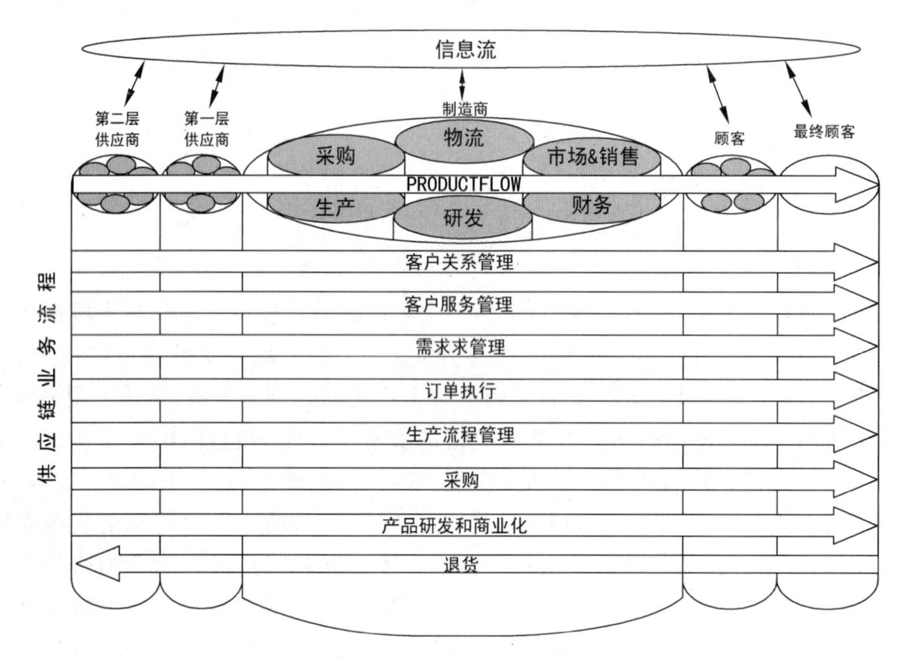

图4-3 GSCF供应链管理模型

二、服务供应链与服务供应链管理

(一) 服务供应链的概念

由于服务业的快速发展，服务要素对企业获取竞争优势所发挥的作用越来越大，服务供应链在实践中也越来越受到重视。但是，在过去很长的时间里，理论界关注的都是产品供应链，学者们提出的理论、方法、模型，基本都与产品供应链有关。虽然如此，在很多服务领域服务活动本身所创造的价值，已逐渐超越了产品供应链，服务供应链已经成为供应链管理领域的新方向。但是究竟什么是服务供应链？长期以来，理论界对此有多种不同的理解。概括来说，对服务供应链的理解基本有以下四个角度。

1. 服务采购视角界定服务供应链

企业采购的产品既包括看得见、摸得着的实物，也包括看不见、摸不着的服务。比如，汽车制造厂采购的汽车轮胎就是实实在在的实物，而该汽车制造厂为了处理法律合同，从律师事务所获取的法律服务，就是看不见、摸不着的服务。从服务采购的视角对服务供应链进行界定，主要是从采购服务的角度来讨论服务供应链的形成，认为服务供应链是指由一级一级地服务采购构成的供需关系网络。

2. 服务生产视角界定服务供应链

服务生产的视角试图通过回答“服务是如何产生的”这一问题来界定服务供应链。在服务生产视角下，产品供应链管理的概念，也可以应用于服务领域，并把服务行业的供应链称为服务供应链。服务生产视角的最大特点在于将服务供应链看成是二元性网络结构，客户是服务供应链的终端消费者，是服务的最终购买者。同时，客户在消费服务的过程中需要提供需求信息和个人观点，甚至直接参与服务的生产流程，所以客户又是服务的生产者，客户具有消费者和生产者二元性特征。

3．附加服务视角界定服务供应链

当企业向客户销售产品的时候，通常会提供物流、售后维修、质量三包等附加服务。这些嵌入在产品供应链中的附加服务，对企业运营至关重要。从附加服务的视角看，服务供应链主要是产品供应链中与服务相关的环节。附加服务视角下的服务供应链管理，注重寻求兼顾最优服务和最低成本的经营方式。认为服务供应链是企业为了支持产品的售后服务，在物料的计划、运输和修理活动中形成的供应链系统。

4．客户服务视角界定服务供应链

在客户服务的视角下，学者们将客户看成供应链的核心环节，认为供应链的全部活动都应该围绕着客户的需求展开。在客户服务的视角下，服务供应链是指承担各种服务要素整合和全程管理的系统服务集成供应商，为了响应客户请求并为客户提供集成化的服务，向其他外包服务供应商外包部分服务性活动，并将客户需求逐级分解，从而构成的供需系统结构关系。

（二）服务供应链管理的概念

2004年埃拉姆等学者发表《理解和管理服务供应链》论文，提出了服务供应链管理模型。他们认为服务供应链管理是从最上游的供应商到最终极客户的流程中的管理及资源配置活动，涉及的业务流程包括信息、流程、生产能力、服务绩效以及资金等。通过埃拉姆等人的扩展，新的供应链管理体系覆盖了服务供应链的内涵。值得注意的是，在新的服务供应链管理模型中，库存的概念被生产能力的概念所代替。生产能力与库存有类似的作用，都可以作为供应链中供应能力的缓冲，并有助于供应商更灵活、更敏捷的满足不断变化的客户需求。

巴尔塔西格卢等提出了他们的服务供应链模型。他们认为服务供应链是由供应商、服务商、客户以及其他支撑单元构成的网络。服务供应链以资源消耗为基础进行服务的提供，并将资源转化为支撑服务。服务供应链管理是对最上游的供应商到最终客户的所有流程进行的管理活动，涉及信息、资源、流程、服务和绩效等流程。

基于埃拉姆和巴尔塔西格卢的观点，服务供应链管理的模型如图4-4所示。

三、服务供应链视角下的供应链金融

自从供应链与供应链管理的概念出现以来，人们对商流、物流和信息流进行了相对充分的挖潜，供应链的参与主体从中获取了丰厚的回报。但是，长期以来，供应链财务层面的管理被长期忽视。在供应链实践中，核心企业往往通过推迟向上游企业付款，或加快向下游企业收款来实现自身财务的最优化。但是这势必会挤压上下游的资金，使核心企业与其上下游企业的关系出现对立，并最终导致供应链运作效率的下降。

为了缓解供应链各企业的资金压力，各种供应链金融创新方案不断被提出，包括由银行

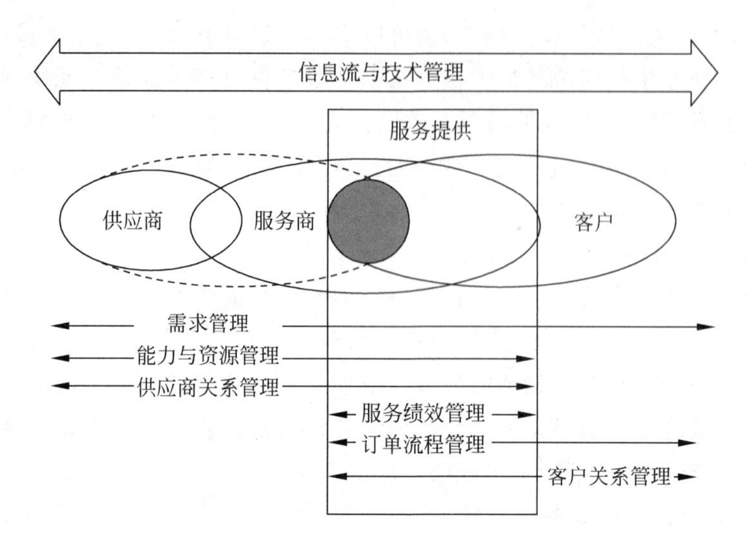

图 4-4 服务供应链管理模型

通过金融创新向供应链资金紧张的企业提供信贷，由第三方物流企业通过业务创新向供应链资金紧张的企业提供融资，由电子交易平台通过技术创新向供应链资金紧张的企业提供融资，甚至由核心企业通过放弃对上下游企业资金的挤压向供应链资金紧张的企业提供融资。基于不同的解决方案，从不同的视角，人们对供应链金融的理解不尽相同。

1. 银行金融创新的视角

供应链金融可以被理解为银行通过审查整条供应链，基于对核心企业与第三方专业机构信用的掌握，对供应链核心企业的上下游企业提供融资的金融服务。

2. 第三方物流企业业务创新的视角

供应链金融可以被理解为第三方物流企业运用金融工具有效地组织和调剂物流领域的资金，实现物流业务增值的融资活动。在这一过程中，第三方物流企业通过对资金的调剂，为供应链企业提供了所需的融资服务。

3. 电子交易平台商技术创新的视角

供应链金融可以被理解为电子交易平台商通过将信贷工具电子化或开发新的电子金融产品，对供应链企业提供资金融通的融资服务。

4. 供应链核心企业整合供应链的视角

供应链金融可以被理解为核心企业为了实现供应链的高效运作，对供应链上资金的可得性和成本进行系统优化的活动。供应链核心企业放弃资金挤压与提供资金融通，实际上就是对其上下游企业的一种融资服务。

不论是哪个视角下的供应链金融，对于有融资需求的企业而言，为其提供资金融通的主体都可以被视为服务集成商。也就是说，可以将有融资需求的企业看成是客户，而将银行、第三方物流企业、电子交易平台商或供应链核心企业看成是服务集成商，从而构成了以资金融通作为服务的服务供应链。具体如图 4-5 所示。I 代表银行、第三方物流企业、电子交易平台商或供应链核心企业，C 代表有融资需求的企业，服务集成商提供的服务是供应链金融。

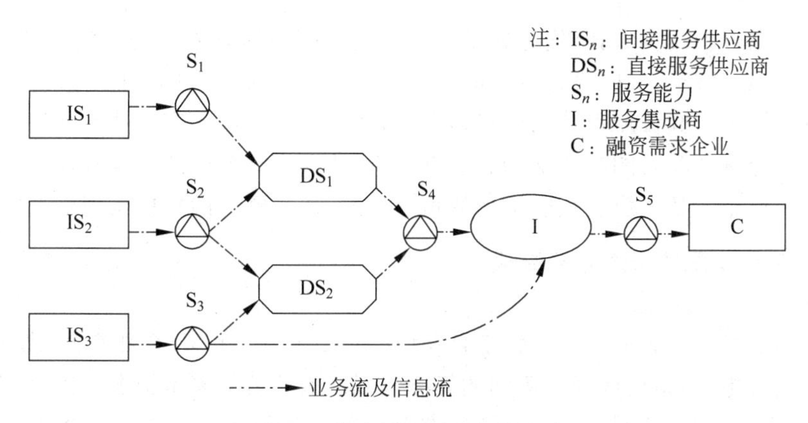

图 4-5　供应链金融服务供应链

第二节　供应链金融的基本范式

一、供应链金融的原理

（一）结构金融的产生与内涵

1. 结构金融的产生

结构金融产生于大额自然资源和大宗商品的交易，其还款来源主要依赖于商品的出售。在大额自然资源和大宗商品的交易主体中，有些无法在资本市场上获取融资，有些不愿在资本市场上获取融资，但他们都希望能将融资市场化。为了满足这样一类需求，更好地促进经济的发展，西方发达国家逐步完善了结构金融体系，使之能更好地满足企业融资的需要。从20世纪90年代开始，随着金融衍生品市场的发展和资产证券化技术的成熟，结构金融成为一种新的金融范式，与直接融资和间接融资并称为三大金融范式。在美国次贷危机爆发之前，结构金融发展到了顶峰。虽然次贷危机之后人们反思了结构金融的风险，但是结构金融已经成长为一种新的金融范式。

结构金融被称为20世纪金融领域最重要、最具生命力的创新之一。自20世纪70年代以资产证券化为代表的结构金融出现以来，目前在美国的金融市场上结构金融已是三分天下。占据金融市场的另外两个分别是间接融资市场和直接融资市场。在间接融资下，储蓄通过金融中介以信贷的方式转变为投资，金融中介与存款人和借款人分别签订存款契约和贷款契约，金融中介承担着各种金融风险。在直接融资下，储蓄通过金融市场以股票、债券及其他证券的形式转变为投资，金融中介的角色主要是在一级市场销售标准化的证券，在二级市场为这些证券的交易提供服务，对各种金融风险承担的责任相对较小。

2. 结构金融的内涵

关于结构金融迄今还没有一个标准的定义。法博齐（Fabozzi Frank J.）认为结构金融是指当资产发起或拥有者无法通过现有金融产品或金融工具解决融资、流动性、风险转移或其他问题时，所采用的任何一种方法。米切尔（Mitchell Janet）将结构金融界定为新型的信贷资产证券化活动，即抵押债务证书。殷剑峰认为结构金融是这样一种金融中介活动，即通过金融中介，将原始金融资产集合起来构造成一个资产池，然后，对资产池的收益和风险特性进行重新构造，形成新的证券（结构金融产品）出售给投资者。

从供应链金融的角度看，结构金融是指供应链企业将拥有未来现金流的特定资产剥离出来，并以该特定资产为标的进行融资的活动。也可以认为，结构金融是以现金资产将供应链企业的特定资产从其资产负债表中置换出来，在资产与负债比率保持不变的情况下，增加企业急需的现金资产项目的融资活动。也就是说，从供应链金融的视角看，结构金融的融资行为需要供应链企业从资产负债表结构的角度出发，通过资产的置换实现资金的融通。

（二）供应链金融的资产置换原理

1. 资产负债表的概念

资产负债表是反映企业在某一特定日期（如月末、季末、年末）全部资产、负债和所有者权益情况的会计报表，是企业经营活动的静态体现。资产负债表是根据“资产＝负债＋所有者权益”这一平衡公式，依照一定的分类标准和一定的次序，将某一特定日期的资产、负债和所有者权益的具体项目予以适当的排列编制而成的。资产负债表的资产科目包括流动资产、固定资产等。流动资产包括现金、银行存款、应收账款、存货、预付账款等。固定资产包括厂房、房屋、土地、机器设备等。

2. 间接融资下贷款的典型方式

间接融资下的贷款是银行的传统贷款业务。银行开展传统贷款业务主要包括三种典型方式：抵押贷款、保证贷款和信用贷款。抵押贷款主要是利用企业所拥有的资产作为物品保证向银行取得贷款，传统的抵押贷款通常以厂房、房屋、土地、机器设备等固定资产作为抵押。保证贷款是一种以第三方作为担保方的融资方式，保证贷款要求实力强，风险水平低的第三方提供商业担保，在融资企业不能偿还贷款本息时，担保方承担连带责任。信用贷款面向规模大、资信水平高的融资企业，融资企业不需要提供担保，银行根据其信誉发放贷款。

在银行传统的贷款业务中，保证贷款是依托于第三方的良好信用，信用贷款依托于企业自身的资信情况，这两种模式都不需要以企业自己的资产作为担保。而抵押贷款也仅仅利用了企业资产中的固定资产部分作为担保。实际上，在企业的资产负债表中，还有很大一部分资产，包括应收账款、存货、预付账款等，还没有被银行接受为融资担保物。在银行开展的传统信贷业务中，由于以这些资产作为担保物的融资风险非常高，操作很困难，所以这些资产很难作为银行接受的融资担保物。

3. 供应链资产负债表下的资产置换

供应链金融通过合理的模式设计，借助结构金融的方法，利用资产置换原理巧妙地解决了应收账款、存货、预付账款等流动资产用于融资的难题。为了说明供应链金融的资产置换原理，可以参见图 4-6 所示的供应链资产负债表。图 4-6 假定供应链由上游企业、核心企业和下游企业构成，上游企业是核心企业的唯一供应商，下游企业是核心企业的唯一经销商，下游企业直接将产品销售给最终用户。在该供应链系统中，企业间交互密切的流动资产项目主要有应收账款、存货以及预付账款，企业间交互密切的负债项目主要有应付账款和预收账款。

从图 4-6 可以看到，上游企业的应收账款是核心企业应付账款的一部分，等于上游企业对核心企业的货款（核心企业的应付账款）减去已经支付的部分。核心企业的应收账款是下游企业应付账款的一部分，等于核心企业对下游企业的货款（下游企业的应付账款）减去已经支付的部分。下游企业直接面对最终用户，通过销售存货取得整条供应链的资金流入。

此外，核心企业的预收账款是下游企业的预付账款，上游企业的预收账款是核心企业的预付账款。在图4-6中，上游企业、核心企业与下游企业的应收账款、应付账款构成了一条信用链，上游企业、核心企业与下游企业的预收账款、预付账款构成了另一条信用链。

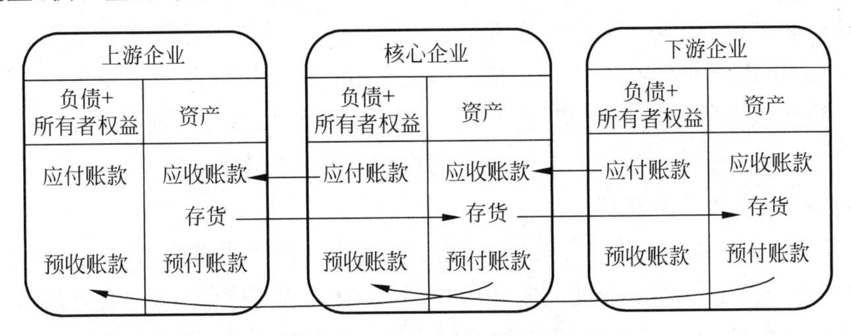

图4-6　供应链资产负债表信用链

在图4-6中的两条信用链中，只有最终用户的付款是唯一的资金流入，但是供应链成员企业的成本费用支出要远远早于最终用户资金的流入，这就形成了两条信用链的资金缺口。为了弥补资金缺口，除了供应链成员企业的留存利润之外，供应链金融起到了关键的作用。具体而言，银行利用信用链中供应链企业之间的共生关系，将上下游企业与核心企业的信用进行捆绑，使上下游企业的信用提高到银行可以接受的水平，从而通过对应收账款、预付账款等流动资产项目的置换，实现对供应链上下游企业的融资。比如，保理就是通过将上游企业的应收账款置换为现金来实现对上游企业的融资，保兑仓就是通过用现金置换下游企业的预付账款来实现对下游企业的融资。

（三）供应链金融的自偿机制

作为典型的结构金融模式，供应链金融具有典型的自偿机制。供应链金融主要靠融资项目本身的未来现金流量保证资金的偿付。作为供应链金融服务集成商的银行，需要重点关注未来现金流量的管理以及所发放资金的使用，否则融资将会出现很大的风险。一般而言，项目所产生的未来销售收入（未来现金流量）必须汇至银行（供应链金融服务集成商）的指定账户，而且这个账户收银行严格监管，账户的收入首先用于偿还银行融资，直至结清贷款。

早些年，深圳发展银行开发的自偿性贸易融资产品就属于典型的供应链金融产品，这些产品都具有结构金融的自偿机制。具有自偿机制的结构融资方式还有商品融资和贸易融资。《巴塞尔协议》的定义指出："商品融资是指在商品交易中，运用短期结构融资工具，基于商品交易（如原油、金属、谷物等）中的存货、预付账款、应收账款等资产的融资。"美国加州Trade Port教育网站的定义指出："易融资是指对单一或一系列重复性交易的融资。"商品融资与贸易融资属于供应链金融的早期形式，都属于供应链金融的领域。

二、供应链金融的"1＋N"范式

1. "1＋N"范式的界定

"1＋N"范式最早由深圳发展银行于2003年提出，目前"1＋N"范式已经成为供应链金融最典型的范式之一。"1＋N"是指：基于核心企业（即"1＋N"中的"1"）与供应链上下游成员企业（即"1＋N"中的"N"）的密切合作关系，依靠核心企业的信用水平，银行将供应链上下游企业之间的贸易融资业务扩展到整条供应链，形成“1＋N”供应链金融模式。“1＋N”范式的关键不在于银行对核心企业的融资，而在于银行对核心企业上下游企业的融资。

由于核心企业自身具有较强的实力，可以较为容易地从银行获取短期贷款、票据贴现、企业透支等金融产品，但是其上下游企业需要借助核心企业的信用，才能从银行获取融资。对上游企业而言，由于对核心企业的销售大多是赊销，致使其掌握了大量的应收账款，所以上游企业的融资以应收账款类融资为主。对下游企业而言，核心企业对下游企业的结算大多是先款后货或部分预付款，所以下游企业的融资以预付账款类融资为主。

2. “1＋N”范式的基本逻辑

在“1＋N”的范式下，银行主要是利用供应链企业之间的共生关系，依靠核心企业的信用，通过对核心企业上下游企业的应收账款、预付账款等流动资产项目的置换，实现对核心企业上下游企业的融资。“1＋N”范式的逻辑在于，利用“1”与“N”的利益关联及其“1”在供应链中的强势地位，引入“1”的信用开展对“N”的金融服务。同时利用“N”与“1”之间的购销关系，进一步深化“1”对银行的依赖，创造出更多开发“1”的机会。

一般而言，可以选择两种途径来开展“1＋N”的供应链金融：①从“1”到“N”，即指利用核心企业“1”在整个供应链中的影响力，对“1”的上下游企业“N”推进融资业务；②从“N”到“1”，即通过先开发核心企业的上下游企业“N”，从而利用“N”对核心企业“1”的总体影响力，对“1”推进融资业务。

3. “1＋N”范式的衍生

当核心企业具有较强的资金实力时，为了提升供应链的运作绩效，核心企业会对供应链上资金的可得性和成本进行系统的优化。比如，放弃对供应链资金的挤压或向重要的合作企业提供资金融通。此时，“1＋N”范式就会发生变化，不再是银行依靠核心企业的信用向核心企业的上下游企业提供融资，而是由核心企业向其上下游企业提供融资。另外，随着“1”和“N”的变化和组合，“1＋N”范式会发生很多变化，比如“M＋N”范式，“M”为M个核心企业。

在某种程度上，“1＋N”范式的衍生显示了“去银行化”的趋势，“去银行化”彰显的正是结构金融的特征。结构金融作为一种新兴的金融范式，正在不断地向各个领域渗透。在供应链金融领域中，最初的融资离不开银行的参与，也离不开银行的授信。但是当供应链金融发展到高级阶段时，“1＋N”范式就成了真正的“1＋N”，银行不再主导供应链金融，甚至会退出供应链金融。

三、供应链金融的“X＋N”范式

1. “X＋N”范式的界定

“X＋N”是指：基于第三方专业机构（即“X＋N”中的“X”）与供应链企业（即“X＋N”中的“N”）的业务关系，依靠第三方专业机构的信用水平，将第三方专业机构纳入供应链融资业务中，实现对供应链企业的融资，形成“X＋N”供应链金融模式。在“X＋N”的范式下，银行主要是利用第三方专业机构与供应链企业之间的密切关系，依靠第三方专业机构的信用，通过对供应链企业的应收账款、预付账款、存货等流动资产项目的置换，实现对供应链企业的融资。“X＋N”范式的出现使供应链金融摆脱了链条融资的局限，供应链金融从更为广阔的维度实现了结构金融。

2. “X＋N”范式的基本逻辑

“X＋N”范式的逻辑在于，利用“X”与“N”的利益关联，以及“X”的信用优势，引入“X”的信用开展对“N”的金融服务。同时利用对“N”与“X”之间的业务关系，进一步深化“X”对银行的依赖，创造出更多开发“X”的机会。一般而言，可以选择两种途径开展这项“X＋N”的供应链金融：①从“X”到“N”，即指利用第三方专业机构“X”的影响力，对“X”业务合作方“N”推进融资业务；②从“N”到“X”，即通过供应链企业“N”，逐步渗透到第三方专业机构“X”，推进“X”逐步开始参与供应链金融。

3. “X＋N”范式的衍生

从供应链金融的原理可以看出，供应链金融就是依靠供应链核心企业的信用，通过对其上下游企业应收账款、预付账款等流动资产项目的置换，实现对核心企业上下游企业的融资。“X＋N”范式可以看成是“1＋N”范式的衍生。“X＋N”范式实际上是对缺乏“1”的供应链企业，或者无法绑定“1”的信用进行资产置换的供应链企业开展的融资业务。在“X＋N”范式下，银行在捆绑第三方物流、保险公司、电子交易平台等第三方专业机构信用的基础上，向供应链企业提供资产置换性融资。与“1＋N”范式类似，随着“X”和“N”的变化和组合，“X＋N”范式也会发生很多变化，比如“2X＋N”，“X”为不同的第三方专业机构。

实际上，在“X＋N”范式下也会逐渐出现“去银行化”的趋势。当银行不再主导“X＋N”范式下的供应链金融时，第三方专业机构就会直接向供应链企业提供融资。比如，统一授信融通仓融资，就是第三方物流直接向供应链企业提供融资的实例。伴随着供应链金融业务的不断深化，“去银行化”的供应链金融模式会不断出现。

四、供应链金融的“1＋X＋N”范式

1. “1＋X＋N”范式的界定

在为供应链企业提供授信的过程中，银行为了降低信用风险及操作风险，往往通过多种方式来控制或者监管所置换资产的流动，因此银行除了绑定供应链核心企业的信用外，还可能会综合绑定第三方物流企业、保险公司以及电子交易平台等众多具有信用优势的实体，从而形成“1＋X＋N”范式。在“1＋X＋N”范式中，“1”代表供应链核心企业，“X”代表第三方专业机构，“N”代表核心企业的上下游企业。

2. “1＋X＋N”范式的基本逻辑

在“1＋X＋N”范式中，供应链企业、第三方专业机构与银行等实体一起组成了供应链金融的实体生态网络系统。在这个实体生态网络系统中，银行通过对整体授信方案的设计，利用供应链企业之间、供应链企业与第三方专业机构之间的交易关系，依托供应链核心企业与第三方专业机构的信用优势，为供应链缺乏资金的企业提供授信。切入“1＋X＋N”供应链金融的途径有三种：①可以由“1”切入，利用核心企业的整体影响力，推动其上下游企业以及第三方专业机构加入供应链金融；②可以由“X”切入，通过第三方专业机构“X”的影响力，推动供应链企业加入供应链金融；③可以由“N”切入，通过先开发供应链核心企业的上下游企业“N”，而后再推动供应链核心企业和第三方专业机构加入供应链金融。

3. “1＋X＋N”范式的衍生

“1＋X＋N”范式可以看成是“1＋N”范式与“X＋N”范式的组合，所以“1＋X＋N”范式既可以看成是“1＋N”范式的衍生，又可以看成是“X＋N”范式的衍生。“1＋X＋N”范式的衍生形式非常丰富，随着“1”、“X”和“N”的变化和组合，“1＋X＋N”范式会出现各式各样的

范式。

与“1＋N”范式与“X＋N”范式类似，“1＋X＋N”范式的衍生也会出现“去银行化”，但是“1＋X＋N”范式的衍生对供应链金融的发展有着特别的意义。这是因为“1＋X＋N”范式借助了核心企业和第三方专业机构的信用实现了供应链金融，“1＋X＋N”范式的衍生意味着是在更多信用基础上的“去银行化”，从本质来看，“1＋X＋N”范式的衍生替代了银行，成了新的信用中介。这种衍生实际上也反映了结构金融对传统金融范式的替代和补充。

第三节　供应链金融范式的实践模式

一、陕鼓“1＋N”范式的实践模式

陕鼓是国内的大型风机制造企业，“制造之觞”成为陕鼓发展最头疼的问题。在整个完整的工业流程项目建设中，陕鼓发现用户关注的重心不是项目中单个零部件的好坏，而是整体项目的最终功能是否满足需求，亦即不是“产品”，而是“功能”。风机产品对于陕鼓服务的工业流程而言，只是系统中的一个零部件，在工业领域，专业化的系统服务已经成为消费趋势，企业必须向用户提供完整的解决方案，解决整个流程的问题。为此陕鼓走向了服务转型的道路，并全力打造现代服务供应链系统。在陕鼓服务供应链系统形成的过程中，“1＋N”供应链金融实践模式是其中的一个重要组成部分。

（一）陕鼓集团的基本情况

陕鼓全称为陕西鼓风机集团有限公司，始建于1968年，1975年建成投产。1996年由陕西鼓风机厂改制为陕西鼓风机（集团）有限公司。目前，陕鼓集团下设有西安陕鼓动力股份有限公司（股票代码：601369）、陕鼓备件、陕鼓西仪、陕鼓西锅、陕鼓实业、陕鼓水务公司、陕鼓智能科技、达刚路机（股票代码：300103）八家子公司以及陕鼓能源动力与自动化工程研究院。陕鼓建有国家1993年首批认定的国家级技术中心和国家人事部2004年批准设立的博士后科研工作站。

陕鼓是向用户提供全方位动力设备系统问题解决方案的系统服务商，产品有轴流压缩机、工业流程能量回收发电设备、离心压缩机、离心鼓风机、通风机、汽轮机及智能测控仪表、智能变送器、工业锅炉、一二类压力容器、军用改装车等。其中，陕鼓的主导产品曾三次荣获国家科学技术进步二等奖。轴流压缩机和工业流程能量回收发电设备属高效节能环保产品，在2004年和2005年相继获得“中国名牌”称号。陕鼓的产品广泛应用于石油、化工、冶金、空分、电力、城建、环保、制药、国防等国民经济的支柱产业领域。

从2002年开始，陕鼓各主要经济指标位居同行业前列，企业连续9年被评为“中国风机行业排头兵”企业。企业曾被国务院评为“在振兴装备制造业工作中做出重要贡献”单位，并先后获得“全国五一劳动奖状”“全国创建和谐劳动关系模范企业”“全国质量奖”“国家技术创新示范企业”“全国企业文化示范基地”“全国工业企业品牌示范基地”以及省市授予的“先进集体”等多项荣誉。

（二）服务供应链转型

起初陕鼓主要是单纯的提供风机产品，但是由于提供单机的厂商众多，提供单一产品已变为简单劳动，能赚取的利润非常微薄，获利空间十分狭小。所以，从 2005 年开始，陕鼓从出售单一产品向出售解决方案和专业化服务转变，从产品经营向品牌经营转变，并成为国内风机行业第一家从制造业向制造服务业转型的企业。

以陕鼓为某钢铁公司提供的能量回收透乎装置（TRT）工程成套项目为例，陕鼓除了向其提供传统意义上的 TRT 主机外，还提供了配套设备、厂房、基础及外围设施建设，提供高炉煤气余压余热回收发电功能。如果单卖产品，陕鼓只能拿到 600 万元的主机单，但是陕鼓通过提供系统解决方案，最终签订了 3 000 万元的配套合同，效益提高了近 3 倍。

系统解决方案本质上是一种个性化的解决方案，是陕鼓根据用户的不同需要，来定制不同的配置，这被称为工程成套服务，是指除为客户提供自产主机外，还要负责设备成套（包括系统设计、系统设备提供、系统安装调试）和工程承包（包括基础、厂房、外围设施建设），为客户提供更大范围的、系统的问题解决方案。为了实施系统解决方案，陕鼓构建了成套技术协作网，基于上下游供应链的合作配套，对产业链和配套资源进行优化整合管理，强化了为客户提供系统集成和系统服务的能力。

实际上，陕鼓这种以客户的需求为动力，牵引整个流程的变化，而不是简单地以产品为中心推动经营体系的运转，正是服务供应链的典型特征。陕鼓在推出系统解决方案的过程中，逐步实现了由传统的制造供应链向服务供应链的转变。陕鼓服务供应链的成员涉及上游的设计院、设备制造商、银行、相关企业等直接服务提供商，以及与他们相关的间接服务提供商，还有下游的直接或间接客户，而陕鼓则处于服务集成商的位置。陕鼓的服务供应链是一个以陕鼓为中心，水平多阶层、垂直多节点的复杂网络结构。

（三）“1＋N”供应链金融实践

陕鼓在实践中发现，有些下游客户项目很好，却苦于缺乏短期资金。于是陕鼓开始探寻一种将产业资源与金融资源整合的路径，希望形成共赢的合作模式与运作机制。考虑到用户企业不仅需要陕鼓的产品，而且需要各种形式的融资服务，于是陕鼓提出了“金融企业＋核心企业＋客户企业”三位一体的融资服务模式。

三位一体的融资模式是指由核心企业（制造业产品及各种配套服务的生产者）与客户企业（制造业产品及各种配套服务的购买者）建立市场联系，引入金融企业（即商业银行）向客户企业提供贷款，配以核心企业向客户企业的回购机制，降低核心企业和金融企业的共同风险。三位一体的融资模式实际上就是陕鼓的供应链金融解决方案，主要有“卖方信贷买方付息”“金融机构部分融资”以及“陕鼓＋配套企业＋金融机构”三种模式。

三位一体融资模式的优点：对于金融企业来讲，通过取得总行批准的专项授信，扩展了金融产品的范围，实现了在融资服务方面的业务创新。对于大宗装备制造产品生产的核心企业来讲，这一举措扩展了其产品市场，提升了企业的竞争力。对于客户企业来讲，突破了原有的资金瓶颈，保证了项目的顺利实施，从而使金融企业、核心企业和客户企业实现三方共赢。

1. 卖方信贷买方付息模式

卖方信贷买方付息模式（见图 4-7）是在陕鼓与下游企业签订产品购销合同的基础上，银行应陕鼓的申请，在陕鼓下游企业具备还本付息能力并支付此项贷款利息的前提下，向陕鼓发放按季等额还款的贷款，用以支持陕鼓向客户企业提供卖方信贷。在陕鼓的下游企业无法支付货款或贷款利息时，由陕鼓与其配套企业回购产品，以降低产品销售和贷款风险。

采用该模式的前提是陕鼓的产品属于节能环保产品范围，适用于有融资需求的战略合作伙伴、优质客户、重大项目、首台首套国产化项目、占领市场制高点的项目等。

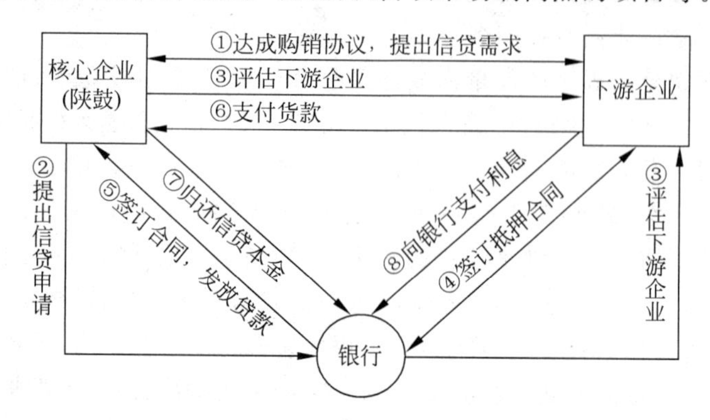

图 4-7 卖方信贷买方付息模式

2. 金融机构部分融资模式

金融机构部分融资模式（见图 4-8）是在陕鼓与下游企业签订产品购销合同的基础上，下游企业按照商务合作约定，在产品发货前向陕鼓支付不低于 40%～60%的货款。在陕鼓、下游企业与银行签订三方协议，下游企业与银行签订借款合同和抵押合同，并办理资产抵押登记、公证和保险手续后，由银行向下游企业提供贷款，用以偿付陕鼓剩余采购款，下游企业按贷款合同约定向银行按月付息，按季等额归还本金的融资服务模式。采用该模式的前提是陕鼓的产品属于节能环保产品范围，适用于有融资需求的战略合作伙伴、优质下游企业、重大项目、首台首套国产化项目、占领市场制高点的项目等。

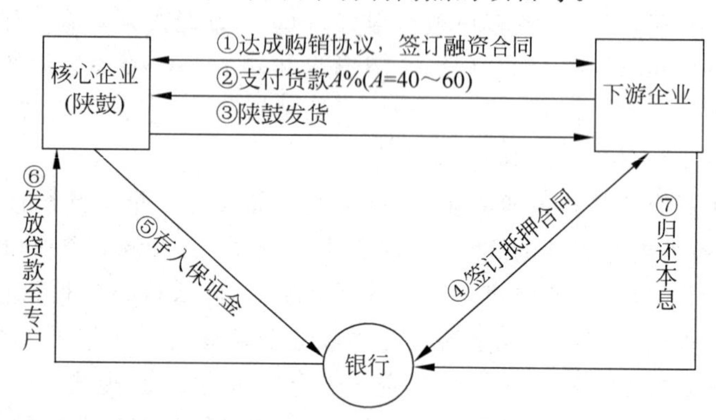

图 4-8 金融机构部分融资模式

3. 陕鼓＋配套企业＋金融机构模式

陕鼓＋配套企业＋金融机构模式（见图 4-9）是在陕鼓与下游企业签订产品购销合同的基础上，下游企业按照商务合同约定，在产品发货前向陕鼓支付不低于 A%（A＝40～60）的货款，剩余货款通过银行由陕鼓和配套企业向下游企业提供委托贷款，用以抵付购货款，下游企业按照委托贷款合同约定归还本息的融资服务模式。采用该模式的前提是陕鼓的产品属于节能环保产品范围，适用于有融资需求的战略合作伙伴、优质下游企业、重大项目、首台首套国产化项目、占领市场制高点的项目等。

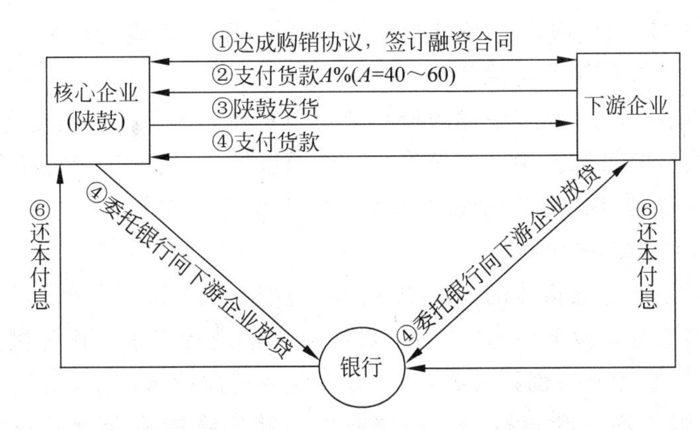

图 4-9　陕鼓＋配套企业＋金融机构模式

二、"X＋N"范式的实践模式

（一）中储的"X＋N"实践模式

在供应链金融发展的影响下，大型的物流企业中储的运营方式从原来单纯的物流运作开始向增值性服务，特别是金融服务延伸，还通过与上下游客户企业以及商业银行的密切合作逐渐融入供应链运作过程中，并在开展物流金融的过程中得到不断发展。中储已与20多家银行签署了总框架协议，合作开展物流金融业务。除了开展目前大多数物流公司都在操作的动产监管业务，包括质押监管业务、抵押监管业务和贸易监管业务外，中储还提出了全程物流金融业务、供应链物流金融业务以及市场物流金融业务。

1. 中储股份的基本情况

中储发展股份有限公司(简称中储股份)的控股股东，是国务院国资委监管的大型中央企业中国诚通控股集团有限公司所属的中国物资储运总公司(以下简称中储总公司)。中储股份是以综合物流、物流贸易、物流金融以及物流地产等为主营业务，同时兼具物流技术、电子商务、融资贷款等服务功能的全国性大型现代综合物流企业。中储总公司成立于20世纪60年代初，作为国家分配物资的集散地，在计划经济时期，发挥着国民经济社会流通的主渠道作用。进入改革开放新时期以来，中储总公司经历了市场经济大潮的洗礼和考验，在市场经济中利用遍布全国的物流网络，实现了跨越式发展，成立了中储股份。

进入21世纪，中储股份汇入了全球经济的主航道。中储股份作为全国大型综合物流企业，经营业绩得到高速增长。从世纪之初至今，中储股份的经营规模和赢利能力均以十倍以上的增速发展，实现了历史性的新跨越。中储股份在北京、上海、天津、江苏、浙江、山东、湖北、湖南、广东、四川、云南、河北、河南、陕西、辽宁、吉林、黑龙江等全国30多个中心城市和港口城市设有70余家物流配送中心和经营实体，居于国内仓储行业龙头地位。

中储股份以为客户、为社会提供增值服务为己任，致力于为国内外各企业的采购、生产、营销等供应链环节提供全程综合物流服务。中储股份以专业化、网络化、集约化、信息化运作模式，形成了以实体网络为依托，以信息化为纽带，以现代物流技术为手段，以大客户为主要服务对象，具有仓储、运输、配送、质押监管、多式联运、加工制造、物流设计、物流贸易、科技开发、现货市场、电子商务、小额贷款、金属材料检验、物流地产开发、资本运作等综合配套的全方位、全天候多维物流服务体系。

2014年8月4日，中储股份与普洛斯签署《股份认购暨战略合作协议》，普洛斯计划认购金额约20亿元，完成认购后将成为中储股份第二大股东，持股比例为15.39%。追随时代的脚步，契合国家的发展战略，中储股份在规划中明确提出了在中国经济新一轮发展中实现做优做强做大的战略目标。中储股份将通过外源性扩张、发展供应链综合物流、资本运作和国际化经营等战略，实现"打造现代综合物流旗舰"的企业愿景。

2. 中储股份的物流金融历程

在中储股份为企业愿景奋斗的历程中，物流金融成为其中别具特色的一道风景。中储股份较早地引入物流金融业务，并在实践中对物流金融进行探索。作为国内物流金融业务的开拓者，中储股份始终坚持创新发展，物流金融业务规模持续扩张，业务模式不断丰富，监管体系日益规范，管理水平渐趋科学。中储股份不断地将物流金融业务引领到新的发展水平。

作为供应链金融的重要构成部分，我国的物流金融业务发展迅速，规模不断扩大，参与主体不断增多，全国数十家银行、上百家监管公司、成千上万家工商企业参与到该类业务中。物流金融业务的创新，使金融业、制造业等与物流业有效结合，形成多赢局面，带动了物流产业升级，保障了国家金融安全，提升了制造业等行业的产业竞争力，在国民经济发展中扮演着越来越重要的角色。中储股份在物流金融业务的发展中，一度独领风骚。自20世纪90年代末以来，中储股份物流金融业务主要经历了以下四个发展阶段。

(1) 仓单质押监管(1999—2005年)：1999年3月，中储股份无锡公司在国内与交通银行率先开展了融资额度8 000万元的库内质押业务，该项业务被中国物流与采购联合会评为"2004年十大创新物流业务模式"之首。

(2) 质押监管(2005—2008年)：这一阶段的业务模式包括仓单质押监管、动产质押监管，并以动产质押监管为主。

(3) 动产监管(2008—2010年)：主要包括质押监管、抵押监管和贸易监管。

(4) 物流金融业务(2010年至今)：这一阶段，由动产监管业务为主逐步转向以物流监管为主。

3. "X＋N"供应链金融实践

经过多年的实践，中储股份拥有了较为完备的物流金融产品体系。总体而言，中储股份的物流金融业务包括动产监管业务、全程物流金融业务、供应链物流金融业务和市场物流金融业务。

(1) 动产监管业务。

动产监管业务是指企业以其拥有所有权或银行认可的第三人的动产或仓单作为向银行融资的担保，为了保持动产或仓单项下动产的担保属性，物流公司接受银行的委托，在仓储环节实行监管的物流衍生业务。动产监管业务分为质押监管业务、抵押监管业务和贸易监管业务。

质押监管业务是指企业以其拥有所有权或银行认可的第三人的动产或仓单作为其向银行融资的质押担保，为了保持质物或仓单项下动产的担保属性，中储股份接受银行的委托，在仓储环节实行监管的物流衍生业务。质押监管又可分为仓单质押监管和动产质押监管，如图4-10和图4-11所示。

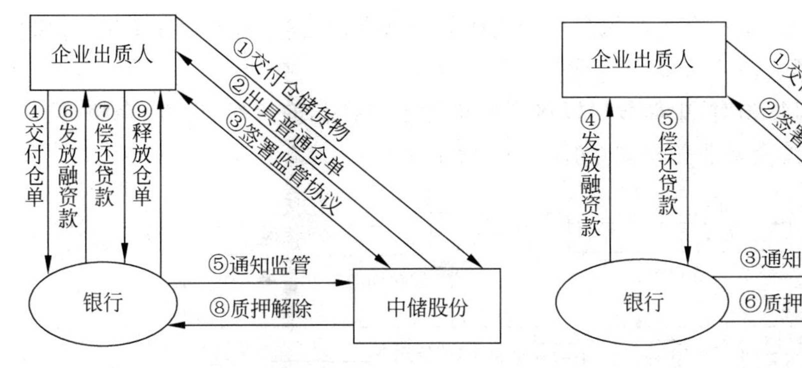

图 4-10　仓单质押监管模式

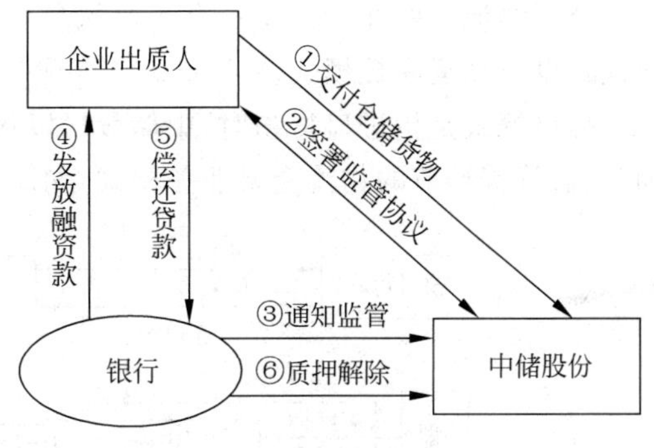

图 4-11　动产质押监管模式

抵押监管业务是指以企业拥有所有权或银行认可的第三人的动产作为其向银行融资的抵押担保，为了保持抵押物的担保属性，中储股份接受银行的委托，在仓储环节实行监管的物流衍生业务。抵押监管业务依照《中华人民共和国物权法》向抵押人住所地的工商行政管理部门办理抵押登记，如图 4-12 所示。

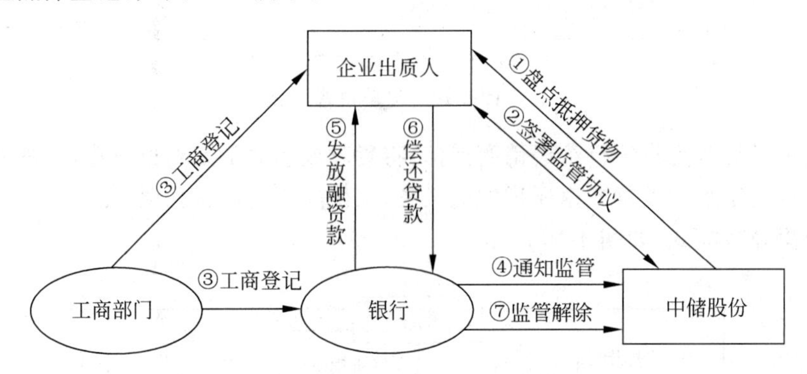

图 4-12　抵押监管模式

贸易监管业务是指在贸易或委托加工合同项下，中储股份接受合同一方的委托，在仓储环节实行监管的物流衍生业务。贸易监管模式如图 4-13 所示。

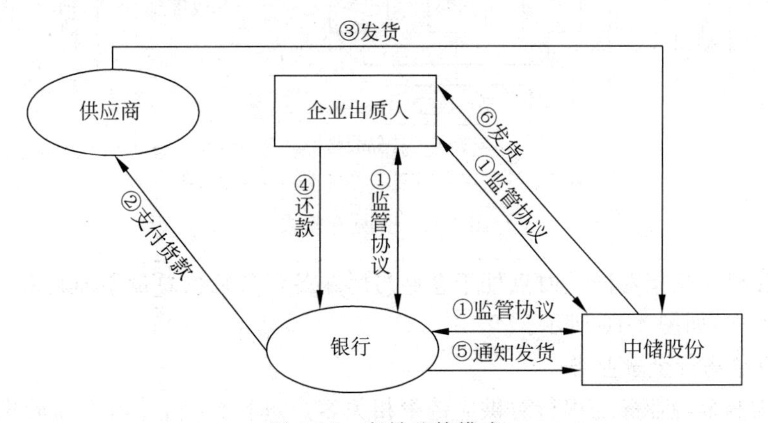

图 4-13　贸易监管模式

(2) 全程物流金融业务。

全程物流金融业务是指一个企业的多个物流环节的物流金融业务，包括提单模式、保兑仓模式以及储运联控模式。

提单模式是指进口货物时，中储股份以接到提单为起点操作的货代、运输、仓储、配送、加工、监管等环节的物流金融业务模式，如图 4-14 所示。

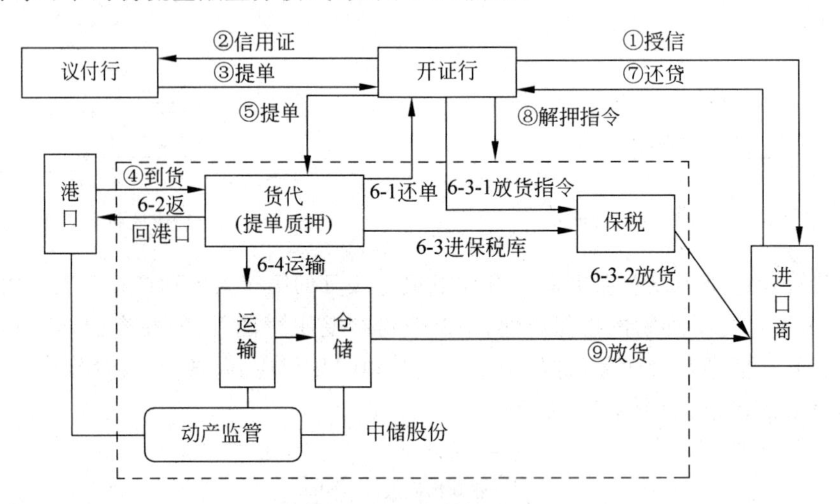

图 4-14　提单模式

保兑仓业务通常是指银行给经销商授信，将货款或承兑汇票付给供应商(核心企业)，供应商按照协议约定承担发货或返还货款的义务，在供应商仓库内保兑，是以供应商信用为基础的物流金融业务模式，如图 4-15 所示。

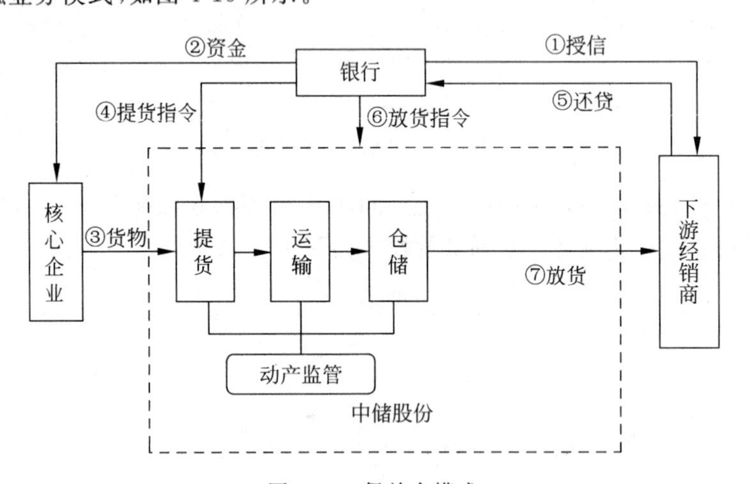

图 4-15　保兑仓模式

储运联控模式是指对同一时点处于仓储与运输各环节货物总量累加起来予以控制的物流金融业务模式，如图 4-16 所示。

(3) 供应链物流金融业务。

供应链物流金融业务是银行对供应链中相关客户进行授信，并由中储股份对其动产提供物流服务的物流金融业务模式，如图 4-17 所示。

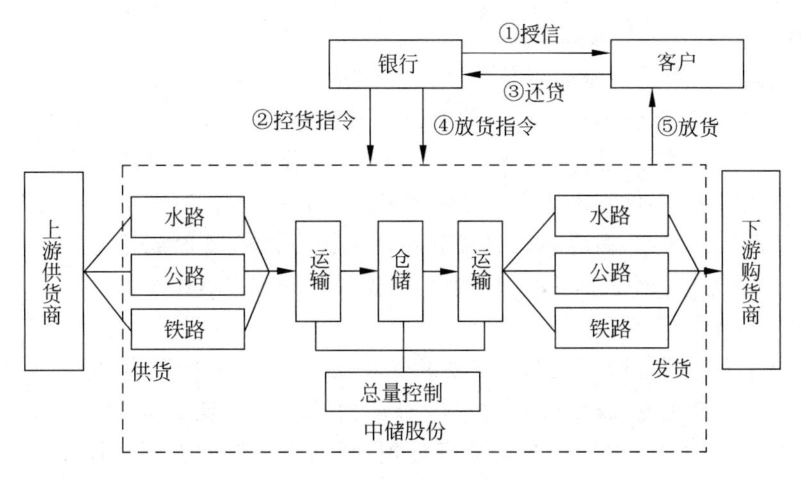

图 4-16 储运联控模式

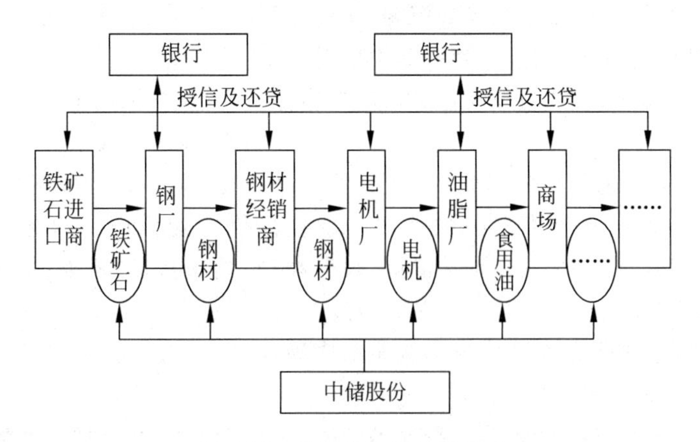

图 4-17 供应链物流金融模式

(4) 市场物流金融业务。

市场物流金融业务是指银行对市场内客户进行提前授信:区分不同客户、采用现货出质、保兑仓、代购、托盘、中介信誉服务等业务形式,在中储股份控制货物的前提下,银行按中储股份的指令放贷的物流金融业务模式,如图 4-18 所示。

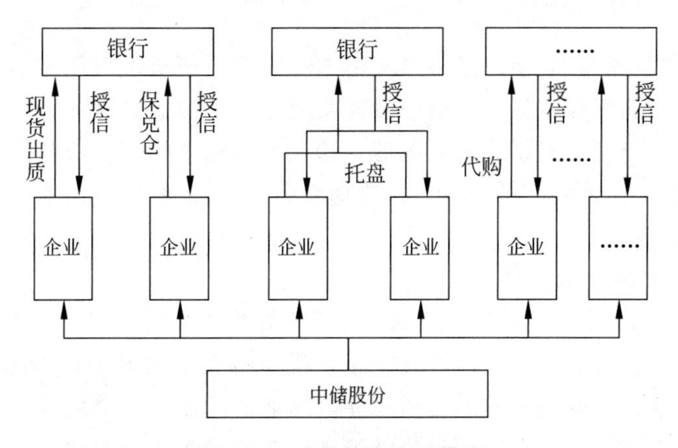

图 4-18 市场物流金融模式

（二）怡亚通的"X＋N"实践模式

怡亚通是国内的供应链管理服务商，属于典型的第三方专业机构。怡亚通始建之初是一家小型的商贸公司，主营通信产品通关业务。后来随着业务的发展，怡亚通发现很多进出口的企业都是中小企业，这些企业在经营过程中，面临着很多资金上的障碍。考虑到解决进出口企业的资金困难，不仅有助于中小企业顺利开展业务，而且有助于怡亚通自身业务的拓展和服务费的赚取。因此，怡亚通开始探索供应链金融模式，不断成长为一家成功的服务集成商，走出了一条"供应链管理服务商＋中小企业"的"X＋N"实践模式。

1. 怡亚通的基本情况

怡亚通全称为深圳市怡亚通供应链股份有限公司，成立于1997年，总部设在深圳，是中国第一家上市供应链企业，股票代码为002183。怡亚通旗下现有150余家分支机构，全球员工3 000余人，专业承接企业非核心业务外包，帮助企业有效管理及优化供应链，提高核心竞争力。

经过多年的发展，怡亚通整合优势资源，构建了以物流、商流、资金流、信息流四流合一为载体，以生产型供应链服务、流通消费型供应链服务、全球采购中心及产品整合供应链服务、供应链金融服务为核心的全球整合型供应链服务平台，服务网络遍布中国主要城市及东南亚、欧美等国家。

目前，怡亚通成功进入了IT、通信、医疗、化工、快消、家电、服装、安防等行业，正在为全球100余家世界500强及数百家国内外知名企业提供专业供应链服务，如CISCO、GE、INTEL、HP、TOSHIBA、HTC、P&G、雀巢、联合利华、益海嘉里、强生、中粮、联想、清华同方等，并上榜《财富》"2012年中国500强"，通过"国家高新技术企业"认证，被列入"全国制造业与物流业联动发展示范企业"，成为福布斯中国顶尖企业之一。

2. 一站式供应链管理服务

怡亚通的一站式供应链管理是一种典型的服务供应链，它是指把企业若干供应链管理服务环节（原由多个外包公司完成），转化为由怡亚通统一承接完成，并通过内部、外部联合整合，实现资源共享，提高企业的供应链管理效率。基于采购、运输、深度销售于一体的一站式供应链管理服务，怡亚通不仅可以提供全面的货物运输服务，而且可以提供购买、代收款及相关的金融服务。一站式供应链管理服务代表了行业的发展方向，也是怡亚通的核心竞争力。怡亚通不生产实体的产品，怡亚通的产品就是服务，一站式的供应链是真正的服务整合。

传统的供应链服务商，大多只是在供应链单个或多个环节上提供专业服务，如物流服务商、增值经销商和采购服务商等。物流服务商主要提供物流运输服务，增值经销商主要提供代理销售，采购服务商主要提供代理采购等。怡亚通则通过整合供应链的各个环节，形成囊括物流、采购、分销于一体的一站式供应链管理服务，在提供物流配送服务的同时提供采购、收款及相关结算服务。

3. "X＋N"供应链金融实践

如果仅仅是一站式供应链管理服务模式，那么怡亚通与传统供应链服务商的区别只是服务链的延伸，并没有实质性的突破。在一站式供应链管理服务的产业基础上开展供应链金融业务的模式，才是怡亚通的核心价值所在。怡亚通的供应链金融运作模式，使其俨然像一家小型银行，将银行借贷资金通过供应链管理服务方式投放给客户，并从中赚取"息差"。

怡亚通供应链金融业务的开展,依托的载体是一站式供应链管理服务中的两项核心业务,即采购和分销。怡亚通获得采购商的委托合同后,即在其客户资源信息系统内选择合适的供应商,并通过电汇、信用证或保函方式代客户垫付货款,其后将货物运送至客户时收取货款。而对分销商而言,当怡亚通为其承运货物时,怡亚通代采购商预付货款,使得分销商能够及时收回资金,投入下一轮生产。

(1) 采购执行中的供应链金融业务如图 4-19 所示。

当怡亚通的客户企业收到订单后,需要向其上游企业采购原材料或零部件。当自有资金充足时,客户企业会自行采购。但是当自有资金不足时,客户企业就需要进行融资。传统的融资方式就是银行贷款,但是银行贷款要求严格,而且审核周期很长,同时,由于订单都有完成时间的限制,所以客户企业很难依靠银行融资来完成订单。此时,怡亚通通过采购执行中的供应链金融业务,可以先帮助客户企业垫付原材料或零部件款项,之后,由上游企业将原材料或零部件发至怡亚通指定的仓库。客户企业定期与怡亚通进行结算,并将生产出来的产品发至怡亚通的指定的仓库,待客户企业与下游企业确定发货后,由怡亚通向下游企业发货并收取货款。

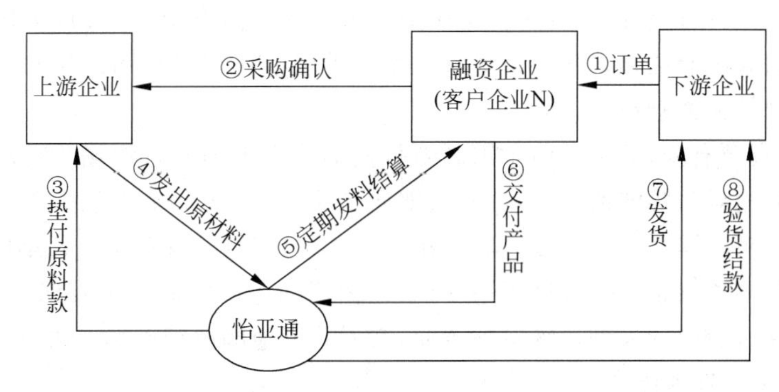

图 4-19 采购执行中的供应链金融

(2) 分销执行中的供应链金融业务如图 4-20 所示。

怡亚通分销执行中的供应链金融业务,特别适合于海外厂家销售回款的需求。当海外的厂家向国内进行销售时,涉及的服务环节和运作过程非常复杂,手续非常烦琐,物流运作的成本非常高,回款的周期也非常长。当海外厂家选择怡亚通的供应链金融服务后,海外厂家、下游企业与怡亚通达成三方协议。怡亚通直接向海外厂家付款,然后通过自身的供应链

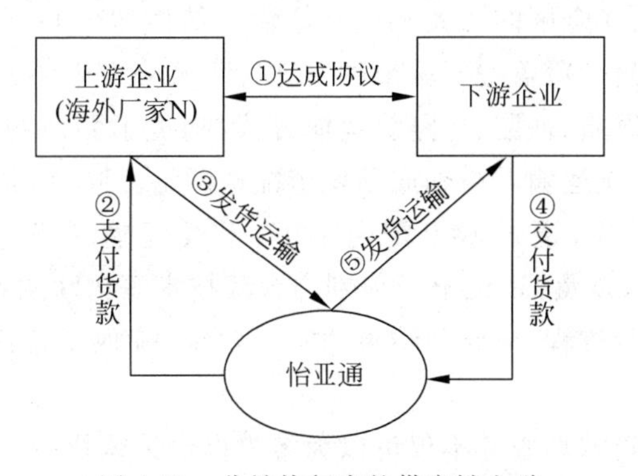

图 4-20 分销执行中的供应链金融

管理系统完成通关、运输、仓储等服务，在下游企业将向怡亚通支付货款后，怡亚通将货物送至下游企业指定仓库。通过分销执行中的供应链金融业务海外厂家提前取得了货款，怡亚通赚取了中间服务费和信贷利息。

三、“1＋X＋N”范式的实践模式

“客户的痛点就是企业的机会”。国内的很多企业都面临着缺乏信贷资源的情形，特别是中小企业。在保证信贷资源安全性的基础上，为缺乏信贷资源的企业提供融资，无疑会帮助企业获取利润。“1”糖厂与弘信物流的合作是一次成功的尝试，是“1＋X＋N”供应链金融模式的成功典范。

（一）“1”糖厂与弘信物流的基本情况

1. “1”糖厂的基本情况

白糖是食品饮料行业的主要原材料之一。正常情况下，中国年产白糖超过 1 200 万吨，主要产区分布于广西、云南、广东、海南、新疆等地，其中广西地区的产量占整个中国总体产量的 70%。在主要糖厂中又以广西南华、永鑫糖业、南宁糖业、东亚糖业四大糖厂所占份额最高，四大糖厂占全国产量的 1/3 多。中国白糖市场的年需求量为 1 400 万吨左右，缺口部分主要依靠进口和国储拍卖。由于市场对白糖的需求量稳定增长而产量却已基本饱和，导致这一缺口呈现扩大的趋势。

产地集中、资源有限，导致目前中国制糖行业形成强大的卖方市场。糖厂在价格、结算条件等方面拥有绝对强势的话语权，这一点即便是像百事可乐、可口可乐、蒙牛、王老吉等国内饮料行业的巨头也同样无法改变。与之相对应地，白糖物流管理水平长期以来发展缓慢，与快速发展的中国饮料食品行业极不适应。“1”糖厂的生产规模虽不及四大糖厂，但是“1”糖厂也算是所在区域内的大型白糖垄断企业，掌握着当地的白糖市场话语权。

2. 弘信物流的基本情况

弘信物流集团有限公司是专业的供应链平台运营商，公司以全国化多层次网络为基础，构建以快消品产业链一体化、专业化的供应链运营平台为主体，物流地产和物流金融为两翼的战略发展态势。弘信供应链运营平台，具有物流运作、融资结算、信息服务、方案创新四大功能，可以为客户实现从原材料采购执行、仓储、品检、运输、厂内物流管理与服务，以及工业地产及物流设备投资及运营管理、RDC 管理、分销管理、JIT 配送、代收货款等外包服务，进而协助客户提高效率，降低成本，优化流程，创造价值。

目前，弘信物流集团在全国的八大 HUB（运输仓储枢纽中心，包括营口、天津、上海、郑州、武汉、成都、南宁、广州），覆盖主要城市的 RDC（区域分发中心）和大部分城镇的 DC（城市配送分拨中心），配合海路、铁路、公路等运输方式，构成了弘信物流大宗原料物资的海铁陆联运网络、公路干线双流运输网络和成品城市配送网络。同时，弘信物流集团的信息管理系统与地面网络互相呼应，通过城市配送 B2C、干线运输 TIS、资源管理、OMS、TMS、WMS、VMI 等信息系统，以及 GPS、电子识别与跟踪技术等物联网技术的应用，有效实现客户对于每一个指令的执行过程、时间和结果的实时跟踪，确保了客户物流、资金流和信息流的可视化和无缝衔接。

弘信物流集团的融资结算服务不仅可以为客户提供采购执行、销售执行等服务，更可以基于弘信丰富的供应链融资经验，联合银行为客户提供包括订单融资、仓单质押融资在内的供应链融资服务。凭借不断创新的方案设计能力和强大的资源整合能力，弘信物流集团的原材料供应链解决方案、成品配销执行解决方案等系列供应链解决方案屡获政府、行业及客户的嘉奖，在快速消费品物流领域形成了独特的竞争优势，成为可口可乐（中国）、嘉吉、达能、奥联、王老吉、蒙牛、达利园、亲亲等国内外著名食品、饮料企业的战略物流合作伙伴。

（二）"1＋X＋N"供应链金融实践

1. 白糖供应链下游企业的资金困境

N公司负责N品牌非碳酸饮料的生产与销售，除了自营装瓶厂外，N公司也将业务外包给第三方装瓶厂。N品牌在中国超过20个城市有自建或外包的装瓶厂，这些装瓶厂的原材料采购、物流配送、生产计划、销售等所有与供应链相关的业务均由N公司统一管理。

N公司所需要的白糖主要从"1"糖厂集中采购。由于"1"糖厂先款后货的交易惯例，白糖采购占用了N公司大量的流动资金。同时受到国内国际经济、生产等方面因素的影响，国内白糖价格不断攀升，白糖采购成本不断增加。

另外，N公司从"1"糖厂集中采购的白糖需要分配到分布于国内不同区域的装瓶厂。白糖从产地运达装瓶厂通常需要10～20天的时间，为了保证正常生产，每家装瓶厂必须准备足够多的库存。同时，为保证质量，每一批次的白糖在到达N公司的仓库后，还需要采用"十日絮凝法"进行检验（从抽样到检验结果出来需要10天的时间）。因此，白糖从付款到投入生产需要至少30～40天的时间，N公司不得不承担高昂的库存成本和资金成本。

此外，由于装瓶厂的原材料库容有限，一般仅能存放不多于7天的白糖，剩余白糖需要先存放到第三方仓库，由此又额外产生了多一次的装卸和短途运输费用。而由于糖厂只能提供30天免仓期，往往致使N公司提货仓促，难以与生产计划完全匹配，导致跨区调拨白糖的情况时有发生，这又增加了额外的调拨费用。N公司的白糖供应链陷入了资金困困境。

2. 供应链金融方案

N公司的融资困境并不是个例，凡是从"1"糖厂采购白糖的企业，大部分都有类似N公司的困难。单就N公司来看，一方面，白糖库存占用了N公司大量的流动资金；另一方面，受到国际糖价的波动，N公司的资金风险也颇高。为了解决这个问题，为类似N公司的下游企业提供融资方案，弘信物流与"1"糖厂达成合作并整合资源，大胆地提出了"白糖供应链金融解决方案"，即通过对白糖供应链上企业间的信息流、物流、资金流的有效整合，围绕"1"糖厂，运用各种金融产品为供应链上类似N公司的下游企业提供资金支持。"1＋X＋N"供应链金融模式如图4-21所示。

N公司通过与"1"糖厂、弘信物流签订战略合作协议，并配合弘信物流向银行提供相关资料，以确定向银行申请融资额度，用于执行N公司的订单。当实际采购时，N公司只需支付货款的10%，银行便能依照合约的要求向弘信物流发放剩余90%的贷款，并通过弘信物流的账户支付到"1"糖厂。待N公司收到白糖后按约定支付糖款、利息及物流服务费至弘信物流在银行的指定账户后，弘信物流用收回的货款归还给银行以偿还贷款。从上述流程可以看到，这种模式的优势在于利用银行的资金解决了N公司在付款环节的资金问题，又不占用N公司自身的授信额度，而N公司只需承担相应的利息及物流服务费。

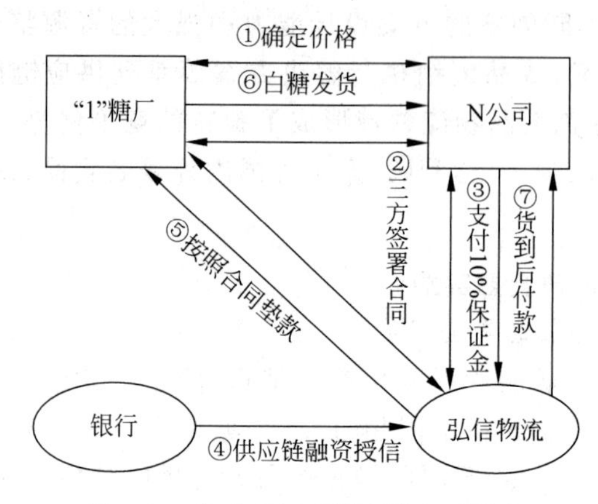

图 4-21 "1+X+N"供应链金融模式

案例与分析

"M+N"范式的实践①

1. "M+N"范式的背景

目前,中小企业融资已经成为各大银行最为关注的授信业务之一。近年来各大银行不断提出新的适合中小企业融资的金融创新工具。其中,深圳发展银行于2006年就提出了面向中小企业的融资模式——供应链金融"1+N"范式。但由于该范式的应用过渡依赖于"1",即核心企业。由于核心企业为单一型,而且对其寻找及评价难度较大,所以"1"的局限在一定程度上影响了供应链金融的效果。在此背景下,"M+N"范式的供应链金融应运而生。

供应链金融"1+N"范式形象地描述了该范式的关键点,即抓住供应链核心企业这个"1",以"1"来带动整个供应链中的"N"。开展该范式下的供应链金融能够在一定程度上缓解银企之间的信息不对称,解决中小企业抵押担保不足等问题,使部分中小企业获得在以往条件下难以取得的信贷支持,一定程度上缓解了中小企业的融资困境。

但是,"1+N"范式的供应链金融在解决中小企业融资问题方面存在着一定的局限。"1+N"范式中的"1"只代表了供应链中的某个核心大企业,这具有一定的局限性。因为在这种范式下,核心大企业的确定和寻找是中小企业供应链金融中的一个难点。另外,核心企业也很难做到一次为多个中小企业进行担保。为了弥补"1+N"范式的缺陷,"M+N"范式的供应链金融开始出现。

2. "M+N"范式的界定

所谓"M+N"范式的供应链金融是指在一家银行与数个核心大企业组成战略联盟基础上,通过核心企业与其他企业的供应链关系,组成功能完整的具有"多核"结构的一种新型网络供应链。"M"指竞争力较强、规模较大的核心大企业。供应链核心企业上下游的中小企业群为"N",多是核心大企业的供应商、代理商和经销商。"M+N"范式的供应链金融是在

① 改编自廉子英:"1+M+N"式的新型供应链金融融资模式。

"1+N"范式的基础上,为了解决"1+N"范式的局限而进行的创新。

在"M+N"范式下,银行基于企业在供应链网络中所处的位置和行业的特点,给有融资需求的企业提供专属的金融服务。"M+N"范式跳出了关注单一产业供应链的局限,将范围扩大到中小企业所在的所有供应链网络中,可作担保的核心大企业已不仅仅是某个核心企业,而是供应链网络中的"M"个核心大企业。因此该范式有效地解决了"1+N"范式中寻求核心企业担保难的问题。

3. "M+N"范式的创新点

从产品创新角度来看,"M+N"范式的供应链金融的创新点在于担保方式的创新以及目标客户群创新。

(1) 担保方式的创新。

在"1+N"范式下的供应链金融中,中小企业融资申请仅可由其核心企业进行担保,而"M+N"范式下的供应链金融中,中小企业融资担保方最多可扩大至供应链中所有的核心企业,即"M"。

(2) 目标客户群创新。

在"1+N"范式下的供应链金融中,银行锁定核心企业后,以核心企业的关键供应商、经销商为重点营销对象,而"M+N"范式下的供应链金融中,银行不仅将以上企业作为营销对象,同时将该类企业的关联企业作为营销对象,其目标客户群多倍放大。

4. "M+N"范式的典型案例

在陕西航空航天行业的产业链中,选取部分规模较大的核心企业及与之有密切关系的中小企业共计24家,同时选取陕西省某家商业银行与核心大企业建立联盟,得出陕西航空产业"M+N"供应链金融网络结构图。以处于核心地位的西飞集团、陕飞集团、庆安集团和航空基地构成"M",其他与核心企业有业务往来的中小企业群构成"N"。

"M+N"下的应收账款融资范围不再仅限于供应链中一对一或多对一的交易对象,而是扩展到供应链网络中的多家中小企业与多家核心企业,呈现多对多的形式。在供应链网络中任意一家急需融资的中小企业都可以通过梳理自己的利益相关者,在自己所在供应链网络上寻找核心企业。

长空精密仪器("A"表示)是齿轮专业化生产企业,主营业务为齿轮,齿轮泵和减速器。公司员工700人,总资产1.8亿元,属中小型航空配套企业。该厂所生产的齿轮对原材料的要求较高,原材料付款期限较短,为15天。而销售产品后货款回收期较长,下游企业要求的付款期限一般为60天。中小企业A的下游核心企业——陕飞集团("A1"表示)是中航工业集团公司附属飞机及部件制造企业,属大型国有企业,总资产52亿元,年销售额13.5亿元,员工8 230人,拥有大型数控加工中心和3 003台机动设备。

在传统融资模式下,A作为中小企业,因规模相对较小,信用级别较低、缺乏可抵押的固定资产,无法从银行得到担保信用贷款和抵押贷款。对于现有的"1+N"范式中的应收账款融资模式,在对企业A所在供应链条梳理后,发现该企业的固定客户,大型飞机及部件制造企业A1与企业A已有多年直接业务往来。A可以将来自核心大企业A1的应收账款在其开户行或A1开户行进行质押,并由A1对该笔应收账款所获贷款进行担保。但如果A1不同意对此融资业务进行担保,或者A1和A的信用等级均低于开展此融资业务的最低要求，融资申请将无法获得银行批准，企业A的融资需求无法得到满足。

而在"M+N"范式中的应收账款融资模式下，长空精密仪器（企业A）还可以从与其有业务往来的西飞集团、庆安集团和航空基地获得担保，从而顺利取得贷款。银行可以通过"M+N"供应链融资模式对其进行授信。"1+X+N"供应链金融实践案例如图4-22所示。

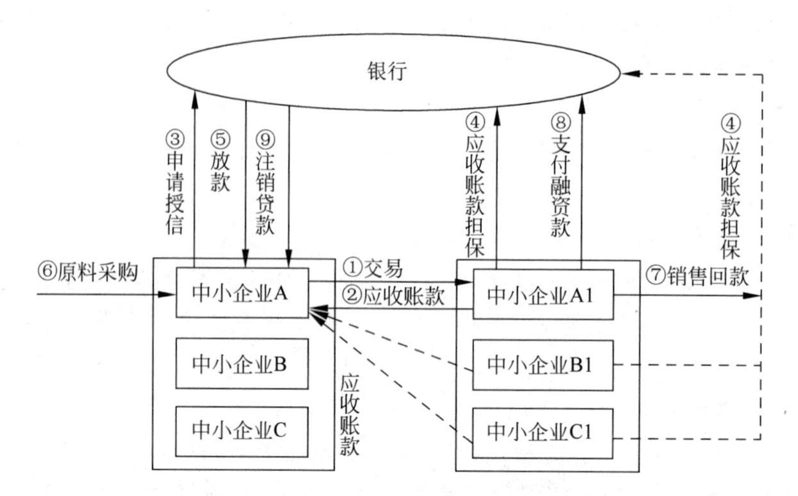

图4-22 "1+X+N"供应链金融实践案例

分析与思考：

(1) "M+N"范式的背景及内涵。

(2) "M+N"范式的创新点。

(3) "M+N"范式的业务流程。

本章小结

本章对供应链金融的范式进行了介绍，包括"1+N"范式、"X+N"范式、"1+X+N"范式。

本章首先从服务供应链的角度阐述了供应链金融的性质，而后从结构金融的角度阐释了供应链金融的原理。供应链金融通过合理的模式设计，借助结构金融的方法，利用资产置换原理巧妙地解决了应收账款、存货、预付账款等流动资产用于融资的难题。其次本章阐述了三种典型的供应链金融范式，"1+N"范式、"X+N"范式、"1+X+N"范式。最后分别针对三种范式给出了实践模式，包括陕鼓、中储股份、怡亚通、"1"糖厂与弘信物流等。

通过本章的学习，可以理解供应链金融的本质及其基本原理，还可以掌握供应链金融的三种基本范式及其衍生。

关键概念

供应链、供应链管理　服务供应链、服务供应链管理　供应链金融　结构金融　"1+N"范式　"X+N"范式　"1+X+N"范式

思考题

1. 请简述供应链的主要特征。

2. 请简述供应链管理的发展历程。

3. 请简述不同理解角度下的服务供应链。

4. 请简述供应链金融的服务供应链本质。

5. 请简述现有的三大金融范式。

6. 请结合供应链资产负债表描述供应链金融的置换原理。

7. 请举例解释“1＋N”范式。

8. 请举例解释“X＋N”范式。

9. 请举例解释“1＋X＋N”范式。

10. 请结合图示阐述“卖方信贷买方付息”“金融机构部分融资”以及“陕鼓＋配套企业＋金融机构”三种模式。

11. 请结合图示阐述“M＋N”供应链金融范式。

第五章 CHAPTER

物流与供应链金融建构

淮矿物流百亿钢贸融资危机

2014 年 9 月 23 日，安徽皖江物流(集团)股份有限公司(皖江物流)主动披露全资子公司——淮矿现代物流有限责任公司(淮矿物流)的债权情况和债务情况，称其存在巨大的债权债务黑洞。其中，淮矿物流 161.57 亿元的总债权中，已到期债权高达 109.7 亿元，部分债权设定了担保，担保种类主要有一般保证、股权质押、生产设备抵押、个人家庭财产担保等。由于担保物的实际价值存在不确定性、法律认定上有无瑕疵需进一步查证，故暂不能确定上述担保物是否能够实现对上述已设定担保债权的全覆盖。此外，淮矿物流有 167.49 亿元债务，金融类债务达 127.18 亿元，涉及 19 家银行，已有 9.98 亿元到期。

在淮矿物流曝出超过百亿的债务黑洞后，皖江物流立即认亏 29 亿元，并停牌立即进入重组程序，至于后续债务如何清偿与上市公司无关，自动进入法律程序。进入法定重整程序后，淮矿物流的债权债务将从上市公司剥离，上市公司对淮矿物流出资成本及应收款项等损失约 29 亿元，淮矿物流注册资本 20 亿元。皖江物流启动资产重组后，大股东淮南矿业已初步确认标的资产为其所属煤炭、电力业务板块的部分资产。

淮矿物流属于典型的贸易型公司，负债率极高。其资产绝大部分集中在短期资产，且基本依靠银行杠杆获得，是典型"小马拉大车"。此外，大额应收款和大额应付款同时存在，应收款质量存忧，财务风险很大。淮矿物流巨大的债权债务危机除了内部因素之外，外部因素也是导致淮矿物流巨大的债权债务危机的关键。

首先，淮矿物流融资涉及钢贸。淮矿物流经营的贸易品种单一，主要是经营钢材，2013 年约 332 亿元营业收入中有 90%以上源自于钢材销售。2012 年以来，中国钢铁、钢贸行业由于产能过剩、整体持续下滑，与淮矿物流合作的钢铁、钢贸客户单位资金周转出现严重困难。淮矿物流资金回笼缓慢，导致淮矿物流资金周转困难。

其次，银行过度授信。在淮矿物流资本金只有 10 亿元的条件下，银行给予的授信额度却高达 130 亿元。在业务开展过程中，银行以金融创新名义向企业推介"商贸银"业务，但由于其操作流程不规范，导致风险积聚放大。初步统计，参与淮矿物流"商贸银"业务的银行共 14 家，淮矿物流所负担的金融类债务中，绝大多数是由"商贸银"业务形成。

最后，银行收紧钢贸贷款。

供应链金融是朝阳行业，越来越多的企业正在参与到该行业中。物流企业，如中国物资储运总公司、华鹏飞现代物流股份有限公司、恰亚通供应链股份有限公司；商业银行，如招商银行、民生银行、平安银行；电商平台，如阿里巴巴、京东商城；供应链管理软件开发公司等也开展了供应链金融业务。供应链金融是 P2P 的王道，银行未来将协同供应链上的企业，借由物流各环节的数据，将单个企业的不可控风险化为整条供应链的可控风险。

供应链金融的蓬勃发展给商业银行的发展提供了崭新的商机和管理变革。商业银行开展供应链金融业务面临各种风险，如信用风险、法律风险与操作风险等。银行习惯于将关注重点放在信用风险和法律风险上，对操作风险重视不足，而供应链金融具有显著的过程控制环节的特征。供应链金融业务开展过程中，银行对资金流、物流、商流、信息流的把握为操作过程管理提供了丰富的内容和手段，因此操作风险管理越来越被商业银行所重视。本章重点研究商业银行开展供应链金融操作问题，选取了准入体系构建、操作平台构建、利益协调体系、业务监管四个方面。这些方面既有相似于传统银行融资授信的方面，更有差异化和独特性。

第一节　准入体系构建

一、供应链成员企业准入条件

供应链是围绕核心企业，通过对商流、物流、信息流、资金流的控制，从采购原材料开始，制成中间产品以及最终产品，最后由销售网络把产品送到消费者手中的将供应商、制造商、分销商、零售商、直到最终用户连成一个整体的功能网链结构。供应链具有动态性、结构复杂性和面向用户性等特点。

上下游缺乏管理的供应链并不适合开展供应链金融业务。首先，核心企业没有充分的动力与银行合作，并提供一揽子的供应链成员融资授信方案。其次，银行无法对供应链整体进行融资授信方案设计和风险控制。因此，银行开展供应链金融服务的成员准入是前提，一般需要考虑如下问题。

1. 供应链整体利益分配

供应链上的企业在联盟合作中既相互对立又相互统一。如何实现供应链整体利益的最大化，并协调分配各方利益是供应链金融推行的关键。为了使供应链整体利益得到公平、合理的分配，核心企业需要构建供应链金融利益分配机制。供应链金融业务利益包括主体的利益和管理的利益。供应链金融的利益主体包括链上的所有相关实体。核心企业通常掌握着供应链上的核心资源，它的行为对供应链上的其他企业有着重要影响，它的行为和工作绩效分别对供应链上的其他企业、整个供应链的赢利能力有着重要影响，是供应链金融利益协调分配的主体。供应链金融管理把成员有效连接起来，实现潜在的供应链金融利益，这是供应链金融的中介利益。

2. 供应链成员协调机制

协调源于系统的研究。系统是由若干相互联系、相互作用的要素构成的具有特定功能的有机整体。供应链金融是由不同利益诉求的成员构成的联盟系统，成员的利益与供应链金融整体的利益往往存在冲突。如上下游中小微企业的利益最大化，往往导致无法同时实现供应链金融整体利益的最大化。供应链金融的协调机制要求供应链各成员的局部利益要服从整体利益、各职能部门需要改变其传统的经营理念，并找出个体利益和整体利益的平衡点。

3. 供应链成员信息共享

信息流是串联供应链四流的关键,供应链协调运行的前提是供应链各成员之间重新的信息传递和共享,如供应链的牛鞭效应。然而,现实中由于供应链成员追求利益最大化的目标,成员之间所掌握的信息是不对称的,因此造成供应链成员信息孤岛。同时,供应链各成员企业对信息重视程度的差异、信息系统层次的差异、信息获取手段的差异等,往往也造成信息的不对称。而供应链金融风险控制和利益实现的关键是信息共享,所以,推行供应链金融业务的供应链必须实现成员之间信息共享。

4. 供应链奖惩机制

科学激励理论的有效应用是链接供应链的关键因素之一,是协调成员企业追求自身利益最大化和整体利益最大化的有效补充。在供应链的形成和运行优化过程中,核心企业需要根据供应链战略、整体产品的设计及市场环境等对其他成员企业在供应链活动中的贡献方式和比例,确定并不断完善供应链成员企业活动的激励制度,保证供应链成员交易和获益的公平性、公正性和公开性,减少成员企业的投机行为,实现供应链下调和有序。

二、供应链融资企业准入条件

不管是供应商上下游的中小微企业还是核心企业,在与银行进行供应链融资中,首先必须提供必要的融资企业资质材料,如药品生产企业的GMP资质、药品销售企业的GSP资质、建筑企业的甲级、乙级资质等,融资企业的财务数据资料,如企业资产和负债数据、企业赢利数据、企业履行信用融资情况数据等,融资企业的销售数据,如企业时间序列销售数据、企业销售回款数据等,融资企业的银行开户信息等。在此基础上,银行根据供应链金融的具体业务模式,如预付类融资模式、存货类融资模式、应收类融资模式以及收益权融资模式等,设计相应的差别化准入的具体条件。

1. 预付账款类融资企业准入条件

预付账款融资通常是指以卖方和买方签订真实合同产生的预付账款为基础,为买方提供的、并以合同项下的商品及其产生的收入作为主要还款来源的融资。此类业务考察的债项重点应该是上游供货商的资信和实力、在途风险、上游的责任承担条款、入库和交接环节的无缝性等因素。

该模式下的融资申请人的条件依据不同的融资对象、融资提供方和行业等的不同而不同。浦发银行对融资申请人的条件是:

(1) 原则上连续经营2年以上,实收资本不低于500万元。

(2) 主要经营者行业从业时间3年以上且个人信用良好,无赌博、吸毒等不良行为。

(3) 无不良信用记录,无重大诉讼或纠纷记录。

(4) 购销渠道稳定,与主要上下游客户有长期、良好的合作关系,销售情况良好。

(5) 指定供应商的较高代理经销级别,其资质实力为供应商所认可。

2. 存货类融资企业准入条件

存货类融资是指融资企业以其存货为抵押或质押,并以该存货及其产生的收入作为主要还款来源的融资。此类业务的款项考察重点是货物的权属、货物品质的鉴定、货物变现的能力、货物的价格波动特征,以及货物监管的可操作性等。

该模式下的融资申请人的条件依据不同的融资对象、融资提供方和行业等的不同而不同。安徽亳州银行对融资申请人的条件是:

（1）必须满足《客户初选准则》。

（2）年销售收入在 5 000 万元以上。

（3）占有较大市场份额，有稳定的购销渠道。

（4）在我行保持一定的存款规模和结算量。

（5）无任何悬而未决的争议和债权债务纠纷。

（6）有良好的信誉和履约记录，银行贷款无逾期和欠息。

安徽亳州药都银行对存货的条件是：

（1）货物的产权必须明确。

（2）质押物的物理、化学性质稳定，在我行债权的诉讼时效及诉讼期间，质押物不会发生物理、化学变化。

（3）该货物必须具有活跃的交易市场，价格稳定（一年内价格波幅不得超过 20%），易于折价变现。

（4）货物规格明确，便于计量，符合国家有关标准。

（5）货物必须有明确依据确定其实际价值，包括增值税发票、进口报关单、商检证明等；否则必须由银行认可的权威机构对其进行评估，所需费用由出质人承担。

3. 应收账款类融资企业准入条件

应收账款类融资是指以卖方和买方签订真实合同产生的应收账款为基础，为卖方提供的，并以合同项下的应收账款作为主要还款来源的融资。此类业务债项考察的重点是应收账款存在性和合法性、应收债款回收期的预测、交易对手的资信和实力、应收账款回流的封闭手段等因素。

该模式下融资申请人的条件依据不同的融资对象、融资提供方和行业等的不同而不同。浦发银行对融资申请人的条件是：

（1）业务贸易背景真实，相关债权证明等资料真实、合法、有效。

（2）买卖双方交易模式与流程规范清晰，无质量纠纷，交易记录良好，应收账款坏账率/退货率小于 5%。

（3）卖方及其供应商均未采取保留所有权或寄售的方式进行销售。

（4）合同形式完备、要素齐全，对质量条款、检验、纠纷解决方式有明确规定，不存在无条件退货条款。

（5）应收账款债权不存在争议，双方债权不存在相互抵销，卖方未对应收账款设定任何形式的限制或担保，应收账款债权无瑕疵。

（6）卖方已按合同约定履行了交货等主要义务，并能提供相应的证明材料。

（7）应收账款原则上不属于关联交易；特殊情况下可以接受资质良好、经营及财务管理独立的关联买卖双方的应收账款融资申请。

（8）买卖双方的交易历史一般在 1 年以上，需有 3 个周期以上（含）的付款记录。

（9）付款期限一般不超过 180 天；符合行业交易习惯或其他特殊情况的，最长不超过 1 年。

三、供应链融资企业准入评级

供应链融资业务的准入评级是供应链金融风险评价的开端，起到风险预警的作用。准入评级与一般的评价在原理上类似，需要解决评价指标构建、评价方法选择，包括权重的问题、评价的具体推行与应用等问题。

1. 供应链金融融资业务评级体系

供应链金融融资业务评级典型的评级方法是以主体评级为基础、债项评级为辅助的方法。主体评级即首先分析整个行业的状况，确定行业的水平，再确定借款企业在行业内的层次。债项评价即对借款企业的具体债务进行分析，分析中主要对主体评级中产生的评级进行微调。评级方法就是建立风险评估体系，应用不同的指标进行评级。

供应链融资业务的准入评级中，必须突出债项评级结构指标的重要性，在债项结构弥补了主体资质不足的前提下，主体评价权重可以适当降低。

2. 债项评价步骤

传统的供应链金融风险评级系统一般分为九个步骤。第一步是对借款企业的财务状况进行评估，设定债务人评级的基础。第二步到第五步中的每一步都可能下调到第一步所设定的评级。其中，第二步是分析借款人的管理能力。第三步是调查借款人在行业中的绝对与相对位置，其基本步骤是行业评级综合——层次评估——行业或层次的位置，即先分析整个行业的状况，确定行业在整个经济中的水平，再确定借款企业在行业内的层次。第四步是评估借款企业财务信息的质量。第五步是评估国家风险。最后，才对具体债务进行分析，通过具体债务的评估，对基准评级进行微调。对债务的评估包括第六步到第九步，其中第六步是检验第三方的支持，第七步是分解交易的期限，第八步是评估交易结构的强度，第九步是评定担保物的数量。评级的第六步到第九步就是对债项进行评价。

中国工商银行的信用评级

在债项评级实践中，权数和分值标准通常是主观确定的，缺乏科学依据，而且很多评级体系以企业效益为中心，不是以偿债能力为中心。在行业划分上也比较简单，无法对不同行业企业的风险进行准确度量。为此，各银行都围绕这些问题对评级进行了优化调整。

中国工商银行正在分工商企业评级、事业法人客户评级、行业评级、集团客户评级、经营多个主业的客户评级等几种办法。评级维度分为领导者素质(10 分)、经济实力(10)、资金结构(20)、经营效益(20)、信誉状况(30)、发展前景(10)6 个方面。评级程序包括评级准备、实地调研、信用等级初评、级别审定与调整、跟踪监测和监督检查 6 项步骤。具体测评项目如表 5-1 所示。

表 5-1 中国工商银行客户信用评级项目

项　　目	分值	内容及计算公式
一、领导者素质	10	
1. 品质	2	企业法定代表人遵纪守法，诚实守信情况
2. 经历	2	企业法定代表人或主要经营者从事本行工作年限＞5 年得 2 分；＞2 年得 1 分；＜2 年得 0 分
3. 学历	2	正副厂长(经理)、总工程师、总会计师、总经济师等企业主要领导中大学本科以上学历的比重＞80%得 2 分；＞60%得 1.5 分；＞30%得 0.5 分；＜30%得 0 分

续表

项　　目	分值	内容及计算公式
4. 能力	2	(1) 经营管理能力 (2) 企业领导层威信
5. 业绩	2	企业法人近3年内的业绩情况
二、经济实力	10	
1. 实有净资产(单位：万元)	4	X=资产总额－负债总额－待处理资产损失
2. 有形长期资产(单位：万元)	3	X=固定资产净值＋在建工程＋长期投资
3. 人均实有净资产	3	X=实有净资产/(在册职工数＋离退休职工数)
三、资金结构	20	
1. 资产负债率	10	X=负债总额/资产总额
2. 速动比率	2	X=(流动资产－存货)/流动负债
3. 流动比率	5	X=流动资产/流动负债
4. 经营活动现金净流量	3	
四、经营收益	20	
1. 总资产利润率	5	X=利润总额/资产总额
2. 销售利润率	5	X=销售利润/销售收入净额
3. 利息保障倍数	4	X=(利润总额＋财务费用)/财务费用
4. 应收账款票据周期次数	3	X=销售收入净额/(应收账款＋应收票据)
五、信誉状况	30	
1. 贷款质量	12	无逾期、呆滞、呆账贷款，且无次级、可疑、损失贷款得12分；无呆滞、呆账贷款，且无可疑、损失贷款得9分；有呆滞、呆账、可疑、损失贷款之一者，得0分
2. 贷款付息	12	应付贷款利息余额无欠息得12分；<1个季度应计利息额得10分；<2个季度应计利息总额得6分；>2个季度应计利息额得0分
3. 存贷款占比	6	X=存款占比/贷款占比
六、发展前景	10	
1. 近3年利润情况	2	近3年利润总额增长情况。其中，亏损企业考察其减亏情况连续3年增长或减亏得2分；连续2年增长或减亏得1.5分；3年内有增长或减亏得1分；3年内无增长或减亏得0分
2. 销售增长率	2	X=(本年销售收入－上年销售收入)/上年销售收入
3. 资本增值率	3	X=(期末所有者权益－期初所有者权益)/期初所有者权益
七、生产企业		
1. 行业发展状况	1	
2. 市场预期状况	1	
3. 主要产品寿命	1	

中国工商银行对企业信用评级指标体系采用百分制计分，共分6级：企业如有不良记录或欠息情况，信用等级将予下调。

AAA级：≥90分；AA级：≥75分；A级：≥60分；

BBB级：≥45分；BB级：≥30分；B级：<30分。

四、供应链融资企业准入流程

供应链融资准入流程一般分为六个步骤，每个步骤涉及不同的岗位职责和审核内容。这需要结合不同的供应链金融业务模式具体设计。一般流程如图 5-1 所示。

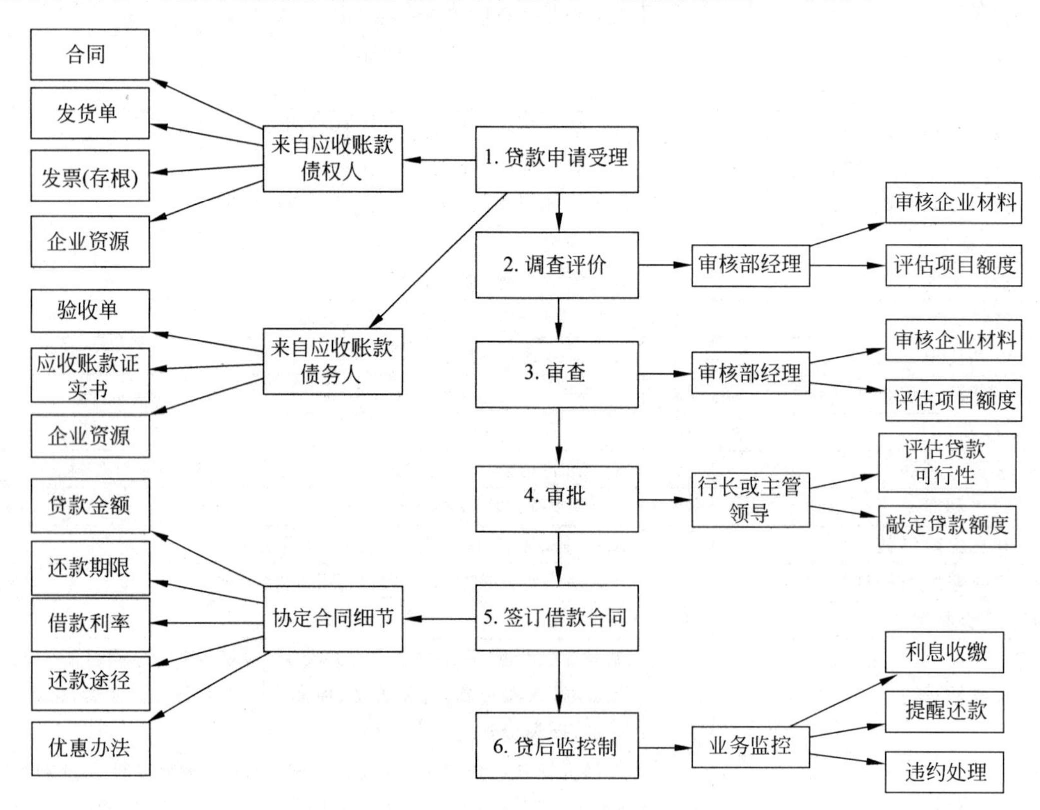

图 5-1 供应链融资企业准入流程

(1) 融资申请受理。一般由产品经理或客户经理组成的项目小组审核融资申请人与融资准入条件，对初步认定符合准入条件的，要求融资申请人按照银行授信流程要求提交材料并填写相关表格。

(2) 融资调查评价。项目小组除了对融资申请人的经营以及财务状况等条件进行调查外，还应重点对市场行情等情况进行调查。

(3) 融资审查。项目小组对企业提供的完整材料进行合法性和真实性审查，并完成项目融资额度审核。

(4) 审批。行长或者主管领导根据项目小组的融资申请情况，敲定融资的额度。

(5) 签订融资合同。银行与融资申请人签订《融资协议》，放款人员按照规定为融资人办理融资手续。

(6) 贷后监控管理。①业务经理发放贷款当日登记。②业务经理收回贷款当日登记管理台账。③业务经理在发放、收回贷款的次日，应将有关信息录入银行系统。④业务经理在每月末将贷款管理台账与营业部贷款分户账核对。

第二节　操作平台构建

供应链金融业务要求商业银行对质押存货、应收账款等的业务流程进行监控。供应链金融业务流程环节多、操作复杂、专业化程度高等特点决定了必须有专门的业务平台进行有效管理。如在商业银行内部设立专业的货押管理岗、应收账款融资管理岗与巡核库管理岗等岗位。同时，供应链金融业务中的放款审核、授信出账、额度管理与贷后业务管理也应相应地纳入运营职能中。在此驱动下，商业银行的运营职能与管理集约化程度不断提高。

运营集约化程度增加需要商业银行在总、分行层面设置集中作业平台。集中作业平台的设立可以保证操作的规范性，促进产品与服务的标准化，以达到对不同客户服务界面的统一。同时，总、分行层次作业平台集约化程度的加强也有利于及时、准确地执行新的操作政策，有效地防范业务风险。

一、平台结构

供应链金融操作平台采用面向服务的体系结构(Service-Oriented Architecture，SOA)，平台包括业务接入层、功能层和数据层。三个层次与外部第三方系统无缝对接，以便完成供应链金融的智能作业。平台结构如图 5-2 所示。

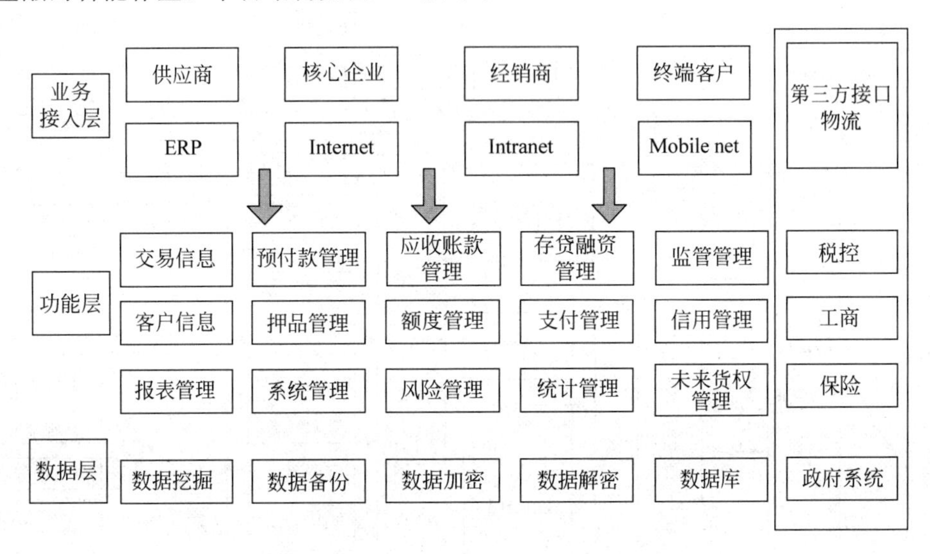

图 5-2　供应链金融操作平台结构示意

1. *业务接入层*

供应链金融平台接入层的目的是允许供应链上的企业连接到网络，便于平台系统的管理人员和办单人员进行供应链金融业务申请、受理和审核。供应链上的企业可以通过互联网、企业资源起源、企业内部网络、移动通信网络等方式，在不同的地方完成平台登录。平台授信对象包括供应链上下游中小微企业、供应链核心企业及商圈和整个产业链。

2. 功能层

供应链金融平台业务功能包括交易信息管理、客户信息管理、预付款管理、应收款管理、存货质押管理、未来货权管理、额度管理、支付管理、监管管理、信用管理、风险管理等。每个业务模块有标准化的业务活动，通过系统化的流程，有效链接平台内外的系统。

3. 数据层

平台数据层主要是利用各种信息工具和手段进行数据挖掘、数据分析、数据备份、数据解密与加密等，是供应链金融的后台核心。供应链金融数据是海量的，包括供应链上下游企业、核心企业、物流企业、银行以及第三方信息，涵盖商流信息、物流信息、资金流信息等。供应链数据服务可以支撑金融机构在原有风险控制体系上进行延伸和补充，在企业和金融机构之间架设数据信用桥梁，打通因信用问题存在的融资壁垒，将企业的数据转化为资产，帮助企业发展的同时助力金融机构，实现金融创新发展。

物流是个复合产业，供应链金融更是一个复杂的系统，因此在物流与供应链的不同子单元会有不同的系统结构。如围绕货运物流、物流园区、综合物流企业及银行打造的供应链金融平台结构各异。物流派是围绕货运 APP 为切入点的智慧物流平台，其结构如图 5-3 所示。

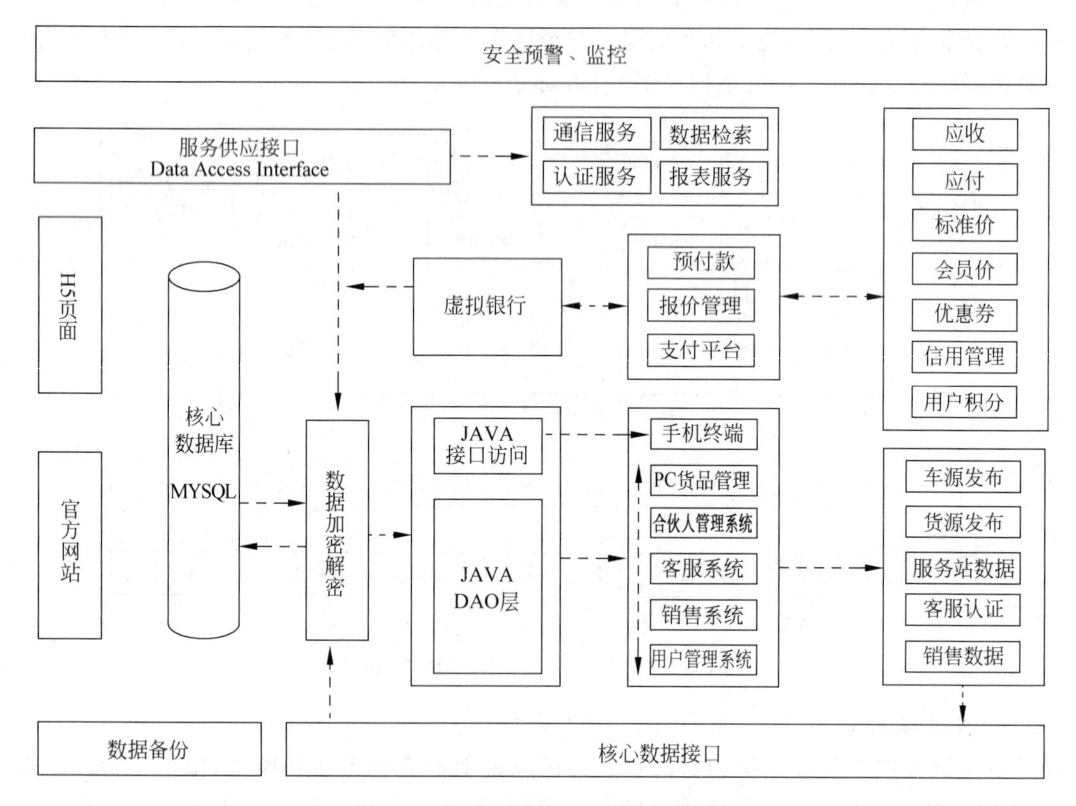

图 5-3 物流派系统与功能结构示意

二、平台模式

按照平台建设的主体划分，供应链金融平台模式可以分为三种：银行主导构建的供应链金融平台、物流企业主导构建的供应链金融平台和供应链企业主导构建的供应链金融平

台。这三种平台在业务内容上差别不大，但在业务的侧重点上会有较大的差异。

1. 银行主导构建的供应链金融平台

银行主导构建的供应链金融平台有两种典型的方式：

(1) 银行跨界收购物流公司开展物流与供应链金融服务，通过整合不同的平台实现互补、创造合力。如摩根大通银行收购了一家物流公司 Vastera，并在亚洲组建了一支新的物流团队专门为供应链及代理商销售业务提供金融服务和支持（2005 年）。在为全球供应链中主要的支付交易（包括收付货款、支付运费、支付保险费、支付关税等）提供服务的过程中，摩根大通银行可以自动获得各类金融贸易数据。利用运输单据制作和管理的自动化，Vastera 固有的流程和技术有力地支持了"实体货物"的跨境流动。

(2) 银行自主构建的供应链金融平台。银行根据供应链市场发展的需要，进行组织结构和业务模式创新，构建供应链金融服务平台。如招商银行利用大数据和互联网技术构建的智慧供应链金融平台。该平台"智慧供应链金融平台"，突破了银行原来的供应链融资门槛瓶颈，使得融资速度从"日级"向"秒级"变革，自动识别和控制信用风险，客户可自助申请贷款，系统可实时自动放款。

2. 物流企业主导构建的供应链金融平台

物流企业主导构建的供应链金融平台有两种方式：

(1) 物流企业收购金融机构建设供应链金融平台，提供供应链金融服务。1998 年，UPS 在美国收购了一家银行，成立了 UPS 资本公司，从而有了为客户提供包括代理收取货款、抵押贷款、设备租赁、国际贸易融资等物流金融服务的平台。

(2) 物流企业通过整合物流资源，构建供应链服务平台，提供物流金融服务。典型代表是罗宾逊全球物流有限公司（北美最大的 3PL 公司，没有一辆卡车，2013 年营收达 128 亿美元，世界 500 强企业的第 237 位）。轻物流企业并不占有资源，而以搭建平台、驾驭资源为基础。

中国也有很多物流企业在搭建平台，提供以金融带动的综合物流与供应链服务。如菜鸟网络投资公路物流平台型企业"卡行天下"。卡行天下正在往轻物流企业的道路上迈步。类似的物流平台企业还有：易流好多车、汇通天下、维天运通。另外还有以电商最后一公里物流为切入点的菜鸟网络；以物流园区网络为切入点的天地汇；以加盟整合为切入点的物流派。

3. 供应链企业主导构建的供应链金融平台

供应链企业主导构建的供应链金融平台有两种：

(1) 银行结合自身的战略定位，利用核心企业的管理支持网络和电子信息系统，搭建物流与供应链融资服务体系开展物流与供应链金融服务。这种方式也很像银行主导构建的供应链金融平台。如渣打银行的物流与供应链金融服务。

(2) 供应链企业整合物流资源，搭建供应链金融平台，推行供应链金融服务、整合物流与供应链金融服务。如深圳市怡亚通供应链股份有限公司凭借良好的商业信誉及经营业绩，与众多银行结成了战略合作伙伴，并基于丰富的供应链金融服务经验，为客户提供多样化供应链金融服务。

供应链金融服务平台的出现对推动物流业、金融业、制造业和商贸服务业的转型升级具有重要作用。供应链金融服务平台的发展不能立足于价格，而应该立足于价值，应该着眼于为客户提供价值竞争力。

三、平台价值

供应链金融平台的构建与发展对供应链金融上的成员都具有重要意义和价值。

1. 对银行的价值

(1) 开拓中小微企业市场。以低风险手段开拓高风险的中小微企业市场,集群式开发,降低开发成本。

(2) 深化客户关系管理。形成网络锁定,深化与优质战略客户的合作关系,派生业务机会。

(3) 业务综合发展。相关产品的存款派生率在50%以上,甚至可以达到和超过100%。

(4) 提高风险管理水平。经常性、稳定化、全流程跟踪特征有助于提高预警风险管理水平。

2. 对“1+N”链的价值

(1) 盘活存货和应收账款,解决预付资金困难,为交易注入信用。

(2) 扩大产销量及客户群体,提升行业竞争力和品牌地位。

(3) 以简洁授信替代直接授信,优化报表,节约财务成本,控制风险,及避税功能。

(4) 稳定上下游购、销关系,促进供应链良性循环,提升供应链整体竞争力。

3. 对供应链上实体企业价值

(1) 扩大销售(中小微企业融资难)。

(2) 节约成本,解决资金短缺问题。

(3) 控制风险,优化财务结构。

(4) 稳定上下游关系。

公路货运综合服务平台的供应链金融价值开发

CC物流企业是一家国内专门从事公路货运平台业务的物流企业,除了货与车匹配的服务之外,还可以为客户提供北斗定位、保险、高速ETC、直升机救援等增值服务。其结构与供应链金融问题可以用图5-4表示。思考这个平台可以创新出哪些业务获益。以下10项服务供参考。

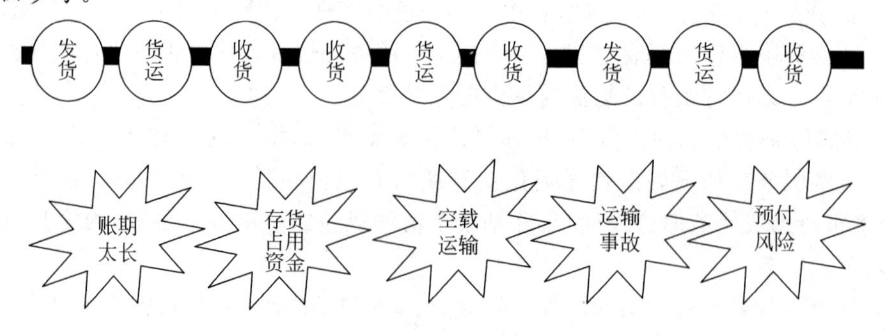

图5-4 货运平台供应链金融结构与问题示意

（1）团购车辆、配件及服务。

（2）直升机救援慈善基金。

（3）移动数据通信服务。

（4）加油卡服务。

（5）第三方支付服务。

（6）保险销售服务。

（7）货物在途监管服务。

（8）高速ETC商务卡服务。

（9）物流信息平台综合服务。

（10）移动广告及服务。

四、平台成员

供应链成员包括基本成员和支持成员。基本成员是指在专门为顾客或市场提供专项输出的业务流程中，所有能进行价值增值活动的自治公司或战略企业单元。支持成员是指那些简单地提供资源、知识以及设施的供应链成员。供应链金融平台的成员总体可以分为融资需求成员和供给成员，他们对于资金的供给和需求各有特点。

1. 资金需求方融资需求特点

（1）中小微企业融资需求特点：①额度小；②周期短；③强调便利性；④强调动产融资。

（2）核心企业融资需求特点：①额度大；②周期长；③强调大客户性；④强调动产和不动产组合；⑤强调在产业链中金融中介角色。

（3）产业链资金需求特点：①面向全产业链融资方案；②大客户性；③额度大；④周期动态化；⑤组合风险控制。

2. 资金供给方放款特点

（1）适应全产业链的风险控制；

（2）全产业链成本控制；

（3）放款便捷性；

（4）发挥核心企业地位；

（5）资金动态周期管理；

（6）量身定制融资方案；

（7）以客户需求为中心，而非产品为中心；

（8）商圈融资。

第三节　利益协调分配

利益协调分配是供应链金融稳定和可持续合作的关键。供应链金融合作伙伴需要利益共享，风险共担，降低总成本，最终实现系统利润最大化。

一、利益协调原则

（1）利益共享。供应链金融联盟成员要共同创造收益，共享供应链金融收益。在保证供应链金融成员基本利益的基础上，适当体现差异化。

（2）贡献与收益匹配。供应链金融联盟成员需要根据各自的贡献度大小，有差别地分配供应链收益。即成员企业贡献越大，其收益就越多。

（3）风险与收益匹配。在供应链金融收益分配时，需要考虑成员承担风险的大小，一般而言，对承担风险大的企业应给予适当的风险补偿，以提高合作的积极性。

（4）分配结构最优原则。收益分配结构的制定应以科学理论和计算为基础，体现出每个成员企业的资源投入、贡献大小和分担的风险，探索供应链金融合作的可行区域，达到帕累托最优状态。

二、利益协调计算

1. 利益协调变量设定

考虑核心企业与上游供应商的二级供应链。在供应链金融模式下，核心企业利用自身优势将资金压力转移给上游的中小企业，使上游中小企业得到的是核心企业的应收账款凭证，现金流只有在核心企业资金极为充裕时才能获得，上游中小企业没有及时的现金流，运营将出现问题。供应链上游中小企业可以采用应收账款模式融资，业务流程如图 5-5 所示。

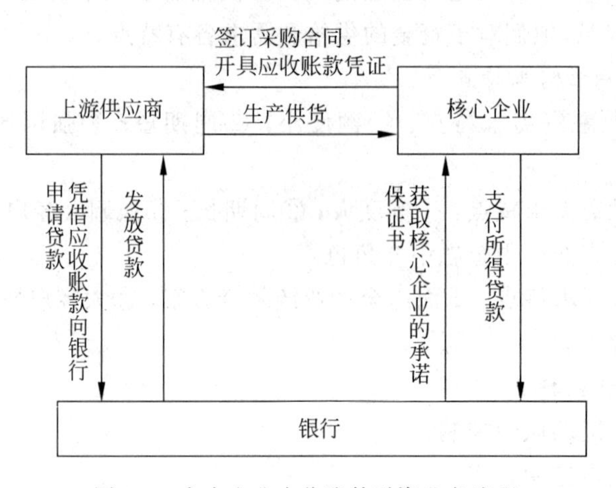

图 5-5 中小企业应收账款融资业务流程

相关变量设定：

C——上游供应商的单位进货成本；

P_S——上游供应商单位供货成本；

P_M——核心企业的单位销售价格；

Q——核心企业与上游供应商的交易量；

Z——供应商的信息披露程度（$0\leqslant Z\leqslant 1$）

R_S——银行贷款给中小企业的贷款利率；

R_M——银行贷款给核心企业的贷款利率；

H_1——传统模式下的银行质押率；

H_2——应收账款模式下的银行质押率；

S——银行办理贷款业务的手续费；

G_S——供应链应收账款模式的正外部效应给供应商带来的收益；

G_M——供应链应收账款模式的正外部效应给核心企业带来的收益；

G_B——供应链应收账款模式的正外部效应给银行带来的收益。

其中，R_S 大于 R_M，因为相比核心企业，中小企业的收益不稳定，潜在风险大。但如果增大信息披露的强度，银行将更好地控制风险，如果中小企业实现完全信息披露，其贷款利率将等同于核心企业的贷款利率，对银行而言，等同于与核心企业具有相同的风险。所以：

(1) 上游中小企业的贷款利率：

$$R_{S(Z)} = \frac{R_M}{Z^2} \tag{5-1}$$

(2) 银行审核监督成本：上游中小企业的信息披露程度越高，银行对中小企业的信誉评估与监督成本越低，说明银行的监督成本与信息披露程度存在反方向关系。但随着信息披露程度的增强，降低的程度将逐渐减少，所以一阶导也应为减函数：

$$Y_{(Z)} = \frac{1}{Z^3} \tag{5-2}$$

(3) 缺货成本：由于信息的分享程度将影响中小企业的贷款过程，而贷款的顺利与否将对及时供货产生一定影响，因此假设缺货成本通过影响厂商的销售量继而影响收益。鉴于该影响程度有限，我们以信息分享程度的开根号作为影响因素，原订货量$(P_S-C)\cdot Q$变为$(P_S-C)\cdot Q\cdot\sqrt{Z}$；

(4) 银行质押率：对于应收账款，因为信息不透明存在风险，银行并不会100%质押。银行质押率是随着信息分享程度的增加而增加的，所以设定银行质押率 H 为 $H\cdot\sqrt{Z}$。

中小企业能否顺利取得贷款将对其生产的稳定性造成一定的影响。供应链应收账款融资比传统融资模式成功率更高。中小企业的稳定生产将有助于核心企业生产的连续与及时，从而将增加订货量，设为 Q_2，显然 $Q_2>Q_1$，上游中小企业、银行、核心企业的收益分别设为 B_S、B_B、B_M。

2. 传统模式各方收益

传统模式下，银行只将上游中小企业作为审查对象。上游中小企业没有严谨的信息披露制度，且为了低利率贷款制造虚假信息，信息披露程度低，设为 Z_1。较低的信息披露程度将导致较低的质押率 H_1 和核心企业较低的订货量 Q_1，所以：

$$R_{S(Z_1)} = \frac{R_M}{Z_1^2} \tag{5-3}$$

$$Y_{(Z_1)} = \frac{1}{Z_1^3} \tag{5-4}$$

考虑到信息的不透明度会产生负外部效应，所以各方收益 R 为 $\sqrt{Z_1}\cdot R$，则各方的收益为：

上游中小企业收益：

$$\begin{aligned} B_{S1} &= \sqrt{Z_1}\cdot\left[(P_S-C)\cdot Q\cdot\sqrt{Z_1}-\frac{HP_SQR_M}{Z_1}\right]-S \\ &= (P_S-C)\cdot Q\cdot Z_1-\frac{HP_SQR_M}{\sqrt{Z_1}}-S \end{aligned} \tag{5-5}$$

银行收益：

$$B_{B1} = \sqrt{Z_1}\cdot\left(\frac{HP_SQR_M}{Z_1}-\frac{1}{Z_1^3}\right)+S = \frac{HP_SQR_M}{\sqrt{Z_1}}-\frac{1}{Z_1^{5/2}}+S \tag{5-6}$$

核心企业收益：

$$B_{M1}=(P_M-P_S)\cdot Q\cdot Z_1 \tag{5-7}$$

供应链(包括银行)收益：

$$B_1=B_{S1}+B_{B1}+B_{M1}=(P_M-C)\cdot Q\cdot Z_1-\frac{1}{Z_1^{5/2}} \tag{5-8}$$

3. 供应链金融各方收益

在供应链应收账款融资模式下，上游中小企业与核心企业存在频繁的经济往来，双方关系密切。在供应链金融模式下，上游中小企业的信息披露程度将增加为 $Z_2(Z_2>Z_1)$。在不存在信息成本的情况下，上游中小企业和核心企业都会尽量提高信息的分享水平来提高自身的信用，从而获得贷款，由于没有成本，Z_2 将增至最大值 1，此时银行拥有与中小企业相同的信息，两者都大大降低了银行所面临的风险，从而应收账款的质押率也随之提高，设为 $H_2(H_2>H_1)$，订货量增加设为 $Q_2(Q_2>Q_1)$，所以

$$R_{S(Z_2)}=\frac{R_M}{Z_2^2}=R_M\quad(Z_2=1) \tag{5-9}$$

$$Y_{(Z_2)}=\frac{1}{Z_2^3}=1\quad(Z_2=1) \tag{5-10}$$

则各方的收益为

上游中小企业收益：

$$B_{S2}=(P_S-C)\cdot Q-HP_SQR_M-S \tag{5-11}$$

银行收益：

$$B_{B2}=HP_SQR_M-1+S \tag{5-12}$$

核心企业收益：

$$B_{M2}=(P_M-P_S)\cdot Q \tag{5-13}$$

供应链(包括银行)收益：

$$B_2=B_{S2}+B_{B2}+B_{M2}=(P_M-C)\cdot Q-1 \tag{5-14}$$

4. 各方收益对比分析

上游中小企业收益：

$$\Delta B_S=(P_S-C)\cdot Q-HP_SQR_M-(P_S-C)\cdot Q\cdot Z_1+\frac{HP_SQR_M}{\sqrt{Z_1}} \tag{5-15}$$

银行收益：

$$\Delta B_B=HP_SQR_M-1-\frac{HP_SQR_M}{\sqrt{Z_1}}+\frac{1}{Z_1^{5/2}} \tag{5-16}$$

核心企业收益：

$$\Delta B_M=(P_M-P_S)\cdot Q\cdot(1-Z_1) \tag{5-17}$$

整条供应链收益：

$$\Delta B=(P_M-C)\cdot Q\cdot(1-Z_1)-1+\frac{1}{Z_1^{5/2}} \tag{5-18}$$

两种模式各方收益及差异如表 5-2 所示。

三、利益协调区域

传统模式与供应链应收账款融资模式的优劣，取决于两种融资模式给各方及整条供应

链带来的收益大小。从表5-2可以看出，要使三方形成合作，在传统模式与供应链模式各方收益差异项中，不仅整条供应链的收益要大于0，各方主体的收益也要有所增加，才能形成合作的可能性。收益的变化主要是由于不同融资模式信息分享程度不同，由此带来的风险成本、时间成本和缺货成本不同所导致，所以要比较收益变化的大小，需要将收益变化对信息分享程度H进行求导，探求合作的可能性区域。

表5-2 两种模式各方收益及差异

模式 各方收益	传统模式融资各方收益	供应链应收账款融资各方收益	传统模式与供应链模式各方收益差异
上游供应商收益	$(P_S-C)\cdot Q\cdot Z_1-\frac{HP_SQR_M}{\sqrt{Z_1}}-S$	$(P_S-C)\cdot Q-HP_SQR_M-S$	$(P_S-C)\cdot Q-HP_SQR_M-(P_S-C)\cdot Q\cdot Z_1+\frac{HP_SQR_M}{\sqrt{Z_1}}$
银行收益	$\frac{HP_SQR_M}{\sqrt{Z_1}}-\frac{1}{Z_1^{5/2}}+S$	HP_SQR_M-1+S	$HP_SQR_M-1-\frac{HP_SQR_M}{\sqrt{Z_1}}+\frac{1}{Z_1^{5/2}}$
核心企业收益	$(P_M-P_S)\cdot Q\cdot\sqrt{Z_1}$	$(P_M-P_S)\cdot Q$	$(P_M-P_S)\cdot Q\cdot(1-Z_1)$
整条供应链收益	$(P_M-C)\cdot Q\cdot Z_1-\frac{1}{Z_1^{5/2}}$	$(P_M-C)\cdot Q-1$	$(P_M-C)\cdot Q\cdot(1-Z_1)-1+\frac{1}{Z_1^{5/2}}$

上游供应商：对ΔB_S进行求导，则

$$\Delta\bar{B}_S=-(P_S-C)\cdot Q-\frac{HP_SQR_M}{2\cdot Z_1^{3/2}} \tag{5-19}$$

$\Delta\bar{B}_S$小于0，则ΔB_S是Z_1的减函数，令Z_1无限接近1时，$\Delta B_S=0$。又由于Z_1始终小于等于1，所以ΔB_S始终大于0。对于上游供应商而言，不管在没有合作之前信息分享程度如何，采用供应链金融应收账款融资方式将带来更多的收益，且收益随传统模式信息分享程度的增加而减少。

银行：对ΔB_B进行求导，则

$$\Delta\bar{B}_B=\frac{HP_SQR_M}{2\cdot Z_1^{3/2}}-\frac{5}{2}\cdot\frac{1}{Z_1^{7/2}} \tag{5-20}$$

令$\Delta\bar{B}_B$等于0，则$Z_1=\sqrt{\frac{5}{HP_SQR_M}}\leqslant 1$。当$0\leqslant Z_1\leqslant\sqrt{\frac{5}{HP_SQR_M}}$时，$\Delta\bar{B}_B$小于0；当$\sqrt{\frac{5}{HP_SQR_M}}\leqslant Z_1\leqslant 1$时，$\Delta\bar{B}_B$大于0。所以对$\Delta B_B$而言在$\left(0,\sqrt{\frac{5}{HP_SQR_M}}\right)$区间随$Z_1$减小；在$\left(\sqrt{\frac{5}{HP_SQR_M}},1\right)$区间随$Z_1$增加。当$Z_1$接近0时，$\Delta B_B$大于0；当$Z_1$接近1时，$\Delta B_B$接近0。所以$\Delta B_B$随$Z_1$的图像大致如图5-6所示。

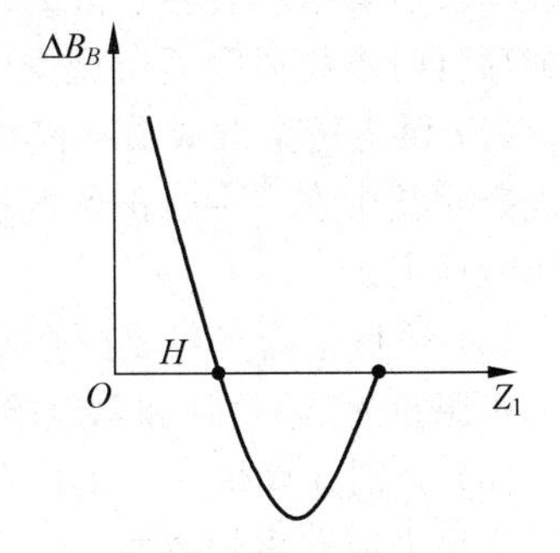

图5-6 银行收益变化ΔB_B与传统模式信息分享程度Z_1的关系

求临界值H，令$\Delta B_B=0$，H值为$HP_SQR_M-1-\frac{HP_SQR_M}{\sqrt{Z_1}}+\frac{1}{Z_1^{5/2}}=0$的非1解。对银行而言，当$Z_1$在$(0,H)$区间内时，供应链融资模式将带来更多的收益，虽

然在传统模式下，信息分享的程度越低，银行的贷款利益越高，从而给银行带来信息收益，但是由低信息分享转为信息透明，将大幅度降低银行的风险成本、时间成本，从而给银行带来更多的收益；当 Z_1 在$(H,1)$区间内时，采用传统应收账款融资银行将获得更多的收益，因为传统模式信息已经相当透明，与供应链合作并不能大幅降低成本；相反，利息收益的减少将给银行带来损失。

核心企业：对 ΔB_M 求导，则

$$\Delta\bar{B}_M = -(P_M - P_S)\cdot Q \tag{5-21}$$

显然 $\Delta\bar{B}_M$ 小于0，说明 ΔB_M 随 Z_1 的增加而减少。当 Z_1 接近1时，ΔB_M 为0。所以，$\Delta B_M \geqslant 0$，即对核心企业而言，由传统模式转为供应链应收账款融资模式将获得更多收益。

整条供应链：对 ΔB 求导，则

$$\Delta\bar{B} = -(P_M - C)\cdot Q \tag{5-22}$$

与 ΔB_S 和 ΔB_M 的分析相同，ΔB 始终大于0。即从供应链的角度，不管传统模式应收账款信息分享程度如何，供应链应收账款融资将为三方整体带来更多收益。

综上所述，可以得到三方收益变化量随 Z_1 变化的大致图像，图5-7是三方收益变化与传统模式信息分享程度的关系。

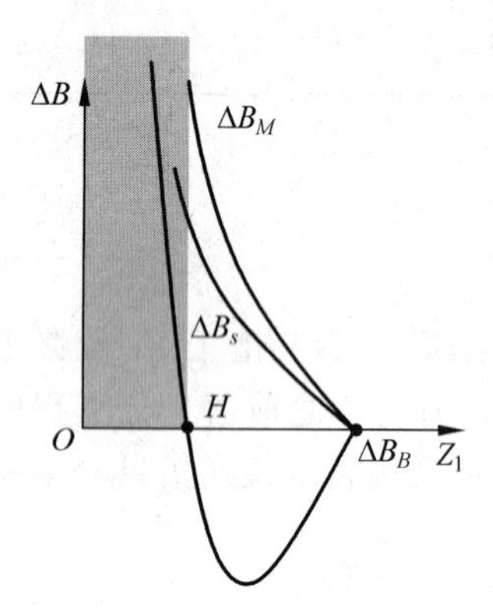

图5-7　三方收益变化与传统模式信息分享程度的关系

令三方采用供应链应收账款融资进行合作的条件不仅要使三方整体的收益增加，从各方主体出发，每一个主体的收益只有都有所增加，成员才有可能进行合作。图中阴影部分是三方收益都增加的区域，即 $Z_1\in(0,H)$时的区域为三方进行合作的可能性区域。只要 Z_1 小于 H，三方就会采用供应链应收账款融资进行合作来获取更多的收益。而对于增加的收益该如何在三方主体之间进行分配，以此达到合作的均衡态，下文将采用Shapley模型进行探求。

四、利益协调方法

1. 利益分配思路

供应链金融利益分配的要素主要有三个：资源投入、贡献、风险损失。资源投入指供应链金融各成员企业投入的设备、资金、技术、人力等资源。贡献指供应链金融各成员企业在保证项目能够顺利、高效、准时地完成所付出的努力。风险损失指供应链金融各成员企业在完成项目时承担风险后所遭受的损失。一般分配思路是：

(1) 供应链金融成员共同协商，并组成项目组确定收益中三个分配要素的比例关系，从而确定收益中有多少是由资源投入带来的，有多少是由企业的贡献带来的，还有多少用来补偿风险损失。

(2) 项目组确定各成员企业在资源投入、贡献和风险损失方面的情况，估算它们在项目中总资源投入、总贡献和总风险损失中的比例。

(3) 分别计算每一个成员企业按资源投入应获得的收益、按贡献大小应获得的收益和按风险损失应获得的收益。

2. 利益分配方法

供应链应收账款融资在增强信息分享程度下，降低了合作各方需要承担的风险成本、时间成本、缺货成本以及其他一些外部效应，这使三方合作产生可能性，形成合作的可能性区

域。但是额外收益分配的合理性将影响合作的持久稳定，虽然三方收益都有增加，但不合理的收益分配会使成员产生不公平的心理，成员有可能因为不公平而退出合作。比较主要的利益协调方法有以下三种：

(1) 联盟成员利用自身的资源来平衡其他成员的利益，比如按照出资的比例进行利益分配，从而使整体达到最优；

(2) 供应链合作中的某一方成员针对其他成员的劣势进行施压控制，比如核心企业利用自身核心地位与上下游企业形成合作关系，迫使上下游企业采取行动实现整体的利益；

(3) 通过信任来实现合作，这一般是基于对对方的深度了解，比如战略联盟企业伙伴之间的合作。

3. Shapley 模型

Shapley 值法是由 Shapley L. S. 提出的一种数学方法。它分析的是合作各方对于合作带来的额外利益的分配问题，将利益分配与成员的边际贡献相联系。假设有 N 个人进行联盟合作，对于这 N 个人的任何组合合作形式都有相应的收益。当原本有 $M(M<N)$ 位成员处于合作状态，人均收益为 R，此时若有新成员想要加入，只要新成员给联盟整体带来的收益大于原来合作状态的人均收益 R，在不减少原合作形态下各方成员收益的前提下，原联盟合作的 M 位成员会接受新成员的加入。而对于 N 个合作成员的整体收益，如何进行合理分配，Shapley 模型根据每个成员的边际贡献对整体利益进行分配。

设集合 $I=\{1,2,\cdots,n\}$，对于 I 中元素的任何组合都有一个函数 $v(s)$ 与其相对应，满足：

$$v(\varnothing)=0$$
$$v(s_1\cup s_2)\geqslant v(s_1)+v(s_2)$$
$$s_1\cap s_2=\varnothing,\quad (s_1\in I,s_2\in I)$$

则 $[I,v]$ 为 n 人的合作对策，v 为该对策的特征函数。

用 x_i 表示 I 中第 i 个成员从合作最大效益 $v(I)$ 中获得的收益，要使该合作产生可能性，则各方在合作状态下的收益必须大于非合作状态下的收益，即：

$$\sum_{i=1}^{n}x_i=v(I)$$

而且

$$x_i\geqslant v(i),\quad i=1,2,3,\cdots,n$$

在 Shapley 模型中，将联盟成员从所联盟 I 中分配到的利益称为 Shapley 值，并记为 $\Phi(v)=(\varphi_1(v),\varphi_2(v),\varphi_3(v),\cdots,\varphi_n(v))$，$\varphi_i(v)$ 代表第 i 个联盟成员从联盟总收益中获得的利益，由此可由下列公式对各合作伙伴进行利益分配，实现合作的均衡态。

$$\varphi_i(v)=\sum_{s\subset s_i}w(|s|)[v(s)-v(s\backslash i)],\quad i=1,2,\cdots,n \tag{5-23}$$

$$w(|s|)=\frac{(n-|s|)!(|s|-1)!}{n!} \tag{5-24}$$

式中：n 为集合 I 里包含的元素个数；s 是集合 I 中元素的所有组合，即 I 的所有子集；$|s|$ 是子集元素个数。

在这里，我们可以将 $w(|s|)$ 看作一种加权因子，而 $v(s\backslash i)$ 是集合 s 中扣除合作成员 i 所

得到的收益，$v(s)$是集合 s 的收益。

4. Shapley 模型应用

针对中小企业融资问题，供应链应收账款融资在一定区间情况下会比传统模式更优，为整条供应链以及上游供应商、核心企业和银行三方参与主体带来更多的收益。但考虑到均衡问题，考虑到收益的分配合理性问题，需要研究基于均衡态下中小企业应收账款融资问题。即对于供应链应收账款融资不仅要探求合作的可能性区域，还要对其合作状态下的收益进行合理分配，力求达到均衡状态。

利用 Shapley 模型，将合作成员的收益分配构建为边际贡献的函数。Shapley 模型相对于其他的收益分配模型更具合理性和优越性，因为边际贡献不是单指某一方面，它既考虑了成员的资源贡献，也考虑了成员在成本和风险上的承担，而非简单地基于投资成本的比例分配，或是单纯基于风险承担的比例分配，又或是直接平均分配。具体应用可以参考文献自行研究讨论。

第四节　物流质押监管

动产质押监管业务作为一种成长迅速的新型融资业务，得到了银行、物流企业和中小企业的广泛关注，并成为中小企业解决资金困难、银行降低不良率、物流公司拓展业务的好方式，拥有极为广阔的市场前景。

一、监管内涵

物流质押监管业务定义有不同的表述。质押监管业务是物流企业与银行合作客户提供的一种物流和融资服务，即客户把货物质押给银行，并由物流企业监管。物流企业在提供运输、仓储等基本的服务同时，代替银行提供货物监管服务。物流质押监管是指拟融资的企业把质押商品存储在物流企业的仓库中，然后凭借物流企业开具的仓单向银行申请授信，银行根据质押商品的价值和其他相关因素向企业提供一定比例的授信额度，并委托物流企业代为监管质押物。物流质押监管业务一般涉及以下几方，各主体之间的关系如图 5-8 所示。

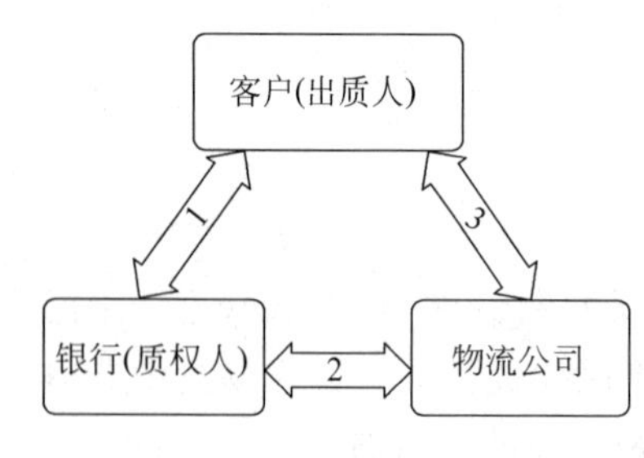

图 5-8　质押监管主体之间关系

(1) 质权方：银行(给授信企业提供融资的银行)；

(2) 出质方：获得银行融资的授信企业；

(3) 监管方：一般是比较大型的物流企业；

(4) 仓储方：质押货物存放的仓库或场地的所有权方(通常情况下与监管方是一体的)。

质押监管主体之间的关系如下。

(1) 质押。客户将享有所有权的货物抵押给银行。银行向客户提供授信。

(2) 委托监管。银行委托物流企业对质押物进行监管，物流企业凭银行指令操作。

(3) 物流企业完成客户货物入库，在库管理和出库等业务。

二、监管方式

1. 静态监管向动态监管发展

目前质押监管业务已由传统的静态质押监管向动态质押监管全面发展，动态质押监管

业务已成为主要监管模式。静态质押是指在质押期间质物处于封存状态，直至质物所担保的贷款清偿为止。动态质押指在质押期间，质物可按约定方式质换、流动，“补新出旧”。如循环质押(滚动质押)、置换仓单质押、信用或保证金置换仓单质押。

2. 库内监管向库外监管发展

从监管地点上看，质押业务已由库内质押向库外多点质押发展，质押物堆存场地可能在出质方的车间、库房，也可能在港口码头；可能在一地，也可能在几十个地方同时质押。

3. 人工监管向智能监管发展

传统的动产融资业务是指企业将合法拥有且银行认可的动产交由银行委托的物流监管方进行监管，物流监管方通过派驻监管人员实施人工现场监管。在这种业务模式中，物流监管的质量和准确性，主要取决于物流监管公司的管理能力和现场监管人员的履责程度，银行面临重复抵质押、押品不足值、押品不能特定化、货权不清晰、监管过程不透明、监管方道德风险、预警不及时等一系列风险。在互联网发展背景下，依托物联网传感设备和智能监管系统等，可以实现对动产存货的识别、定位、跟踪、监控等系统化、智能化管理。

4. 单环节监管向系统化监管发展

从物流环节上，质押业务已从单一的仓储环节，向供应链全过程发展，在原材料采购、加工、运输、仓储、产成品流通等各环节上，均可产生质押监管业务。如海陆舱业务，借用仓单质押理念，发展成为基于海上在途货物质押，连带发货地和目的地仓库质押的全程点对点质押融资模式。该种模式可以结合保兑仓和融通仓(即一般的仓单质押业务)的业务模式，并可以根据客户的需求演化出多种操作方法，比如，内贸集装箱模式、内贸散货模式、信用证下进口模式、非信用证下进口模式、出口模式等。

三、监管流程

1. 物流质押监管的一般流程

(1) 物流企业组建监管小组，对融资企业的相关资料、仓库资料进行调查、审核、评价，确定是否承接监管业务。

(2) 签订协议。银行、物流企业和融资企业三方签订《质押监管合作协议书》。如果仓库不是物流企业的，那么物流企业还需要与客户或者第三方仓储签署《仓库租赁及监管协议》，以便于物流企业合法输出监管。银行和客户签发《出质通知书》。

(3) 质物进仓，实施监管。监管业务人员依据《出质通知书》，填写《质物进仓单》，调度人员依照《质物进仓单》复核质物。首次质物进仓需要三方共同审核、确定并签署《质物清单》；监管人员实施监管。

(4) 质物入库。质物入库作业涉及银行、客户和物流企业三方工作人员共同合作，完成质物入库作业，需要制定细致的流程，示例如图 5-9 所示。

(5) 质物出库。质物流程需要分为两种情况设计，一是质物的实际价值超出质物最低价值的，可直接向物流公司办理提货或换货；二是质物的实际价值等于质物的最低价值的，客户应当事先提出提货申请，追加或补充保证金，经银行同意后凭银行签发的《提货通知单》向物流公司办理提货。出库一般流程如图 5-10 所示。

(6) 盘点与解除监管。现场监管人员需要根据约定的方式对监管货物进行盘点，并定期向上级汇报；在监管正常完成或者非正常结束的情况下，按照约定的程序解除监管。一般流程如图 5-11 所示。

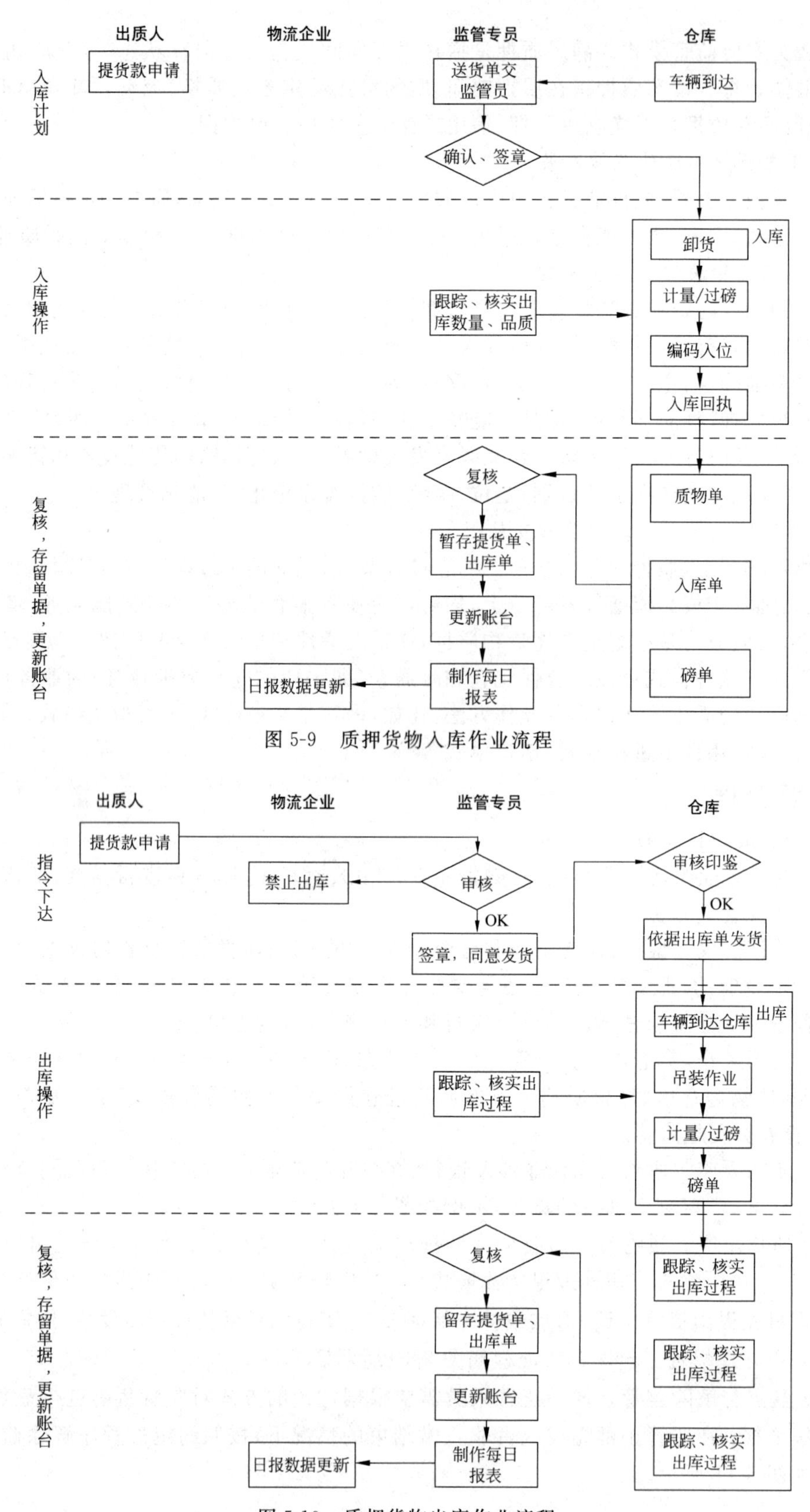

图 5-9 质押货物入库作业流程

图 5-10 质押货物出库作业流程

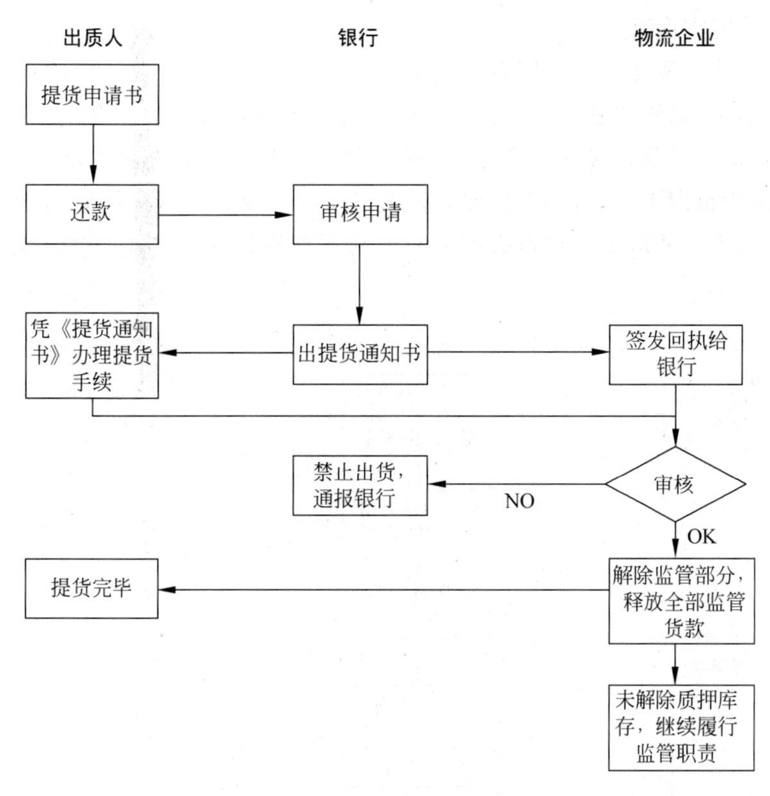

图 5-11　质押货物解除监管作业流程

2. 不同监管模式下的一般流程

物流融资动产质押监管业务有很多模式，主要模式有动态现货监管模式、静态现货监管模式、先票后货模式和在途监管模式，不同的模式在放款时间、监管开始时间、是否允许换货和放货条件方面都存在较大差异。制定监管流程首先需要明确这些差别，差别如表 5-3 所示。

表 5-3　典型监管模式的差异

监管模式	银行何时放款	何时开始监管	是否允许换货	放货条件
动态现货监管	核实现场质物数量、品质、货权无误，由中远物流出具质物清单后	核实现场质物数量无误，出具质物清单后	在规定的质物种类规格范围内，允许换货，换货应核实品质、货权单据无误并留存，并保证库存始终在底线之上	若放货后仍在库存底线之上时，可允许放货
静态现货监管	核实现场质物数量、品质、货权无误，由中远物流出具质物清单后	核实现场质物数量无误，出具质物清单后	不允许	出质人还款，银行向中远物流出具提货通知书，中远物流发出放货指令
先票后货	签订合同后，银行向指定上游供货厂商放款，并通知中远物流准备接货	质物到达监管现场，接货并核实质物数量、品质、货权单据无误	不允许	出质人还款，银行向中远物流出具提货通知书，中远物流发出放货指令
先票后货（在途监管）		在指定地点完成货物交接时		

(1) 现货质押监管流程。

现货质押是指融资企业把质押商品存储在银行指定的物流企业认可的仓库中,经物流企业盘点实物后,凭借物流企业开具的仓单或质物清单获取银行的融资。分为动态监管和静态监管两种,动态监管是指在监管过程中融资企业可以通过补充新的质押货物来换取已质押的货物,通常情况下,会有一个质押监管底线库存量或底线库存价值,质押货物始终要求保证在底线之上。相应的流程也有所差异。动态和静态现货质押一般流程如图 5-12 和图 5-13 所示。

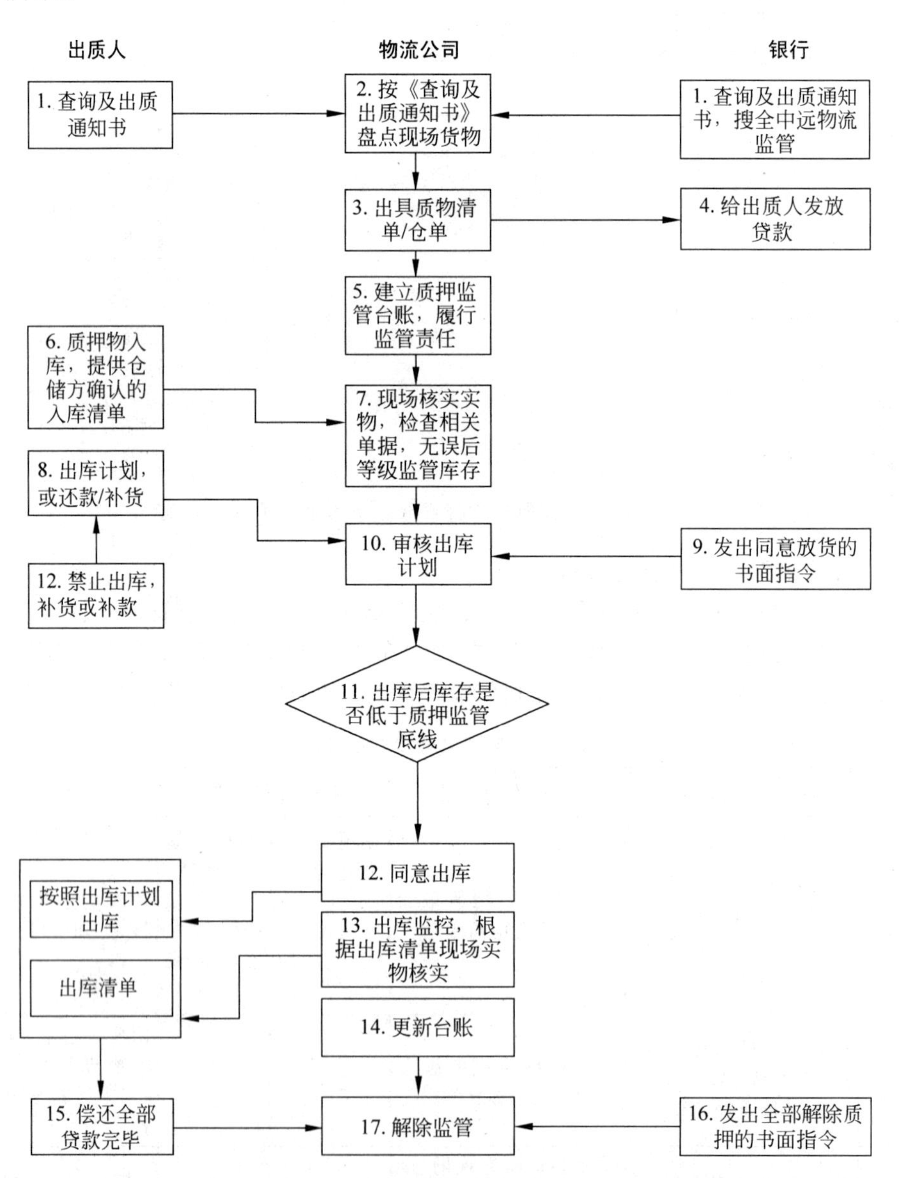

图 5-12　动态现货质押模式下的监管流程

(2)"先票/款/证后货"监管流程。

先票后货是指商品买方从银行取得授信,支付货款;商品卖方按照购销合同以及合作

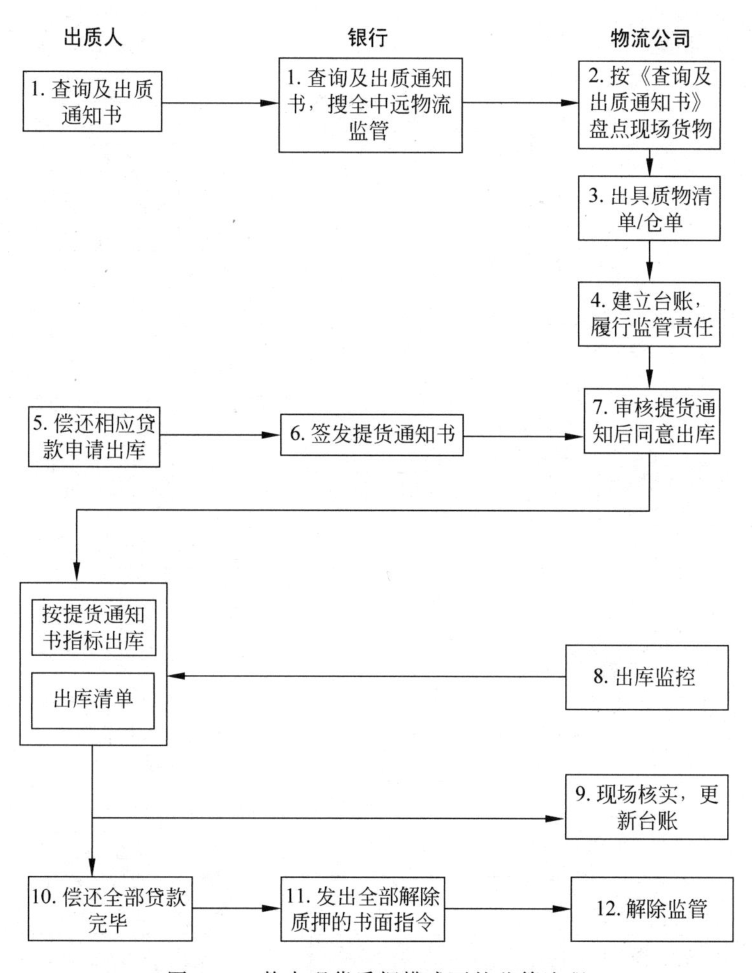

图 5-13 静态现货质押模式下的监管流程

协议书的约定发运货物，并以银行为收货人的模式。一般流程如图 5-14 所示。

四、监管风险

按照风险的经典定义，我们可以将物流监管风险界定为在某一个特定环境下，在某个特定的时间段内，物流企业在监管过程中由于风险管理不当造成损失的可能性，由风险因素、风险事故和风险损失三个要素组成。本部分主要讨论基于监管方：物流企业视角下操作风险的表现形式、风险控制措施和风险分散的手段。

（一）物流企业监管的操作风险

由于物流公司自身管理和操作不当等原因形成的风险，其主要表现形式如下。

（1）工作人员的道德风险。监管员在现场私自放货，造成质物不足。

（2）工作人员违规操作。接到银行工作人员电话，不按规定指令解押放货。

（3）业务不熟练。对于量大、货杂、品种多的质物盘点不到位，造成质物不符合银行的要求。

（4）监管流程设计上不合理，中间环节失控。监管地点不适合监管、交接环节不明确、盘点周期过长等，不能有效控制质物。

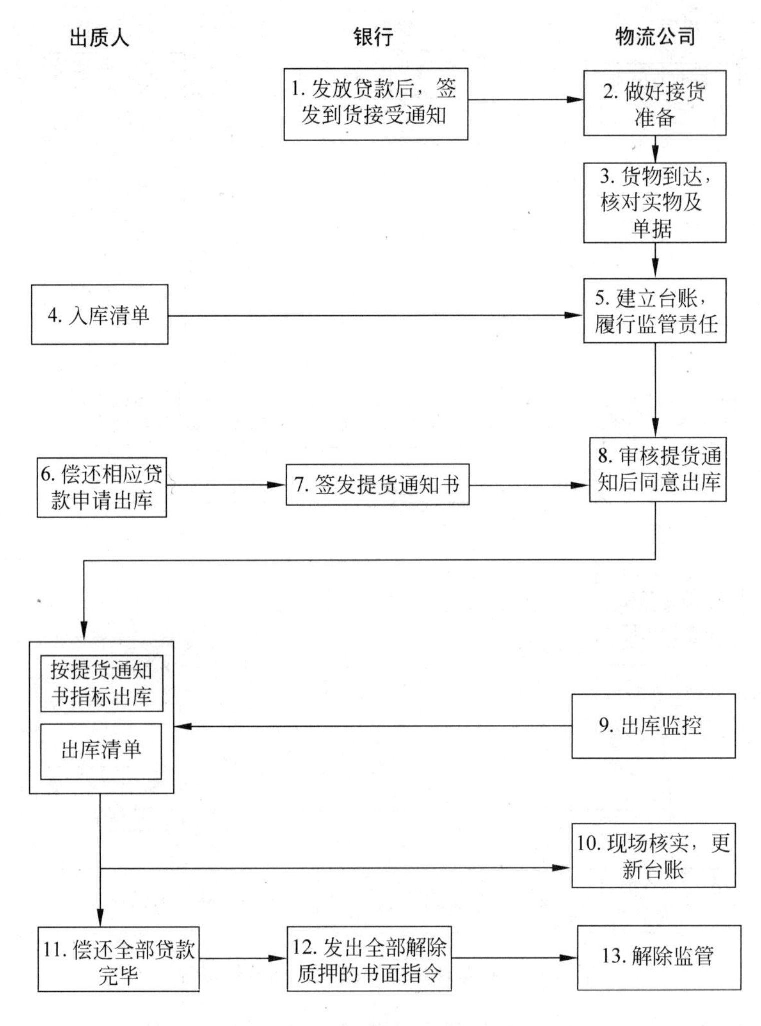

图 5-14 先票后货模式下的质押监管流程

(5) 执行不到位。监管员人员配备不足、出质人不及时在相关表单签章确认等。

(6) 质物选择、监管上不符合要求。专用设备不适合作为质物，不能监管处于加工首饰过程中的金、银等。

(7) 在第三方仓库监管，物流公司缺少控制手段。出质人与第三方仓库的恶意串通，出具假货物权属证明等。

（二）物流企业监管的风险控制措施

1. 加强与银行的战略合作及沟通协调

(1) 与银行建立战略合作。银行处于动产监管业务的主导地位，从以往的经验看，与有战略合作关系的银行发生诉讼及赔偿事件只占发生总数的 30%。

(2) 加强总部与总行之间的沟通与协调。双方都有推进业务发展的愿望，对双方协议规定的责任与义务非常了解，并且又不是事件的当事人，能客观地看待发生的事件，寻求最佳的解决方案。

(3) 加强分支机构间的沟通与协调。负责操作的分、子公司要加强与之合作的分行之间的沟通与合作，尤其是风险控制部门和业务管理部门，支行及分行的经营部门更侧重的是收益，往往忽视风险。

2. 加强对供应链上下游融资企业的管理

(1) 加强对客户的信用管理。物流企业通过建立客户资料收集制度、客户资信档案管理制度、客户资信调查管理制度、客户信用分级制度、合同与结算过程中的信用风险防范制度、信用额度稽核制度、财务管理制度等一系列制度，从而达到对客户进行全方位信用管理以及防范和减少风险之目的。

(2) 与客户建立长期的合作伙伴关系。物流企业为客户提供物流金融服务的基础是对客户有充分的了解，与其建立长期的合作关系，这样更有利于提高效率、防范物流金融风险。

3. 强化物流企业自身的风险管理水平和控制能力

(1) 事前控制。

① 制度体系建设。针对动产监管业务的特点，出台业务管理办法，形成一套与协议文本配套的制度和标准监管流程，从制度上控制风险。

② 建立完整的评审体系。通过层层评审，充分了解和评估融资企业、操作模式和应对措施等各方面的情况，强化事前控制。

③ 考察借款人(出质人)的资信。在选择客户时，重点考察企业的信用状况和经营能力，通过对出质人的经营状况分析、财务状况分析对出质人等级给予评定管理。

④ 监管人员的培训，包括道德素养与业务能力。加强对现场监管人员的岗前、岗中培训和项目培训；在业务知识和能力上的不足，进行有针对性的培训；建立体系化的监管员考核制度，明确考评流程，实现奖惩到位，有章可循。

⑤ 慎重选择质物品种。尽量选择市场需求大、流动性好、用途广泛、价格波动相对较小、价值易确定且相对稳定、变现容易、质量稳定、容易储藏保管的大众化物品。

(2) 事中控制。

① 监管流程设计。设计合理和可操作的监管流程。要在真正考察企业的情况下，针对企业生产流程设计出满足监管需要的监管方案。

② 加强监管现场的操作管理。监管人员根据最低控制货物价值的要求对现场质物进行监管，每日定时收集出质人库存报表及出、入库单据，确保单证签章准确，并结合实际盘点情况及收集单据整理账目、绘制货位图。整个监管工作要求做到：四实时：按时清点、及时跟踪、如实登录、准时反馈；三相符：账实相符、账证相符、账账相符；二注意：注意安全、注意协调；一原则：质物永远不能低于最低控制货物价值。

③ 严格落实巡查工作。建立巡查制度，采取网上与现场巡查相结合的方式，逐级按照对应周期进行巡查，坚决杜绝浮于形式、简单了事的情况发生，将检查与反馈有机结合，将风险隐患消灭于萌芽状态。

④ 完善和强化信息系统管理。根据监管业务特点，编制和设计质押业务专业软件并上网运行，实现监管业务管理信息化和自动化。

(3) 事后控制。

建立危机事件管理机制。当出现危机事件时，实现高效稳定的应对和处理，将损失降到最小。

（三）物流企业监管的风险分流

任何一项业务都有其系统风险，任何一种管理都会有疏漏，怎样将风险带来的损失降到最低呢？下面对风险分散进行分析。

（1）缴纳保险。采取由出质人缴纳保险的方式进行风险分散，这是风险分散的最基本形式，主要包括财产险与责任险。

① 财产险是针对质物所上的保险：仓储环节主要包括基本险、综合险、一切险，还有盗抢等附加险；其他环节的保险，如质物需要运输的，在运输途中要求上"国内陆运综合险"，还有盗、抢、雨淋等附加险；第一受益人为银行，如果已上保险的需将保险的第一受益人改为银行。

② 责任险是针对物流公司的监管责任所形成的赔偿而上的保险，目前已在洽谈和试点操作阶段。

（2）担保制度。针对在出质人作业库及第三方仓库，由于非物流公司的故意行为而形成的赔偿，由出质人或实际控制人及第三方仓库给予物流公司无限连带责任担保。

（3）建立风险池机制。针对市场内几百家客户都有融资需求的情况，每个参与者按其授信额度的比例存入一定额度的资金，形成风险池。当一户企业不能还款时，先用风险池内资金还贷，再追索当事人还债。风险池的资金来源主要是依靠客户的赢利。

（4）风险收益。动产监管业务作为金融物流业务的延伸，是一项高风险业务，因此在收入中要含有风险收益，用于支付出现的赔偿损失。

（5）预提坏账准备金。作为高风险业务，一直以来都在探讨提取坏账准备金的办法，由于目前是所得税后提取，没有实质意义，因此需要国家相关部门出台政策予以支持。

中外运长航质押监管风险事件[①]

屋漏偏逢连夜雨。2014 年正在全力为旗下航运板块止血扭亏而努力的中外运长航集团，又在原本赢利状况还不错的物流板块，看到了质押监管风险的集中爆发。

广西公司样本

中外运广西公司，是中外运长航集团旗下从事物流仓储业务的子公司，目前，集团在全国各地拥有数十家类似广西公司的省级公司及上百家下属企业，每个公司都有自己的仓库和车队等资产。柳州公司则是广西公司的下级子公司。

中外运广西公司、柳州公司相关负责人因涉嫌违法犯罪已被公安机关控制，主要涉嫌违规签约质押监管业务，配合出质人擅自提货、重复质押、虚假出质等问题。比如擅自将糖厂存放在公司自有库的近 5 万吨白糖，以钢材经销商的名义出质给银行，配合钢材经销商骗取贷款上亿元。

出质人主要是广西公司和柳州公司的客户，包括钢铁、农副产品、有色金属等货主。此

---

① 根据第一财经网公布的资料整理，2014 年。

前，公司与客户的业务交往主要是仓储和配送等，近年来，一些客户提出希望公司新增物流监管业务，即将货物存储于外运的自有、客户或第三方仓库中，由外运方面进行监管甚至担保，进而获得银行的贷款，外运方面则也可以多获得一份质押监管费。

"由于央企在银行的信用更好，这样的业务模式有利于增加客户和收入，但也给一些人创造了监守自盗的空间。比如在柳州公司的自有仓库中，就存在配合客户虚假出质、骗取贷款等涉嫌违法犯罪的行为，一些项目还是违规签约，并没有经过上级公司的审批，相关收入的获得也就不一定进了公司的账目。"

质押监管风险标的货值超百亿

广西公司是中外运长航集团旗下的物流公司中，从事质押监管项目较多的一家，但其涉及的违规签约、货物损失等问题并不是特例，在中外运长航集团旗下，包括辽宁、湖南、宁夏等多个地方分子公司，类似管理混乱、单证缺失、账目不清、无单放货等问题都开始暴露。

今年上半年，中外运长航集团决定由旗下上市公司中国外运(00598. HK)对存续在上市公司之外的一些从事综合物流业务的分子公司进行托管，进而加大了对旗下公司物流监管业务风险的监控、调研及审计，才曝光了大量原先未掌握的问题项目和风险事件，缺货数量和预计损失金额均属巨大。

根据记者获得的一份调查报告，截至 2014 年 8 月，外运旗下各公司已发生各类风险事件上百起，授信额度超过百亿元，风险标的货值也超过百亿元。报告中所提到的风险事件，主要包括仓库中货物的实际损失(存量低于银行要求的最低控货线)、出质人逾期未偿还贷款、外运成为被告或第三人的涉诉案件等。比如货物损失方面，截至 2014 年 8 月，各公司就共有 200 多起物流监管风险事件发生质物实际短少、灭失，涉及银行授信额度合计 80 多亿元，风险标的货值(即缺货金额)50 多亿元，如果判外运方面责任，预计损失可能约 30 亿元。

目前，外运旗下多家物流公司已被告上法庭，案件主要就与质押监管漏洞有关。"现在还很难评估实际损失，因为很多官司还在打。"外运一名管理层称。不过，这的确也暴露了公司管理方面的漏洞，因为在自行排查过程中发现，很多公司的项目并未经过上级公司审批而擅自签约操作。

目前中外运长航集团已对旗下物流公司提出要求，原则上单纯输出监管项目的，到期均不再续约，已上报的输出监管业务，要制订退出方案和时间表。不过，由于部分公司对物流监管业务的依赖程度较高，如果立刻退出相关业务，企业很可能面临主营业务利润下降，甚至出现经营亏损的情况。

分析与思考：

(1) 广西公司在物流质押监管中产生的风险事项：擅自提货、重复质押、虚假出质等，设计出针对这些风险事项的解决办法。

(2) 在物流质押监管业务中，除了上述提到的风险事项之外，还有哪些比较典型的风险事项，给出定义、案例和解决办法。

(3) 针对中外运长航集团这个的多网点集团企业，结合案例为其系统设计一个物流质押监管的可操作性方案。

本章小结

物流与供应链金融作为一种创新业务模式，已经不是要不要去发展的问题，而是如何更好地发展的问题。在物流与供应链金融业务发展中，准入体系构建、平台模式构建、利益协调分配以及业务监管与风险控制是操作层面的几个关键环节。在准入体系方面包括供应链成员企业的一般准入，融资企业的准入以及围绕准入条件的准入流程设计和准入的评级。这四个部分是逻辑性地联系在一起的，需要基于不同主体、不同融资模式、不同对象进行针对性的研究。

基于互联网环境和各种技术发展与应用的背景下，平台模式是企业未来发展的战略选择，物流与供应链金融操作平台模式也不例外。物流与供应链金融的发展得到了国际和国内企业的高度重视，产生了三种跨界平台经营模式，提升了物流业发展科技含量和管理水平，但国内和国际相比，我们的平台操作模式还有待优化和提升。物流与供应链金融操作平台涉及多方实体，融资供求双方都有自己的特点，最重要的是我们需要创新操作平台的金融业务模式，实现用金融串起供应链的目标。

在物流与供应链金融的成员中，各成员企业追求自身利益最大化的目标和信息的不对称性，使实现供应链金融利益总体利益最大化是困难的。即使实现了供应链整体利益的最大化，供应链利益在整体链条中的分配也是一个复杂的问题。要实现物流与供应链金融系统的稳定性与可持续性，利益的协调分配是关键，我们需要利益协调分配的机制、科学的计算理论和方法探索利益协调的可行区域。

动产质押监管是物流与供应链金融业务发展的风险控制手段之一。随着动产融资业务成为一种趋势和主流，动产质押监管越来越重要。近年来物流与供应链金融的风险事件基本都与监管有关，如重复质押、虚假仓单等。为有效控制风险和降低成本，监管方式正向智能化、系统化方向发展。我们思考如何利用计算机技术、网络技术以及通信技术等，将物流监管的流程、监管的风险识别、分析与控制等与之有效结合。只有有效控制风险，完善信用体系，提高整个业务的运作效率，才能促进业务的可持续发展。

关键概念

P2P　商贸银　中介利益　债项评级　主体评级　商圈融资　监督成本　信息成本　质押率　SHAPLEY 模型　质押监管　出质人　质权人　智能监管　风险分流

思考题

1. 分析 P2P 与供应链金融的关系。
2. 商业银行开展收益权类融资项目的融资对象管理方案。
3. 商业银行开展针对电商平台上的中小微企业供应链金融信用评价指标。

4. 商业银行开展仓单质押融资模式的主体评价和债项评级。

5. 国内外供应链金融平台模式的比较与借鉴。

6. 基于经济与社会网络理论的商圈融资客户融资授信评价。

7. 商业银行应收账款模式下供应链金融系统利益协调区域决策。

8. 如何制订一个科学合理、可操作性强的物流质押监管方案。

物流与供应链金融风险管理

青岛港“德正系”融资骗贷事件爆发[①]

青岛港是世界第七大港、我国第三大外贸口岸，凭借着其优越的地理位置和服务设施在国内外享有盛名。其运营商青岛港改制重组后，又联合了联合招商局集团、中远集团、中海集团等多个公司共同组建了青岛港国际股份有限公司。

依托青岛港的强大实力与信誉，通过重重审核，终定于2014年6月6日在中国香港联合交易所主板正式挂牌。然而在上市前夕，有消息显示该港贸易商在过去几年内重复质押仓储收据获取贸易融资。以矿石为例，青岛港实际在港矿石数量低于应有矿石数量，消息人士推测“这些矿石或许不在青岛港，甚至更可能根本不存在，要么就是同一批矿石被申报了三次”。

负面新闻四起，青岛港应声跌破发行价。多家相关银行连同青岛港进行了数日的调查，原来是德正资源控股有限公司利用旗下的子公司（以下统称“德正系”，包括德正资源控股有限公司、青岛德诚矿业有限公司、化隆先奇铝业有限责任公司等）重复质押铜和铝，反复获取贷款。英国《金属导报》(*Metal Bulletin*)跟进报道称：调查涉及的货物价值的传言已从2.5亿美元上升至10亿美元以上。对此青岛市政府已成立了专门的“工作小组”，正在紧急排查各家银行的涉案情况。初步调查结果显示，“德正系”骗贷案所涉及的中资商业银行为18家，贷款总额也从此前的147亿元上升到160多亿元。各家银行的风险敞口还在统计中，目前约达到90亿元。

我国的商品融资规模高达1 600亿美元，约占中国短期外债总额的31%。黄金、铜和铁矿石是被使用最多的融资抵押品，其他还包括大豆、棕榈油、橡胶、镍、锌和铝。而此次事件影响的不仅仅是青岛港、岛城银行，整个物流及供应链金融领域都为之地震。

事发后多家银行都立马意识到事态严重，而抵押货物权属不清导致各家银行面临血本无归的巨大风险。各家银行都在尽力抢占先机，纷纷向法院起诉要求“德正系”相关公司返还金融借款。知情人士表示，事发后每天都有人起诉“德正系”各公司，案件数已超过一百，并且每个案子的标的金额都在千万级以上。

---

① 改编自各门户网站新闻报导。

原来只需办事员点头认可，一张假仓单就可以顺利开出；不用核实抵押品的所有权归属，银行贷款就可以顺利到手……青岛港事件让各方运营中存在的风险全然暴露在所有人的眼中。下一步该怎么走？物流与供应链金融风险该如何管控都成了摆在各相关方面前的一道难题。

第一节 物流与供应链金融风险管理的基本框架

风险一词被广泛地应用于各个领域，无论是日常生活还是生产实践中，人们随时面对着许多复杂的环境。一般而言，当谈到风险时，主要提及的是以下三种相关特性：最常被提及的是未来结果的不确定性（或称变化）、损失的可能性以及未来结果（如投资的收益率）对期望的偏离，即波动性。保罗・霍普金整理的关于风险的定义如表 6-1 所示。

表 6-1 风险的定义

组　　织	对风险的定义	其他描述
ISO Guide 73 ISO 31000	不确定性对目标实现的影响	可以体现为正向的推动作用、负向的影响以及与预期之间的反差等三种形式。可以通过某些事件、环境或者结果的改变等
风险管理研究所（IRM）	某个时间发生的可能性以及结果	结果可能是积极正向的，也可以是消极负向的
英国财政部橙皮书	结果的不确定性	包括影响以及潜在事项的发生可能性的组合所引发的各种后果
国际内部审计师协会	可能对目标的实现产生某种影响的事件所带有的不确定性	通过风险所带来的结果以及发生的可能性来衡量

资料来源：Paul Hopkin(2013)。

物流与供应链金融风险可以理解为物流与供应链金融项目中所存在的可控或非可控的不确定性因素的总和，这些因素对于系统的正常预期运行起到干扰作用；一旦这样的扰动达到一定程度，就会产生相应的后果，一般而言是不良影响，导致预期结果无法实现。虽然从严格意义上来说，风险并不等同于损失，风险也可能带来额外的收益。但本章中所涉及的关于风险的讨论将主要集中于可能带来负面后果的影响因素上。

而人们对于风险管理的实践也具有长时间的历史，比如早期的保险管理。关于风险管理理论，全面风险管理（ERM）是目前较为主流的管理理论，是在 20 世纪 90 年代末从内部控制理论的基础上发展而来。美国反舞弊财务委员会下属的发起人委员会（COSO）对其给出的定义是“一个动态的过程，受到董事会、管理层和其他人员的影响。这个过程从企业战略制定一直贯穿到企业的各项活动中，用于识别那些可能影响企业的潜在事件，以将风险控制在企业的风险偏好之内，合理地确保企业取得既定的目标”。对于物流与供应链金融风险管理而言，该定义仍然可以借鉴。我们可以将物流与供应链金融风险管理理解为贯穿整个经营活动内的，受到来自组织内外部各级人员影响的一个动态过程，在这个过程中，组织需要对各个可能影响活动进展的事件进行识别，以将风险控制在组织的风险偏好之内，合理地确保取得既定的目标。由此我们可以得到以下物流与供应链金融风险管理基本框架，如图 6-1 所示。

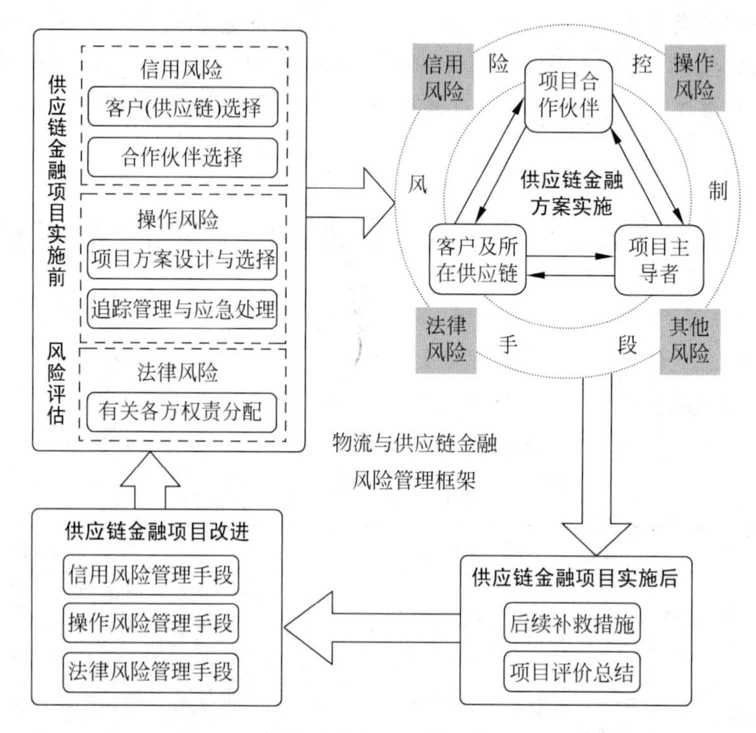

图 6-1 物流与供应链金融风险管理框架

一、风险管理的主体

从物流与供应链金融风险管理的定义可以看出，其内涵与一般意义上的风险管理是一致的，而与之不同的是物流与供应链金融风险管理的主体。物流与供应链金融风险管理的主体是该业务及项目的主导方、合作方、服务客户以及其他相关联方。

1. 项目主导方

进行物流与供应链金融风险管理最重要的主体是项目的主导方，一般而言可能是商业银行、供应链上核心企业、第三方物流企业，以及一些新兴的互联网金融平台企业。然而不论是哪类企业主导物流与供应链金融项目，都应该成为最主要的风险管理者。主导企业在考虑是否应当开展供应链金融项目或者进行项目设计时，首先应当考虑到内外部各个环节中阻碍目标达成的风险。主导方不仅要对和自身相关的环节做好控制，还要做好对项目合作方以及客户的风险管理。

从深圳发展银行的实践来看，银行在开展物流金融服务时，常常碍于风险控制难题而无法顺利开展实践。这从另一个侧面说明了项目主导方的风险管理水平对于开展供应链金融服务的重要性。

2. 项目合作方

鉴于物流与供应链金融服务开展的主体可能是不同的，他们所选择的项目合作方也随之不同。比如物流金融服务的主导方一般是物流企业，而合作方可能是商业银行等第三方金融机构；而供应链金融的主导方一般是商业银行（或者供应链核心企业），此时的合作方就很可能是第三方物流企业（或者商业银行）；而其他物流及供应链金融服务可能拥有不同的项目合作方。作为项目合作方来说，尽管并非项目主导者，但仍然是风险管理的重要主

体，对与自身相关的环节进行有效风险监控，同时还需要积极协助配合项目主导者进行风险管理(如提供重要的相关信息等)，才能够实现整个项目顺利进行。

3. 项目服务客户及其所在供应链其他成员

作为物流和供应链金融服务客户，首先在进行项目服务设计时就应当参与到风险控制环节的设置中，其自身资金水平和风险管理能力对整个项目风险程度有着至关重要的影响，也是影响项目主导方及合作方是否愿意提供该服务的关键。风险管理应当贯穿客户组织生产销售账款回收等各个环节。

物流及供应链金融区别于传统金融的最重要特点在于其服务对象不再仅仅是某一单一借款企业，而是该客户所在整个供应链。除借款企业外，其所在供应链其他成员的风险管理水平也与项目能否顺利开展息息相关，所以他们也是风险管理的主体。

4. 其他参与方

除项目合作方外，为实现对项目全方位跟踪管理，项目的主导者或合作方还可能设置其他监管方对项目进行风险管理；其他环节如客户资信评级企业、担保企业、催款企业等也可能参与到项目中来，成为风险管理的主体发挥职能。

二、风险管理的对象

物流与供应链金融服务的风险管理与传统的授信方案有比较大的区别，需要结合供应链的特点，用供应链中的物流或资金提供的资产支持或借助核心企业的信用捆绑来提升授信的信用等级，如图 6-2 所示。因此，它们的风险管理与传统的流动资金贷款大异其趣，这是供应链金融服务风险管理的技术关键。

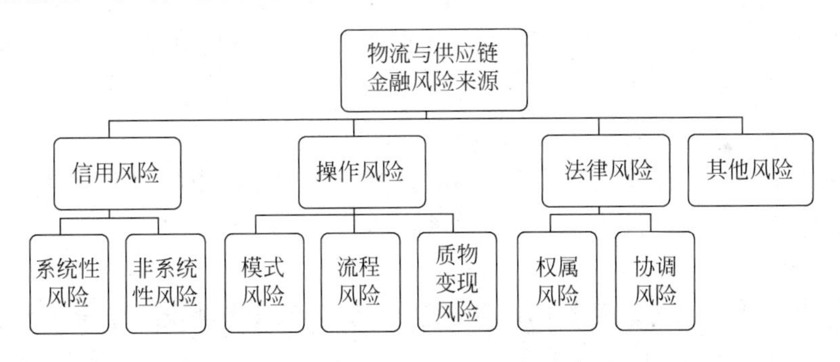

图 6-2　物流与供应链金融风险来源

1. 信用风险

物流与供应链金融服务中，商业银行首先面临着信用风险，这是由供应链融资的客户群指向决定的。而中小企业固有的高风险问题不仅无法回避，而且应是物流与供应链金融服务这一新兴的风险管理技术的着力点。

2. 操作风险

为了解决供应链中小成员的融资瓶颈，物流与供应链金融服务凭借物流、资金流和信息流的控制以及面向授信自偿性的结构化操作设计，构筑了用于隔离中小企业信用风险的“防火墙”，并由此带来了大量的贷后操作环节。这实质上造成了信用风险向操作风险的“位移”。因为操作制度的严密性和执行力直接关系到“防火墙”的效力，进而决定信用风险是否被有效屏蔽。

3. 法律风险

物流与供应链金融服务广泛涉及资产支持和权力转让的授信技术，但国内相关领域的法律制度存在诸多空白。抵押登记、质押排他性确认、担保权实现等方面远未达到理想状态。以担保质押业务为例，物流金融业务涉及多方主体，用于质押的货物受偿权以及可能的所有权亦在各主体间进行流动，极易产生所有权争议。法律风险带来了物流与供应链金融服务发展的不确定性。

4. 其他风险

在实践中，除信用风险、操作风险、法律风险之外，还存在着更多诸如因市场价格(汇率、利率、股票价格和商品价格)的不利变动而使服务提供方表内和表外业务发生损失的风险；因无法及时获得充足资金或无法以合理的成本及时获得充足资金以应对资产增长或支付到期债务的流动性风险；由经营、管理及其他行为或外部事件导致利益相关方对物流金融服务提供方负面评价的风险；由单个风险产品及不合理的风险组合而产生的集中度风险。

三、风险管理的要素

根据 COSO ERM-IF 的要求，企业风险管理应当具备以下八个相互关联的要素。这八个要素分别如下。

1. 内部环境

内部环境包含了企业的特性，它决定企业人员对待供应链金融服务风险的态度，包括风险管理的理念和风险偏好，企业人员的品行和道德观以及企业经营的氛围等。其次，企业的权责分配及组织结构的合理性对于风险管理也十分重要，明确的权责分配和合理的组织结构有利于稳定工作人员的情绪，调动工作人员的积极性，能使组织保持良好的沟通关系，是提高组织工作效率的前提条件。

2. 目标设定

只有设定目标后，管理层才能识别出可能影响目标实现的事项，ERM 要求管理层在设定目标时能确保其与企业使命相符，与企业风险偏好一致。

3. 事项识别

必须识别出影响企业实现目标的内外部事项，区分风险和机会。机会又蕴含于管理策略以及目标设定的过程之中。

4. 风险评估

对风险的可能性和影响进行分析，并以分析结果为依据决定对风险的管理，风险评估应以固有风险和剩余风险为基础。

5. 风险应对

物流金融服务的提供者在四种风险反应中做出选择——规避、接受、降低或风险共担。管理层要采取一系列行动使风险反应选择和风险偏好及风险容忍度相一致。

6. 控制活动

制定和执行一系列政策和程序以保证管理层的风险反应选择得到有效的执行。质押货物不同于一般的货物，一般的质押货物都是大宗的，市场需求量较大且稳定，因此，对货物的监管必须是 24 小时的全方位监管，这就需要企业制定一套完善的安全检查制度，以便随时掌握的货物的情况。

7. 信息沟通

要识别并获取相关信息，并将这些信息与相关人员进行沟通，以有利于其履行各自的职责。可以采取企业纵向的自上而下或自下而上的形式进行有效的沟通，也可以采取企业各部门横向交流的形式。

8. 监控

对风险管理的完整性进行监控和修正。管理层可在持续经营活动过程中完成监控，也可以进行单独的评估。对风险的监管必须是全方位监管，这就需要企业制定一套完善的安全检查制度，以便随时掌握风险的情况。

COSO 强调风险管理不一定是一个严格的单向流程，可能是一个多向的、循环往复的过程，在这个过程中，任何一个要素都能影响其他要素。ERM-IF 风险管理框架如图 6-3 所示。

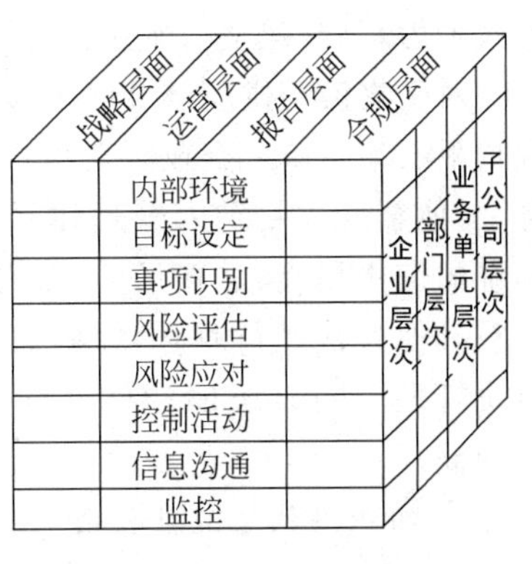

图 6-3　ERM-IF 风险管理框架

资料来源：COSO(2004)。

四、风险管理的原则

物流与供应链金融风险管理是商业银行风险管理在一个特殊领域中的应用，所以其遵循的原则也不应当脱离商业银行风险管理的要求。

保罗·霍普金（2010）提出成功的风险管理应当遵循 PACED 原则，即适应性（Proportionate）、相融性（Aligned）、综合性（Comprehensive）、根植性（Embedded）以及动态性（Dynamic）。更加具体地说，风险管理应当同供应链金融开展的风险水平相适应，与其他经营活动相融合，采用综合性地管理手段、渗透到企业日常运营中，并且是动态的，会随着风险状况的改变而调整。

深圳发展银行中欧国际工商学院(2009)对此的观点是，风险管理应当以平衡风险和收益作为目标，将风险调整后的收益率最大化和股东价值最大化。风险管理应当满足商业银行全面风险管理的要求，并且组织结构上拥有独立性和紧密性。

其他学者的观点也都基本上趋于一致，具体可以总结为以下几点。

1. 风险收益平衡原则

商业银行风险管理的目标是在资本、人力资源、风险管理能力和其他各种资源可及的范围内，确定银行自身可承受的风险范围，并在此风险范围内开展业务活动。也即 PACED 原则中的适应性原则(Proportionate)。同时，物流与供应链金融服务提供者须稳妥地管理已经承担的风险，在风险和收益之间取得适当的平衡，包括考虑开展该业务是否能够和现有的其他业务不相冲突或者产生的冲突可控，也即 PACED 原则中的相容性原则（Aligned）。服务提供者应当慎重评估风险收益之间的关系，得到经风险调整后的目标价值最大化方案。

2. 全面性原则

《新巴塞尔协议》的出台对推动银行业由单一风险管理向全面风险管理转化起到了决定性作用。物流与供应链金融服务和银行业各类服务有着密切的联系，甚至业务开展运营的许多环节都非常类似，所以商业银行全面风险管理对于物流与供应链金融风险管理也有着重要的指导意义。

商业银行全面风险管理主要包括三层含义：一是结合银行业内在运行规律，借助外部监管和市场约束的力量，综合考虑各类风险之间的相关性及整体联系；二是通过科学的模型和精确的程序，对各部门、各层级涉及的风险进行标准化度量；三是以先进的网络信息管理技术为基础，建立功能强大的风险管理系统。

对于物流与供应链金融风险管理而言，全面性原则尤其重要，因为其服务的对象不再仅仅局限于某一单一企业。全面性意味着物流与供应链金融服务提供者需要将其他运营业务、其他金融项目纳入管理体系内，对整个供应链实现一定代价下最大限度地控制。在面临的信用风险、法律风险、操作风险前，综合考虑各个风险之间的关系，使用科学的模型或其他方法进行测算，并确保供应链融资中的所有风险状况和反馈结果都有相关部门负责管理。同 PACED 原则中的综合性（Comprehensive）和根植性（Embedded）具有相似的内涵。

3. 组织结构适应性原则

随着组织机构的复杂化程度加深，风险管理部门的设置也应当适应企业总体的结构体系。商业银行全面风险管理中推行机构设置和人员分工遵循分层设置、层级管理的原则。

在有条件的情况下，风险管理职能部门的设置应独立于业务体系，并且适应业务体系的结构。风险管理部门应在业务体系的各个层次设立独立的风险管理和评审体系，实现垂直的风险管理。否则如果只由业务部门内部设立风险管理机构可能出现局内人"只缘身在此山中"的思维怪圈，也不利于全面风险管理的实施。但保有独立性并不意味着要切断与业务部门的联系，恰恰相反，风险部门仍然需要密切与业务部门的联系。采用垂直管理模式可能使得风险管理人员缺乏对于业务的深入了解，从而无法准确地开展风险的评估。因此要结合独立性和紧密型原则，适应风险情况合理地安置风险管理部门。

五、风险管理的流程

风险管理的所有标准几乎无一例外地涉及风险管理流程。IRM、Airmic 及 Alarm 于 2002 年共同协作制定的风险管理标准是最受欢迎的，使用频率也相当高。IRM 标准是一种专为风险管理专员涉及的风险管理高级办法，其所推荐的风险管理流程如图 6-4 所示。

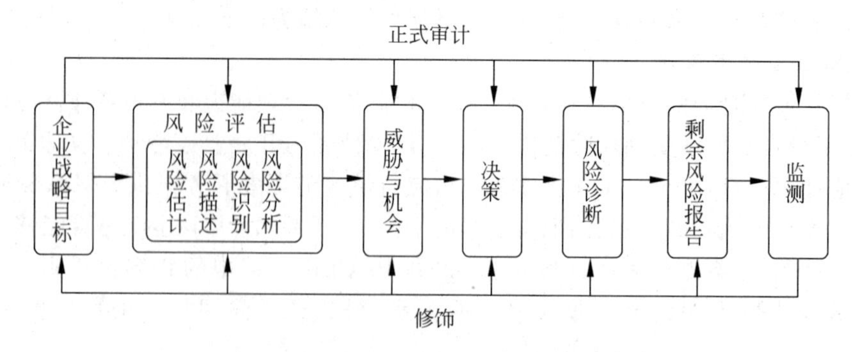

图 6-4 IRM 风险管理流程

资料来源：IRM/Airmic/Alarm(2002)。

而国际标准组织 ISO 于 2009 年颁布的《风险管理：标准及指导方针》ISO 31000 标准也十分强调了风险管理的流程，并为各类项目活动风险管理提供了指导，如图 6-5 所示。

可以看出这些标准所提倡的管理流程与前文中所要求的原则相契合。物流及供应链金融风险管理也是一个动态的过程，如图 6-6 所示。

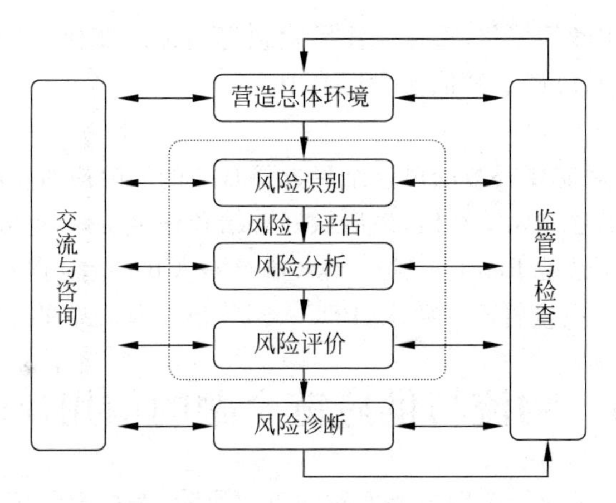

图 6-5　ISO 31000 风险管理流程

资料来源：ISO 31000 标准(2009)。

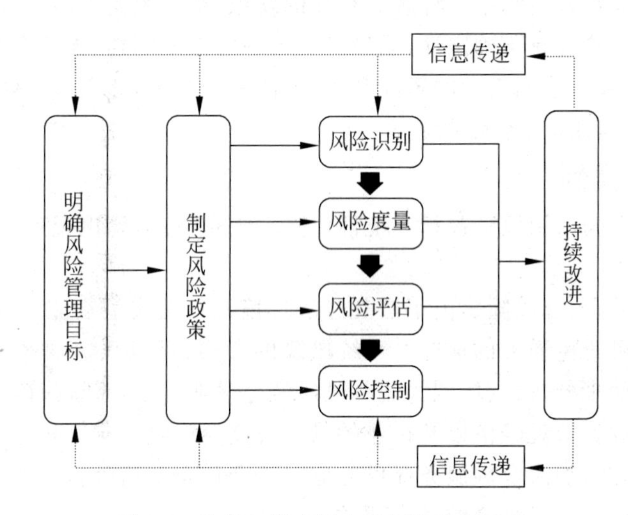

图 6-6　物流与供应链金融风险管理流程

1. 风险识别

在确定业务开展之前，首先需要全方位辨别业务流程中的信用风险、操作风险、法律风险以及其他重要的风险，还要找到造成风险的原因。不同的融资方案可能涉及不同的风险，在进行全面风险管理时，需要分析每种融资产品的风险来源，作为下一步工作的基础。

2. 风险度量

风险度量是对风险进行定量或者定性的分析和描述。不论是定性或是定量度量，都离不开风险事件发生的概率和可能造成的损失这两个维度。

3. 风险评价

根据风险承受能力和风险偏好，经过谨慎度量后，选择恰当的合作伙伴以及服务对象。结合企业的实际经营情况，建立风险预警指标以及风险应急预案，同时明确各方责任及组织内部相关负责人职责。

4. 风险控制

做好项目开展前的准备后，进入到项目实施阶段，各责任部门需发挥职能，密切监控业务的进程以及内外部环境的变化，重点关注风险预警指标的变化。在发现异常情况时及时行使事中控制调整，及时反馈到其他各个环节中。

5. 持续改进

项目结束后，需要对需要补救的风险结果选择合适的风险应对策略——风险分散、风险转移、风险对冲、风险规避和风险补偿，最后做好总结和评价工作，持续改进物流及供应链金融服务质量和水平。这也是 Plan（计划）—Do（执行）—Check（检查）—Adjust（修正）（以下简称 PDCA 循环），对于质量管理的要求，PDCA 最终落实到环节的不断改进中。

第二节　物流与供应链金融的信用风险管理

信用风险是物流与供应链金融中要面对的首要风险，是指因受信企业、核心企业以及合作企业等参与方出现违约行为，而使物流金融服务提供者遭受损失的可能性。

信用风险是商业经营活动中一种客观存在的现象，银行家们只能尽可能地降低其程度，而无法完全消灭。风险具有不确定性，受经济中各种因素的制约，无法完全准确地预料和判断，因此必须树立起银行信用活动的风险观念，才能有的放矢，建立起有效地风险防范、转移和补偿机制，提高经营效率，降低风险。

一、信用风险的类别

物流与供应链金融信用风险包括系统性风险、非系统性风险以及道德风险。

1. 系统性风险

在风险管理领域，系统风险是由于宏观经济环境和行业发展要素发生变化造成的行业内大部分企业都不可避免损失的情况。系统风险的考察，可以从宏观经济运行情况和行业的发展状况两个层面来分析，具体到物流与供应链金融业务中，系统风险更直接来源于供应链本身以及核心企业。宏观经济以及行业的景气程度会影响到包括核心企业在内的供应链上所有节点企业，因此，物流金融服务提供方应对于受信企业所处行业的发展前景以及供应链竞争地位的变化做出实时准确的动态评估。

2. 非系统性风险

非系统性风险是指受信的中小企业自身的经营战略等方面的变化给物流金融服务提供方带来的风险。虽然物流与供应链金融拥有保障——中小企业与核心企业稳定的合作关系和真实的贸易背景，但受信企业的经营决策仍然会形成非系统性风险。比如受信企业可能利用获得的资金从事投机性经营，如过度囤货、偷税漏税、卷入债务纠纷等，造成极大风险，一旦失败资金链断裂，直接影响到还款能力。

3. 道德风险

除企业经营能力之外，即使授信企业在正常赢利后，是否按约偿还贷款也还存在不确定性，这正是道德风险。道德风险的主体不仅涉及受信的中小企业，还包括核心企业以及合作伙伴、其他诸如担保公司、资信评级公司等。

信用风险往往难以定量计算，这主要是因为：信用风险损失的概率分布是左偏厚尾的，计量困难；对于中小企业自身的经营策略诱发的非系统性风险，也难以量化；道德风险更是牵涉各参与方，与其企业伦理观有关，难以定量描述。因此，当前信用风险的判断，是以“主体＋债项”，并侧重于“债项”的信用评级为主。

主体信用评级是在受信的中小企业现有经营状况的基础上，分析未来整体的偿债能力和可能的违约情况，是一种不针对特定债务的评级方法；债项评级则往往取决于债项的偿还次序、贷款条款、贷款资金流向、外部担保或者抵押等因素，在相当大的程度上衡量了在企业违约前提下，贷款收回的概率。这一评级方式也正是物流与供应链金融与传统信贷最大的差别所在。《巴塞尔协议Ⅱ》中也鼓励商业银行在风险管理中更多地去关注债项评级。

物流与供应链金融业务开创性地采取了资产支持下自偿性的信用隔离，从而使债项评级更为准确。当然，主体评级也不能忽视，主体评级过低可能诱发严重的道德风险。

二、物流与供应链金融与传统授信风险管理的比较

传统的流动资金授信看重的是受信企业的主体信用水平、财务实力、健康程度以及担保方式，而一般的保证担保授信和信用授信，中小企业是难以企及这些标准的。另一种常用的抵质押授信需要的固定资产存量，中小企业也难以达标。然而物流与供应链金融会从另一个角度考量企业的融资需求和信用支持：即受信企业的核心企业转移流动资金压力的程度。从供应链的角度来看，交易的过程是信息流、物流和资金流的集成，而且这种集成相对封闭，为银行监控提供了条件。

供应链融资信用风险管理提供了一系列有价值的方法论启发：

（1）物流与供应链金融采用供应链中的交易信息可以弥补中小企业信息不充分、信息采集成本高的问题。物流与供应链金融以企业间的真实交易背景为基础，通过来自核心企业的综合信息和供应链成员的交互信息，比如商业信用记录、交易规模、交易条件以及结算方式等，服务开展方就可以了解供应链的基本赢利状况等信息。

（2）供应链成员围绕核心企业形成的企业联合体，对成员经营风险的评价应当参考核心企业的经营风险。核心企业对于其合作伙伴已经进行过一道筛选，对于中小企业来说，进入大企业的供应链系统资格本身就是一个有价值的无形资产，因此，链上受信企业的平均信用风险应相对低于中小企业整体的信用风险。

三、信用风险的管理流程

1. 信用风险的识别

信用风险的识别就是要找出造成企业偿还贷款本息违约的因素。前面提到过信用风险主要包括系统性风险和非系统性风险。

物流与供应链金融中的授信支持性资产是非常重要的还款来源。物流与供应链金融有三种基本的授信支持性资产：预付账款、存货与应收账款。三种资产的还款保障能力，首先取决于出现违约时服务开展方对这些资产的控制效力；其次，预付账款与应收账款的资产支持能力不仅受到资产控制效力的影响，同时也受到上下游企业的信用状况的影响。因此，在供应链融资中，对于上下游企业的信用风险也需要根据实际的贸易背景进行评估。除了经营现金流和授信支持资产外，企业的其他资产也可以作为还款的一个来源，比如企业的主体资质以及企业主的财产特征。

另一个重要的信用风险来源就是道德风险，道德风险的表现有很多，比如在提供抵质押物时以次充好，隐瞒抵质押物的品质问题；比如受信企业将所获资金用于高风险投资中。对此，要关注借款企业以往履约的记录，一旦发现异常情况就必须立刻启动预警程序，制订客户退出计划。

2. 信用风险的度量

前文提到过信用风险的概率分布是左偏厚尾的，并且和道德风险密切相关，而道德风险相关的许多因素都是较为主观的，难以测量。但尽管主观性很强，信用风险的测量也并非无计可施。为减少主观判断的误差，在对信用风险进行度量时可以采用结构化的方法控制评估的质量。结构化的两方面含义分别是结构化的分析过程，以及结构化的指标体系。

借款企业的历史资信情况就是一项重要的依据，因此，物流企业要做好市场信息、借款企业历史资信的收集和整理工作。要求对借款企业有充分的调查了解，包括企业管理人员的素质、企业伦理价值观，尤其是高层管理人员的决策倾向；还要求对市场有充分认识，包括市场容量的大小、价格变动趋势、产业产品的升级等。因此，对借款企业的评估要是全方位的，全面考虑各种因素，图 6-7 中的结构化风险评价模型可供参考。

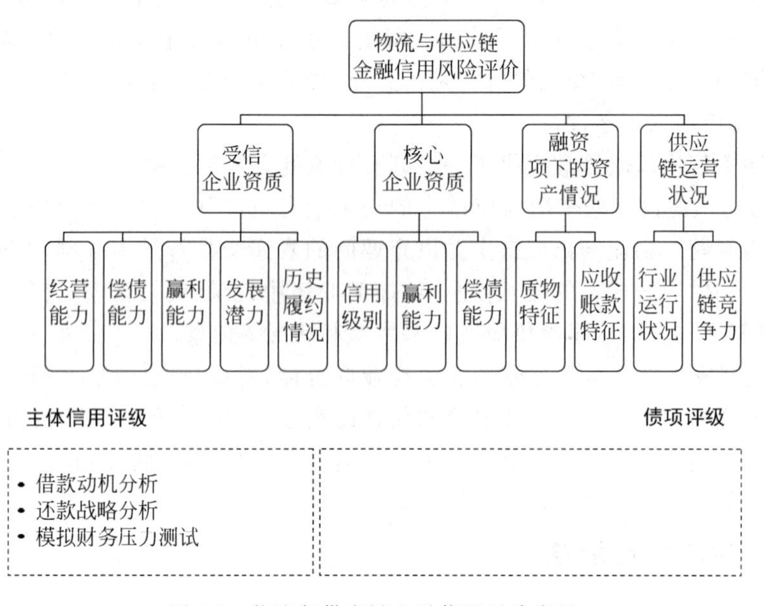

图 6-7　物流与供应链金融信用风险度量

供应链运营状况评估是区别于传统授信业务的重点，主要是用来评估企业经营的稳定性，并最终对企业的现金流状况做出客观评价。在供应链运营状况评估中，主要关注以下几点：

(1) 梳理交易关系和供应链产业的流程，了解借款企业在供应链中的位置和起到的作用，分析借款企业对于供应链交易的依赖程度，判断供应链的稳固性。

(2) 了解物流和资金流的流向，评估资金流与物流循环是否完整。

(3) 评估供应链所处的行业运行状况（了解系统风险），供应链的竞争力，市场容量及市场份额，判断供应链整体的赢利能力。

(4) 了解交易双方约定的结算方式、行业内同行的结算方式、交易对手的资信状况、平均销售周期等信息，了解核心企业对上下游的流动资金压力以及参与供应链金融的意愿。

3. 信用风险的评价

在对信用风险进行度量后，物流企业需要评估风险对业务开展的影响。这个步骤中物流企业需要结合违约概率和违约损失程度来分析贷款信用风险是否和收益相匹配。如果开

展物流金融服务的收益不足以补偿所需要承担的信用风险，那么需要在下一步风险控制中采取相应的措施。而除了考虑风险和收益的匹配情况外，物流企业还需要考虑是否贷款的VaR等风险指标是否超出了预期的承受上限。

4. 信用风险的控制

以往的信用风险管理模式过多关注已经造成损失的风险事件，通过分析过去来分离和测评风险因素，大大削弱了风险防范和化解能力。随着诱因和后果的日趋复杂与严重，在风险事件产生负面效应之前及时识别、控制和化解风险，显得尤为重要。全面风险管理要求既对现实事件进行分析，也对潜在的或有因素进行监测，将管理关口尽可能前置。风险损失的最终造成也是需要条件的，切断任何业务过程中所出现的漏洞都会阻断损失造成的途径。风险损失形成机理如图6-8所示。

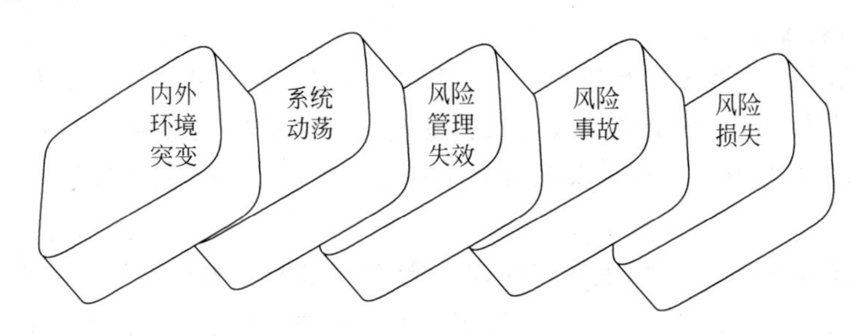

图6-8　风险损失形成机理

根据英国财政部橙皮书所推荐的控制分类方法，最简便的风险控制分类系统是将风险控制细分为预防性、修正性、指导性以及试探性四种。各种控制措施之间存在着明显的效度梯度，其中效度由高到低的排列顺序分别是预防性控制、修正性控制、指导性控制及试探性控制。

(1) 预防性控制。

预防性控制的着眼点是通过预测对被控制对象的投入或过程进行控制，以保证获得所期望的产出。经过风险识别、风险度量和风险评价后物流企业应当根据所观察到的情况及所掌握的信息，对未来可能发生的风险事项采取措施加以预防。阻挠不满意后果发生的重要性越大，实施合适的风险预防性控制措施的重要性越能得以凸显。比如物流企业的收益不足以补偿所承担的信用风险，则物流企业需要考虑要求企业提供其他的信用支持，比如提高质押的比率、要求企业购买信用保险等，否则银行应当采用风险回避的方式。

预防性措施需要及时准确的信息，并进行细致的、反复的预测。采取相应措施后，应对风险控制措施加以评估。首先，要看对于已识别出的风险是否有控制措施的存在；其次，要对已有的风险控制措施进行评估，尤其是各项风险控制措施在执行中的有效性及控制措施对降低其环节风险的作用。

(2) 修正性控制。

修正性控制旨在纠正某些负向偏离的局面，尽量减少接触那些应避免发生的风险。一般而言，修正性措施旨在挽回当前的局势。如果物流企业认定某些预防性措施在技术上不可行、运作上不理想或者性价比不高，那么可以考虑采用某些修正性控制措施。对被控制对象进行控制，及时对正在进行的活动，尤其是异常情况进行调整，在重大问题发生之前及时纠正偏离的现象，将风险水平控制在企业偏好范围之内。

很多修正性控制措施的优势在实施上并不困难，具有较高的性价比，如限制受信企业资金用途，为受信企业投机经营设置障碍，提高其投机风险都可以被视为是修正性控制措施。此外，修正性控制措施并不需要物流企业大幅调整现有的做法和流程，可以在现有的业务框架内实施。

(3) 指导性控制。

指导性控制措施旨在确保某些特定结果的顺利实现。企业通常对指导性控制措施非常熟悉，因为企业需要向合作伙伴、授信对象、核心企业以及其他参与方提供供应链金融开展的正确方式及指导性意见，各参与方都需要充分了解其相关责任以及保证业务正常运行的必要条件。在面临风险的活动中，流程、信息、培训及说明都可以被视为指导性控制措施。

(4) 试探性控制。

试探性控制措施旨在识别想避免的结果发生的场景，在意外事件发生事后，确保情况不再继续恶化至无法控制。比如深圳发展银行发现其授信对象反常使用小额授信出账，立即要求提前还贷，最终在某公司违法关联交易事件曝光之前及时收回了贷款，将损失程度控制在最低。

试探性措施包括资产核算，现场查账查库等，确保股权或者资产没有在未授权的情况下被转移，授信对象账实相符。一般而言，以银行为主导的贷款项目在对账工作中通常能够发现某些尚未获得授权的交易，这可能同样适用于其他方开展的供应链金融业务。

虽然试探性控制实施的时间节点是在意外事件发生之后，但在特定情况下却是最切实可行的。很多情况下，其他控制措施可能并不能完全消除风险，试探性控制措施能够尽早补救风险造成的损失甚至避免损失。

5. 信用风险管理的持续改进

根据 PDCA 循环原理，无论是风险识别、风险度量、风险评价还是风险控制环节的开展，都不是一个单次运行，而是一个周而复始的过程。在 Adjust 调整环节，物流企业应当对整个供应链金融运行的检查结果进行处理，对整个过程中处理的成功的经验加以肯定，并予以标准化；对于失败的教训也要总结。对于没有解决的问题，应提交给下一个 PDCA 循环中去解决。比如在信用风险的管理过程中没有及时进行信息沟通，导致风险度量环节中未能识别一些本可以提前处理的风险，比如未发现借款企业通过隐蔽的操作手段将资金转移到关联公司等；在下一次业务开展时就应当将借款企业关联公司的交易情况核实清楚并且密切监督资金去向。通过持续改进过程不断提升信用风险管理水平。

第三节　物流与供应链金融的操作风险管理

物流与供应链金融中，对信用风险的管理常用的手段是通过引入质物的自偿、核心企业的信用捆绑，以及物流公司、担保公司等第三方机构的风险分担，构筑用于隔离中小企业信用风险的“防护墙”，但此做法有可能带来信用风险向操作风险转移。因为在实施风险屏蔽技术的过程中，操作环节显著增加、操作的复杂程度明显高于传统流动资金贷款业务。

一、操作风险的定义

巴塞尔委员会将操作风险定义为由于不完整或者失灵的内部控制、认为错误、系统失灵，以及外部事件等给商业银行带来的损失，包括所有与风险事件相联系的成本支出。越来越多的国家采用巴塞尔委员会的监管标准，巴塞尔委员会的操作风险定义基本上已成为国际上通行的定义。

相应地，物流与供应链融资中的操作风险涵盖了信用调查、融资审批、出账和授信后管理与操作等业务流程环节上由于操作不规范或操作中的道德风险所造成的损失。更具体一些，巴塞尔委员会将操作风险细分为七个类型，这七个类型分别是：①内部欺诈；②外部欺诈；③就业和内部工作场所的安全；④客户、产品与业务；⑤对固定资产的破坏；⑥信息科技系统失灵；⑦执行、交割与流程管理。

二、操作风险损失事件类型

(1) 内部欺诈事件：指故意骗取、盗用财产或违反监管规章、法律或公司政策导致的损失事件，此类事件至少涉及内部一方，但不包括歧视及差别待遇事件。

(2) 外部欺诈事件：指第三方故意骗取、盗用、抢劫财产、伪造要件、攻击信息科技系统或逃避法律监管所造成的损失事件。

(3) 就业制度和工作场所安全事件：指违反就业、健康或安全方面的法律或协议，个人工商赔付或者因其实际差别待遇导致的损失事件。

(4) 客户、产品和业务活动事件：指因未按有关规定造成未对特定客户履行分内义务(如诚信责任和适当性要求)或产品性质或设计缺陷导致的损失事件。

(5) 实物资产的毁坏事件：指因自然灾害或其他事件导致失误资产丢失或毁坏的损失事件。

(6) 信息科技系统失灵事件：指因科技信息系统生产运行、应用开发、安全管理以及由于软件产品、硬件设备、服务提供商等第三方因素造成系统无法正常办理业务或系统速度异常等所导致的损失事件。

(7) 执行、交割和流程管理事件：指因交易处理货流程管理失败，以及与交易对手方、外部供应商及销售商发生纠纷导致的损失事件。

以银行开展供应链金融为例，一旦选择与资产规模小、经营不规范的物流企业合作，其本身就会给银行开展物流金融业务带来外部欺诈风险；银行本身管理机构不健全、制度不完善，内部控制及公司治理机制失效、银行的从业人员的道德风险和人员素质偏低等原因造成的供应链金融业务内部欺诈风险；而计算机信息化系统可能带来的风险一方面是指银行计算机信息系统是否存在重大安全隐患，另外一方面是指银行计算机信息系统是否反映了物流金融业务的信息科技系统风险；由于质押货物是要质押在第三方物流企业的仓库中，所以可能会发生于外包服务方纠纷的风险；质押物的保存中会面临盗抢、火灾、灭失等一系列实物资产毁坏风险，银行是否选择了易储存、易运输、质量稳定的标的物作为质押物等又会影响到客户账户管理风险。由此可见操作风险的涉及范围相当之广，也是物流与供应链金融风险管理的重点环节。

操作风险损失事件类型目录(节选)如表 6-2 所示。

图 6-2 《统一资本计量和资本标准的国际协议：修订框架》

一级目录	二级目录	三级目录
内部欺诈	行为未经授权	故意隐瞒交易
		未经授权交易导致资金损失
		故意错误估价
	盗窃和欺诈	欺诈、信用欺诈、不实存款
		伪造、假冒开户人等
		支票欺诈
		窃取账户资金、假账
		贿赂、回扣
		内幕交易(不用本行的账户)
外部欺诈	盗窃和欺诈	伪造
		支票欺诈
	系统安全性	黑客工资损失
		窃取信息造成资金损失
执行、交割和流程管理事件	交易认定,执行和维护	错误传达信息
		数据录入、维护或登载错误
		超过最后期限或未履行义务
		模型、系统误操作
		账务处理错误、交易归属错误
		交割失误
		担保品管理失效
		交易相关数据维护错误
	客户账户管理	客户信息记录错误
		因疏忽导致客户资产损坏
	交易对手方	与同业交易处理不当
		与同业交易对手方的争议
	外部销售商和供应商	与外部供应商的纠纷
		与外部销售商的纠纷

资料来源：巴塞尔银行监管委员会(2004)。

三、操作风险损失形态

操作风险损失形态与操作风险损失事件类型是两个不同的概念,操作风险损失事件类型其实是从事件发生的原因的视角对事件进行分类,而操作风险损失形态更注重从事件产生的结果进行分类。

(1) 法律成本：因发生操作风险事件引发法律诉讼或仲裁,在诉讼或仲裁过程中依法支出的诉讼费用、仲裁费用及其他法律成本。

(2) 监管罚没：因操作风险事件所遭受的监管部门或有权机关罚款及其他处罚。如违反产业政策、监管法规等所遭受的罚款、吊销执照等。

(3) 资产损失：由于疏忽、事故或自然灾害等事件造成实物资产的直接毁坏和价值的减少。如火灾、洪水、地震等自然灾害所导致的账面价值减少。

(4) 对外赔偿：由于内部操作风险事件,导致物流金融服务方未能履行应承担的责任造成对外的赔偿。如因银行自身业务中断、交割延误、内部案件造成客户资金或资产等损失的赔偿金额。

（5）追索失败：由于工作失误、失职或内部事件，使原本能够追偿但最终无法追偿所导致的损失，或因有关方不履行相应义务导致追索失败所造成的损失。如资金划转错误、相关文件要素缺失、跟踪监测不及时所带来的损失等。

（6）账面减值：由于偷盗、欺诈、未经授权活动等操作风险事件所导致的资产账面价值直接减少。如内部欺诈导致的销账、外部欺诈和偷盗导致的账面资产或收入损失，以及未经授权或超授权交易导致的账面损失等。

（7）其他损失：由于操作风险事件引起的其他损失。

四、操作风险的管理流程

1. 操作风险识别

在操作风险管理中，风险识别是最关键的一个环节。在第一节中已经列出了操作风险七个类型并提供了部分操作风险目录，物流金融服务开展方可以根据自身情况，结合该目录建立合适的供应链金融风险操作目录。有些操作风险的识别非常困难，很多系统或流程上的漏洞经常在损失发生后才被注意到。物流金融服务开展方不仅要建立适合自身的操作风险目录，还要对操作风险目录进行更新，才能够使操作风险识别逐渐趋向全面。

（1）在授信调查阶段，人员因素引起的操作风险是主要的操作风险。物流与供应链金融以企业的交易信息作为风险评估的重要依据，同时利用交易中的物流和现金流作为风险控制的中介目标。因此，在授信调查方面与传统流动资金贷款的主体信用调查差异较大，专业化要求较高，很可能导致客户经理的疏漏和误判。

（2）在操作模式的设计阶段，流程设计完善性的风险是最主要的操作风险。物流与供应链金融需要对授信支持资产进行控制。要实现控制目的，在授信合同、协议以及操作流程设计上，必须在保证可操作性的前提下杜绝明显漏洞，否则就会给欺诈行为留以可乘之机。这些漏洞包括合同不完善、合同条款对服务方不利或合同条款不受法律保护、产品设计的控制流程无法完全保证授信支持资产同企业主体信用隔离、流程过于复杂或苛刻导致误操作概率增大或执行困难、环节遗漏造成对资产控制的落空等。

（3）在融资审批阶段的操作风险涉及内部人员执行风险、流程管理风险和信息科技系统风险。要对内部欺诈、越权管理、流程审批漏洞等风险多加重视。

（4）出账和授信后管理是物流和供应链金融中实行资金流和物流控制的核心，尤其对于预付账款模式和存货模式而言，操作频繁，是操作风险集中的环节。比如合作监管人员欺诈或失职造成的外部欺诈风险、换货或提货流程设计不合理引起的外部欺诈风险、对抵质货物管理不当造成的实物资产损失风险。

2. 操作风险的度量和评估

在巴塞尔委员会将操作风险纳入最低资本监管要求后，操作风险的评估方法有了比较大的发展，除了本章第四节操作风险管理手段中将提到的损失数据收集（LDC）方法、风险控制自我评估（RCSA）和关键风险指标（KRIs）外，操作风险管理的高级计量方法（AMA）虽然目前仍在探索阶段，但仍展现出在操作风险的量化方法上的不断进步。

物流与供应链金融中操作风险评估的主要意义在于将操作风险度量与操作风险管理有机结合。物流金融服务开展方应完善 LDC 方法，收集不同环节操作风险造成的损失数据，结合本企业的战略目标以及开展物流金融的业务目标，建立起适合的风险管理目录及关键风险指标KRIs,进行RCSA评估,供决策参考。

3. 操作风险控制

《巴塞尔新资本协议》早在2004年就已经投入使用,表6-3中所展示的是巴塞尔Ⅱ委员会所提出的操作风险"完美运行"的十大原则。正如原则5所指出的那样,最基本的要求在于企业应当制定操作风险评估所需的必要流程。

表6-3 操作风险管理原则(《巴塞尔新资本协议》)

序号	原　　则
1	董事会承担着建立操作风险决策的重任
2	高层管理人员承担着落实运营风险决策的重任
3	企业必须建立信息、交流及技术升级上报流程
4	活动、流程、系统及产品当中的内生性操作风险
5	企业应当建立运营风险评估所需的必要流程
6	企业应当实行某些系统,对操作风险敞口及损失事项实施监控
7	企业应当采取某些政策、过程及流程,对操作风险实施管理控制
8	监管人员应当要求银行采用高效系统,完成对操作风险的识别、衡量、监管及控制
9	监管人员应当定期完成对这些原则的独立评估
10	企业必须向利害关系人提供足够信息,协助其完成对操作风险敞口及其质量管理的评估

以上原则应作为开展物流与供应链金融服务的指导,以此作为基础完善内控体系;提高人员素质;降低对操作人员个体能力的依赖。除此之外,其他常用的操作风险控制手段包括明确损失责任人、建立培训方案、引入操作风险转移技术,如风险保险和外包等。

4. 操作风险管理的持续改进

同信用风险的管理过程一样,根据PDCA循环流程,操作风险的改进同样是一个周而复始的过程。正如前文所言,操作风险涉及的风险比任何一个风险都要更加广泛,所以也需要更加有效的反馈和控制才能够不断进步。物流与供应链金融作为一项新兴的业务,发展过程中会不断地出现新的问题,同时,相关的监管制度也在不断改善。因此,供应链金融的操作风险管理应建立相应的机制,定期或按需审核各类产品流程中的缺陷,通过持续改进过程形成一套标准化的操作风险管理流程,不断提升操作风险管理水平。

第四节　物流与供应链金融的法律风险管理

《巴塞尔协议》中认为法律风险是广义操作风险的一部分,但业界对于法律风险是否属于操作风险目前还存在争议。物流与供应链金融较之许多传统银行贷款业务而言,法律风险问题更加严峻。由于大部分服务对象是供应链上的中小企业,其信用风险相对较高,为了缓释信用风险,各类授信资产支持技术在物流与供应链金融中被广泛运用。各类授信支持资产能否与授信主体信用充分隔离,是物流与供应链金融产品设计中的要害问题,也涉及很多法律相关因素。因此,本书借鉴中欧国际工商学院的观点,将法律风险管理单列为一节进行讨论。

一、物流与供应链金融服务开展的法律环境

在我国,有关信贷人权利的法律规定分散在若干部法律、行政法规、部门规章以及司法解释之中,如表6-4所示。尽管这些法律规定涉及内容相当广泛,但仔细研读不难发现有关

动产担保物权的内容十分模糊，对于业务操作的规范作用有限。

表 6-4　国内抵押、质押担保登记部门与法律依据

序号	抵押、质押物	类型	登记部门	法律依据
1	无地上定着物的国有土地使用权	不动产	国土资源管理局	《城市房地产管理法》第60条
	集体荒地土地使用权、有乡（镇）村企业厂房等地建筑的集体土地使用权			《农村集体土地使用权抵押登记的若干规定》第2条
2	城市房地产、乡（镇）村企业厂房	不动产	房产管理局	《中华人民共和国担保法》第42条、《城市房地产管理法》第60条
3	企业设备、原材料、产品或商品	动产	工商行政管理局	《企业动产质押物登记管理办法》第3条
4	非农用机动车	动产	车辆管理所	《机动车登记办法》第33—40条
5	农用机械设备	动产	农机站	
6	农作物和其他农业收获物	动产	农业局	
7	果园、树林等	动产	林业局	《中华人民共和国担保法》第42条
8	船舶：小型货运船舶	动产	海事局	《中华人民共和国海商法》第13条、《小型船舶登记办法》第3条
	船舶：渔业船舶		渔政渔港监督管理局	《渔业船舶登记办法》
9	民用航空器	动产	民用航空管理部门	《中华人民共和国民用航空法》第16条
10	上市公司的股份、股票	权利	中央证券登记结算有限公司深圳分公司（深证）	《中国证券登记结算有限责任公司深圳分公司证券公司股票质押登记业务运作指引》
			中央证券登记结算有限上海分公司（上证）	《证券公司股票质押贷款管理办法》第4条
11	专利权、著作权中的财产权商标使用权	权利	知识产权局、工商行政管理局	《中华人民共和国担保法》第79条
12	出口退税款	权利	国税局	
13	公路桥梁、公路隧道、公路渡口高速公路收费权	权利	交通局	
14	高等院校学费和住宿费	权利	教育局	
15	非企业所有设备、牲畜等生产资料；农村私有房产；家具、家用电器、金银珠宝及其制品等生活资料	动产	公证处	《公证机构办理抵押登记办法》第3条

资料来源：中国人民银行研究局，中国信贷人权利的法律保护总结报告，2006。

世界银行和国际金融公司发表的《2005年全球企业经营环境报告》（*Doing Business 2005*）对145个国家有关企业经营的规制情况进行了评估。报告显示，中国的政策法规在整体上对投资者是有利的，然而在信贷市场的法律和制度方面，中国却被列为最不利的20%国家之一。开展物流与供应链金融的法律环境情况可见一斑，由于政策法规造成的困境如下。

首先，货物所有权及质权争议不断。由于物流金融业务涉及多方主体，用于担保的货物所有权亦在各主体间进行流动，极易产生所有权争议。另外，由于质押货物属法律禁止的质物、出质人将货物重复担保等因素导致的质权落空纠纷也很多。

其次，缺乏公示方法。根据《物权法》的规定，担保物权公示的方式有登记和交付两种，不动产担保物权公示方式为登记，动产质权公示方式为交付占有。在物流金融业务实践中，质权人不直接占有质物，主要是委托第三方物流企业占有质物，而且因质物主要是存货等动产，无须办理登记。虽然出质人和质权人通过协议约定完成了法律意义上的交付，质权依法设立，但因第三人无法知悉质权的存在，可能会出现同一物上多种权利竞合的情况，最终导致质权人权益受损，这也是本章开篇案例所反映的。

最后，监管责任不明晰。物流企业对动产质物的监管是物流金融业务的主要内容之一，法律对“监管”的概念没有界定，因此，物流企业和质权人之间的监管责任认定，适用《合同法》中关于保管合同还是仓储合同或是委托合同的规定一直不明确。同时，物流金融业务具体形式不尽一致，结合具体业务，通过合同确定监管责任是物流金融业务操作中的主要问题。

物流金融业务合同涉及多方主体和诸多环节，是集委托、保管、仓储、质押、借款等各类合同于一身的综合合同，属无名合同，其内容较为广泛，各方法律关系十分复杂。由于物流金融业务形式多样且业务发展不够成熟，物流金融业务合同规范范本亦很难确定，这导致纠纷发生时，合同各方无所适从，法律诉讼成本大大提高。

二、物流与供应链金融法律风险管理措施

法律风险问题虽然是物流与供应链金融服务开展的障碍，但是许多问题的解决还有赖于各相关制度、法律法规的完善化、统一标准化，法律和行政权力的规范划分以及法律执行效率的提升。尽管如此，物流金融服务的开展方还是可以采取一些主动措施来规避法律风险，防止出现缺乏约定而产生法律上无效行为、不确定行为所带来的损失，主要是在质物选择方面(更多的是从法律风险层面而非操作风险层面考虑)和合同约定方面。

质物选择方面。在物流与供应链金融过程中，质押物产权界定是一个基本的问题，它包括所有权审核和质权审核两个方面。所有权审核指审核质物是否在法律上清晰地归出质人所有，而质权审核指审查质物是否能够在法律上允许质押，是否被担保给多个债权人，存在重复担保的现象等。

因此，谨慎选择质物须从以下几方面着手：首先，通过合同确定审核责任人和审核方式，这是质物审核的前提；其次，只有所有权属于出质人的货物才能作为质物；最后，质物的来源须合法，对非法途径取得的物品不能作为质物。

规范合同条款方面。银行与借款企业、物流企业和其他利益主体签署的合同文本内容是否考虑周全，是否符合相关法律的规定，中间的条款是否都是有效条款，质押物在合同上是否明确了所属权等，是否明确了银行、借款企业、物流企业及其他利益主体的责权利都是需要考虑的问题。

物流金融业务合同与业务运行过程紧密相连，是物流金融业务顺利进行的主要法律保障，是约束各方主体行为的主要工具，因此，合同条款的设计直接影响到业务运行中的风险。合同内容完备有助于实现物流金融业务的规范化和标准化，还可有效降低业务风险。物流金融业务合同条款设计须注意以下几方面：①质物产权审核问题，须确定质物所有权及质权审核的责任人和审核方式；②监管问题，须明确物流企业和银行对质物的监管责任；

③违约责任问题，明确各方权利义务并确定相应的违约责任；④质物价格问题，约定质物价格确定的基准、质物价格风险防范机制等内容；⑤贷款周期问题；⑥符合业务特点及操作实际的其他问题。

第五节　物流与供应链金融风险管理策略

一、风险应对的基本手段

常见的风险应对方法包括：风险分散、风险转移、风险对冲、风险规避和风险补偿。

1. 风险分散

风险分散是指通过多样化的投资来分散和降低风险的方法。资产放在不同的投资项目上，例如股票、债券、货币市场或者是基金，可把风险分散。投资分散于几个领域而不是集中在特定证券上，这样可以防止一种证券价格不断下跌时带来的金融风险。马柯维茨的资产组合管理理论认为，只要两种资产收益率的相关系数不为1(即完全正相关)，分散投资于两种资产就具有降低风险的作用。而对于由相互独立的多种资产组成的资产组合，只要组成资产的个数足够多，其非系统性风险就可以通过这种分散化的投资完全消除。

2. 风险转移

风险转移是指将风险及其可能造成的损失全部或部分转移给他人。通过转移风险而得到保障，是应用范围最广、最有效的风险管理手段，保险就是其中之一。一般说来，风险转移的方式可以分为非保险转移和保险转移。非保险转移是指通过订立经济合同，将风险以及与风险有关的财务结果转移给别人。在经济生活中，常见的非保险风险转移有租赁、互助保证、基金制度等。保险转移是指通过订立保险合同，将风险转移给保险公司(保险人)。个体在面临风险的时候，可以向保险人缴纳一定的保险费，将风险转移。一旦预期风险发生并且造成了损失，则保险人必须在合同规定的责任范围之内进行经济赔偿。由于保险存在着许多优点，所以通过保险来转移风险是最常见的风险管理方式。需要指出的是，并不是所有的风险都能够通过保险来转移，因此，可保风险必须符合一定的条件。

3. 风险对冲

风险对冲是指通过投资或购买与标的资产收益波动负相关的某种资产或衍生产品，来冲销标的资产潜在的风险损失的一种风险管理策略。例如，资产组合、多种外币结算、战略上的分散经营、套期保值等。风险对冲是管理利率风险、汇率风险、股票风险和商品风险非常有效的办法，由于近年来信用衍生产品的不断创新和发展，风险对冲也被广泛用来管理信用风险。与风险分散策略不同，风险对冲可以管理系统性风险和非系统性风险，还可以根据投资者的风险承受能力和偏好，通过对冲比率的调节将风险降低到预期水平。利用风险对冲策略管理风险的关键问题在于对冲比率的确定，这一比率直接关系到风险管理的效果和成本。商业银行的风险对冲可以分为自我对冲和市场对冲两种情况：①所谓自我对冲是指商业银行利用资产负债表或某些具有收益负相关性质的业务组合本身所具有的对冲特性进行风险对冲；②市场对冲是指对于无法通过资产负债表和相关业务调整进行自我对冲的风险(又称剩余风险)，通过衍生产品市场进行对冲。

4. 风险规避

风险规避是风险应对的一种方法，是指通过计划的变更来消除风险或风险发生的条件，保护目标免受风险的影响。风险规避并不意味着完全消除风险，我们所要规避的是风险可能给我们造成的损失。一是要降低损失发生的概率，这主要是采取事先控制措施；二是要降低损失程度，这主要包括事先控制、事后补救两个方面。风险规避可以主要分为两种：第一种，完全规避风险，即通过放弃或拒绝合作停止业务活动来回避风险源。虽然潜在的或不确定的损失能就此避免，但获得利益的机会也会因此丧失。第二种，风险损失的控制，即通过控制损失发生的概率来降低损失发生的程度。

5. 风险补偿

风险补偿主要是指事前（损失发生以前）对风险承担的价格补偿。对于那些无法通过风险分散、风险对冲或风险转移进行管理，而且又无法规避、不得不承担的风险，投资者可以采取在交易价格上附加风险溢价，即通过提高风险回报的方式，获得承担风险的价格补偿。

二、信用风险的常用应对手段

在物流企业开展物流金融业务中，信用风险主要包括：货物的合法性风险、客户的诚信度风险、虚假仓单风险、违约风险。

1. 货物的合法性风险应对

针对货物的合法性风险，首先，服务开展方在出质人进行货物质押时，一定要严格考核质押物是否合法，是否为合法渠道取得的货物。其次，服务开展方在进行货权验收时，一定要确认货权是不是属于借款企业，相关证明、文件、手续是否齐全。

2. 客户的诚信度风险应对

针对客户的诚信度风险，首先，服务开展方可以通过人民银行的征信系统等官方渠道了解借款企业的信用资质和经营能力。良好的信用资质是企业按期还本付息的重要条件，应着重从三个方面考察：第一，应调查融资企业以往是否有过不良的贷款记录，目前是否存在拖欠贷款本金和利息的情况；第二，分析融资企业在以往的借贷中所表现的履约能力；第三，应调查融资企业履约的主动性。即应调查客户履约是出于自愿，还是被采取法律诉讼或其他行动的结果。一旦了解目前企业仍存在不良的信用记录，应拒绝向其发放信贷。

其次，服务开展方也可以通过其他方式了解物流企业的真实经营情况。例如，服务开展方可以经常与物流企业保持沟通，了解质押物的状况，还可以派专门的部门、人员对质押在物流企业的货物进行不定期的抽查。

3. 虚假仓单风险应对

我国合同法上明确指出仓单应该包括如下事项：存货人的名称或者姓名和住所；仓储物的品种、数量、质量、包装、件数和标记；仓储物的损耗标准；储存场所；储存期间；仓储费；仓储物已经办理保险的，其保险金额、期间以及保险人的名称；填发人、填发地和填发日期。但我国目前仓单由各家物流公司自己设计，存在着不规范的风险。同时，仓单也涉及是否真实、唯一等问题。因此要对仓单进行科学的管理，使用固定的格式，按规定方式印刷；同时派专人对仓单进行管理，严防操作失误和内部人员作案，保证仓单的真实性、唯一性和有效性。

4. 违约风险应对

与其他信贷业务相比，物流金融业务的违约风险是比较小的，因为一方面有借款企业的商品作为质押，同时还有第三方物流企业对商品进行监管和其他辅助服务。一旦借款企业在借款到期日不能还本付息，银行可以考虑委托第三方物流企业对仓储的相应数量商品按现行市场价下浮一定比率以内实现销售处理，直到收回贷款本息。而对于仓单质押货物的处置，受市场影响大，需事先各方签订协议就处置方式做出明确规定，确保各方权利和义务。

三、信用风险缓释

风险缓释是指通过风险控制措施来降低风险的损失频率或影响程度。信用风险缓释是指商业银行运用合格的抵质押品、净额结算、保证和信用衍生工具等方式转移或降低信用风险。商业银行信用风险缓释手段对物流企业开展供应链金融也有着相当的借鉴意义。通常商业银行通过运用抵质押品、净额结算、保证和信用衍生工具等方式来达到信用风险缓释的目的。当商业银行采用内部评级法计量信用风险监管资本时，信用风险缓释的功能体现为违约概率、违约损失率或违约风险暴露的下降。

1. 限额管理

对单个借款人或一组相关借款人的大额风险暴露反映了信用风险的集中，并且是造成物流与供应链金融无法开展的常见原因。物流企业可以通过限额管理的方式降低信用风险暴露。限额是指对某一客户（单一法人或集团法人）所确定的、在一定时期内商业银行能够接受的最大信用风险暴露。物流金融业务通过风险分散（与不同行业的企业开展业务），使得信贷风险得以降低。

2. 合格抵质押品

抵质押品缓释是商业银行信用风险管理中的一项重要内容，也是供应链金融中的存货质押模式下必不可少的一种信用缓释手段。除了提供抵质押品外，商业银行在很多贷款业务中要求交易对手提供保证金来有效地降低业务开展的信用风险。

合格的抵质押品包括金融质押品、应收账款、商用房地产和居住用房地产以及其他质押品。在合格抵质押品的风险缓释中，抵质押品的管理是一项核心的内容。具体而言，物流金融服务开展方应制定明确的内部管理制度；建立谨慎的抵质押品审查、估值流程；具备及时有效的清收处置程序；并开发相应的IT系统以较好地支持抵质押品管理中的各项工作。

在抵质押品管理的内部管理制度中，商业银行需统一规范信用风险缓释的定义、使用范围、明确合格抵质押品的种类、抵质押率、抵质押品估值的方法及频率，对抵质押品的监测以及对抵质押品的清收处置做出相应的规定，并对IT系统建设等方面进行原则性的规范。

在抵质押品的审查、估值及清收处置方面，商业银行应建立抵质押品的审查和估值流程以确保抵质押品的真实、合法以及价值评估的审慎，并建立及时、有效的清收处置抵质押品的程序。要完成上述工作，服务开展方应建立专业化的抵质押品管理团队并对其进行垂直的条线管理。商业银行的抵质押品管理团队在工作中应遵循专业、客观、独立和审慎的原则。抵质押品管理团队的核心成员应具有内、外部评估资质，抵质押品估值人员应与业务人员相独立以确保抵质押品估值的客观性和审慎性。

3. 合格净额结算

合格净额结算包括从属于有效净额结算协议的表内净额结算和场外衍生工具净额结算。净额结算的存在双方相互有应收账款的情况下有效地降低信用风险暴露。

4. 合格保证和信用衍生工具

保证与信用衍生工具的作用非常类似，比如违约互换（CDS）和总收益互换（TRS）都能够有效降低违约概率。

四、操作风险的应对手段

操作风险也是开展物流与供应链金融经常遇到的一类风险，以库存/仓单质押为例，为控制信用风险而要求对授信支持性资产进行有效的控制是融资解决方案的一个核心部分，此环节涉及大量的操作控制，这部分的操作风险管理成为供应链融资风险管理的重点。在供应链金融服务开展的其他过程中操作风险也十分重要，操作风险管理涉及范围之广是其他风险难以比拟的，主要的操作风险包括：外部欺诈风险、内部操作风险、信息科技系统风险、实物资产损坏风险、执行、交割和流程管理风险等，下面分别叙述这些风险的应对方法。

1. 外部欺诈风险应对手段

选择资产规模大，管理水平高的合作企业共同开展物流与供应链金融，是防范物流金融风险的重要措施，以银行选择物流企业为例。第一，要选择具有一定资产的物流企业作为合作对象，要求其具有所有权的仓储设备、专业的管理设备和技术，这有利于降低物流银行的合作风险。例如，在保兑仓业务中，一旦借款企业不能到期归还所借资金，则银行有权让承兑担保人(即第三方物流企业)付款。如果资产规模大，抗风险能力强，则能够应付银行对银行承兑汇票的连带责任要求。第二，商业银行应该与负责仓储的第三方物流企业签署《不可撤销的协助行使质押权保证书》，要求物流企业对质押货物的保管负责，丢失或损坏由物流企业承担责任。第三，要求物流企业具有合理的组织结构，合理的组织结构既有利于物流企业更好地完成业务，也有利于完善的其管理制度、提高管理水平。第四，要求物流企业具有合理的业务流程(例如放货程序、仓单管理程序等)以保证货物监管期间物流企业既能对物流银行负责也能做到对货主负责。同样，物流企业开展供应链金融业务如果需要选择商业银行作为合作对象，同样需要充分考察银行的资金实力、资本充足率、业务管理水平、是否符合市场纪律、法律规范等，最大程度降低来自合作伙伴的外部欺诈风险。

2. 内部操作风险应对

首先，要加快经营管理主导思想的转变，要纠正片面追求存款业绩而忽视风险控制和管理。防止为了取得突出业绩，将本该执行的制度不执行或者马马虎虎地执行。其次，要完善内控制度建设，防止内部人员有意识地损害组织利益，比如应当禁止在开支系统中由同一位员工先后完成货物的订购及授权支付货款两项活动。最后，要提升经营和管理中潜在风险的识别能力和意识，尽量将风险扼杀于摇篮之中。

3. 信息科技系统风险应对

对于计算机信息系统可能存在重大安全隐患，也要从硬件和软件两个角度来考虑。从硬件角度来说，一方面应该提高设备的适用性和耐用性，同时也要准备正常设备的替代设备。从软件角度考虑来说，一定要对每台信贷系统安装有效的杀毒软件，并且要定期更新病毒库，同时，24 小时监控银行网络系统的状况，防止黑客窃取和破坏数据。

对于计算机信息系统是否反映了物流金融业务的风险问题。物流金融服务开展方以及合作企业之间必须有一套完备的物流金融业务信息处理系统，主导方可以随时登录以查看质押货物的随时的出库、管入库情况，如果低于规定存量，要及时通知融资企业及时补充质押货物的数量。这套系统还能够显示质押物的质量状态处于正常状态，是否发生质变，是否影响质押物价值。这套系统还应该与质押物的市场价格相联系，能实时显示出质押物的价值,并能对即将处于质押物价值下限的情况进行自动的系统预警提示。

4. 执行、交割和流程管理风险应对

对于质押物的选取。应该选取物理属性稳定,占空间较小,单位价值较大的商品作为质押物。针对质押货物的变现性和价格的稳定性,首先应该采取风险规避的办法,尽量避开市场风险大、市场需求量小、市场价格波动大的商品。选取市场风险小、市场需求量大、市场价格波动小、流动性好、变现性好的商品作为质押物。

其次,要合理设定质押物的质押率上限,规避质押物市场价格波动的风险。能否科学地评估质押物的市值直接关系到能否足额收回贷款。为此,物流银行在发放贷款前,要参照该品种的现货和期货价格来核定标准仓单市值,并将质押率的上限定为80%。这样,既能有效利用期货市场及时发现质押物价格的变化,又在一定程度上规避了期货价格有时会较大偏离现货价格的风险。

最后,银行要约定质押物价格波动条款。由于是货物质押,货物的市场价值变动将直接影响到质押金额以及本方(物流金融业务开展方银行)的利益,所以在协议中应规定当质押仓单货物市值发生波动,下跌幅度到达贷款发放日市值的一定比例时,银行有权要求企业在一定期限内补足相应的保证金或提前偿还部分货款以保证达到双方约定最高质押率的要求,否则银行有权自行处理质押的货物。在办理质押物保险的过程中要将列为第一受益人,一旦发生前述风险时,可以有效地行使索赔权和受益权从而确保其优先受偿权的实现,最大限度地保障贷款的安全回收。

对于质押物是否投保的风险,物流金融开展方应该予以坚决规避。物流金融开展方必须要求出质人办理或者自行办理质押物保险,最大限度地降低质押物毁损或灭失的风险。物流金融服务开展方不光对货物的保管设立财产和防盗险,对于质押物运行的整个过程都要有保险来进行风险覆盖,来确保货物从生产到销售出去整个过程的安全,确保将本方的风险降至最低。

5. 操作风险的其他管理工具

(1) 损失数据收集(LDC)是操作风险管理中的一项基础管理工具。在明确操作风险损失类型、操作风险损失形态以及操作风险损失数据收集的统计原则之后,经过操作风险损失事件认定的金额起点和范围界定后,对操作风险损失事件进行系统地数据收集。

(2) 风险控制自我评估(RCSA)是商业银行常用的识别和评估潜在操作风险以及自身业务活动的控制措施、适当程度及有效性的操作风险管理工具。在运用RCSA时,一般先从管理对象的固有风险开始,其次是其相关控制措施,最后是剩余风险。这个过程应定期循环往复,形成相对标准的评估模板,在日常管理中定期进行RCSA管理以提高效率。

(3) 关键风险指标(KRIs)是操作风险管理的一个必不可少的工具,对于操作风险全面和精细化的指标选取、定期监控可以为预防性控制风险打下基础。根据操作对象涉及的不同方面,可以在不同层级选择指标,但是选择时应考虑与风险的直接相关性,是否可度量,数据变化幅度以及能否自动监测等。比如全行层面可以选择:操作风险引起的每亿元资产损失额、每千人案件发生次数、超过一定期限尚未确认的交易数量等。

五、其他风险的应对手段

1. 市场风险的应对手段

商业银行实施市场风险应对的主要目的是确保将所承担的市场风险规模控制在可以承

受的合理范围内，使所承担的市场风险水平与其风险管理能力和资本实力相匹配。

市场风险管理主要采用限额管理。常用的市场风险限额包括交易限额、风险限额和止损限额等。

（1）交易限额是指对总交易头寸或净交易头寸设定的限额。总头寸限额对特定交易工具的多头头寸或空头头寸给予限制，净头寸限额对多头头寸和空头头寸相抵后的净额加以限制。在实践中，银行通常将这两种交易限额结合使用。

（2）风险限额是指对按照一定的计量方法所计量的市场风险设定的限额，如对内部模型计量的风险价值设定的限额和对期权性头寸设定的期权性头寸限额等。

（3）止损限额即允许的最大损失额。通常当某项头寸的累计损失达到或接近止损限额时，就必须对该头寸进行对冲交易或将其变现。典型的止损限额具有追溯力，即止损限额适用于一日、一周或一个月内等一段时间内的累计损失。

2. 法律风险的应对手段

本章前面提到过物流金融服务开展方对于法律风险的管理主要可以采取措施的方面在于抵质押物的保障以及合同风险的规避上。

（1）对于物流与供应链金融中时常涉及的动产担保物权而言，快捷、有效、低廉的执行机制是实现动产担保物权的关键。集中统一的公示系统对于物流金融的开展方和其他潜在的相关方都有着非常重要的作用，一是通过这个系统可以向第三方展示动产担保物权的存在；二是根据登记的日期可以确定动产担保物权的优先受偿顺序。所以应加快建设动产担保物权的执行机制及公示系统。

（2）合同风险，合同风险是物流金融服务开展方和企业共有的风险，要规避合同风险应该从两个方面入手：首先，物流金融服务涉及多方主体，质物的所有权在各主体间进行流动，很可能产生所有权纠纷；加之该服务开展时间较短，目前还没有相关的法律条款可以遵循，也没有行业性指导文件可以依据，因此，在业务开展过程中，银行应尽可能地完善相关的法律合同文本，明确各方的权利义务，将合同风险降低到最小。其次，应该加强对合同内容的审核，从中堵住潜藏其中的法律纠纷。

上海钢贸案后的供应链金融风险管理将何去何从①

上海钢贸诈骗案，不仅在物流及供应链金融界，甚至在整个金融界都引起了强烈震动，可以说是截至当时最轰动一时的质押骗贷案。而今发生的大型诈骗案件也往往被冠以“上海钢贸案第二”或“上海钢贸案重演”，其影响力可见一斑。

在2012年8月集中开庭的上海钢贸诈骗案件中，建设银行、光大银行、民生银行等多家银行将上海银元实业集团有限公司、上海天展钢铁有限公司、上海舜泽钢铁有限公司等多家钢贸企业告上法庭，起诉案由多为“金融借款合同纠纷”。

① 改编自李静宇：上海钢贸诈骗案的风险警示与对策，中国储运，2013(08)，40。

重复质押成为行业潜规则

随着银行起诉钢贸商的20多起案件陆续开庭，钢贸行业开具虚假仓单、重复质押获取银行贷款的业内潜规则浮出水面。

以往仓单质押贷款是钢贸商向银行融资的主要途径。而所谓仓单质押贷款，是仓储企业对货主货物进行确认，并开立专用仓单作为融资担保，银行依据质押仓单向货主提供，用于经营与仓单货物同类商品的专项贸易的短期融资业务。标准仓单质押业务模式流程如图6-9所示。

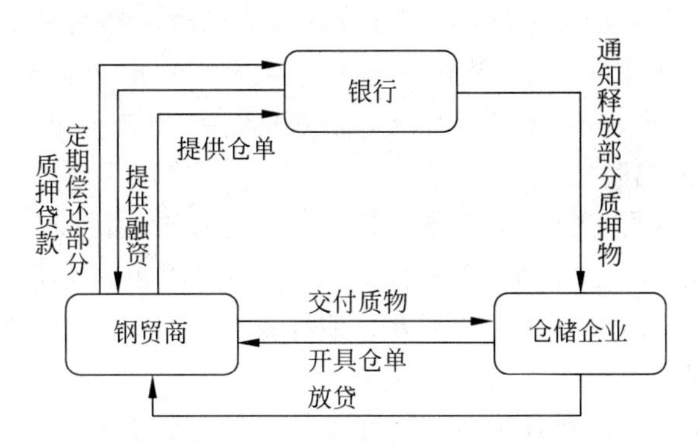

图6-9　标准仓单质押业务模式流程

但在现实操作中，由于银行之间质押信息互不相通以及仓库管理存在漏洞，货主与仓储企业联合进行重复质押或者空单质押并不罕见，一票多押甚至多次质押从银行融资。

据了解，此次案件的根源在于钢贸企业的重复质押问题，神赛物资将同一笔质押物进行重复抵押，向华夏银行和工行分别进行贷款融资。而华夏银行先于工行通过法院将神赛物资抵押的钢材查封，影响了工行的权益，故工行随即起诉，要求提前还款。重复质押下的事件过程如图6-10所示。

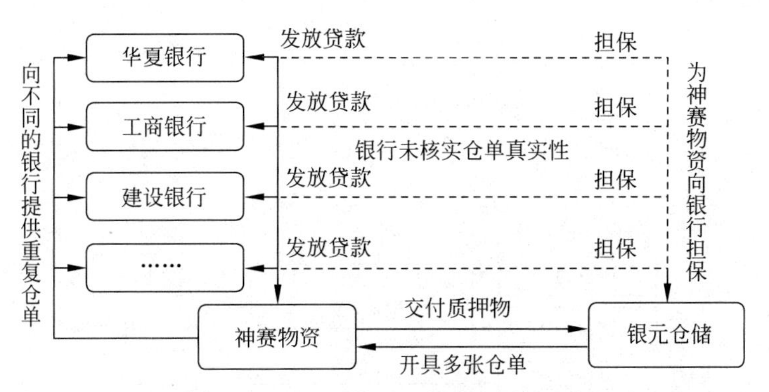

图6-10　重复质押下的事件过程

“入驻上海银元实业白鹤仓储市场的中小民营钢贸企业资金紧张时，都会采取伪造仓单、重复质押的方式向银行套资，银元实业自己在资金紧张的时候也会采取该方式向银行融资。”银元实业一前高管向记者坦言，重复质押、套资获利，已是存在钢贸行业内多年的公开秘密。

“有的银行对钢贸企业资质审查并不严，仓储监管机构监管不力，银行指定的仓储监管机构操作人员收取有融资需求的钢贸企业的好处费，内外勾结伪造仓单从银行套资获利。”银元实业前高管告诉记者，不少银行引荐的客户都曾出现重复质押和贷款逾期不还的问题。

一位银行审贷员对记者表示，在上海存在同一批货物抵押给一家银行获得贷款后，再重复抵押给另外一家银行，甚至还出现同一批货物在不同法人名下，由不同的法人进行抵押，申请贷款的现象。他表示原因之一是钢材并非不动产，所以不需要办理抵押登记，进行公示，非常容易造成企业和银行信息不对称的情况。此外，钢材由于没有产品编号和生产批号，容易混淆视线。一位银行人士透露了个中细节：在企业找银行开信用证的时候，钢材在仓库里，仓单提货单也放在仓库，但是钢贸商与仓库的库管员可以互相勾结，制造假仓单。比如一批货开五六个仓单，第一家银行贷款时库里还有货，后面几家实际上抵押的是空库。

联保联贷模式下的陷阱

据了解，导致上海钢贸企业大面积违约的一个导火索就是联保联贷的模式。最初，联保联贷常见于中小钢贸企业，上海钢贸企业相互担保的情况较多。这项制度的优点是，企业不用向银行提供抵押物，通过联保能得到更大的银行资金，但副作用也特别明显，市场不好的情况下，非常容易出现大面积集体违约。

民生银行、浦发银行和建行最早涉入这类业务。它是在贷款申请人不能提供足值抵、质押物时，银行为降低风险而开发的新产品。联保联贷业务一般由3～5家企业自愿组成一个互助小组，小组成员协商借款金额，联合向银行申请授信，联合对贷款提供担保，每名成员均对小组授信承担连带担保责任。理论上，这种模式希望通过相互监督、相互约束，以降低交易成本和担保风险，实现钢贸商和银行“双赢”的局面。同一行业间的联保联贷在行业景气的情况下是可行的，但是当整个行业不景气而面临大面积的创伤时，这种金融模式的风险就被放大了。供应链金融联保联贷模式如图6-11所示。

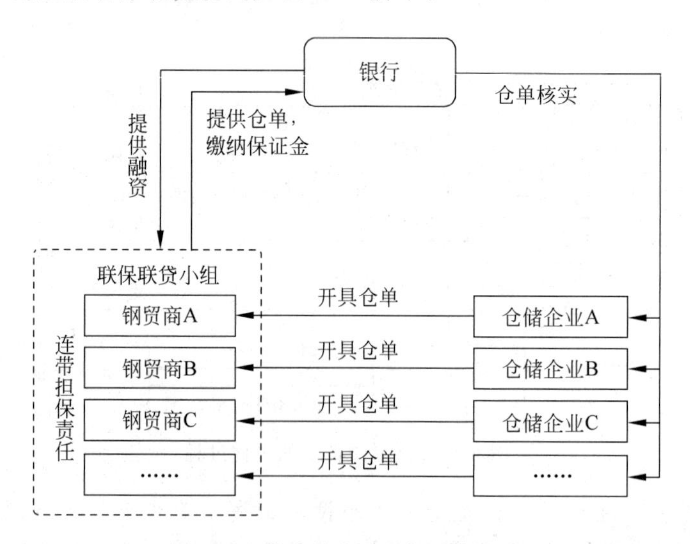

图6-11 供应链金融联保联贷模式

尽管这种模式存在争议，但还是有银行愿意做。“只要有一家银行做了这种业务并且在行情好的时候赚钱，其他银行也随之跟风效仿。整个市场的繁荣被杠杆放大。”一位银行人士说。

金融机构的增加导致竞争的加剧，使创新金融产品成为这个领域主要的竞争手段。然而大量创新的金融产品却在催化剂的作用下加大了操作的风险，一些操作细节被忽视，最终形成了一个个金融陷阱。据了解，目前我国银行业金融机构3800家，融资性担保机构8402家，非融资性担保机构1.38万户。有的银行还设立了专门的机构，开发业务，控制风险。与此同时，更有担保公司、典当行及资金充裕的企业加入供应链金融的行列。

与供应链金融相伴的业务模式在原有质押物的基础上已经推出众多的衍生品，如今推出保兑仓、保理仓、订单融资、保单融资、动产质押、电商融资等多种业务，原有存货、应收账款、预付账款等都成为融资的担保物。

“银行间的竞争手段以创新产品、服务竞争和价格竞争为主，由于该种业务具有充分竞争性，所以竞争的手段基本上是差异化服务和价格。”中国物资储运协会会长姜超峰解释说，“一些银行抓住供应链上的核心企业，向其上下游延伸，提货多环节的质押融资服务；有的银行专设某几类产品、某几类客户业务部门，力求做细、做精，打造钢铁链、能源链、有色链、汽车链等。”

考核机制引导业务做大，无论是银行，还是企业，都被考核指标压得想方设法扩大业务，无边界的创新模糊了罪与非罪的边界。

从合法走向犯罪

在对2012年集中爆发的监管案的梳理中，大致分为三类：

一是恶意设计、精心策划，实施诈骗。

二是应急类违规，出质人及于抓行情，但又来不及办提货手续，采取强行提货方式。原想事后补货，但因各种原因未能补上，形成官司。

三是当事人各方沟通不足，合同约定有漏洞，问题没有被及时发现而酿成大案。

对此，姜会长分析说，这些事件发端于2011年，在国家实施紧缩的货币政策的大背景下，企业资金紧缺，借贷成本普遍增高，有的地区高达15%～20%。在高利率的驱使下，一部分钢贸市场的经营者以市场内的钢材作质物，向银行借贷。套取资金后改变资金用途，违法发放高利贷，民间高利贷利率有的高达100%。

在违规放贷没有被及时制止的情况下，有的市场变本加厉，发展到质物量短少、以次充好、以假充真，乃至发展到出具虚假仓单、虚假质物清单的地步。问题发生质变，由合法转为犯罪。在高利贷链条上的资金极不安全，一环断裂，全链受损。

据悉2012年年底，上海钢贸行业大面积爆发的监管案例便是通过伪造仓单和重复质押等不规范操作向银行融资之后，不少钢贸商并未将资金用于经营钢铁贸易，而是转向其他领域比如地产、矿业、高利贷等。而有的钢贸商因投资套利到期无钱还贷，便会向民间高利贷融资“过桥”资金还贷。行业景气时银行可以续贷，钢贸商还民间高利贷，而一旦行业不景气，银行出现缩贷，甚至紧急抽贷时，钢贸商便无法偿还民间高利贷，钢贸商资金链条紧张甚至个别企业出现资金链断裂，行业危机全面爆发。

重塑行业诚信和公信力之路

上海钢贸诈骗案对业内震动极大，媒体又曝光了几家主力监管企业出现的风险事件，新进入的大企业风险事件更严重。为了规避风险，多家监管企业采取收缩、退出的策略。银行也降低贷款量，提高了安全度。

遭受冲击之后的钢贸业备受打击，管理当局多次下令严控对钢贸企业贷款，加上经济下行的作用,使钢贸企业陷入极困难境地。

如何重拾行业信心,业内人士已深感迫切与重要。

2013年3月21日,“我的钢铁网”联合上海工商联钢贸商会仓储专业商会共同发起组建了国内首个钢材仓储行业自律性组织——“上海钢材仓储诚信联盟”,并建立了“钢材仓储数据公开发布系统”,旨在重塑行业诚信,树立钢材仓储行业公信力。

“我的钢铁网”钢铁物流事业部副总经理陈健指出,仓储问题频发,与当前钢材质押的几大风险紧密相关。“首先,传统的质押融资业务流程是非标准化的,多为手工单据,人与人交互;其次,钢材仓单是由各家仓库自行开具的,不具备统一性和唯一合法性,且由于仓库作为利益分配方,不具备公立性。”

同时,仓单质押品在库内是可转移的,导致对质押物的辨识产生了问题(即质押物品的可转移性)。此外,受经营成本影响,质押物与非质押是混合存放,而非质押物不可查询,这也是导致重复质押的一个重要条件(即非质押物品的可查询性)。

他表示,正是由于这一系列问题,滋生了诸多钢材“重复质押”事件以及仓储诚信危机。

成立于上海钢贸事件之后的“上海钢材仓储诚信联盟”,无疑被看作是钢材仓储企业联合自律、公开信息、重塑行业诚信的首个重大尝试。

此举不仅为了提振银行的放贷信心,更是为了加强钢贸企业的自律。目前,已有12家上海钢材仓储企业签约加入“上海钢材仓储诚信联盟”,且这12家仓储企业的钢材库存量,约占上海钢材库存总量的44%。

监管的难题与突破

上海钢材仓储诚信联盟的成立无疑为行业的自律提供了一定的保障,但如何从银行和物流企业中寻找出自身的漏洞并将其堵住以防不法分子钻入其中从中获利,且在具体落实中又该如何加以操作呢?

对此,中国物资储运协会会长姜超峰详细梳理了上海钢贸事件后认为,一是介入者对金融物流业务的性质、特点、模式、风险不清楚、不明白,盲目开展业务,必然陷入诈骗者设计的圈套。而与之相反的是,平安银行开展金融物流业务10多年来,不良率只有0.3%,在姜会长看来,是因为他们深刻理解这项业务,防范措施较严。二是客户选择不当,对客户的资质、信誉、财务、财产状况了解不清,没有发现客户隐瞒的事项,容易被拖入风险。三是质物选择不当,选择了过期、变质、易挥发、有争议、无产权的货品进行质押,易产生法律纠纷。

更有待解决的是,监管方内部的工作安排,流程设计和操作,人员安排、利益冲动、道德风险等方面问题。“有的是没有严格执行质物验收,给不法者提供了机会;有的是监管员被收买,串通作弊;有的是信贷员信贷出事故,与借款企业合谋把风险转嫁给监管企业,这都是管理缺失造成的。”姜会长说,动产质押融资监管是一项新的业务形态,还没有一个有针对性的法规和跨部门的管理机构,没有研究、没有预警、没有应对风险的方案。

姜会长说,绝大多数事故产生于管理不到位、客户选择失误、资信审核不严。在出事的案例中,生产制造业客户最少,而贸易类客户最多。因此,监管商开始了新一轮的收缩战线、整顿队伍、改造流程。在姜会长看来,这种举措是正确的。

上海钢贸案发生后,金融当局发布了七不准:不准以贷转存、不准存贷挂钩、不准以贷收费、不准浮利分费、不准借贷搭售、不准一浮到顶、不准转嫁成本,金融业开始了秩序的重建。姜会长表示，监管的秩序重建，就是要把无序变成有序，把指导思想调整到“不急功近利、不盲目追求利润”上来，调整到支持中小企业发展上来。金融服务、物流服务都是为实体经济服务，而不是要剐唐僧肉，因此要重新洗牌，把违法违规的企业清除出这个行业。

值得注意的是，伴随而来更为严重的一个问题是，银行对监管企业的不信任度在增加，这是因为一些监管企业管理不规范。在保兑仓业务中，有的银行已甩开物流企业，签署三方协议而不是四方协议。而与此同时，监管企业对银行的不信任度也在增加，因为钢材市场量价不足、重复质押的现象，银行肯定知道，为何还要监管企业进入，显然是转嫁风险。

两者虽然根本利益一致，但双方分利分责意见不统一。金融机构希望监管企业承担更多责任，比如质物保管、保质、保真、确认货权、价格确认、担保、安全等，而物流企业只愿承担监管责任。银行委托物流企业监管，应由银行支付监管费，现在却是被监管的企业付费，由此产生了一系列的问题。这些将在双方合作中通过协商和利益调整解决。

在姜会长看来，这种矛盾已存在于行业多年。据了解，很长时间以来，监管企业处于弱势地位，主要表现在监管收入低、额外责任多、承担风险大、退出机制不全等问题。金融机构存在最终风险高、管理成本高等问题。姜会长表示，当前的主要问题是，优质的、全国性的、有经验的监管企业较少，而开展金融物流业务的银行在逐渐增多，供求开始出现不平衡。需要加紧培育合格的物流企业和寻找新的业务模式。所以，金融物流的发展，首要的问题是增进互信。

分析与思考：

(1) 本案例中出现的仓单重复质押体现了哪些信用风险、操作风险以及法律风险？

(2) 联保联贷模式作为一种为降低风险而创立的供应链金融模式，为何反而增大了银行的风险？

(3) 上海钢材仓储诚信联盟可以从哪些方面帮助提升物流与供应链金融风险管理水平，请谈谈你的意见。

(4) 银行与物流企业之间关系恶化的原因之一是银行认为物流企业只愿承担监管责任，对此你认为物流企业可以从哪些方面更积极主动地参与到仓单质押业务中？

本章小结

物流与供应链金融区别于传统融资的一个重要特点在于其面向的主要对象是供应链上的广大中小企业，由此也使物流与供应链金融相比于传统融资来说可能面临着更大的风险。所以风险管理应当作为物流与供应链金融重点关注的问题。

对此，本章在审慎风险管理原则的大框架下，首先明确了物流与供应链金融风险管理的主体、要素以及对象，其中对象主要是信用风险、操作风险、法律风险以及其他风险；而遵循的原则主要有风险收益平衡原则、全面性原则以及组织结构适应性原则。在此基础上为风险管理提供了一套参考流程，具体包括风险识别、风险度量、风险评价、风险控制和持续改进五个环节。信用风险管理以及操作风险管理均沿用此框架展开，其中信用风险是物流与供应链金融所面临的首要风险；而操作风险涉及面又是所有风险中最广泛的，本章进行了重点阐述。而另一个物流与供应链金融开展面临的风险问题来自于法律层面，本节对法律及相关规章的现状进行梳理。最后本章列出了风险管理的一些基本手段和针对供应链金融信用风险、操作风险及其他风险的应对方法，为风险管理的操作实施提供参考。

关键概念

物流与供应链金融风险　COSO ERM-IF 风险管理要素　物流与供应链金融信用风险　道德风险　预防性控制、修正性控制、指导性控制、试探性控制　PDCA 循环　物流与供应链金融操作风险　风险分散、风险转移、风险对冲、风险规避和风险补偿　信用风险缓释

思考题

1. 物流与供应链金融风险管理与商业银行传统授信的风险管理有何不同？
2. 物流与供应链金融风险管理的对象有哪些？
3. 请谈谈你对物流与供应链金融风险管理的原则的理解。
4. 请结合实例谈谈你对物流与供应链金融信用/操作风险的管理流程动态性的理解。
5. 请举例说明信用风险控制中的预防性、修正性、指导性以及试探性控制措施。
6. 根据巴塞尔委员会的定义，物流与供应链金融操作风险有哪些类型？损失形态有哪些？
7. 请谈谈你对我国物流与供应链金融法律环境的看法，并对物流金融服务开展方的法律风险管理提出建议。
8. 风险管理的基本手段有哪些？
9. 请谈谈如何采取措施应对信用风险/操作风险/法律风险/市场风险？

CHAPTER 第七章

物流与供应链金融的组织架构

供应链金融是商业银行依托核心企业批量开发供应链上下游客户的金融服务模式，突破了商业银行经营地理位置与区域的限制。同时，供应链金融依托客户为中心，服务于业务线条的发展，条线事业部制不断产生与发展。供应链金融业务的互联网化发展，对商业银行的组织架构提出了新的要求。本章研究内容包括：商业银行客户导向下的组织架构构建、适应物流与供应链金融环境的组织架构、专业化导向下的条线型事业部制组织构建，为商业银行开展物流与供应链金融服务提供组织架构借鉴。

平安银行成立现代物流金融事业部

2014年11月22日，平安银行现代物流金融事业部正式挂牌，使平安银行的事业部增至“11+4+1”，即11个产品事业部、4个行业事业部、1个平台事业部，形成地产、交通、能源矿产、现代物流四大行业产业链“全覆盖”的模式。平安银行现代物流金融事业部与28家骨干物流企业签订了战略合作协议，与30家优秀物流企业成立了平安银行金橙·现代物流俱乐部。

布局物流产业，做现代物流综合金融服务商

近年来我国物流业实现了快速增长。2013年，我国社会物流总额达197.8万亿元，相当于GDP的3.5倍，10年来年均复合增长率达20.9%。然而，我国物流业仍面临总体发展水平不高、发展方式粗放、流通效率较低、流通成本高、基础设施和技术落后等诸多问题。我国物流成本在GDP中的占比达18%，远高于12%的世界平均水平和13%的亚洲平均水平；我国人均仓储建筑面积仅为0.41平方米，与美国的5.06平方米有着巨大的差距。

物流业的发展备受政府关注。国务院发布了2014—2020年《物流业发展中长期规划》，对物流业的中长期发展作了全面和详细的部署，开启了物流业现代化的新旅程。我国物流行业有着转型升级、效率提升和整合创新的巨大需求和发展空间。平安银行行长邵平指出，物流业联系着千家万户，维系着国计民生，在国民经济中占据着基础性、战略性的重要地位。成立现代物流金融事业部是平安银行适应“新常态”下经济发展的新趋势，助力国家新型工业化、信息化、城镇化和农业现代化建设，加快推进我国物流产业的现代化进程的又一重要布局。

平安银行物流金融将依托平安集团综合金融优势，坚持“专业化、特色化、产业化”的经营理念，以“供应链整合、产城结合、资本整合”为纽带，助力建设覆盖全国的商贸物流骨干网络，打造全国性的物流网络和平台，致力于成为中国领先的现代物流综合金融服务商。

提升效率打造“大物流金融平台”

平安银行将以华北、华南、华中、华东、西北、西南、东北七大板块的核心城市为节点，分层级逐步搭建物流网络。具体做法是与地方政府紧密合作，将现有规模小、散弱的物流集约化，用互联网和物联网技术提升物流产业的效率。同时，平安银行将为物流企业提供综合金融服务。

平安银行是“中国物流与采购联合会副会长”单位，现代物流金融事业部成为该会主任会长单位。平安银行不仅致力于成为中国领先的现代物流综合金融服务商，更聚焦于整个物流产业的合作共赢、共创财富、分享价值、永续成长。平安银行将通过平安集团协同、同业联盟、商务联盟、政务联盟，依托各级政府及行业协会，携手物流产业各方伙伴，共同打造“平安大物流金融平台”。

第一节　商业银行客户导向的组织架构

一、商业银行组织架构构建原则

根据我国物流与供应链金融发展现状，结合国内外商业银行组织架构构建经验，对商业银行开展物流与供应链金融的组织架构构建需要坚持以下原则：

(1) 客户需求为中心。国际知名商业银行组织架构发展的经验表明，组织架构的构建必须以客户需求为中心。在物流与供应链金融业务中，我们的客户可能是核心企业上下游的中小微企业、中小微企业集群或者是核心企业等，他们的融资需求特点具有较大差异，因此我们需要构建满足不同客户需求的组织架构。如中国各商业银行的小额贷业务。

(2) 组织架构扁平化和信息共享。互联网环境下的组织结构设计需要尽量减少管理的层级，实现组织结构的扁平化，扩大管理的幅度。扁平化的组织架构可以给予管理人员更多的权利和自由度，使商业银行可以更好地适应市场动态复杂的环境。同时，商业银行需要构建客户数据库、利用大数据分析和处理以提高管理水平，实现信息共享。

(3) 风险控制，兼顾效率。风险控制是物流与供应链金融业务发展的关键问题，涉及很多方面的风险。从管理的角度看，我们需要尽量采取集权管理的方式，加强总行的控制能力。但从效率的角度看，由于物流涉及的环节众多，流程较长，我们需要尽量采用分权的管理方式。所以商业银行组织架构设计中，需要找到集权和放权的均衡点，需要重视信息技术在组织架构中的作用。

(4) 集约化管理理念。集约化管理是现代企业集团提高效率与效益的基本取向。“集”是指集合人力、物力、财力、管理等生产要素，进行统一配置，“约”是指在集中、统一配置生产要素的过程中，以节俭、约束、高效为价值取向，从而达到降低成本、高效管理，进而使企业集中核心力量，获得可持续竞争的优势。商业银行组织结构设计需要充分考虑和推行集约化管理。

二、商业银行常见的组织架构

综合国内外各大商业银行的组织架构，可以发现常见的组织架构有：

(1) 职能型组织架构。在该架构中，商业银行自上至下用相同的职能将各类活动组织起来，将所有与特定活动相关的人的知识和技能整合在一起，为商业银行提供纵深知识。当技能对于银行目标的实现至关重要，银行需要纵向层组链进行控制和协调，以及效率是成功的关键因素的时候，职能型架构是商业银行比较理想的模式。即在横向协调需要量较少的情况下，这种结构是比较有效的。

(2) 事业部制组织架构，也称作产品部架构或战略经营单位。在该架构模式中，商业银行可以按照单项产品或服务、产品群组、大型的项目或规则、事业、业务或利润中心来组建事业部。美国大多数商业银行基本都采用了事业部制的组织架构。我国商业银行进行事业部制探索的起步相对较晚，但已经在一些领域取得了较好的发展成果。如民生银行的建材事业部、平安银行的物流金融事业部。

(3) 地区型组织架构。在该架构中，商业银行依据业务所覆盖的区域设定组织结构。如我国各大商业银行的省、市总行和分行的组织架构。一个国家的不同地区可能会有不同的要求和需求，每个地区单位可以包括该地区产品生产和销售所需的所有职能。所以，商业银行按地区分社经营单位，会造成弱总行、强分行的局面。

(4) 矩阵型组织架构。商业银行面对的客户是多样化的，具有区域特征，也有产业条线特征，需要按照产品和地区特征组建架构。矩阵型结构是实现横向联系的一种有力方式，其独特之处是同时使用产品事业部(横向的)和职能(纵向的)结构。矩阵型结构适用于技术专长及产品创新和变革对实现组织目标都重要的银行。当银行发现无论职能型、事业部型、地区性结构还是配以横向联系手段后的结构都难以奏效时，矩阵型结构常常是有效方法。如美国花旗银行的矩阵式组织结构。

(5) 横向型组织架构。横向型组织架构按照核心流程组织员工，将特定流程工作的所有人员都组合在一起，便于沟通并协调他们的努力，以便直接为顾客提供价值。横向型组织结构减少了纵向的层级，跨越了原有的职能边界。

(6) 混合型组织架构。现实中，各商业银行基本上都采用了综合式的组织架构，只是部分架构为主，其他为辅而已。混合型组织架构将各种组织形式的特点综合起来，以适应特定的战略需要。如招商银行的地区型组织结构、智慧供应链金融平台结构。混合型结构能给商业银行提供很大的灵活性，因此，这种组织结构大多应用于市场处于迅速变化的环境中。

三、我国商业银行的组织架构

当前，我国大多数商业银行执行的是总、分、支的组织架构模式。随着我国金融市场经营环境和管理机制的变化，部分股份制商业银行构建了“事业部”或“准事业部”的组织架构。这种以客户和产业线条为中心的垂直管理架构正逐步成为各商业银行主流模式。

1. 我国商业银行组织结构演变过程

(1) “三级管理，一级经营”的运营体制。我国的商业银行起源于计划经济时代的专业银行，最初四大国有商业银行就是国家管理金融的四个部门。随着银行商业化运作，原有专业银行逐步向商业银行方向发展。在商业银行发展初期，其组织结构也是沿袭了专业银行的框架，分支机构按照行政区划的地域进行设置，并不断向下复制延伸，形成了树状的总分行制组织结构。在组织层次上保持着总行、一级分行(省级分行)、二级分行、支行、基层营业网点五个层次。20 世纪 80 年代中期以前，国有银行的总行、一级分行、二级分行是纯粹的管理机关，只有县级支行和市、区支行及以下的机构才是具体业务的经办行。

(2)“多级管理、多级经营”。从1986年开始,在专业银行实行企业化改革的背景下,我国商业银行不断商业化的运作要求调整组织结构,经营重心从基层网点上移。变化调整主要体现在:一是强化一级法人制度。总行作为一级法人,对全国各级行实行统一核算、统一调度,各级分支机构在上级行授权内开展经营活动;二是压缩中间管理层次,经营重心从基层网点向二级分行乃至一级分行上移,强化一级分行经营中心和利润中心职责;三是面向市场调整内设机构。从按专业职能划分转向按客户进行划分,同时将内设机构划分为前、中、后台三个层次,强化前台业务部门、压缩后台保障部门。

(3) 现代银行的制度框架。改革开放以来,随着经济市场化,我国国有商业银行改革方面经过长期艰苦的探索,四家国有商业银行中有三家分别在境内外市,改革取得了阶段性成果。主要商业银行中,大都完成股份制改造并已上市。这些商业银行都建立起了现代银行的制度框架。但我国商业银行前一阶段改革主要是在梳理外部关系,构建公司治理结构的框架,实施了组织机构扁平化管理和“审计”“资产保全”“风险”等部分业务条线的垂直化运作,还没有真正触及业务运作体制的变革。

2. 我国商业银行组织架构现状

目前,我国商业银行并没有完全建立起以客户为中心的组织架构,设置不太科学,存在较多问题。

(1) 分级授权层次过多。我国商业银行的授权层次一般在四级以上,这种多层级的架构导致分行、支行对相关政策的反应,对产品调整的建议不能够快速、高效地传递到总行,同时也会影响到金融产品创新的步伐。

(2) 按照行政体制设置组织架构的情况较多。目前在商业银行内部,主要是按照行政区划,政府序列设置组织架构,导致体制僵化。其弊端主要有:一是银行并未进行仔细的成本效益分析。二是按照行政区域划分的银行各分支机构与地方政府关系密切。三是商业银行更加关注行政目标的实现,并没有对组织结构进行有效调整和高效运作。

(3) 过度依赖上级指令,经营缺乏创新。在目前商业银行比较僵化的行政体制中,各专业部分从上到下遵守总行的命令,分支机构的主观能动性得不到充分发挥。同时由于每个等级的管理机构都需要相应的工作人员和配套设施,导致了管理成本居高不下,造成金融资源配置分散化和资源运用的低效率。

四、国外商业银行的组织架构

20世纪七八十年代,西方商业银行已经开始进行组织结构的变革和创新。随着经济全球化和信息技术的发展,组织扁平化、流程再造等理论在西方商业银行得到广泛的运用,商业银行先后完成了“地区主导→产品主导→客户主导”的三步跨越,并逐步形成了以客户为中心,扁平化、专业化、垂直型的组织架构。

1. 商业银行矩阵式组织架构

矩阵组织结构出现于20世纪五六十年代,它把一个以项目或者产品为中心的组织叠加到传统的、以职能构成的组织之上,通过给项目小组负责人以正式的权限,从而在已经存在的原有组织垂直权限链的基础上产生了一个水平的权限链。国外许多大型商业银行采用了矩阵式的组织架构,其形式主要有四种:

(1) 商业银行总行纵向划分成几大事业部(如投资银行部、消费业务部等),再横向设立相应的职能部门(如信用卡中心、风险管理部、财务部等)。如德意志银行的矩阵式组织架构。

(2) 二维矩阵结构。表现为由商业银行总行产品业务部与区域分行构成管理矩阵，如花旗集团的二维矩阵结构。

(3) 三维矩阵。商业银行总行业务部、职能部与区域分行共同构成三维矩阵，形成三重报告关系。

(4) 临时矩阵结构。表现为根据特定市场和客户需要，临时从不同部门抽调人员组建工作小组，由项目经理统一领导完成阶段性的任务，之后解散各归其位。

2. 典型实例

(1) 德意志银行的矩阵式组织架构。德意志银行是德国最大的银行，也是世界上最大的银行之一，有着130多年的历史，在全球雇有约65 000名员工，为约74个国家的客户提供金融服务。1998年开始实施"双重心"战略和分部门核算。在投资银行、资产管理和私人银行方面发展全球业务，在公司业务和零售银行方面则更多偏向欧洲，同时将银行重新分成五个业务部。

2001年，德意志银行进一步实施"联系战略"和机构重组，将业务集中于银行和顾问服务上，融合投资银行和商业银行业务。形成两个以客户为中心的部门：公司和投资银行部(CIB)以及私人客户和资产管理部(PCAM)，将非核心业务(如多种后勤服务、物资供应等)全部外包出去。2002年年初，德意志商业银行又完成了业务部门的重组，调整了最高管理层结构，新成立了包括集团董事会和各全球业务主管，用以协调业务部门意见与集团战略决策之间的关系。

目前，德意志银行有三大事业部：公司与投资银行部、公司投资部、私人客户与资产管理部。此外，DB服务部和银行管理中心则行使审计、公共关系、风险管理、法律、IT、人力资源等管理职能，两者构成的矩阵，如图7-1所示。

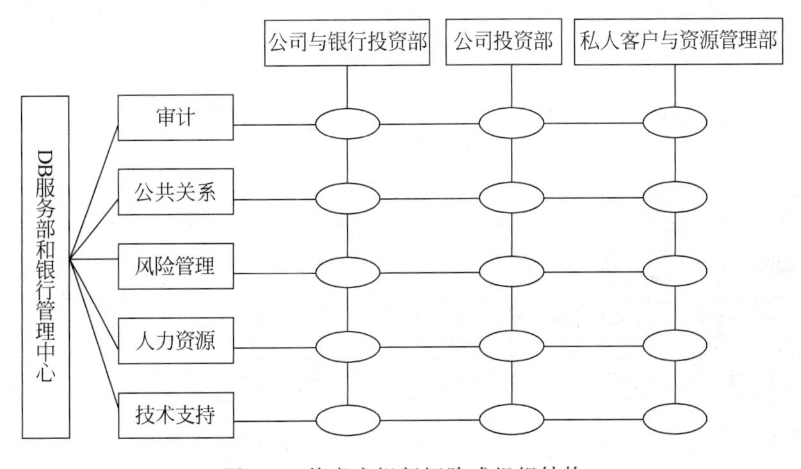

图7-1　德意志银行矩阵式组织结构

(2) 花旗集团的矩阵式组织结构。花旗集团是全球卓越的金融服务公司，全球雇有约270 000名雇员，为100多个国家逾两亿消费者、企业、政府和机构提供品种丰富的金融产品及服务，包括消费者银行和信贷、企业和投资银行、保险、证券经纪及资产管理服务。

2002年6月，花旗集团开始采用矩阵式结构进行重组，重组的中心内容是细分市场，进一步围绕客户寻求产品、地域之间的平衡。花旗集团总体架构的特点是：集团的全部业务被划分为三大块：环球消费者业务、公司业务与投资银行业务以及环球财务管理业务。另外还有两块独立运作的业务：花旗集团资产管理和选择性服务。所有业务被进一步划分到全球几大区域：北美、亚太、拉美、中东、欧洲和非洲。

花旗集团这种矩阵式结构由“纵轴”产品线和“横轴”地域组成，轴心是客户群。在其矩阵式组织架构中，体现了二维双重报告关系：地区分行业务和职能部门分管必须同时向横向划分的集团区域国际主管和纵向划分的集团相应部门主管或业务线主管报告并负责。总行的业务部门在产品上拥有更多的话语权，区域主管则更多的是协调好产品进入该市场后的政策法规及文化差异等问题以保证产品能很好地融入市场。

通过这种线面结合的组织架构，既能保证在各地市场上品牌的理念得到很好的理解，从而全面推进具有统一“花旗品质”的产品，又能充分照顾到各区域市场的差异，形成了其“国际化的本地银行”的优势，组织架构如图 7-2 所示。

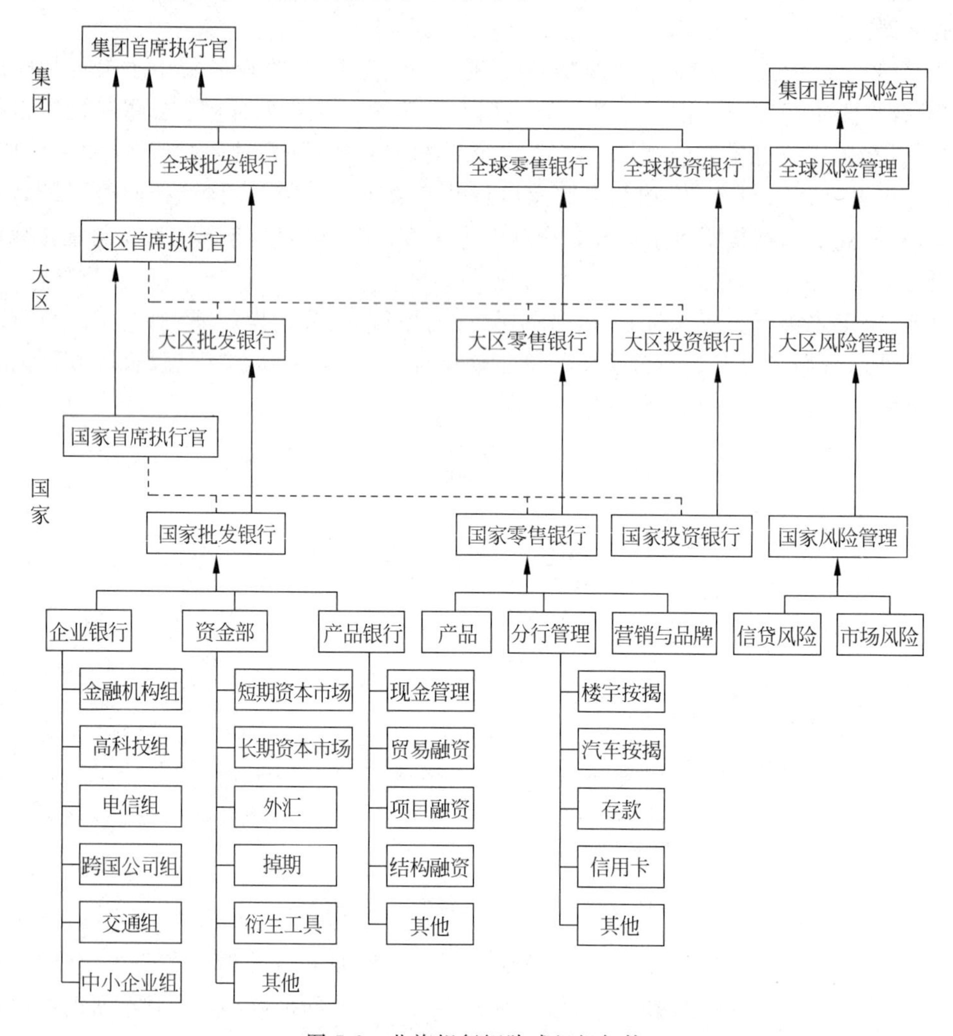

图 7-2 花旗银行矩阵式组织架构

商业银行组织架构的设计必须根据市场需求，以客户为中心，并结合自身特点进行，同时也是一个不断调整改进的过程。商业银行矩阵结构在不同银行中的应用不尽相同，但从

总体架构理念上有一些共同的特点：

（1）以银行业务条线为主线，通过整合使业务线涵盖更多的内容。

（2）强调商业银行的标准化、集中化、系统化管理，使商业银行总体的脉络越来越明晰。

（3）强调随市场变化，分行的职能被削弱，总行业务部门的管理和产品小组的权限得到强化。目前，美、德等欧美国家以及新加坡、日本等亚洲国家银行许多都采取"大总行、大部门、小分行"的结构。银行的分行很小、很多，职能单一，很多业务集中在大部门完成。

（4）一条产品线就是一个业务系统，银行需要高度重视产品线的作用，总行通过各大业务部门对分支机构进行管理和控制。业务部门内汇聚了主要的业务精英，分工细、专业性强。

第二节　物流与供应链金融要求的组织架构

商业银行传统的组织结构已经不能适应物流与供应链金融发展的需要，同时，物流与供应链金融为商业银行带来巨大的发展机遇，所以国内外的商业银行纷纷为适应该业务的发展而重塑其组织架构。

一、物流与供应链金融商业银行新机遇

物流与供应链金融改变了商业银行传统的融资授信模式，中小微企业不再是高风险的融资个体，而是商业银行关键的客户群体。这给我国商业银行的发展带来了机遇：

（1）供应链的发展和供应链管理思想的贯彻，使供应链上的上下游中小企业的地位得到提升，角色得到重视。供应链上下游的中小微企业是资金需求的主体，是高风险的融资个体。物流与供应链金融的发展，有效解决了供应链上下游中小微企业的资金问题，打通了供应链和产业链，也让中小微企业成为商业银行争相挖掘的客户群体。商业银行传统的组织架构、风险管理办法等都不太适合物流与供应链金融新环境，所以迫切需要重塑其组织架构。

（2）利用核心企业组建的供应链网络开展物流与供应链金融服务是商业银行的必然选择。供应链是由众多成员企业组成的集合，供应链的资金需求包括核心企业、上下游中小企业和企业群等。物流与供应链金融业务可以带动商业银行为其客户提供全面而便捷的金融产品和服务，获得业务综合发展的机会。

（3）商业银行传统的金融服务是点对点进行的，即银行对单个客户逐个进行审核、评价、融资授信等。这造成商业银行的运营和维护成本均较高，而且客户分散，不利于形成供应链上的统一管理。物流与供应链金融业务是一点对多点的业务开发模式，可以通过融资池、联保等方式进行融资。

（4）商业银行传统业务开发模式存在信息不对称问题，造成融资授信管理和贷后管理的风险上升。物流与供应链金融的成员组成一个整体，相互合作，共同实现整体利益的最大化，从而实现个体利益的最大化，可以降低融资过程中的风险，改善不良资产率。

二、物流与供应链金融组织结构新要求

国内外商业银行纷纷为适应物流与供应链金融业务，而对其组织架构进行改革和创新。

1. 垂直式管理

当前国内多数商业银行按照行政区域进行总、分组织架构设置，在实际运营中出现了

“弱总行、强分行”的现象。物流与供应链金融值得借鉴的垂直管理模式有：“总对总”模式、资源统筹模式、集中作业模式、产品考核模式及行业归属模式。物流与供应链金融属于典型的“产品＋客户维度”的业务领域，比较适合垂直管理的方式。通过垂直管理，能有效解决传统块状组织架构下经常遇到的跨分行合作、多重服务标准、内部客户分配等难题。如商业银行组织架构中的“事业部”或“准事业部”的方式。

2. 行业专业分行

随着物流与供应链金融业务向具体行业的纵深发展，很多商业银行制定了“做深行业、做足行业、做全行业”的战略规划，进一步明确了分行的业务边界与职能范围，推动传统意义上的“大而全”分行逐渐向“精而专”的专业分行转变。如黄金珠宝分行、汽车分行、格力分行等，这些行业专业分行的出现既是业务发展的客观要求，也带来了显著的行业开发规模效益，并吸引了更多的同业竞相效仿。

3. 分行的区域特征淡化

商业银行的分行设置多以地域为中心建设物理网点，依靠人脉关系开展业务，分行间的属地界限非常清晰和严格。物流与供应链金融采取的是依托链条上核心企业批量开发上下游客户的基本模式，上下游客户具有明显的跨区域性，所以商业银行开展物流与供应链金融业务需要淡化分行在组织结构中的地域色彩。同时，在互联网化发展的背景下，适应物流与供应链金融业务发展需要的组织结构更应该淡化区域特征。

三、物流与供应链金融商业银行组织架构

在物流与供应链金融快速发展的背景下，我国部分商业银行已经对其组织架构进行了大胆的创新，如平安银行的现代物流金融事业部的成立。供应链金融是最适合进行事业部运营的，其组织架构构建可以按照如下步骤进行。

(1) 依托商业银行现有的组织机构，分别在总、分行层面设计物流与供应链金融事业部。分行物流与供应链金融事业部实行双实线报告制度，即总行物流与供应链金融事业部作实线报告的同时，亦向分行行长作实线报告；明确不同方向报告的范围和内容，不同层次的领导事先要明确各自不同的分工。

(2) 各分行作为全行利润中心，分行物流与供应链金融业务所产生的营业收入纳入总行的收入。物流与供应链金融事业部的运营按照各行单独核算，并统计计算该项业务对全行的利润贡献。

(3) 在物流与供应链金融事业部内部推行战略业务单元(SBU)，总行和分行的物流与供应链金融事业部分别按照行业组建 SBU，如钢铁 SBU、汽车 SBU、农产品 SBU 等。分行物流与供应链金融事业部下面的 SBU 向分行事业部总经理或总行 SBU 负责人做实线报告。

(4) 物流、资金流等操作性的支持型后台作业继续放在分行的物流与供应链金融事业部。人力资源、法律、信息技术、市场研发等中后台实务集中到总行层面。

(5) 财务和风险评审可以在垂直管理的框架内，以执行官派驻方式，分别向分行和供应链金融事业部的各个 SBU 进行派驻。

在这一组织架构下，前台的营销不再由支行来承担，而是由各行业 SBU 来承担。如果不同分行物流与供应链金融业务在营销时涉及跨地域的重叠，那么由总行物流与供应链金融事业部的行业 SBU 来协调。其一般结构如图 7-3 所示。

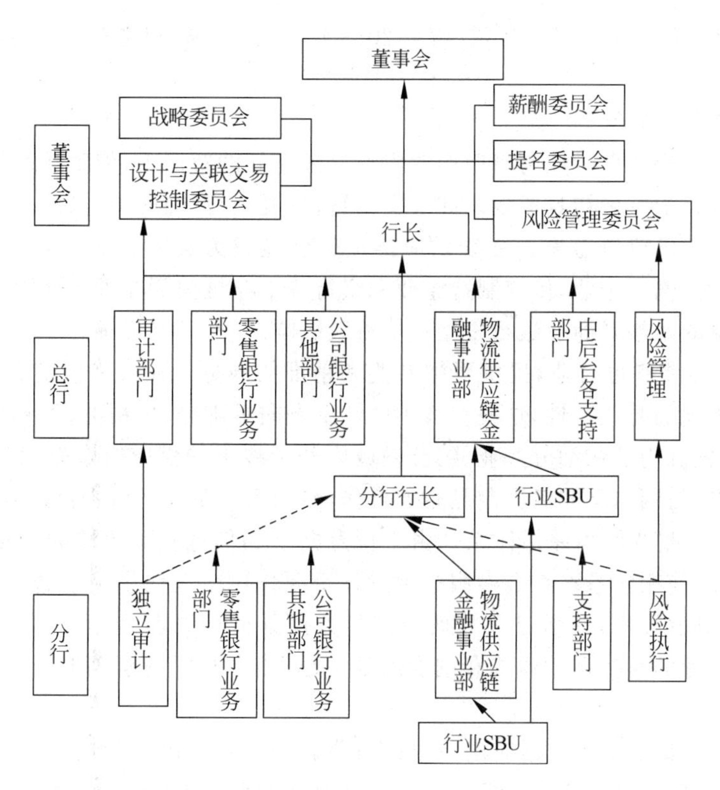

图 7-3 物流与供应链金融事业部结构

四、物流与供应链金融商业银行组织平台

1. "商圈＋产业链"模式平台

"商圈＋产业链"模式以产业链为载体进行整体开发，为上下游同一商圈的中小微企业提供全面批量的金融服务，这一服务小微企业为主的金融生态链条一直备受商业银行的青睐，在一定程度上解决针对单个小微企业贷款时出现的信息不对称、风险控制难和贷款成本高等问题。但随着中小微企业金融服务竞争的加剧，互联网电商金融和非银行金融机构不断争夺商业银行商圈、产业链上的客户群体，这要求商业银行要围绕"商圈＋产业链"平台模式来重构组织架构，借助信息科技力量以更高效便捷的平台化手段提供金融服务。

2013 年以来，以华夏银行为典型代表的商业银行，将网络技术的便捷与传统"商圈＋产业链"模式在客户拓展和产品服务上的优势相结合，不断进行模式升级和创新。华夏银行的"平台金融"业务模式，以华夏银行自主研发的资金支付管理系统为平台，对接核心企业、大宗商品交易市场、市场商圈、电商、物流平台等各类客户的财务管理或销售管理系统、电子交易平台，真正掌握平台客户与上下游、周边小企业日常交易中的资金流、信息流、物流，为企业提供在线融资、现金管理、跨行支付、资金结算、资金监管等服务。

"商圈＋产业链"模式凭借其在客户寻找、信息收集、批量审批等多方面的优势成为众多商业银行争相开展的金融业务模式。然而，金融服务模式的同质化竞争已经不只是在银行业之间，由于该模式对于信息挖掘的依赖，掌握大量小微企业交易信息的电商平台企业凭借数据优势，开始介入金融领域，成为商业银行有利的竞争者。如阿里小贷、京东"京保贝"。另外还有一些大型集团下属的财务公司等，也在开展小微企业金融服务。截至 2013 年

10月月底,全国共有174家财务公司,截至2013年12月月末,财务公司服务的企业集团成员超过3.5万家。

2. “在线供应链金融”平台

“互联网+”供应链金融成为当前商业银行发展业务的新抓手,借助网络渠道、大数据分析的在线供应链金融发展初具成效。如平安银行、华夏银行、交通银行、招商银行等近10家银行先后布局在线供应链金融。在线供应链金融已经成为实体经济与金融结合的最佳实践,包括物流企业、电商企业,传统制造企业和银行等中介机构都在进入这样一种金融市场。在线供应链金融的发展对商业银行发展产生重大影响。

(1) 商业银行要细分行业,提供更加专业和精准的服务。在线供应链金融在不同行业的应用衍生出不同的行业特性,这使在线供应链金融向更细分、更精准、更专业的方向发展。近几年,各大金融机构已在细分产业、细分领域展开了线下的供应链金融,如民生银行打造乳业产业链金融,与国内某知名乳制品企业合作,专门为其及上下游提供适合的金融服务。

(2) 商业银行改变信用评估体系。由于信息共享和信息获取手段的变化,信息获取成本将会大大降低,信用体系将在金融服务中发挥重要作用。在线供应链金融通过互联网的使用,数据获取难度降低,并通过大数据挖掘和数据分析与处理,形成特定信用资产报告。打破原有信贷业务的风控运营模式和制度限制,积极建立互联网模式下新的交易监控和风险管理体系。

(3) 商业银行要重视大数据应用。银行对贷款企业或贷款对象的监控,将从静态数据转变为动态数据,以降低风险。目前银行已经开始与大数据机构进行合作,为客户提供量身定制的金融服务,依靠大量的真实数据来源和大数据处理技术,计算出各标准数据的区间范围,判断客户资信等级。

(4) 商业银行要与核心企业形成战略联盟。核心企业正在利用信息技术,如云计算、大数据分析技术、物联网、电子支付等新兴技术,应用于在线供应链金融,并紧跟互联网和电子商务发展,加速供应链管理信息化和供应链电子商务化的进程。

3. “智慧供应链金融”平台

智慧供应链是招商银行集最丰富的供应链金融产品、智能化的IT系统、专业化的定制解决方案于一体的供应链金融服务体系。招商银行突破传统银行架构,合并原现金管理部和贸易金融部,成立交易银行部,以客户为中心整合原有供应链金融、现金管理、跨境金融、贸易融资及互联网金融等优势业务,并自上而下快速推进组织体制改革,推出“智慧供应链金融”平台。

“智慧供应链金融”平台是招商银行依托技术优势,汇聚银行业资源,针对供应链上不同环节的企业资金需求,推行的集产品创新、信息管理、线上融资和业务监控于一体的全方位服务平台。该平台可以整合核心企业、上下游企业、网上银行、海关、仓储物流服务商等供应链相关信息,实现商流、物流、资金流及信息流的智能归集,提供专业、精准、高效、安全的供应链专业化和定制化金融服务。

智慧平台不但支持基础的供应链金融产品,而且创新了产品模式——由传统供应链“应收款融资、预付款融资、现货融资”单维产品分类,向“货权—账款、现在—未来、静态—动态”三维分类产品转变,使供应链金融服务具备了产品组合和行业定制的特征。

(1) 智慧平台和供应链中各主体的系统直连,订单、应收账款、存货等多元商流信息可

以通过平台智慧地进行分类轨迹和传递到所需的供应链各方。

(2) 智慧平台依托真实贸易背景数据的支持，通过实时数据分析处理业务项下的额度信息、交易、资金、物流等各类数据，自动识别和控制信用风险，在部分业务中做到系统全自动"智慧判断"。

(3) 智慧平台支持原有线下审批放款模式，还将业务流程互联网化。客户可以在线测算贷款金额，自助融资申请，在线自动审批，实时放款。

(4) 智慧平台在线整合商流、物流、资金流，利用在线决策功能为供应链金融提供在线支持服务。

第三节 专业化导向的条线型事业部制组织构建

事业部制这一发源于西方发达国家的组织架构在国外的商业银行被普遍采用，是西方国家商业银行组织架构的主流模式。条线型事业部制内在优势更加适合商业银行开展物流与供应链金融服务，但从国际银行和我国银行的时间看，向该模式的发展是个长期的过程。

一、商业银行条线事业部组织结构趋势

1. 国外商业银行组织结构条线事业部化

(1) 国外知名商业银行业务条线化。尽管国际知名的各大商业银行，如花旗、汇丰、渣打、巴克莱、摩根大通、苏格兰皇家银行、德意志银行等的业务条线设置都不尽相同，但经过梳理，大体都可以分为以下五大业务条线，如表 7-1 所示。

表 7-1 国际知名银行五大业务条线

业务类型	业务条线
零售业务	为个人和小微企业提供零售银行服务，主要是一些相对常规的金融服务，包括银行账户、支付结算、银行卡、信用卡、房贷、车贷、经营性贷款等
财富管理业务	为中高端个人客户提供财富管理服务：投资产品、投资建议、经纪业务、投资管理、信托服务等
商业银行业务	为公司客户提供常规的金融服务，包括银行账户、支付结算、现金管理、贸易融资、贷款、公司卡等
金融市场业务	货币、外汇、利率、债券、贵金属、大宗商品、金融衍生品、证券、基金等，此外还提供研究、顾问咨询等服务。通常具备客户部门的属性，向大型企业和机构客户提供相关的交易、风险管理、资产管理、咨询等高端金融服务
投行业务	包括融资、咨询和交易服务：债券承销、IPO、收购兼并、私募股权、结构性融资、财务顾问等。投行业务也主要是为大型企业和机构客户服务

(2) 依据业务条线进行组织结构顶层设计。在更高层面的业务板块管理上，上述五大业务条线通常会有不同的组合方式，形成了不同的顶层组织架构设计。大体可以分为以下三种模式。

① 采用"大个金"和"大公金"两大业务板块。该模式将主要为个人客户提供服务的零售业务和财富管理业务放在一个板块来管理，将主要为企业和机构客户提供服务的商业银行业务、金融市场业务和投行业务放在一个板块。如渣打、德意志和花旗在内的银行都采取了这种架构。

② 根据客户需求层次来组合业务板块。该模式根据客户的基础金融需求和高端金融需求来划分业务板块。法国巴黎银行是这种模式的典型代表。它将满足客户一般需求的零售业务和商业银行业务放在一起成为一个大的零售银行板块。

③ 根据业务条线职能设置组织架构模式。该模式下的业务板块分得更为细致，根据业务条线职能设置组织架构，提供专业化服务。以摩根大通银行为例，它将零售业务分为常规的零售业务、信用卡和汽车贷款两大条线，将金融市场业务和投行业务中的"资金和证券服务"也分离出来，最后形成"零售金融服务""信用卡和汽车贷款"等。

(3) 关注中小微企业在组织结构中的体现。国际银行业对于小微、中小业务的条线归属各不相同。大致分为三种类型：第一类，按照客户的属性来划分，即自然人客户归属到零售业务条线，企业客户(无论大小)归属到商业银行业务。比如汇丰银行。第二类，个人和小微(Small Business)业务归属到零售业务条线，中小业务(SME)归属到公司金融条线。比如苏格兰皇家银行。第三类，个人和中小业务都归属到零售业务条线，比如德意志、渣打、摩根大通、巴克莱和花旗。

2. 国内商业银行组织结构条线事业部化

(1) 以工、农、中、建、交为代表，大幅度精简冗余机构。带有国家行政性色彩的大型商业银行长期以来习惯于粗放的经营方式。这种方式下众多部门全而不专。此轮组织结构改革，对众多部门进行了调整，精简与重组，减少管理层级，建立利润中心的激励机制。这些变革减少了过多的管理环节，整合人力资源，加强多元化团队建设。

(2) 以民生银行和平安银行为代表，大力加强事业部制建设。通过集中决策、授权经营的运行机制，最大限度地发挥经营管理的积极性和主动性，实现专业化经营。2013 年，民生银行再次升级事业部制度，启动事业部改革 2.0 版，按照准法人、专业化、金融资源整合、金融专家团队四大原则，对行内金融事业部运行模式进行了全面的创新和改革，推动事业部逐步从传统的存贷模式向专业化投行方向转型。事业部制的先进性得到进一步的认可，国内商业银行相继推行。交通银行于 2014 年正式宣布推进"5+5+5"事业部改革。

(3) 建立针对特定客户群的新兴部门。2013 年，商业银行纷纷成立针对小企业客户、高端客户、网络客户等特定客户群体的新兴部门。民生银行、平安银行、兴业银行结合事业部制改革，进一步实现客户结构细分，围绕行业分类新增行业事业部；同时，为进一步推动小微业务专门化发展，提高服务效率，各商业银行纷纷推出围绕小微业务单设的运营机构。

二、商业银行条线事业部制的构建原则

1. 以客户为中心、以市场为导向的原则

金融市场和客户需求经常会发生变化。商业银行组织结构必须跟着市场走、随着客户变，充分满足客户不断变化的多元化金融服务需求，适应我国经济转型需求和金融市场结构调整的变化趋势。同时要在事业部内部建立服务文化，中后台要为前台业务发展服务，做好对分行的服务和支撑。

2. 风险与收益相平衡的原则

在商业银行各层级和各部门之间合理配置各项经营任务和管理资源，实现责任、权力和利益的有机统一。进一步完善风险和资本的计量，完善管理会计和成本核算，将风险和收益平衡的理念自上而下贯彻，从"做了算"转变为"算了做"，打造高效运作的长效机制。

3. 专业化经营、集约化管理的原则

商业银行要形成专业优势，突出业务的专业特色，以专业化服务优势提升商业银行核心竞争力。要不断优化业务流程，实施科学高效管理，通过开展一体化、分类型、分层次、高效率的组织架构，对中后台管理要素进行整合，实现商业银行资源配置和管理效用最大化。

三、国外商业银行条线事业部的构建

1. 美国商业银行条线事业部制组织结构

美国商业银行大多采取条线事业部制组织架构，突出业务部门在组织架构中的主体性，实行独立核算。各事业部享有人财物等资源的分配决策权，并在符合全行政策要求的前提下制定本部门的政策。该组织结构把经营为中心落实到体制、流程、利益与资源分配中，改变了按地区和分支机构设立利润中心的弊端。如美联银行综合考虑客户对象、对全行效益的贡献度和市场前景等因素，设立了普通银行部、公司和投资银行部、资本管理部和财富管理部四个事业部，并设立了相应的部门，如图 7-4 所示。美国其他银行业基本采用了这种结构，如图 7-5、表 7-2 所示。

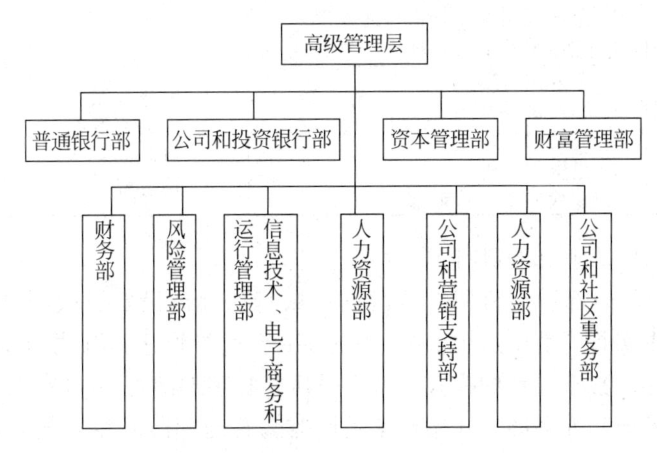

图 7-4 美联银行条线事业部制结构

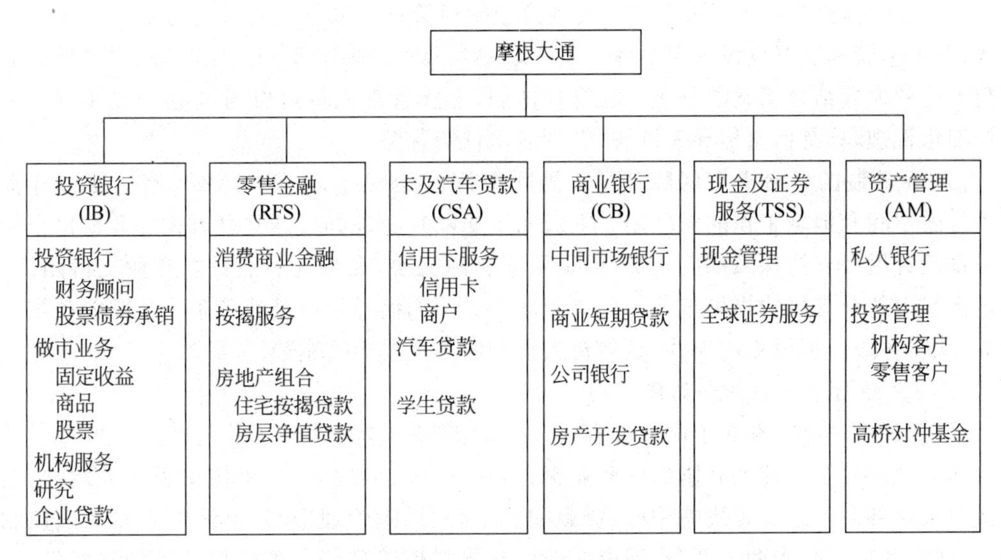

图 7-5 美国摩根大通条线事业部制组织结构

表 7-2 美联银行等几家商业银行部门设置情况

商业银行名称	前台部门设置	中后台部门设置
美联银行	1. 普通银行部 2. 公司和投资银行部 3. 资本管理部 4. 财富管理部	1. 财务部 2. 信息技术、电子银行和运营管理部 3. 人力资源部 4. 公司和营销支持部 5. 公司与社区事务部
纽约银行	1. 国际业务部 2. 金融同业服务部 3. 纽约银行证券集团 4. 公司业务部 5. 资本市场有限公司 6. 资产抵押部 7. 零售业务部(已出售) 8. 个人客户服务部和资产管理部	1. 财务部 2. 运营和技术部 3. 市场营销部 4. 质量论证部 5. 法律部 6. 人力资源部 7. 广告联络部 8. 审计部
花旗银行	1. 国际业务部 2. 全球投资部 3. 全球公司及投贷银行业务部 4. 全球消费信贷管理部	
德累斯顿银行	1. 个人银行部 2. 私人银行部 3. 公司银行部 4. 投资银行部 5. 非战略资产管理部	1. 财务控制部 2. 人力资源部 3. 风险部 4. 信息部

美国的这种条线事业部制具有如下特征。

(1) 控制有力的内部制衡机制。美国商业银行的部门设置有效控制经营中的各种风险。银行在经营中实行了前中后台分离，关键性后台监督管理部门，主要是财务部门和风险管理部门采取了相对独立设置的模式。特别是风险管理部门，独立于前台业务拓展部门，通过构造团体内部矛盾和冲突的方式实现了关键监督管理部门的相对独立，有效控制了各事业部的本位主义和为追求眼前利益牺牲企业长远利益的做法。

(2) 清晰明确的直线汇报模式。美国商业银行管理中采取了人对人的单线管理和汇报模式，即每个管理层级仅设一名具体负责人，一般不设置副职，汇报关系明确，岗位设置非常精简。这种模式结合明确的分级授权管理体制，上级管理人员可以通过电子文件对下级实施精细化管理，具有信息传导速度快、管理成本低等优势。

(3) 派驻制的后台支持保障部门。美联银行、美国银行(USBNAK)、富国银行等都采取了打破空间和地域工作的派驻制。上级和下属实现异地办公。这种方式并非在每个管理层级都设置后台支持保障部门人员，而是根据实际需要，在特定层级设立专业支持团队，对一定区域内的分支机构提供统一的支持和服务。国内商业银行某业务条线或职能条线一旦设立，就在各级行都设立的模式，显然在人员和成本上要更为精简。

2. 荷兰银行条线事业部组织结构

荷兰银行在全球 70 多个国家拥有 3 500 多家分行，全球员工人数高达 70 000 人。荷兰银行作为欧洲乃至全球较有影响的商业银行，在 2003 年对其组织机构作了重大调整，主要模式是事业部制。总部是战略中心、资源配置中心、风险管理中心、审计中心和认识控制中心，总部将其功能分为两大部分，即事业部门和支持保障部门。事业部门是创利部门，是银

行经营的核心。荷兰银行的组织运作表现为：

（1）细分事业部门，明确各自职责。荷兰银行分别按照地区、客户和产品划分了10个事业部。按照地区有五个，分别是荷兰事业部、亚洲事业部、北美事业部、拉丁美洲事业部和欧洲事业部，每个事业部负责对此区域的所有客户提供适合本区域客户的产品；按照客户标准划分的有3个事业部，即跨国客户事业部、私人客户事业部和消费者和商业客户事业部；按照产品进行划分的有环球市场事业部、交易结算事业部和资产管理事业部。

（2）支持保障部门广泛，实行内部派驻制度。荷兰银行将支持保障部门分为10个，即审计、组织协调、法规、财务、企划、人力资源、风险管理、欧洲事务与市场基础、投资者关系和后勤服务。其目标在于支持和监督战略的执行，确保银行的整体战略目标，即股东价值最大化得以实现。根据业务需求，支持保障部门向事业部门派驻工作人员。派出人员由派出部门负责，与所在事业部一起工作。

荷兰银行的模式改革取得了立项的效果，银行的竞争力得到了加强，公司业绩超过预期，股东的价值回报也得到了提高。事实证明，条线事业部制是一种有效的组织架构模式。其组织架构如图7-6所示。

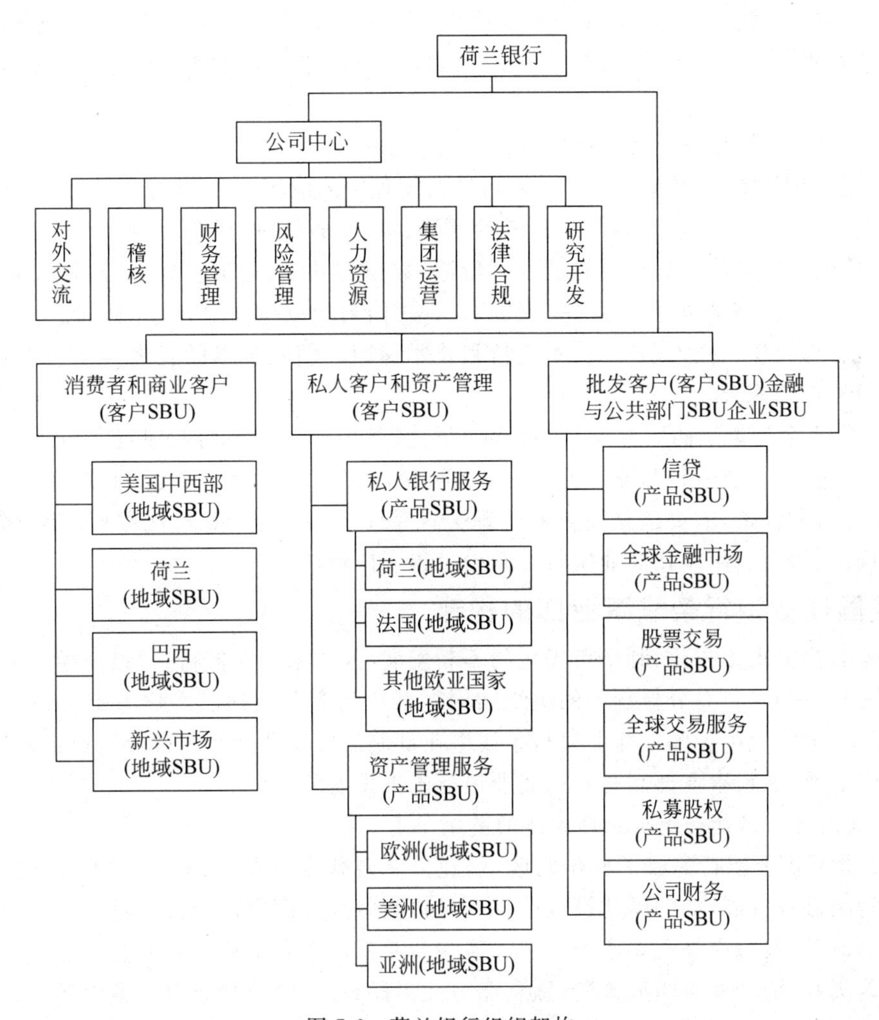

图7-6　荷兰银行组织架构

3. 国外商业银行条线制事业部结构特点

(1) 机构扁平化。各银行根据自身核心业务,按照客户的不同需求整合成立若干按区域或产品划分的事业部,合并了多余及重叠的部门,提高了效率,缩短了业务经营时间,降低了整个流程成本。

(2) 业务垂直化。20 世纪 90 年代初,以客户为中心,专业化垂直型组织架构基本形成,并在随后的时间里迅速发展,成为全球银行业组织架构的主流模式。各项业务不在各职能部门之间横向进行,而是在各事业部内部实行系统垂直管理,统一核算利润,单独向银行高级管理层报告业绩,并对本单元的损益负责。

(3) 突出以客户为中心的经营理念。突出以客户为中心的经营理念,使营销更加专业化、一体化,前台的业务部门专业化、一体化地对外展开营销;同时也更加具有针对性,针对性地满足该类客户全方位的金融需求。前台业务部门的设置处在全行各部门的核心位置,明确中后台部门是为前台提供服务的,前台就是中后台部门的客户,而中后台部门之间则互为客户。

(4) 注重责权利的统一,增强企业核心竞争力。通过专业化的垂直型管理,既将各层面、各部门的职责区分开来,又将其利益紧紧捆绑在一起,使责权利合理统一,充分调动各业务条线的积极性。条线主管拥有主管范围内的人权、事权和财权,同时承担相应的过失责任。

4. 国外商业银行条线制事业部结构实现条件

(1) 信息技术的发展及其在商业银行经营管理中的应用。20 世纪 70 年代以来,信息技术的快速发展及其在商业银行信息传递、数据采集、业务处理、风险控制和业绩评价等方面的应用,使银行能够实现远程信息的及时传输、数据的共享、业务实时监控、风险量化处理、资金统一运作,提高了银行的业务拓展能力、管理能力和风险控制能力,为商业银行专业化、垂直型的管理提供了技术前提、技术支持和技术保障。信息技术的发展推动了专业化的垂直型组织架构的完善。

(2) 管理会计方法的完善及其在商业银行经营中的应用。商业银行实行垂直型、专业化的运营、管理,需要进行科学、全面的成本控制,对各条线板块、产品、个人等进行成本核算、赢利分析和评价,需要建立完善的管理会计系统。20 世纪 80 年代以后,管理会计方法在西方国家日益完善,并在商业银行经营中过得了广泛应用。

四、我国商业银行条线事业部的构建

随着客户需求多样化、利率市场化的不断发展,这要求商业银行从“以规模为中心”转变为“以客户为中心”。总分行制下的组织结构很难从制度上做到以客户为中心,我国商业银行组织结构面临变革。国外商业银行条线事业部制发展实践和我国部分商业银行的事业部制的探索表明,条线事业部制是我国商业银行未来发展的方向。

1. 我国商业银行条线事业部构建的基础

(1) 我国商业银行完成了股份制改造,建立了现代企业制度框架。我国大型商业银行改革取得突破性进展,如中国建设银行、中国银行、中国工商银行、交通银行和中国农业银行的股份制改革,在境内外资本市场上市。这些商业银行建立了相对规范的治理结构,资本充足率显著提高,资产质量明显改善,赢利能力大幅提高,风险控制能力显著增强。

(2) 业务数据集中管理,为组织结构变革奠定基础。目前,我国大型商业银行均实现了业务数据的集中。业务数据集中使商业银行的会计核算和柜面业务应用版本统一起来；实现了业务标准化和数据标准化，为商业银行共享客户的信息创造了条件；可以创建客户信息系统，存储客户的详细、真实、完整的信息资料，形成商业银行的信息优势，改变商业银行在信息不对称中的不利地位，降低交易成本，提升了银行的经营管理水平。

(3) 客户经理制的建立，服务理念进一步提升。客户经理制使商业银行建立起了银行与客户间的新型业务关系，"以客户为中心"的经营理念得到了商业银行的普遍重视。同时，商业银行在推行客户经理制的过程中储备了大量的人才。这为商业银行重塑组织架构创造了客观条件。

(4) 信息技术的快速发展及应用。商业银行普遍采用现代通信技术和信息网络技术，使得银行内部信息传递速度不断加快，管理幅度不断增加。信息技术的发展与使用，提高了商业银行组织运行效率，实现了经营管理中上行信息和下行信息传递的高速度和高效率。信息技术的使用消除了商业银行组织架构中的冗余管理层级，缩短组织架构的高度。信息技术的迅速发展和变革为大型商业银行组织架构的重塑奠定了技术基础。

(5) 管理权限集中，业务处理集约。近年来，我国商业银行逐步实行扁平化组织结构，取得了一定成效，为进一步的组织架构调整打下了基础。1997 年，建行厦门市分行开始实行分行的扁平化改革，集中经营计划、信贷管理、会计核算、资金管理等八方面管理，有效克服了人力资源不足的问题，使前后台关系更加明确，为其业务的快速发展打下了良好基础。随后我国各商业银行纷纷开始扁平化架构的探索。部分大型商业银行已建立起区域性或全国性的业务处理中心，"网点全面受理、中心集中处理"的运营格局。

2. 平安银行条线事业部的组织框架

2014 年 11 月 22 日，平安银行现代物流金融事业部正式挂牌，使平安银行实现了"4＋11＋1"事业部架构，即 4 个行业事业部、11 个产品事业部和 1 个平台事业部正式成立。这 15 个事业部包括现代物流金融事业部、能源矿产金融事业部、地产金融事业部、交通金融事业部 4 个行业事业部，信用卡及消费金融事业部、私人银行事业部、金融市场事业部、小企业金融事业部、贸易融资事业部、离岸金融事业部、投资银行事业部、资产托管事业部、机构金融事业部、金融同业事业部、票据金融事业部 11 个产品事业部，以及平台事业部——公司网络金融事业部。标志该行正式全面实施条线事业部经营体制。组织架构如图 7-7 所示。

(1) 四大行业事业部。平安银行四大行业事业部分别是能源矿产金融事业部、地产金融事业部、交通金融事业部，现代物流金融事业部，其中交通金融事业部于 8 月 26 日事业部启动大会上新成立，能源矿产金融事业部、地产金融事业部于 2013 年四月下旬成立，现代物流金融事业部成立于 2014 年 11 月。

(2) 十一大产品事业部。平安银行的十一大产品事业部的小企业金融事业部、贸易融资事业部、离岸金融事业部、投资银行事业部、资产托管事业部、机构金融事业部属于公司业务条线的。信用卡及消费金融事业部、私人银行事业部属于零售业务条线的。金融同业事业部、票据金融事业部、金融市场事业部属于资金业务条线的。十一大产品事业部属于公司业务条线的事业部包括贸易融资事业部、投资银行事业部、资产托管事业部、机构金融事业部、小企业金融事业部、离岸金融事业部。

(3) 公司网络金融事业部。随着互联网的发展，互联网金融也加快了发展的步伐，每个银行都不能阻止互联网金融发展的脚步。2013 年 5 月平安银行公布的方案部门设置中多

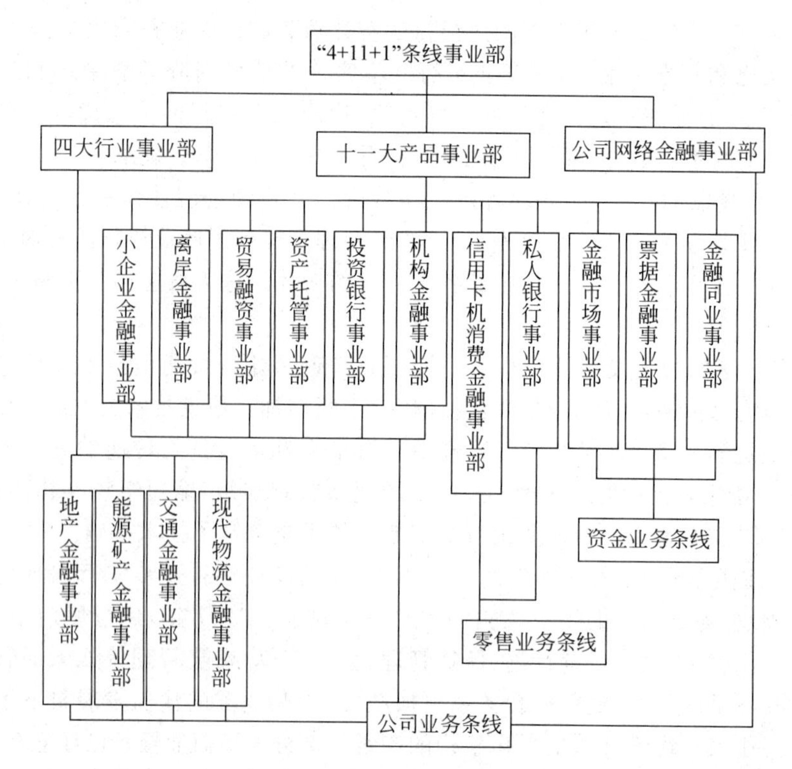

图 7-7 平安银行条线事业部制结构

出了公司网络金融事业部。而 8 月 26 日公布的机构调整方案中,全新的平台事业部——公司网络金融事业部正式亮相。公司网络金融部将专事与阿里巴巴、京东等电商平台合作,开发拓展新的客户资源。

3. 民生银行条线事业部的组织框架

(1) 部门设置与功能定位。

民生银行在改革前,将总部下面的公司银行部变更为公司银行管理委员会,其下按照客户所在行业不同设计能源金融事业部、房地产金融事业部、机构金融事业部、冶金金融事业部、交通金融事业部;原中小企业部变更为工商企业金融事业部;贸易金融部、金融市场部和投资银行部。贸易金融部下设有业务部和产品部,业务部负责为企业提供汇兑、支付结算、融资、信用担保、避险保值与财务管理等业务,产品部分为供应链融资、产业链融资、结构性贸易融资等。金融市场部负责汇率、债券、贵金属、信用衍生品、利率、大宗商品、公司现金管理、财富管理和金融同业业务等多种业务。

事业部制改革推行后,各分行的职能和业务范围发生了变化。职能方面分行有责任为落地事业部提供包括资金调拨服务、授信放款服务、行政后勤服务、技术支撑服务、代理销售服务等,即分行应尽职代理销售事业部专营产品,扩大交叉销售,作为公共服务平台,为事业部提供落地服务。业务主要经营地方特色公司业务、零售业务等,如表 7-3 所示。

(2) 民生银行条线事业部制组织结构。

民生银行是国内较早进行大范围事业部制改革的股份制商业银行,也是推进事业部制改革较为坚定和积极的银行,目前该行已经形成了公司、零售业务的多个事业部,涉及产品、

表 7-3　民生银行部门设置与功能定位

事业部名称	功能定位
房地产、能源、交通、冶金四大行业金融部	相应行业大中型企业专业化销售和管理，为客户提供商业银行、投资银行和咨询顾问服务
工商企业金融部、机构金融部	专注于中小企业金融服务，以信贷工厂作业模式提高对中小客户的风险识别和控制能力
贸易金融部、金融市场部和投资银行部	负责技术含量较高、操作相对复杂的产品
分行	零售业务、区域特色公司业务、负债业务、为落地事业部提供落地服务

行业和客户等多个维度，这一改革举措使其受到了市场的广泛关注。民生银行在2006年的年报上提出了“事业部”改革议程，改革分为三个阶段。

第一阶段：2007年7月，分行成为公司业务的基本单元，支行此后不再经营批发业务，专注于零售业务。2007年9月，组建了地产、能源、交通、冶金四大行业金融事业部，贸易金融、投资银行、金融市场三大产品事业部，以及直属于总行的中小企业客户的工商企业事业部。

第二阶段：2007—2010年，提升业务条线的管理能力，完善利润中心的业务运作机制，中后台管理流程化，分支行重新定位和职能。2007年，推出商贷通产品，属于个人贷款业务，专门为个体户、小企业主提供贷款。

第三阶段：2010—2013年，成立金融批发银行事业部总部，将公司业务全面集中到总行。2012年，建立茶叶事业部，隶属农业现代金融事业部。同年建立石材事业部，与福建泉州支行并列。2013年，与上市公司“鹏博士”开发全国数据中心，在信息管理系统上加强营运，坚持“特色化、批量化、专业化”战略。

4. 我国商业银行推行条线事业部制的条件

在物流与供应链发展环境下，商业银行条线事业部制的构建是最适合的一种方式，但从国外商业银行条线事业部发展实践和中国实际看，还需要考虑一些因素和条件。

(1) 商业银行应该充分认识外部环境，树立危机意识和变革行动。随着我国金融市场发展，多层次金融市场的形成以及我国金融市场逐步向买方市场的转变，使金融业在市场中的话语权和地位不断下降。我国金融市场正逐步对外资开放，同时近年来的互联网金融、P2P、众筹等方式都在我国获得了快速发展。我国商业银行的发展面临激烈的市场环境，竞争越来越激烈。物流与供应链金融的发展为商业银行变革组织架构创造了机遇，但商业银行需要充分认识市场环境，具有危机意识和变革行动。

(2) 变革传统的经营与管理体制，实施精益化管理。我国商业银行网点众多，组织架构管理层级较多，原有的经营体制和管理体制已经不能适应现在市场发展的需要。这种体制和机制造成商业银行机构重叠，人力成本较高，资产管理不够合理，资源利用效率低下等问题。商业银行作为企业性质的实体，要以赢利为目的，以效益为中心来进行营销、系统建设、组织架构建设以及管理等。

(3) 变革传统的风险控制方式，重视产业链风险控制。商业银行经营最重要的任务是风险控制，因为风险控制是和收益密切相关联的。商业银行原来的风险控制重点是针对资金和单个客户开展的，而在条线事业部制的结构下，风险控制的对象不再是单个企业，而是整个产业链的风险，所以我们的风险控制方式要向产业链风险控制专业。也就是说，我们在做金融之前首先要研究产业链，懂产业链。

(4) 充分利用现代先进技术，搭建平台。商业银行经营中的技术水平决定了其管理水平、成本以及效率。商业银行多层级管理、跨区域经营的格局必须利用现代信息技术进行整合，实现数据信息共享和无缝对接，以实现金融业务的 O2O。特别是在商业银行推出商圈融资、在线供应链金融、智慧供应链金融的背景下，商业银行条线事业部的建设离不开信息技术的推动。

(5) 应用管理会计的理论与方法，强化成本控制。管理会计涵盖了财务预算、成本核算、赢利分析、业绩评价、资产负债管理等内部。国外商业银行条线事业部发展的经验表明，管理会计有助于商业银行竞争力的提高，从而建设具有竞争力的一流银行。商业银行管理会计的应用有两个特殊之处：一是管理会计立足于灵活多样的方法和技术，按照银行管理人员的需要提供有效经营和最优决策信息；二是管理会计的主体是银行内部各个责任单位，对它们日常工作的实绩和成果进行控制、评价与考核，同时也从银行全局出发，认真考虑各项决策与计划之间的协调配合和综合平衡。

案例与分析

招商银行“智慧供应链金融”平台

利率市场化倒逼本土商业银行必须通过自身不断的改革，为中国产业升级、企业转型发展、“走出去”适配金融支持，以此寻找“三期叠加”中的发展机遇。招商银行借鉴金融危机时期的国际发展经验，突破传统银行架构，合并原现金管理部和贸易金融部，成立交易银行部，以客户为中心整合原有供应链金融、现金管理、跨境金融、贸易融资及互联网金融等优势业务，并自上而下快速推进组织体制改革，全面打造集境内外、线上下、本外币、内外贸、离在岸为一体的全球交易银行产品及服务体系，目标是形成一流的产品创新实力、一流的专业服务能力、一流的品牌影响力、一流的价值创造推动力，打造中国最强交易银行。经过三年孕育，招商银行推出融“大数据＋供应链＋金融”解决方案的“智慧供应链金融”平台。

招商银行“智慧供应链金融”实现了四大项独树一帜的创新。第一，首创“智慧供应链金融系统”(ISCF)，将 IT 技术创新和业务创新全面整合，对外对接企业、机构、电商平台，对内整合客户、运营、信贷、国际结算等系统，是同业中产品线最全面、线上化程度最高的系统。第二，首创“参数化”产品组合和“定制化”行业解决方案，研发了包括结算、融资、跨境金融和增值服务等在内的综合化供应链金融解决方案。第三，独创“供应链数据驱动下的全新审贷模式”，依托贸易背景下大量真实数据的支持，实时分析处理供应链额度信息、交易信息、资金信息、物流信息等各类数据，实现由传统的“三表”审查向“三流”审查的转变。第四，在业内首推“前中后台全流程无缝对接机制”，有效改变了商业银行传统的运营模式和金融产品销售模式。

仅仅一年多时间，招商银行已与超过 700 家核心企业(或平台、交易市场等)开展战略合作，并量身定做了 700 余套个性化的服务方案，服务约 8 000 家上下游中小微企业，累计发放超过 1 800 亿元针对中小微企业的授信。

2014年，招商银行“智慧供应链金融”项目荣获深圳市金融创新奖一等奖，同年获得工信部、网信办中国电子商务创新推进联盟颁发的“在线供应链金融创新奖”与“电子商务集成创新奖”，并收获高度评价：“数字化、网络化、自动化、智能化，然后是‘智慧化’，招商银行不仅在理念上领先，在行动上领先，更在结果上领先，占据了在线供应链市场的先机和份额。”

招商银行供应链金融重点聚焦于健康医疗、电子商务、汽车、物流、通信、政府采购、零售商超、要素交易市场八大行业并提供行业性解决方案，不断进行行业普适型产品创新。以电子商务行业为例，打造了跨境支付易、银E通、网供通等7大同业领先的产品，并已成功应用在阿里巴巴（一达通）、京东、小米、途牛网、易单网等国内知名电商企业上。

分析与思考：

（1）“智慧供应链金融”平台结构与银行传统组织结构的区别是什么？构造智慧供应链金融的平台结构是怎样的？

（2）在线供应链金融与智慧供应链金融的区别与联系是什么？大数据在智慧供应链金融发展中的应用是什么样的？

（3）“智慧供应链金融”平台在运营中的关键风险与控制措施是什么？

本章小结

组织架构构建是企业管理的中枢，商业银行的管理也不例外。在物流与供应链金融快速发展的背景下，部分银行纷纷对其组织架构进行重构以适应物流与供应链金融业务的发展。在商业银行组织架构方面，我国商业银行目前大都还是以职能制为主，正在向事业部制迈进。总结西方发达国家商业银行组织架构变革最突出的一条经验就是“以客户为中心”。商业银行要取得竞争优势，必须牢固树立“以市场为导向、以客户为中心”的现代经营理念，为社会提供真正满足需要的金融产品和优质服务，实现商业银行经营效益的最大化。

物流与供应链金融为商业银行的发展提供了机遇，同时也对其组织结构提出了新的需求。随着供应链理论的发展以及其在实业界的成功运用，越来越多的企业开始寻求与上下游企业的合作，从而形成了大大小小的供应链，银行提供物流和供应链金融服务成为其新的业绩增长点，国外发达国家银行的条线型事业部制结构被证明是适合业务创新，因此，我国商业银行在面向供应链金融服务的组织结构改革时可以参考这种模式。

我国商业银行在参考国外商业银行条线事业部制模式的同时，需要思考几个问题：一是我国特殊的金融市场环境，如我们的P2P金融、商圈金融、在线供应链金融等；二是我国商业银行自身的情况，如经营体制和管理体制等，我国的商业银行行政色彩比较浓厚；三是如何利用现代信息技术，提升组织架构的运作的高效化，比如我国很多银行在推的平台化发展；四是要充分重视管理理论，利用管理理论、思想和方法。如推行精益化管理、管理会计等。

关键概念

组织结构　客户导向　产城结合　战略业务单元　条线事业部制　数据金融　信用网络　信用金融　在线供应链金融　智慧供应链金融

思考题

1. 附案例说明商业银行常见的组织架构类型。
2. 我国商业银行组织结构的现状与存在的问题是什么?
3. 国内还有哪个知名商业银行采用矩阵式组织架构,分析说明其架构情况。
4. 分析说明商业银行的前、中、后台管理。
5. 国内外还有哪些知名银行采用条线事业部制组织结构,分析说明其架构情况。
6. 我国商业银行在物流和供应链金融业务快速发展的背景下,如何设计其组织架构。

CHAPTER

第八章

物流与供应链金融环境

引导案例

供应链金融生态环境亟待优化[①]

近年来，供应链金融作为一个金融创新业务在我国得到快速发展，已经成为商业银行和物流供应链企业拓展业务空间、增强竞争力的一个重要模式。

尽管如此，目前供应链金融的发展还不尽如人意。在前不久举办的“厦门大学第五届海峡物流论坛——供应链金融”论坛上，厦门大学 MBA 供应链管理俱乐部秘书长施云关于“冷热并存”的概括，形象、客观地描绘出当前我国供应链金融的发展现状。

施云认为，供应链金融作为一种新兴的金融服务模式，一方面很“热”，被国内银行业、供应链业界的同业者竞相追捧。但另一方面又很“冷”，仍然存在着许多问题，众多需要资金也适合运作供应链金融的中小企业无法享受到它所能带来的好处。

如此境况，原因何在？更多的业内人士认为，关键因素在于我国还没有完全形成一个适合供应链金融生存发展的良好的生态环境，优化供应链金融生态环境刻不容缓。

诸多弊端

所谓“金融生态”的概念，是中国人民银行行长周小川于 2004 年最早提出的。其背景是讨论中国金融风险成因与防范，并指出完善中国的法律制度等改进金融生态环境的途径来促进整个金融系统的改革和发展，由此系统地引入了对金融生态环境的一系列研究。

而早在 2009 年，在金融危机席卷全球之际，国务院发展研究中心研究员吴敬琏也撰文提出要“发展供应链金融，改善金融生态环境”。文章指出，发展供应链金融，需要营造一个良好的供应链金融生态环境。如果我们能够抓紧改善这一生态环境，推动供应链金融在国内有一个较快的发展。那么，该业务在帮助我们渡过经济难关、实现经济发展模式转型方面一定可以发挥更大的作用。由此可见，一个良好的金融生态环境，对于供应链金融的发展有多么重要。

然而，记者在采访中了解到，由于法制环境、技术环境、金融监管、诚信体系建设等诸多方面的环境弊端，限制了供应链金融的深入发展。

---

① 源自现代物流报，2012 年 7 月 24 日。

供应链金融业务主要是资产支持型信贷业务，如动产质押、仓单质押等。因此，有关信贷人权利的法律保护，尤其是涉及动产担保物权的法律保护，将直接影响金融机构开展此类业务的安全性。但是，在我国，有关信贷人权利的法律规定分散在若干部法律、行政法规、部门规章以及相应的司法解释中，如《刑法》《担保法》《企业动产抵押物登记管理办法》等，涉及面广，内容模糊，可操作性差。

尽管新颁布的《物权法》在动产担保制度方面实现了很多突破，但是由于法律可操作性和执行力的问题，动产担保物权在供应链金融业务实践中仍存在种种不确定性。比如，目前很多工商局并不接受浮动抵押的登记或仍要求对浮动抵押项下的动产作具体描述。此外，在同一批动产上分别设定浮动抵押和质押，究竟哪个拥有优先权，在相关法律中找不到明确的解释。

对此，深圳市怡亚通供应链股份有限公司副总裁杨尚农对记者表示，在供应链金融方面，我国的法治、政策环境是相对滞后的，在国外比较普遍适用的，在国内则行不通。如国内法律不允许担保物权人自力实现动产担保物权，即以私力扣押和变卖担保物。“但在实际服务过程中，货进钱出，钱进货出，实质上涉及买卖，这样在货物所有权的问题上往往存在一些潜在的风险。”

在技术环境方面，国内供应链金融链条上，企业、物流、金融间多节点数据互联，交易及融资操作流程化、线上化，有着强烈的技术需求。然而，由于国内企业、物流、银行技术应用水平的不一致，造成目前并没有实现供应链金融所要求的信息流共享，物流、资金流与商流的对接，呈现为不同性质企业各自独立发展的技术孤岛现象。“从整个行业来看，目前还没有一个真真正正的供应链金融大平台出来，很多都是个体的概念、个体的需求，只有个体企业在做，所以并不能称得上是真正的供应链金融。”汉森世纪供应链管理咨询公司副总经理黄刚对记者说。

当然，还有金融监管方面的问题。目前，金融机构普遍缺乏评价供应链中中小企业贷款风险的机制。近年来，中国的银行监管部门也由原来的合规监管转向了风险监管，金融监管的理念和实践都有了一定的改变。供应链金融作为金融创新的一种，在风险控制理念、客户群导向、赢利模式及担保资产选择等方面与传统业务大相径庭，这对银行等金融机构进行的监管提出了新的要求。

另外，诚信体系建设也亟须完善。在整个供应链金融体系中，物流企业往往发挥着监管作用，其是否诚信对于整个供应链的发展来说至关重要。然而目前来看，国家物流和信用方面的政策法规尚不健全，行业信用体系建设刚起步，多数企业小、多、散、弱，定价标准混乱，同时存在地区性的恶性竞争局面，物流企业诚信状况堪忧。“供应链金融仓单质押这块，5年前在国内就已经开始推动，但为什么一直推动不起来？就是因为物流行业诚信度本来就很低，存在很大的风险在里面。所以，不管是银行还是投行，大多对供应链金融抱谨慎态度，都是关注的多，但试水的少。”黄刚分析道。

改善环境

供应链金融发展的实践证明，供应链金融生态环境将直接关系到供应链金融风险的大小、供应链金融安全程度的高低。那么，该如何来完善、优化我国供应链金融发展的生态环境？

记者认为，需要更多发力的还是政府部门。

一方面，政府应该不断完善与供应链融资模式和融资产品相适应的法律法规及政策措施。政府有必要、有责任通过立法来规范供应链融资的行为，减少供应链中各企业的法律风险。完善贷款担保的法律和制度框架，可进一步扩大抵押动产的范围；加强对债权人的保护，建立起统一的财产抵押登记体系；同时建立高效的破产制度，使债权人能够低成本地实现担保利益。

同时，应该设立专门的政府部门和政策性金融机构来支持中小企业供应链融资，为缺乏资金但有市场、有前途的供应链中小企业提供资金帮助。建立健全中小企业供应链融资信用担保体系，以此来巩固具有发展潜力的中小企业的经营稳定性。

另一方面，政府还应当加大对产业的研究，完善结构授信安排等金融技术。在坚持市场化原则的基础上，政府需要在供应链金融生态系统中扮演好服务者的角色。政府要加大对产业的研究，了解不同的客户需求和产业特征，按照一定的标准，确定具有市场的行业和有发展潜力的链内中小企业，进行产业结构调整与安排，使资源尽量合理配置，为供应链内企业提供良好的外部融资环境及融资服务。“现在一个比较有趣的情况是，制定政策的部门、管这件事情的人，往往对相关的业务并不擅长，所以我们做起来也并不那么容易。现在符合国家规定的我们去做，但有些还未列入国家规定的我们也在做。我们希望国家能够真正去了解、懂得供应链金融这项高端服务产业，进而出台更多切实利好的政策，帮企业出招，助企业发展。”杨尚农说。

当然，作为供应链金融链条上的一个重要环节，物流企业自身也应该强化服务，提高效率和效益，发挥好监管作用。

深圳市旗丰供应链服务有限公司董事长特别助理李庆荣认为，作为中小物流企业，更应当修炼好内功，把自己的实力做强，为银行开展供应链金融业务做好充足的准备。只有链条上的各个环节、各个载体一同用力，供应链金融的业务才能真正落实好、发展好。

杨尚农也对此向记者表示：“很多物流企业说自己是供应链企业，其实不完全是。供应链企业一定要从整个产业链的每一个环节里找到增值点。本来没有增值，在供应链体系内，还要分一部分钱给自己，这是不行的。所以希望更多的物流企业，能够不断强化自身服务水平，在整个供应链体系中找到增值环节。我们的愿望是共同挣到更多的钱，而不是把别人的钱分掉。”

发展供应链金融，需要营造一个良好的金融生态环境。环境是否和谐，将直接关系到供应链金融风险的大小、安全程度的高低。

第一节　“金融生态”理念以及物流与供应链金融生态系统

一、“金融生态”理念的提出

“金融生态”这一概念最早由中国人民银行行长周小川于 2004 年在“中国经济 50 人论坛”提出。“金融生态”理念源自于生态学理论，旨在说明金融体系的运行与社会环境紧密相关。金融体系不能独立创造金融产品和金融服务，必须依赖于所运作的社会环境。而社会环境的构成和变化都将对金融体系造成影响。“金融生态”理念为理解金融体系提供了一个新的视角。以“金融生态”理念为出发点，对于完善金融生态环境，提高金融体系的运作效率以及有效控制管理金融风险，都具有非常重要的意义。

二、物流与供应链金融生态系统

基于“金融生态”这一理念，物流与供应链金融生态系统可以被理解为由物流与供应链金融体系与其所运作的外部环境共同构成。物流与供应链金融体系是一个多行为主体，由融资企业、银行金融机构以及第三方物流企业等组织而成。各行为主体在实施物流与供应链运作中起着不同的作用。如融资企业一般是指在融资市场中处于弱势地位但需要融资来发展自身业务的中小企业。与一般的融资方式不同，这些中小企业以动产或仓单作为质押物向银行金融机构贷款。银行金融机构是指具有各种融资能力的商业银行等。在某种程度上，这些商业银行决定了融资模式，融资成本以及融资期限。第三方物流企业是指能够提供各种相关物流服务的企业或机构。他们受金融机构委托，对融资企业的质押物进行监管并提供其他相关服务，从而降低金融机构融资的信用风险。各种不同的行为主体在一定的制度环境下，围绕着质押物，对它的“货币化”形态，也就是“资金流”进行运作。物流与供应链金融运作的外部经营环境可以从四个方面看：制度、法律、技术以及人才等因素。

第二节 物流与供应链金融行为主体

一、中小融资企业

中小融资企业是物流与供应链金融的直接受众。从供应链视角来看，中小融资企业多为供应链成员企业，为供应链核心企业服务。中小企业在我国是数量最大、最具创新活力的企业群体。近年来数量增长较快。据有关资料表明，我国中小企业数量已达 5 000 万户，约占全国企业总数的 95%以上，占产值 60%以上，税收超过 50%，成为经济增长的主力军。随着国家经济结构的调整以及经济发展水平的提高，中小企业在第三产业的高新技术服务行业如软件、微电子行业等比重逐渐增大。中小企业不仅凭借其专业技能以及劳动力成本方面的优势在价值链的创造中发挥着巨大的作用，同时在促进经济增长、推动创新、增加税收、吸纳就业、改善民生等方面起到了不可替代的作用。随着自身的发展，中小企业的融资需求日益增强，需要获求各种金融资源的支持以推动其在经济发展中的地位。

但由于中小企业规模小，自身资信不足，经营风险大，抗市场波动能力弱，难以从金融机构有效获得金融资源。大部分中小企业的资产是以应收账款和存货的形式出现的，而金融机构往往选择不动产作为担保物。据有关资料表明，我国中小企业资产价值的 70%以上为应收账款和存货。受政策法律法规限制，我国中小企业目前大约有 16 万亿元的资产不能用于担保生成信贷资金。以贷款折扣率 50%来看，这 16 万亿元的资产可生成约 8 万亿元的贷款。以 2010 年监管层给银行制定的信贷总规模为例，总额仅为 7.5 万亿元，由此可以看出，动产融资释放具有巨大的潜能。这给以动产质押为代表的物流金融创造了极大的机会。

二、以银行为代表的金融机构

广义地，以银行为代表的金融机构既包括传统金融机构，如银行业金融机构、证券业金融机构、保险业金融机构、信托机构等，以及新型金融机构（准金融机构），如小额贷款公司、

融资担保租赁公司、PE私募股权投资基金、典当行等。这些机构为具有投融资需求的机构和组织提供各种金融支持。

我国金融机构近年来发展迅速。以银行业为例，截至2014年6月底，银行业总资产达到162.95万亿，同比增长15.3%，总负债规模为151.97万亿元，同比增长15.1%。其中，商业银行的总资产为126.9万亿元，同比增长15%，占比为77.9%。总负债为118.32万亿元，同比增长14.9%。

传统机制下，金融机构采取一对一的方式与借款方开展业务。金融机构与借款方之间是单纯的基于借贷合约的双向委托代理关系。而在物流与供应链金融中，金融机构演变成了一个由融资企业、第三方物流企业，其他组织如抵押登记机关以及包括自身在内的多元主体中的一个成员。依据每个参与主体扮演的角色，金融机构与之形成不同的委托代理关系。如与第三方物流企业是一种信用委托关系，要求第三方物流企业对融资企业的质押物进行监管。

三、第三方物流企业

第三方物流企业的引入是物流与供应链金融创新模式出现不可或缺的要素，是基于对质押物监管的需求。第三方物流企业在金融机构与受信企业中扮演了银行代理人的角色。一方面，它们不仅受银行委托对质押物进行管理和控制，同时还对受信企业的经营活动实施某种程度的监测，为银行提供信息决策。另一方面，第三方物流企业与受信企业之间基于物流合约与银行开展信贷业务。

第三方物流企业在物流与供应链金融中扮演的角色与近年来物流业的发展以及第三方物流企业专业能力的不断提升密切相关。据相关资料表明，我国2014年物流业总收入为7.1万亿元，是2004年(0.8万亿)的近9倍。随着市场经济的发展，物流业已经由过去的末端行业，上升为引导生产、促进消费的先导行业。从目前来看，物流业增加值的增加速度已快于整个服务业增长速度。物流业已成为在我国转型经济发展中，促进产业结构调整、转变经济发展方式和提高运行质量和效率的不可或缺的要素。为了鼓励并提升第三方物流企业的发展水平，国家近年来也颁布了一系列政策，如国务院办公厅《物流业调整和振兴规划》(2009年)；国务院办公厅《关于促进物流业健康发展政策措施的意见》(2011年)；商务部《关于促进仓储业转型升级的指导意见》(2012年)；商务部《关于加快国际货运代理物流业健康发展的指导意见》(2013年)。2013年国务院副总理汪洋在物流工作座谈会上提出要“培育第三方物流企业，鼓励一体化运作和网络化经营”的要求。从目前来看，许多物流企业从最初提供传统、单一的运输、仓储服务提升到提供供应链导向的一体化整合服务。对于物流与供应链金融这一创新商业模式，越来越多的第三方物流企业，特别是一些大型物流企业，从最初的尝试到目前已将之发展成为企业重要的赢利模式。

四、其他参与体

由于物流与供应链金融涉及面广，除了融资企业、金融机构以及物流企业这些主要的参与体之外，还需要其他一些组织的配合完成。如为了防范质押物所带来的风险，抵押登记机关对质押物进行登记办理；而保险公司作为风险经营者，也会应要求对质押物进行保险。从广义的角度来说，这些组织也是物流与供应链金融的参与者。

第三节 物流与供应链金融的制度、法律、信息技术以及人才环境

物流与供应链金融为参与各方带来诸多益处，然而，就具体实施来看，还存在着外部环境和技术层面上的难题。

技术层面上的障碍，以供应链金融为例，供应链金融为供应链上众多中小成员投资存在许多需要解决的问题。这不仅要考虑供应链成员的资信水平，还要尽量控制各成员之间的规模差异，而最关键的问题在于联合体内部利益分配如何平衡。由于借款金额、借款频次、承担风险等可能存在权责不对等，当多个成员同时存在紧急资金需求时的资源调配也存在问题。这些都需要预先设计出全员认可的公正的秩序规范机制和利益分配机制，否则可能削弱成员的积极性，导致该模式无法实施。

就服务创新而言，技术层面的困难可以通过设计出良好的机制予以克服，然而制度与政策的外部环境的约束则无法通过服务以及模式设计本身来突破，这会成为制约物流与供应链金融进一步发展的瓶颈。从目前物流与供应链金融的实施来看，物流与供应链金融遇到的外部环境因素主要有：制度、法律、信息技术以及人才。

一、物流与供应链金融的制度环境

根据制度经济学理论，制度是决定经济行为主体的基本因素。不同的制度不但会激发出经济行为主体不同的行为特征，同时也会影响到经济行为主体运行的结果。作为世界上最大的转型经济国家，中国在长期发展中建立起了自身特有的机制、体制与规范，形成了一个完全不同于成熟经济以及其他国家的独特的制度环境。物流与供应链金融不仅滋生于这一制度环境，与这一制度环境互动发展，同时也挑战着现有的制度环境。从物流与供应链金融近年来运行的实践来看，这一新型商业模式已成为助推中小企业、金融业以及物流业发展的又一动力源泉。但是由于物流与供应链金融服务仍在成长期，加之跨业经营，环节复杂，急需与之相宜的制度环境加以支持。大力推进和深化体制改革，创造适合物流与供应链金融发展的制度环境就显得尤为必要。

1. 物流与供应链金融制度环境现况

(1) 政策法规尚不完善。以金融行业为例，由于受实体经济的下滑以及金融体系自身隐患等因素的影响，我国金融行业目前在运行过程中存在着一系列风险。这些风险也突出反映在对中小企业融资的实施与操作上。我国中小企业融资在近些年得到了重视，但无论就管理方式还是融资渠道来看，都还存在较大改进空间，是金融业务发展的一个薄弱环节。究其原因，是由于政策法规与当前中小企业的发展状况不相适应，无法合理引导资金流向，促进资源配置合理化。举例来说，民间借贷作为一种古老的融资方式，本应作为正规借贷的一种补充，帮助缓解中小企业资金困难。但由于没有与之配套的政策法规，实际情况却是对其发展产生了困扰。

(2) 缺乏有效的监管机制。物流与供应链金融涉及包括银行在内的多方主体，而这些主体又归属于不同的行业主管部门。受体制影响，管理不仅存在障碍，而且效率低下。即使是同一行业部门，由于具体司职部门不同，协调也颇为困难。同样，以金融行业为例，我国金融业的主要监管机构是银监会、证监会和保监会。对于金融行业进行有效监管需要三方通

力协作。面对金融行业相互渗透的发展态势，仅靠某一方已经难以实现有效监管。而金融行业之间的不同监管部门尺度不一致，也为物流与供应链金融监管的执行带来了很多困难。

(3) 分业经营体制形成制约。我国的金融业分业经营有三个层次，第一个层次是指金融业与非金融业的分离；第二个层次是指金融业中银行、证券和保险三个子行业的分离；第三个层次是指银行、证券和保险各子行业内部有关业务的进一步分离。与物流与供应链金融有关的分业经营背景主要涉及第一个层次的分业经营，即物流和金融业务不得由同一主体执行。尽管这一制度保障了我国的金融安全，但从另一方面来说，也使我国在供应链管理中物流、信息流与资金流三者之间难以实现整合。从第三方物流企业的角度来看，第三方物流企业与供应链上的诸多企业关系紧密，有着为其提供物流金融服务的天然优势。然而受制于金融业分业经营的体制，常被视为单一的物流服务供应商，无法深入到金融业务中。从银行的角度来看，分业经营制度带来的主要障碍有：①难以激发金融创新的活力；②银行在面对新的金融工具时缺乏竞争力，难以适应市场的发展和客户的需求，从而在与直接融资的抗衡中逐渐失去优势；③我国银行在与后台从事混业经营一体化集成服务的国际商业银行的竞争中处于劣势。由于受制于特许业务范围的法律规定，商业银行尽管作为物流金融服务的主导者，但却不能独立监管抵质押物，难以及时、准确地掌握借款企业以及货品信息，对物流与供应链金融业务的深入开展形成了阻碍。

2. 物流与供应链金融制度环境的培育

(1) 加强各种有利于物流与供应链金融发展的政策法规的建设。物流与供应链金融是近年来我国经济发展中出现的一种新型商业实践活动。为使这项实践有序进行，国家应在政策导向上予以支持。从目前来看，在《担保法》《物权法》以及其他相关法律的大框架下，尽快出台并完善中小企业信用保险制度，抵押担保制度以及其他相关制度法规。中小企业融资是一个高风险行业，只有从源头上进行风险控制，特别是需要融资的中小企业自身，才能保证物流金融业务的顺利实施。在各种制度法规上，应明确物流与供应链金融业务中运行主体的责任和义务，规范各行为主体的行为。此外，还应完善有关物流相关标准。物流是一个复合功能。尽管我国目前已出台了物流的相关标准，但在一些领域仍欠缺，特别是在一些具有附加值的物流活动界定以及利益分配上。为此，可借鉴西方发达国家的成功政策、措施和手段，结合我国实际情况进行考察和调研。着眼于国内物流与供应链金融的发展需求，以及出现的新难题，制定出相应的政策法规。

(2) 统筹协调形成有效监督机制。作为控制金融风险的重要一环，政府机构应融合多方力量来控制风险。在混业经营趋势越来越明显的现状下，应加强金融监管协调部际联席会议制度的"大金融监管"职责。就物流与供应链金融服务来看，需要建立和完善包括实体经济部门以及物流服务部门等多方主体参与的物流金融联合协调监管机制。在此机制下，负责监管的部门应定期联合对物流金融跨业运行中的重大问题进行磋商，通报货币政策与金融监管的政策执行情况与取向。统筹安排，协调监管尺度，明确各方在处理响应问题中的地位和作用，明确各自的分工和职责，避免"各自为战"带来的混乱局面。

(3) 加强金融体制和实践的创新。一般来说，实行混业经营有三个必要条件：①风险控制的能力；②强大的信息处理能力；③完善的法律制度。就目前而言，目前我国金融机构和法律环境尚未达到这些要求。鉴于分业经营体制自有其优势及合理性，并就我国当前金融业的发展现状来看，一步到位开放混业经营模式很可能会造成监管和内部协调混乱。

对此，可以在保持分业经营大原则的基础上，权衡风险和效率，创新分业经营的例外制度：①合理界定金融机构以及企业的投资或经营范围。详细设置主体资格、注入条件、设立程序、操作细则、风险控制等具体规章，尝试开放混业经营试点或者逐步开放集团控股的限制；②同时，还需要加强金融监管机构的风险控制能力。除了对于可能出现的新形式的跨业经营做好监管以外，对于那些在特殊历史条件下由特批方式形成的混业经营企业设立相关保障和制度，使其有章可循，为我国物流金融的发展开启新的发展方向；③鼓励银行在合理控制风险的前提下，通过与金融行业其他企业、物流企业相互交流合作，不断创新交叉性金融产品。

二、物流与供应链金融的法律环境

法律环境包括一个国家或地区的法律规范，国家司法机关和社会组织的法律意识。对企业组织来说，法律环境是指对企业组织的管理活动产生影响的各种法律因素。这些法律因素受法的强制性决定，具有刚性约束的特征。法律环境对企业组织经营活动的影响既有积极的一面，也有不利的一面。企业组织须顺应、了解和熟悉与本组织相关的法律，才能够避开不利因素和充分利用有利因素，更好地开展各种经营活动。由于物流与供应链金融的创新实践性，从目前来看，尚未形成系统的法律法规体系，对债权人的保障程度很低，在抵押登记、质押排他性确认、担保权实现方面远未达到理想状态，这在一定程度上影响到物流与供应链金融业务的顺利开展。从另一方面，这要求尽快形成培育有益于物流与供应链金融发展的法律环境。

1. 物流与供应链金融法律环境现况

(1) 货物所有权及质权争议不断。由于物流与供应链金融业务涉及多方主体，用于担保的货物所有权亦在各主体间进行流动，极易产生所有权争议。另外，由于质押货物属法律禁止的质物、出质人将货物重复担保等因素导致的质权落空纠纷也很多。

(2) 缺乏公示方法。根据《中华人民共和国物权法》的规定，担保物权公示的方式有登记和交付两种，不动产担保物权公示方式为登记，动产质权公示方式为交付占有。在物流与供应链金融实践中，质权人不直接占有质物，主要委托第三方物流企业占有质物，而且，因质物主要是存货等动产，无须办理登记。虽然出质人和质权人通过协议约定完成了法律意义上的交付，质权依法设立，但因第三人无法知悉质权的存在，可能会出现同一物上多种权利竞合的情况，最终导致质权人权益受损。

(3) 监管责任不明晰。物流企业对动产质物的监管是物流金融业务的主要内容之一，但法律对此“监管”的概念却没有界定。因此，物流企业和质权人之间的监管责任认定，适用《中华人民共和国合同法》中关于保管合同还是仓储合同或是委托合同的规定一直不明确。同时，物流与供应链金融业务中各种具体形式不尽一致，结合具体业务，通过合同确定监管责任是物流与供应链金融业务操作中的主要问题。

(4) 合同条款不规范。物流与供应链金融业务涉及多方主体和诸多环节，是集委托、保管、仓储、质押、借款等各类合同于一身的综合合同，属无名合同，其内容较为广泛，各方法律关系十分复杂。由于物流与供应链金融业务形式多样且业务发展不够成熟，物流与供应链金融业务合同规范范本亦很难确定，这导致纠纷发生时，合同各方无所适从，法律诉讼成本大大提高。

2. 物流与供应链金融法律环境的培育

鉴于目前物流与供应链金融中法律环境存在的问题，与之相关的法律环境的培育有以下几个方面：

(1) 对于银行来说，谨慎选择质押物。在物流与供应链金融实施过程中，质押物产权界定是一个基本的问题，它包括所有权审核和质权审核两个方面。所有权审核指审核质押物是否在法律上清晰地归出质人所有，而质权审核指审查质物是否能够在法律上允许质押，是否被担保给多个债权人，存在重复担保的现象等。因此，谨慎选择质押物须从以下几方面着手：①通过合同确定审核责任人和审核方式，这是质押物审核的前提；②只有所有权属于出质人的货押物才能作为质押物；③质押物的来源须合法，对非法途径取得的物品不能作为质押物。

(2) 规范合同条款。物流与供应链金融业务合同与业务运行过程紧密相连，是物流与供应链金融业务顺利进行的主要法律保障，是约束各方主体行为的主要工具。合同条款的设计会直接影响到业务运行中的风险产生。合同内容完备有助于实现物流与供应链金融业务的规范化和标准化，还可有效降低业务风险。物流与供应链金融业务合同条款设计须注意以下几方面：①质物产权审核问题，须确定质物所有权及质权审核的责任人和审核方式；②监管问题，须明确物流企业和银行对质物的监管责任；③违约责任问题，明确各方权利义务并确定相应的违约责任；④质物价格问题，约定质物价格确定的基准、质物价格风险防范机制等内容；⑤贷款周期问题；⑥符合业务特点及操作实际的其他问题。

(3) 完善动产质押担保的相关立法。为了保障和促进物流与供应链金融业务的发展，完善动产质押担保的相关立法势在必行。重点强调以下几方面：①建立统一的动产担保登记制度。借鉴国外立法情况，就动产质押登记制度、动产担保登记机关、动产担保登记作用等做出明确规定，以便节省交易成本，维护交易安全；②细化动产担保合同内容。我国法律对动产担保合同内容的规定略显粗糙，为防范因动产转移、隐藏或毁损带来的风险，强化质权公示效果还应将债务人或第三人对担保物占有的方式、地点及担保物有保险时的受益权归属等事项确定为动产担保合同必备事项；③明确动产质押监管责任，改善动产质押监管责任不清晰的现状，促进动产监管业务健康发展；④明确优先权原则。物权具有绝对性，在物权之间并有排他的优先效力问题。不动产因有严格的公示登记制度，其担保关系相对明确，通常不会出现担保物权竞合的现象。动产上数个担保物权并存时，各担保物权行使的优先顺位问题一直是实务中未能解决的复杂问题，因此，立法应明确优先权原则。

三、物流与供应链金融的信息技术环境

对于企业组织来说，信息技术主要是指用于管理和处理信息所采用的各种技术因素。物流与供应链金融使传统的个体信用评估转变为群态决策的过程，对原有的信息技术提出了挑战。其中，最主要的是群态信息平台的建设，也即涉及银行、物流企业以及整个供应链上各个参与方之间的信息的协调互通以及信息的实时传输，以便各方掌握最新的动态进行决策的新型信息系统。

1. 物流与供应链金融信息技术环境现况

(1) 传统的信贷评估模式面临挑战。银行的传统信息评估模式已不能适应当前的物流与供应链金融发展。过去，银行对中小企业融资风险的认识和控制集中于单独考察该企业的资信状况，而物流与供应链金融业务发展将由单一企业向供应链全过程发展，这就需要发

挥群态信息平台的作用。群态运营信息平台要求银行考虑整个供应链运作的大环境，由静态的信贷指标转向动态的价值跟踪，实时掌握质押品的状态以及变动情况。

(2) 第三方物流企业角色被动。在现有物流与供应链金融业务开展中，第三方物流企业往往是被动参与的角色，作用有限，价值无法得到重视。很多时候，物流企业只是受银行委托，提供对商品(质、抵押物)的简单保管和记录。由于受委托的物流企业并不参与资金需求方供应链的整体管理和运作，不介入借款企业同银行之间的具体协议，只是作为单独的一环，为双方的借贷款提供货品保管，对真实贸易背景信息也并不了解。一旦商品管理难度大，贸易背景复杂，就使物流监管力不从心，无法发挥应有的作用。这样一来，也使融资风险和成本无形中提高。

(3) 多方利益未能协调。虽然目前各大银行、物流企业都在加快推进信息平台的建设，然而由于信息平台(尤其是群态信息平台)的建设涉及多方主体，各方认知程度存在差别，对于信息化建设的合作意愿不能达成一致，延缓了群态信息平台的建设步伐。以物流与供应链管理中目前所采用的现代化技术 RFID 为例，采用 RFID 技术能够实现自动化出入库记录操作，实现自动化监控以及产品追踪追溯，带给各方效益提升。然而供应链下游企业对于采用 RFID 技术却存在着“搭便车”的心理，一旦上游企业决定投资，下游只需付出较低成本就能坐享收益。而对于上游企业而言，虽然 RFID 技术可以使其获益，但是上游企业并不能独享全部的收益，下游企业的“免费乘车者”身份会削弱上游投资的积极性。除此之外，供应链上的各企业可能出于对自身财务安全的考虑，不愿意共享信息。种种原因都导致了物流与供应链金融群态运营信息化平台建设迟缓。计算机技术和网络通信技术的迅速发展，服务产品可以实现生产与消费的分离，这使服务的跨地区提供成为可能。物流与供应链金融追求物流、信息流与资金流三者相结合。信息流贯穿于物流金融服务的始终，是其他各项活动顺利开展的基础。

2. 物流与供应链金融群态运营信息化平台

(1) 选择建设物流与供应链金融服务信息平台的层次，逐步推进。一般认为，信息技术平台可以分为四个层次：①交易支持；②内部网系统；③外部网系统；④基于互联网的信息系统。随着物流信息技术的发展，还将出现第五个层次：基于物联网的信息系统。尽管群态信息平台建设的最终目标是实现互联互通，连接银行、物流企业、融资企业以及供应链各个环节的动态信息系统，然而，在具体操作中需要根据实际情况选择适合的层次：交易支持层次信息平台只负责为物流金融活动提供准确可靠的某项决策信息，并不考虑系统整体决策最优；内部网系统层次则考虑物流企业通银行组织部门之间的协同；外部网系统层次则纳入了借款企业及其生产运作供应链伙伴；互联网层次更加开放，可以使所有的来自供应链参与主体的信息同步化；最后是物联网系统层次，此层次在互联网系统层次的前提下，结合先进的物流信息技术(如射频识别技术、电子数据交换技术、全球定位系统等)，使物与物、物与企业、企业与企业之间实现全面互联互通。

(2) 根据所选层次，搭建信息互换桥梁。目前大多数商业银行的信息平台停留在内部网水平。在当前的分业经营环境下，要进一步建设物流与供应链金融服务的群态信息平台，需要物流企业同银行开展密切合作。首先，商业银行将其掌握的客户资信情况、历史借贷记录等信息同第三方物流企业的客户资产管理信息、交易记录等情况在保障数据安全的情况下，实现共享互通，才能够全面评估具体每一项物流与供应链金融业务的风险情况，将信息平台建设同防范物流与供应链金融业务中的信用风险、市场风险、操作风险以及法律风险相结合。其次，全面获取供应链各环节动态信息。要做到动态监管，还需要在银行和物流企业搭建信息交互平台基础上，获取借款企业所在整个供应链的运营情况信息，并且进行实时动态更新，交换订单、运单、发票等有效信息，集成“价值信息＋供应链信用”，形成整个供应链上的综合集成信息管理，实现商流、物流、资金流、信息流的有效融合和最佳调配。

(3) 做好保障工作，协调利益分配机制；多方参与，实现利益共享。群态信息平台的顺利运营不仅需要银行和物流企业的合作、借款企业甚至互联网信息化专业机构的参与，更需要各方都打破隔阂和成见，设计出有效的激励和利益分配机制，深化合作，共同发展。在设计时要适当增强其应对外界干扰的柔性，还需要详细了解各方的关注焦点，如客户会员需要平台为其保守商业机密资料，同时对信息平台的运营进行监督。而银行和物流企业则希望客户能够协助为信息平台的顺利运行而开展的调研或其他活动等，这些都需要在信息系统运作时对其进行定期评估，及时了解各方反馈意见，进行改进。如果必要的话，为推进群态信息平台的建设，还可以采取政府补贴或者政策导向的方式鼓励群态运营信息平台的建设。各方凝聚合力，发挥协同效应，共同推动物流与供应链金融服务的创新与发展。

四、物流与供应链金融的人才环境

近年来，物流行业飞速发展，供应链管理实践层出不穷，国内对于物流与供应链管理专业人才的需求缺口也逐渐显现了出来。相比于西方发达国家而言，我国的物流与供应链管理人才培养起步较晚，物流人才已经被列为我国十二类紧缺人才之一。但随着不断出现的各种新的服务内容与方式，对物流与供应链管理人才的要求也越来越高。

1. 物流与供应链金融人才环境现况

(1) 物流与供应链管理从业人员供需期望值不对称。现今我国的大多数物流从业人员所从事的物流业务主要还是基础的物流职能，对从业人员的学历要求并不高，而是以掌握实际操作技能为主，许多物流从业人员的学历偏低，没有接受过系统的物流教育。有调查研究显示，本科及以上学历的人数只占约两成。这并不是说企业不需要具有高学历和专业理论知识的物流人才，随着企业管理水平的不断改善，对于物流管理的重视程度与日俱增，许多企业希望能够得到高素质的专业物流人才帮助企业降低物流成本，合理化物流活动。从物流服务的本质来看，从事物流行业需要的不仅仅是物流相关知识，这还要求对所服务的行业专业知识的掌握。而从供应链管理的角度来看，供应链管理作为一种新的管理理念，涵盖的内容更为广泛。这不仅需要对物流管理，而且还需要对供应链成员的协作关系、资金运作等一系列活动进行管理，这代表了对更高素质人才的需求。以物流与供应链金融为例，需要对物流与供应链管理知识以及金融知识的综合了解，并结合实际经验才能做到学以致用。从目前国内高校从事物流管理教育的情况来看，承担培养物流与供应链金融高级人才重任的人才培养工作还较为滞后，与社会对物流与供应链金融人才的需求并不相适应，这进一步加剧了供需不对等的现实情况。

(2) 物流与供应链金融人才十分匮乏。所谓复合型物流与供应链金融人才是指对物流与供应链金融的各个领域都具有相应地了解，并在某一个物流与供应链金融的具体领域能够出类拔萃的人才。当今社会的重大特征就是学科交叉，行业交融，而物流与供应链金融就很好地体现了这一特点。物流与供应链金融业务所需要的人才不仅要掌握专业的金融知识，还需要了解各项物流业务的工作开展，更需要了解客户所在的行业及其供应链。然而，复合型物流与供应链金融人才却十分匮乏，物流与供应链金融服务大多由各银行展开，从业人员以前对物流与供应链领域接触甚少，对于推进物流与供应链金融的创新及发展十分不利。

(3) 国内认证培训市场混乱无序。随着我国物流行业的快速发展，越来越多的社会团体和机构认识到了物流培训认证的商机。从 2003 年国家劳动与社会保障部制定出物流师职业资格标准以来，国内陆续有数十种物流认证资格相继诞生。国家发展改革委员会下属的中国交通运输协会与英国皇家物流一起是在中国最早推出英国皇家物流职业认证有组织。中国物流与采购联合会推出的物流经理职业认证和物流师职业资格认证也是较为权威的物流资质证明。另外，劳动部发布了物流师职业资格认证。其他诸如中国商业技师协会与中国商业职业技能鉴定中心也联合推出了物流经理、物流管理员资格认证等。物流认证资格越来越多，随之而来各种培训考试机构鱼龙混杂。现阶段国内的物流培训市场主要存在的问题有发证机关不统一，证书的权威性难以衡量，使培训者难以取舍。而取得认证资格的从业者也可能因为认证资格不被接受而白白付出时间和金钱，各企业对于物流资质的要求并不统一，从业者在择业时为证明自身资质可能需要考取不同的物流资格证明，这无疑是一种资源浪费，也不利于物流人才培养体系的建成。

2. 物流与供应链金融人才培养

(1) 促进学科间相互交流，加强各层次院校物流与供应链金融人才培养水平。高等院校办学较之于职业技术院校而言，一个较大的优势就在于其多元化的专业设置可以发挥各学科之间的协同效应，各学科相互交融，激发出新的活力。高等院校应当承担起培养复合型物流与供应链金融人才的重任，开设相关专业或第二学历、辅修课程。重视物流与供应链管理师资和教研队伍的建设。课程设置应当时刻关心物流与供应链金融的前沿问题，将物流与供应链金融发展的实务融入教学实践当中。同时，应当结合其他专业研究开展物流与供应链金融创新课题，丰富学生的见解，拓宽视野，培育符合时代要求的新型物流与供应链金融人才。高等院校虽然承担着培养物流与供应链金融人才的主要职责，但要完全解决物流与供应链人才供需不均衡的矛盾，仅仅依靠高等院校是不可能的。专科院校、继续教育和职业培训等机构也应承担起相应的责任，共同为培养物流与供应链金融人才创造条件。

(2) 提升银行和物流企业的人才塑造能力。较之于各类物流学历教育体系下培养出的物流从业者，银行和物流企业是开展现阶段物流金融业务的主力军，是理论研究投入实践的终端，也是理论新课题的来源。银行和物流企业作为物流金融开展第一线的主体，应当提高其内部的人才培养、项目创新以及实践能力，不断提高团队的专业素质，深入对所服务行业的了解。为此，需要银行和物流企业内部建立良好的人才选拔机制，同时还需要进一步完善专业知识技能培训制度，为复合型人才的培养建立良好的氛围。

(3) 规范国内认证培训市场。如今国内物流资格认证的种类五花八门，各类打着物流职业技能、考试培训旗号的教育机构也屡见不鲜。对此需要颁布一系列管理办法和规定，对各物流资格认证在保留特色差异的基础上，进行一定程度上的统筹管理，确保认证资格具有权威性，高度规范国内物流人才的培训和认证工作。提高物流人才的培训和考试的严肃性和专业性，保证人才培训的质量，重视复合型人才的培养。

案例与分析

供应链金融扩展服务何以受限[①]

事物都有两面性，供应链金融也莫能例外。供应链金融在我国的商业银行获得了显著的成绩，但作为一个全新的融资模式，在实践过程中，也产生了一些共同的问题，需要进一步的创新。

供应链金融服务把供应链上的相关企业作为一个整体，涵盖从原材料供应商到最终消费者的整个过程，也包括产业上中下游企业，但我国供应链金融服务目前仅限于汽车、钢铁、能源、电信等有限几个行业。

2011年11月28日，《金融时报》对深圳发展银行供应链金融创新进行了报道。深圳发展银行在供应链金融领域的创新始于票据贴现和货押业务，先是以票据买卖的概念代替了传统贴现贷款。此后，动产及货权质押授信、"深发票据CPS"、"自偿贸易融资"、"1＋N"模式等陆续问世，为该行确立供应链金融领先地位奠定了坚实的基础。事实上，供应链金融在我国已不是新生事物，不少银行早有涉猎。然而，事物都有两面性，供应链金融也莫能例外，而创新却是金融发展永恒的主题。

供应链金融突破节点资金流瓶颈

供应链金融的产生有其深刻的历史背景，是金融服务产业发展的一种必然形式。现代意义上的供应链金融概念，发端于20世纪的80年代，深层次的原因在于世界级企业巨头寻求成本最小化冲动下的全球性业务外包，由此衍生出供应链管理的概念。到20世纪末，企业家和学者们发现，全球性外包活动导致的供应链整体融资成本问题，以及部分节点资金流瓶颈带来的"木桶短边"效应，实际上部分抵消了分工带来的效率优势和接包企业劳动力"成本洼地"所带来的最终成本节约。由此，供应链核心企业开始了对财务供应链管理的价值发现过程，国际银行业也开展了相应的业务创新，以适应这一需求。供应链金融随之渐次浮出水面，成为一项令人瞩目的金融创新。

有鉴于此，供应链金融，就是围绕供应链管理中资金管理进行设计的一整套解决供应链资金问题的管理方案，其结果是让供应链的管理更加完善和高效，以适应经济的发展需求，而银行等金融机构也从中得到业务的创新与拓展，取得相应的利益。换言之，供应链金融，就是从整个供应链管理的角度出发，提供综合的财务金融服务，把供应链上的相关企业作为一个整体，根据交易中构成的链条关系和行业特点设定融资方案，将资金有效注入供应链上的相关企业，提供灵活运用的金融产品和服务的一种融资创新解决方案。供应链涵盖了从原材料供应商到最终消费者的整个过程，其间伴随物流、资金流、信息流的运动，任何一个环节的不顺畅都会影响到整个供应链的运作，因此，要求能够对物流、信息流和资金流进行集成管理。供应链金融又是对一个产业供应链中的单个企业或上下游多个企业提供全面的金融服务，以促进供应链核心企业及上下游配套企业产、供、销链条的稳固和流转畅顺，并通过金融资本与实业经济协作，构筑银行、企业和商品供应链互利共存、持续发展、良性互动的产

① 摘自中国经济导报，2012年4月20日。

业生态。

随着全球竞争环境的变化和信息技术的进步，产业经济的发展已从企业间的竞争转向供应链间的竞争。尽管国内不少金融机构早就涉足供应链金融，但从总体上来看，供应链金融在国内依然还是新事物。我国"十二五"规划把加快实现经济发展方式的转型作为经济工作的主线，而供应链生产模式的发展，正是经济发展方式转型的基本内容之一。

供应链金融增强中小银行竞争力

继深发展在2006年率先推出"供应链金融"的品牌之后，中信银行、浦发银行、兴业银行、民生银行、招商银行、交通银行等各家商业银行，甚至包括四大国有银行都已涉足于此，许多银行也获得了显著的成效。从实践中来看，尽管各商业银行推出的供应链金融模式基本类似，但各行从本行的实际出发，从不同的角度来推行供应链金融，并形成了各自的品牌，如浦发银行"企业供应链融资解决方案"、兴业银行的"金芝麻"供应链金融服务、华夏银行"融资供应链"、招商银行"电子供应链金融"等。

在传统的贸易融资中，金融机构只针对单一企业进行信用风险评估并据此做出是否授信的决策，而在供应链金融模式下，银行可以适当降低贷款准入门槛，其更加关注的是申贷企业的真实贸易背景及企业的历史信誉状况，通过资金的封闭式运作、确保每笔真实业务发生后的资金回笼来控制贷款风险。这样，一些因财务指标不达标而难以融资的中小企业，就可以凭借交易真实的单笔业务来获得贷款，从而满足其资金需求。

开展供应链金融还可以增强中小商业银行的竞争能力，提高中小商业银行的收益。第一，商业银行为供应链中的中小企业融资可以带来其表内业务或表外业务的收益，另外，商业银行还可以利用自己的专业技能向中小企业提供相关的财务顾问和信息咨询等中间业务。第二，尽管商业银行不是为核心企业提供融资，但是核心企业的信用介入以及核心企业与商业银行之间的战略伙伴关系都可能给银行带来潜在的收益。如一些信用捆绑技术为了控制信贷资金从分销商到核心企业的流动，要求核心企业必须在主办银行开立结算账户，这将可能为银行带来很大的存款收益。

必须解决观念、技术、组织和制度创新问题

事物都有两面性，供应链金融也莫能例外。供应链金融在我国的商业银行获得了显著的成绩，但作为一个全新的融资模式，在实践过程中，也产生了一些共同的问题，需要进一步的创新。

(1) 供应链管理的不成熟影响了供应链金融推行的效率。目前，我国商业银行推行的供应链金融仅局限于汽车、钢铁、能源、电信等有限几个行业，原因在于目前我国国内供应链管理的意识普遍薄弱，成员之间关系松散且边界模糊，核心企业对供应链成员的管理缺乏制度化的手段。在这种情况下，供应链融资中对核心企业的资信引入有时缺乏利益激励，而成员企业对核心企业的归属感不强，也导致基于供应链的声誉效应和违约成本构造起来比较困难。这种状况不仅使银行可选择开发的链条有限，而且也要审慎评估供应链内部约束机制的有效性。同时，国内银行目前推行的供应链金融也局限于国内供应链，对供应链中的国际贸易融资延伸和整合不足。面对跨国公司的大批国内供应商和分销商，也没有从系统的视角提出有效的解决方案，错失了大量的业务机会。

(2) 我国商业银行推行的供应链金融风险控制体系尚不完整。理论上看，供应链金融风险主要来源于包括政策、市场、法律风险在内的外生风险以及包括信用、信用传递以及操作风险在内的内生风险。供应链金融是一种整体性、高技术含量的融资模式，必然需要完善的风险控制体系加以控制。从我国各商业银行推行的供应链金融和业务营运的机构设置来看，除了深圳发展银行以外，大部分银行的供应链融资尚未独立，风险控制的核心价值并未有效吸收。结果不仅未能充分发挥营销的效率，也存在较大的风险隐患，比如大多数银行没有设立专门的债项评级体系，没有特别的审批通道，没有专业化的操作平台，缺乏针对核心企业和物流监管合作方的严格的管理办法等。

(3) 我国商业银行供应链金融的技术支持相对薄弱。在供应链金融业务的发展过程中，技术平台的引进是很重要的。国际银行开展供应链金融业务时就多用到了先进的网络技术，比如说荷兰银行，它是一家拥有全球布点和网络的商业银行，在开展供应链金融业务时它合理运用互联网技术，自己开发了一套系统，这套系统可以将信用证贸易下多家银行及买方的单证统一处理，客户可以通过电子银行平台在全球各地实现发送交易指令、查询交易、定制报告等功能，这样节省了银行和客户双方的成本，最大程度上实现了交易的程式化和自动化。而目前国内金融信息技术和电子商务的发展相对滞后，使供应链金融中信息技术的含量偏低。在许多银行的供应链金融中，目前在单证、文件传递、出账、赎货、应收账款确认等环节很大程度上需要人工确认，这不仅严重影响了供应链金融的融资效率，也在一定程度上增加了银行的操作风险。

基于以上供应链金融创新发展中的问题，笔者认为，我国供应链金融创新已到了必须解决观念创新、技术创新、组织创新和制度创新的阶段。第一，在观念创新上，要时刻牢记创新是金融发展永恒的主题，创新无处不在，无时不有。第二，在技术上，通过物联网的技术创新（即传感器加互联网），建立我国产、供、销的完整供应链信息系统。通过传感器的技术创新，将互联网运用到基础产业和服务产业，建立起不同行业、产品的基础供应链信息管理平台，为供应链金融实现技术的整体管理创造条件。第三，在组织上，突破供应链金融仅仅作为银行业务创新的范畴，围绕供应链管理，建立能够集提供物流服务、信息服务、商务服务和资金服务为一体的供应链第三方综合物流金融中介公司。它既有现有的第三方物流公司的职能，又具有充当银行和生产、供应、销售之间的融资角色的职能。对银行来说，有必要对其管理体制、业务流程和赢利模式进行相应的变革，可以围绕供应链金融业务建立相应的业务事业部制，通过供应链金融业务的整体外包或部分外包的合作形式与供应链第三方综合物流金融中介公司合作，提供全面的金融服务，建立全面的业务风险管理模式，实现企业、银行风险控制和绩效指标任务的顺利完成。第四，在制度上，实现对原有的银行分业管理向混业管理的转变，允许银行把非核心的业务合理有序地外包给专业的供应链第三方综合物流金融中介公司；允许诸如第三方综合物流金融服务公司中介服务的存在，并依法从事有关融资业务。在供应链金融服务中，由于银行作为质押人，不完全具备监管质押物的条件，此时第三方综合物流金融中介的产生，不但可以担负起帮助银行看管质押物的职责，而且还可以为银行提供相关的信息、商务服务，改善信息不对称情况，提高银行等金融机构的风险管理、市场控制和综合服务能力。形成服务于银行等金融机构的新的金融中介产业，实现制度上的创新，适应社会经济的发展。

分析与思考：

(1) 作为一个全新的融资模式，供应链金融在实践过程中遇到了哪些问题？试分析这些问题产生的原因。

(2) 应如何解决供应链金融在实践中遇到的问题?

本章小结

本章从"金融生态"的理念出发,对物流与供应链金融环境进行了阐述。

基于"金融生态"这一理念,物流与供应链金融生态系统可以被理解为由物流与供应链金融体系与其所运作的外部环境共同构成。

物流与供应链金融内部行为主体主要包括:中小融资企业(供应链环境下为供应链上中小成员企业)、以商业银行为主体的金融机构、第三方物流以及其他参与组织。

物流与供应链金融外部环境可主要从四个方面来看:制度环境、法律环境、信息技术环境以及人才环境。从目前物流与供应链金融的实践来看,物流与供应链多部环境无论就其中哪一个方面来看,都需完善和加强。

关键概念

"金融生态"理念　物流与供应链金融生态系统　物流与供应链金融的制度、法律、信息技术以及人才环境

思考题

1. 什么是"金融生态"? 如何根据"金融生态"这一理念来理解物流与供应链金融生态系统?

2. 物流与供应链金融的行为主体有哪些? 它们在物流与供应链金融中扮演了什么样的角色?

3. 如何理解物流与供应链金融外部环境? 鉴于目前物流与供应链金融实践中出现的问题,应如何培育物流与供应链金融的制度环境、法律环境、信息技术环境以及人才环境?

CHAPTER

第九章

物流金融创新

怡亚通：物流+金融创新吸引客户[①]

时光荏苒，现在的怡亚通是第一家在国内上市的供应链企业，周国辉也成了福布斯富豪榜上的常客。但行事低调的他还不习惯置身于镁光灯下。站在怡亚通上海分公司的Logo前，面对相机镜头，周国辉有些羞怯。他不停地摆摆手说："简单一点，简单一点。"周国辉出生于广东梅州，是土生土长的客家人。他的父亲是一名普通老师，家里兄妹众多，家境并不富裕。"家里条件不好，就想着要折腾赚点钱，让生活过得好一些。"上大学后，他就开始打工养活自己。

1988年，从深圳大学电子与计算机专业毕业后，年轻气盛的周国辉不愿意为别人打工，创办了他的第一个公司——深圳特安电子公司，做的是组装计算机生意。商业模式很简单，低价买进，高价卖出，赚取差价，随着竞争加速利润急速下降。他又开始了新的折腾，1993年，周国辉在沈阳和朋友弄了一个覆盖全市的800兆集群网基站，投资近2 000万元。但不久，中国移动建立了自己的B网，这宣告了周国辉的第二次创业失败。

1997年，周国辉回到深圳，从零开始创立了怡亚通商贸有限公司，从事他所熟悉的IT产品。他开始帮一些大客户采购零部件，从事广度供应链业务，包括采购与分销执行，虽然赚取的利润不高，但合作企业数量在不断增加。

2003年，怡亚通迎来了飞速发展。在这一年，怡亚通与思科正式达成了合作，当时思科向中国企业招标，希望能把分销执行业务外包给一个公司，由该公司在海外提货后，再统一配送给国内代理商。对此，怡亚通不仅要完成所有货物的海外提取、报关、通关等动作，还要在自己的仓库里为思科的货物贴上条码、对编号进行扫描，并输入到系统中去，并制成数据包，每天发送给思科。

这次和思科的合作，打开了怡亚通与跨国企业合作的渠道。随着越来越多的跨国企业在华投资，以及世界500强企业具有非核心业务外包的思想，怡亚通有机会接触到了更多的优秀企业，在与他们合作的过程中，也实现了自身快速发展。怡亚通本身客户规模庞大，加

---

① 源自网上门户报道 http://www.959.cn/school/2013/0425/204361.shtml。

上新业务满足了客户实际需求，新客户数量激增。2006年怡亚通的毛利率超过了60%，几乎是过去从事的采购和物流业务的十倍。

虽然进出口加物流的供应链市场需求仍然很大，但由于进入门槛不高，模式易被复制，所以具有相当规模的市场需求不断吸引着越来越多的企业来分蛋糕。竞争加剧导致的结果是，企业陷入了无休止的价格战，企业利润和增长的前途也越发黯淡。面对着竞争对手不断模仿自己的商业模式，周国辉必须不断创新。此时他敏锐地意识到，广度供应链已经是红海，怡亚通必须不断进行创新，构筑竞争门槛，寻求供应链的蓝海。

周国辉选择在传统物流模式上加上金融创新。在从事传统物流服务中，怡亚通发现了客户对资金的需求。怡亚通公司的规模大、信誉好，从银行贷款相对容易，如果客户需要资金，怡亚通可以先做垫资，收取相应的服务费，虽然费用不高，但资金周转的次数较多，也带来了不少的利润。不过，周国辉并没有把怡亚通定位为一个金融中介，而是将创新的配套资金服务融入供应链全程运作和管理，以“资金流”服务来为客户解决资金周转问题，进一步打通供应链的整个环节，把怡亚通与客户更好地捆绑在一起。

他发现客户的资金需求在上下游企业中广泛存在，例如，在跨国采购中，账期一直困扰着国内工厂和国外进口商：工厂希望尽快拿到钱，国外的进口商则希望付款可以拖延。怡亚通选择来承担这个风险，先与工厂结账，然后国外客户收到货后，怡亚通再收款。这样，怡亚通既可以向上下游客户收取一定比例的服务费，又可以用规模为自己构筑竞争优势，让客户在整个供应链的环节都更依赖怡亚通。

“未来供应链的蓝海是增值服务型供应链，如整合营销供应链。”周国辉认为要想保持竞争优势，就得继续创新，挖掘客户潜在需求，为客户提供更多增值服务，广度供应链一定要向深度供应链转型。于是他着手做了新的部署。2009年，周国辉开始实行“380计划”：建立一个流通消费类的供应链服务平台，把原来的广度业务，往深度以及向整合定制高端产品延伸。很多企业以前的做法是通过总代理、区域代理到终端的代理体系，怡亚通则通过“380计划”，在全国380个城市建立了直供的深度平台，颠覆了以前传统的代理模式，通过这个平台可以将货物直供给企业，下游企业也可以通过这个平台直接采购。

怡亚通的深度介入，使信息流、物流、资金流和商流融合一体，还提供一些其他的增值服务，百事可乐、宝洁、中粮、红牛、娃哈哈以及达能、多美滋等品牌均已与怡亚通合作。“建立这个平台，就不只是N个客户对1个客户，也不是1个客户对N个客户，而是N个客户对N个客户。客户的选择更多，资源高度共享。”周国辉解释了平台整合的意义，“怡亚通不光要靠广度的业务，也要靠深度业务和产品整合。”

虽然怡亚通的“380计划”和全球采购平台还处于建设阶段，但周国辉认为这是未来的趋势，都会成为怡亚通的增长点。周国辉平时偶尔也会看看怡亚通的股票，但他认为上市对自己影响并不大，只是多了一份责任。“周总是个工作狂，经常和员工探讨问题到深夜。”怡亚通的员工透露，周国辉一个月中，有半个月都在出差。“事情太多，做不完。”他笑称。“怡亚通产品整合业务是立足中国，面向全球，为全球企业做供应链服务的私人助理。”周国辉说，客家人的特质是“四海为家，冒险进取，敬祖睦宗，爱国爱乡”，周国辉似乎正在践行这一目标，“我还不算成功，但我在通往成功的路上”。

第一节　物流金融创新的驱动因素

物流金融是金融和物流两个领域的结合产物，涉及三个主体，有融资需求的中小企业，以商业银行为代表的能够提供贷款服务的金融机构，以及具有监管能力的第三方物流企业。对于中小企业来说，经营面临最大的威胁是流动资金不足。中小企业从生产产品到销售的过程中，会有大量的库存占用着资金，资金占用率很高，这使企业自身陷入流动资金不足的窘境，成为企业继续发展的瓶颈。所以，充足的资金是中小企业能够稳定运行的保证，而良好的融资环境则是促进中小企业发展的重要因素。对于以商业银行为代表的金融机构来说，随着我国金融市场的发展，这些金融机构面对的经营环境也已经发生了巨大的变化。资本市场间的界限越来越模糊，竞争者越来越多，利率市场化加剧了金融市场的竞争，传统的利润来源借贷利息差受到了金融市场多元化产品服务的冲击，拓展业务需求显得更为紧迫。至于第三方物流企业，由于传统物流服务带来的利润空间已变得越来越低，为了获取竞争优势，第三方物流企业需要寻求新的利润增长点，拓展业务服务范围，提供增值服务。因此，中小企业的融资环境，金融机构拓展中间业务领域的需求，以及物流企业提升价值增值空间成为物流金融服务创新的驱动因素。

一、中小企业融资环境

融资环境是指在一定体制下影响企业融资行为的各种因素的集合。融资环境对企业的融资行为具有重要影响：一方面为企业融资提供机会和条件，另一方面对企业的融资行为起着制约、干预甚至胁迫的消极作用。企业融资环境包括政治环境、经济环境、金融市场环境、信用担保环境、企业自身状况等。“融资难，税负重”是中小企业在发展中面临的最大的严峻问题。对于中小企业来说，融资环境不仅是影响中小企业融资的重要因素，同时，融资环境的好坏起着决定中小企业融资能力的作用。

1. 企业内部融资环境

（1）成长性低。我国目前中小企业大多以合伙和独资为主，企业所有权和经营权通常集中在企业老板和大股东手中，多数小企业为家族式管理，公司治理结构简单，企业缺乏中长期发展战略，对市场动向把握能力较弱，企业的生产经营不确定性突出。组织体制僵化，企业活力不足，任人唯亲现象普遍，企业决策依靠企业经营者的主观意识进行，导致失败概率高。中小企业经营规模小，资产实力弱，负债能力和抗风险能力有限。商业银行因为中小企业时常为了追求高利润涉足高风险投资项目而产生惜贷行为。此外，中小企业的生存周期较短，平均寿命周期3～4年，倒闭率高。大多数中小企业基础弱，产业层次较低，成长性差，竞争力较弱。

（2）可抵押物缺乏，信用评级低。我国资本市场目前不够发达，加之中小企业固定资产规模小，房屋土地等抵押物有限，无形资产难以量化，不符合商业银行放贷要求。此外，很多中小企业和银行没有建立起长期的合作关系，信用观念淡薄，缺乏银行信用记录。再者，中小企业在改制进程中，造成了许多企业资产流失的问题，导致了中小企业整体信用形象受损。信用环境越来越恶化，出现许多违约问题，使得中小企业的信用等级，从总体来看，较低。

（3）财务制度不规范和信息不透明。中小企业一直存在着财务制度不规范，财务管理不完善，财务报表真实性低等问题，不符合银行的贷款条件。很多中小企业是家族式或个体经营，根本没有编制财务报表的意识，并且出于逃税等原因，财务披露意识差，真实性低，难以符合银行要求。相对于大企业，中小企业生产规模小，实力弱，相关的财务信息、市场销售情况、客户情况、赢利能力、经营者能力都不披露，造成极大的信息不透明。

2. 企业外部融资环境

(1) 国家扶持政策和金融法律法规滞后。虽然国家已给予了中小企业许多支持，但由于我国正处于经济转型期，扶持中小企业的政策体系尚不完善，还存在很多的问题。比如，国家的宏观调控政策和经济刺激计划大多倾向于国有企业和大型企业，也因此，各种资源均流向了大企业。相应地，分配给中小企业的资源就变少了。中小企业的主要融资渠道是银行贷款，信贷政策决定了是否向中小企业发放贷款。信贷政策紧跟国家的宏观调控政策，对于国家调控的行业，信贷政策会收紧或拒贷。银行信贷政策将直接导致中小企业特别是初创期的中小企业无法获得银行的信贷资金。此外，制定融资方面的法律法规严重滞后，使法律法规的约束和指导作用薄弱，这导致许多融资活动如民间集资和借贷的出现与发展。同时，由于法律执行力较差，银行的利益得不到保障，从而也产生惧贷心理。并且，金融机构所颁布的一系列有关中小企业融资的法律法规以及金融管制政策虽具有方向指导性，但从实际来看，仍缺乏可操作性，不能同时为商业银行和中小企业提供有效的法律保障。再者，金融机构在利用法律维护自身利益的时候，需要投入大量的精力、人力和时间。这导致了金融机构的办事效率大大降低。

(2) 金融机构信贷歧视。对于不同类型的企业，商业银行实行不同的贷款标准。具体来说，非国有企业的贷款标准高于国有企业，中小企业的标准比大企业严格。据 2013 年 4 月公布的《小微企业融资发展报告：中国现状及亚洲实践》调查结果来看，目前有 59.4% 的小微企业的借款成本为 5%～10%，更有四成以上的小微企业表示其借款成本超过 10%。对于中小企业来说，一方面，由于缺少国有资本的支持，很难获得和国有企业相同的贷款待遇。另一方面，商业银行为规避不良贷款资产和风险，对中小企业融资设定了相对严格的贷款标准，层层部门审批，程序复杂，流程烦琐，以至于无法满足中小企业“快、少、频”融资特点。过高的信贷标准、烦琐的信贷手续给中小企业的融资渠道设置了重重障碍。

(3) 信用担保体系不完善。我国信用担保业近十年来虽发展迅速但规模偏小。据有关资料表明，截至 2012 年年底，我国中小企业信用担保机构 7 374 家。其中，注册资本达到 2 亿元之上的有 556 家占 13%。担保机构的担保能力与巨大的需求市场数额还存在着相当大的差距，难以满足中小企业的资金担保需求。政府对担保机构的监管力度弱，加上担保机构自身运行机制不健全，造成金融机构对一些民营担保机构的不认可，也不愿与其共担风险。按照国际惯例，担保的风险应该由担保机构和合作银行共同承担。一般来说，担保机构承担 70%～80%，剩余的由银行分担。在我国，全部由担保机构承担。我国的担保机构全担风险的同时，扣除运营成本、上缴税费，其利润空间很小。民营的担保机构实力不足，不仅担保能力有限，而且风险防范能力低。再次，担保、抵押的手段过于狭窄、单一，目前仅限于房产和地产等不动产，缺乏动产的质押和抵押，并且信用担保并没有充分发挥作用。为了加大监管力度，中国银监会、国家发展改革委、工业和信息化部、财政部、商务部、中国人民银行和国家工商总局于 2010 年 3 月 8 日联合发布了《融资性担保公司管理暂行办法》。这一举措对规范化融资性担保行业发展起到了积极作用。但由于担保业在我国是一个新生行业，加上转型经济期问题的特殊性，健全的信用担保体系的建立还需要时间。

二、商业银行拓展中间业务的需求

银行中间业务是指银行利用自身在技术、信息、资金和信誉上的优势，向客户提供服务，并从中收取手续费收入。与传统的存贷款业务不同，中间业务具有成本低、风险低、收入高以及潜力大的特点。

商业银行拓展中间业务不仅是为了改善服务，增加收益，同时也是经营策略的一大转变，是商业银行自身发展的内在要求。随着我国金融体制的改革，利率市场化的推进，特别是新银行和非银行金融机构的不断出现，商业银行面临的竞争越来越激烈。金融市场多元化和多样化局面的出现，使商业银行在开展传统存贷款业务上遇到了越来越多的困难。如居民投资多样化所造成的储源分流，使商业银行吸储难度越来越大。在信贷业务方面，企业还贷意识差，不良资产时有发生，这些都影响到商业银行利润增长率和资金利润率的增速。为了能在激烈的竞争中取得主动，也为了适应银行金融业务发展的变化，商业银行需要提供多元化和多样化的金融服务，扩大服务范围，增加服务项目，开发新的业务品种。在这种情况下，风险小但收益颇丰的中间业务就成为商业银行着力推进的业务之一。

对于商业银行来说，物流金融是一种不同于以往传统存贷款业务模式的新型业务。它将原有的商业银行和融资企业的"一对一"融资关系变成了物流企业参与的新型金融关系：商业银行仰仗着物流企业开展对中小型融资企业一系列贷款业务。物流金融的实施，不但弥补了商业银行由于受我国银行分业经营政策影响在开展相关金融业务时受到的限制，拓展了商业银行的信贷业务，创造了更多的中间收入，增加了非利息收入，增强商业银行的市场竞争能力，同时也减轻了商业银行在动用营运资产所遇到的风险和压力，提高信贷资产质量。从目前来看，已经有越来越多的商业银行基于物流金融业务为中小融资企业提供融资服务并取得了良好的收益。表 9-1 为一些银行开展物流金融类业务的情况。

表 9-1　商业银行开展物流与供应链金融

银　　行	业务名称	产　　品
中国银行	中小企业融资	沃尔玛供应链、黄金宝
中国工商银行	中小企业融资	供应链融资、钢贸通、车辆通、油贸通
中国建设银行	中小企业融资	购船抵押贷款、成长之路
浦东发展银行	中小客户服务	提供成长型企业金融服务方案
华夏银行	中小客户服务	易贷宝(包括仓单质押贷款、保兑仓等)
招商银行	点金成长计划	经营之道(包括国内采购、汽车销售、项目城建等金融特色产品)
交通银行	蕴通供应链	与物流公司、保险公司共同搭建质押监管平台提供综合性金融服务方案
深发展银行	贸易融资	进口全程货权质押授信、动产质押融资、未来提取权融资、未来货权质押开证
广东发展银行	贷款业务	包括动产质押贷款、品牌质押贷款、法人账户透支、卖方信贷、买方信贷
北京银行	供应链融资	包括商票保贴、国内保理、买断型保理、买方信贷、票易票、保兑仓、质押贷款
上海银行	中小企业成长金规划	商易通(包括动产质押融资、应收账款融资、票据融资等)，小巨人(支持具有良好成长性的小企业)

(资料来源：国家发展和改革委员会经济运行调节局和南开大学现代物流研究中心．2013 年中国现代物流发展报告[M]．北京：北京大学出版社，2013．)

三、第三方物流企业提升价值增值空间的需要

我国第三方物流企业自20世纪90年代以来发展迅速。随着经营环境的不断变化，特别是供应链管理理念所引发的企业竞争形势的改变，物流企业的战略定位也在不断调整变化中。由于依靠传统物流运作方式所获取的利润已经越来越少，利润率也变得越来越低，为了在竞争市场中获得一席之地，越来越多的物流企业从提供单一的、运作层面的服务，逐渐转向提供全方位的、更具战略层面的供应链管理服务。以客户需求为中心，为客户提供更多增值服务，实施差异化战略，已成为物流企业提升服务价值空间的重要手段。

物流金融的出现为物流企业提供了一个增值发展空间机会。由于物流企业提供了物流以及与融资有关的服务，如通过为金融机构提供质押物评估、监控、保管和咨询等服务，物流企业从单纯对物的处理提升到对物的附加值方案管理，拓展了原有的物流服务内容，获得了增值服务利润。这成为物流企业提升价值增值空间的有效途径。物流金融也被认为是对传统的“第三方物流”服务理念的又一次革命。

第二节　物流金融创新机理

一、物流金融服务中运行主体的关系

物流金融服务中的三个运行主体，即中小融资企业、商业银行和物流企业，各有其需求。融资的中小企业想得到贷款，解决融资难的问题；商业银行要扩大中间业务，提高利润；而物流企业想要通过提供更多的增值服务进而提升价值增值空间。在这种情况下，三个主体事实上已组成了一个战略联盟，为了实现三赢，即“1＋1＋1＞3”的效果，发挥各自功能。图9-1说明了物流金融服务中三个运营主体的功能与职责。

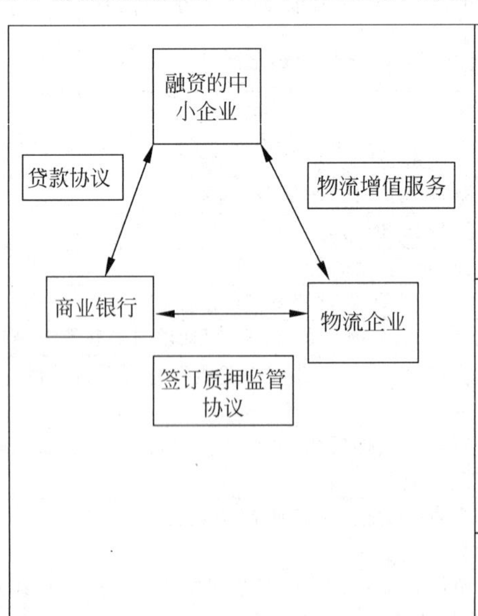

(1) 融资企业

将货物通过质押的方式从商业银行获得贷款满足流动资金的需求，并获得物流企业在物流金融服务中提供的监管等增值服务，能够更容易获得商业银行的贷款

(2) 商业银行

通过与物流企业签订相关第三方质押监管协议，有了第三方的监管，能够减低风险和成本，并能得到更多的中小企业客户，签订质押放贷协议，扩大利润来源

(3) 物流企业

通过与商业银行签订相关质押监管协议，一方面能为银行减少库房等成本得到相关收入，还能吸引更多的中小企业的目光，赢得订单

图9-1　物流金融服务中的三方

二、物流金融服务中运营主体的博弈合作

1. 物流金融服务博弈中的三方关系

为了实现共同效应，物流金融服务中的三个运营主体相互影响、相互作用，所形成的关系可以用博弈理论来解释。博弈理论主要用于说明多个个体或团队之间的行为发生直接相互作用时的决策以及决策的均衡问题。博弈论也可以用来理解当一个主体的决策受到他人选择的影响，且反过来影响对方选择时的决策和均衡问题。按照博弈理论，中小融资企业、商业银行和物流企业作为物流金融服务博弈中的三个局中人，每一方都会有不同的支付策略组合，产生不同的支付效果，形成支付函数。

三个主体希望达到“三赢”局面而缔造战略同盟，签订一系列协议，但是在运营过程中，因为各自的利益，会有不同的策略组合，会形成：①“守信，监管有效，履约”；②“守信，监管无效，履约”；③“守信，监管有效，违约”；④“守信，监管无效，违约”；⑤“失信，监管有效，履约”；⑥“失信，监管无效，履约”；⑦“失信，监管有效，违约”；⑧“失信，监管无效，违约”在内的 8 个策略组合，如表 9-2 所示。具体说明如下。

表 9-2　物流金融中三方博弈矩阵模型及支付组合

博弈文		商业银行		博弈文	
		监管有效	监管无效		
融资中小企业	守信	（守信，监管有效，履约）(B,M,W)	（守信，监管无效，履约）(B,M',W)	履约	物流企业
		（守信，监管有效，违约）$(B,M,-F)$	（守信，监管无效，违约）$(B,M'-D,C)$	违约	
	失信	（失信，监管有效，履约）$(-A,0,F_1)$	（失信，监管无效，履约）$(B,-P',Q)$	履约	
		（失信，监管有效，违约）$(-A,0,-T)$	（失信，监管无效，违约）$(B'',-P',C')$	违约	

(1)“守信，监管有效，履约”。在此策略组合下的支付组合为(B,M,W)，在这种策略组合下，由于中小融资企业守信，为商业银行和物流企业提供了真实、高质量的质押品并按期归还银行借款，获得商业银行的额外奖励 B(B 可以是提高信誉等级和降低贷款利率的无形资产，也可以是直接的金钱奖励)；而商业银行因为中小融资企业的守信行为及物流企业的履约行为获得了额外收益 M；物流企业为中小融资企业提供了增值服务，为银行提供了监管存货的服务，并完成履约，得到了两方的奖励 W。

(2)“守信，监管无效，履约”。在此策略组合下，其支付(B,M',W)，在这种策略组合下，由于中小融资企业的守信行为和物流企业的履约行为，商业银行尽管没有监管致使监管无效，但是却换得了比第一种策略组合(“守信，监管有效，履约”)更大的额外收益 M'($M'>M$)降低的监管成本；中小融资企业获得了商业银行的额外奖励 B；物流企业也获得了额外收益两方的奖励 W。

(3)“守信，监管有效，违约”。在此策略组合下，其支付组合为$(B,M,-F)$，由于中小融资企业守信，商业银行并没有受到损失，仍然归还了其贷款，所以获得商业银行给予的额外奖励 B，商业银行业的额外收益依然为 M；而物流企业违约并被发现，得到商业银行和中小融资企业的惩罚 $-F$($-F$ 可为降低合作范围和增值服务费等)。

(4)“守信,监管无效,违约”。在此策略组合下,其支付组合为$(B,M'-D,C)$,由于中小融资企业守信,得到了额外收益B,商业银行监管无效,监管成本降低,但是却由于并没有发现物流企业违约,因此遭到了损失D,即$M'-D$;物流企业没有被发现违约行为,得到额外收益C。

(5)“失信,监管有效,履约”。在此策略组合下,其支付组合为$(-A,0,F_1)$,由于中小融资企业失信且被发现,受到了商业银行的处罚$-A$(可以是降低信用等级,也可以是直接的物质处罚),而因为监管有效,银行没有损失,收益为0;物流企业因履约得到了商业银行的奖励$F_1(F_1<F)$。

(6)“失信,监管无效,履约”。在此策略组合下,其支付组合为$(B',-P,Q)$,中小融资企业因为失信而没有被发现,因此获得了额外收益$B'(B'>B)$,商业银行因为没有发现中小融资企业失信,遭受损失$-P$;物流企业依然履约,在此情况下,得到了商业银行的奖励Q。

(7)“失信,监管有效,违约”。在此策略下,支付组合为$(-A,0,-T)$,因为中小融资企业的失信和物流企业的违约行为构成了合谋行为,被商业银行的发现,监管有效并及时处理,商业银行的额外收益为0;同时,合谋行为得到惩罚,中小融资企业为$-A$,物流企业为$-T$。

(8)“失信,监管无效,违约”。在此策略组合下,支付组合为$(B'',-P',C')$,中小融资企业的失信和物流企业的违约行为构成了合谋行为,没有被商业银行的发现,因此中小融资企业和物流企业获得了超额外收益,分别为B''和$C'(B''>B';C'>C)$;商业银行蒙受了巨大的损失$-P''(P''>P')$。

2. 三方博弈结果组合解释

(1) 中小融资企业角度。中小融资企业将交付给商业银行的质押物存放在物流企业处。物流企业与商业银行签订了监管协议,对中小融资企业及其提供的质押物进行评估和检测,为商业银行放贷提供依据,并与商业银行签订贷款协议。中小融资企业能够盘活库存获得资金。对于能否获得资金以及资金获取程度是中小融资企业迫切所关注的。在第一种情况下,中小融资企业提供了相关质押物,并经过了物流企业第三方的评估,商业银行对其放贷,中小融资企业得到了贷款,并不管在商业银行是否对其监管都按时进行了还贷,完成了与商业银行的协议。在此过程中,中小融资企业不但得到了资金,同时还获得了商业银行的奖励B,提升了自己的信用等级,为下一步合作提供了借鉴。在第二种情况下,中小融资企业获得了贷款,但是并没有履行协议,被银行发现,发生了违约风险或者延迟还款行为,得到了商业银行的处罚$-A$,不仅会降低信用等级,也会进行物质上的处罚,比如违约金;若没有被商业银行发现,其获得的收益$B'>B$;在第三种情况下,就是与物流企业进行合谋获得更多的贷款,如没有被商业银行发现,即获得的收益$B''>B'$;若被发现,则受到惩罚$-A$。

(2) 从商业银行的角度。商业银行在中小融资企业提供了质押物,并与物流企业签订了保管等其他协议,物流企业提供质押品及融资企业评估后,商业银行进行放贷。但是,由于担心风险,商业银行依然要对中小融资企业和物流企业进行监管,并产生一定的监管成本。并产生以下几种情况:第一种情况,不仅中小融资企业按协议提供了合格的质押品并按时还款,物流企业也履约提供了真实有效的评估信息。若此时,商业银行进行了监管,获得收益M,若没有监管,则省下了监管成本,获得收益M'。第二种情况,在进行监管有效的情况下,发现了中小融资企业失信或者合谋行为,及时挽回损失,此时收益为0。第三种情况,在进行监管无效的情况下,中小融资企业守信,而物流企业未履约,造成一定的损失D,

其收益为 $M'-D$。第四种情况，商业银行监管无效，中小型融资企业失信，而物流企业履约进行了举报，挽回了部分损失，损失 $-P$。第五种情况，商业银行监管无效，并且中小融资企业和物流企业进行了合谋，给商业银行带来了巨大的损失 $-P''$。

(3) 从物流企业的角度。物流企业与中小融资企业签订保管协议，与商业银行签订监管协议，一方面为中小融资企业提供更多的增值服务，另一方面替银行起到监督保管的作用。在这过程中，物流企业起到监管和担保的第三方作用。物流企业为更多的中小融资企业提供服务，并评估中小融资企业以及其提供的质押品质量，为商业银行放贷提供依据，因此起着监控风险的作用。物流企业的收益具有以下几种情况：第一种情况，不管商业银行是否监管有效，都会履约，当中小融资企业守信，获得收益 W；当中小融资企业未守信，商业银行监管失效，物流企业向商业银行进行举报，可收益商业银行奖励 F_1（监管有效下）和 Q（监管无效下）。第二种情况是违约，商业银行监管有效，受到商业银行的处罚——T，若监管无效，中小融资企业守信，则收益为 C。第三种情况是与中小融资企业合谋，商业银行监管失效，获得巨大收益 C'。

第三节　物流金融创新的价值生成

一、物流金融服务对三方的收益分析

1. 物流金融对中小企业融资的作用

(1) 物流金融为中小企业开辟了新的融资渠道。与其他传统的融资模式相比，物流金融业务主要是以动产作为融资质押物。这一转变突破了中小企业在传统融资模式下，只能以固定资产作为抵押来获得银行贷款的模式，解决了大部分中小企业由于缺少固定资产而难以获得银行贷款的难题。通过物流金融业务，中小企业可以将企业自身的原材料等存货作为质押物和抵押物进行融资，这样通过盘活企业大量的流动资产，进而将流动资产转化成流动资金，从而缓解了贷款企业对流动资金的需求。

(2) 物流金融为中小企业降低了融资成本。物流金融业务作为一种新型的融资模式，在一定程度上能够有效地降低中小企业的融资成本。这主要是由于中小融资企业可以在不改变任何经营现状的情况下，通过物流金融业务加速资金周转率，从而降低其融资成本。同时，中小融资企业通过物流企业在业务方面规范化、信息化的管理，再加上对银行资金的利用，大大缩短融资企业产品的销售周期。原材料、产成品等存货有效降低，可以加快企业产品的周转，使资金利用率得以提高，能够在最大程度上盘活存货，增强资金实力。

(3) 物流金融可促进中小企业可持续发展。中小企业的发展离不开技术和资金的支持。除了传统的融资方式外，通过选择物流金融这一创新型融资方式进行资金融通，无疑更能有效地保证其发展所需要的资金。由于中小企业在经营发展过程中，其原材料等存货也在不断地增加，通过物流金融，企业的融资需求可以持续不断地得到满足。因此，这一良性循环的融资模式，能源源不断地为企业可持续发展提供动力，从而有效促进中小企业的可持续发展。

2. 物流金融对商业银行的作用

(1) 物流金融降低了商业银行的经营风险。物流金融业务的开展有助于商业银行在业务扩展服务上处置部分不良资产，有效管理银行相关的客户信息以及提升质押物评估等服务项目，帮助商业银行扩大贷款规模，降低信贷风险。通过物流金融，商业银行能够完善金融产品组合，改善信贷结构，利用物流企业的物流网络资源，以及物流企业与其他货物供给需求方的紧密联系，对担保品进行迅速变现，从而降低商业银行的业务风险。同时，由于物流企业的加入，商业银行开展物流金融业务时，对中小企业融资的审批手续和信用担保程序等也相对简化，从而使银行贷款流程得到优化，这必然降低了银行部门信息不对称的风险。银行通过与物流企业合作，极大地降低了资金风险。

(2) 物流金融降低了商业银行的经营成本，拓宽了其业务范围。由于物流金融具有复杂的业务结构及较高的信息化要求，使商业银行各方面优势得以有效发挥，从而降低了其经营成本。并且商业银行在开展物流金融业务的同时，通过对新的客户群体的开发和潜在优质客户的培育，依靠其优质快捷的金融服务，把业务范围延伸到了供应链的每个角落。商业银行通过参与物流金融扩大了自身的业务范围和客户群，获得了新的利润来源，建立了竞争优势。在此业务中，商业银行还可以获得很多其他的派生业务，比如存款。通过与物流企业合作，不仅可以降低监管成本，还可以获得对质押物的价值评估依据，对货物进出有了实时监控，大大减少了信息不对称的现象。

3. 物流金融对物流企业的作用

(1) 物流金融业务使物流企业获取新的竞争优势。利用物流金融业务，物流企业能够在拓展服务领域的同时，也能够积极地争取企业客户，进而赢得市场份额。物流企业通过控制全程供应链，以保证其特殊产品的运输质量，从而获得了稳定的客户源。此外，物流企业通过物流金融业务，还可以收取与这一增值服务相关的手续费等。这不仅能够使物流企业增加经济收益，而且也为其他相关业务服务打下一定的基础。物流金融业务的开展不仅使物流供应商在客户心目中的地位大幅度提高，同时，物流金融业务也能够使物流企业获取新的竞争优势。

(2) 物流金融成为物流企业的增值服务产品。随着行业竞争日益激烈，我国物流企业若能在传统的物流服务中提供相应的金融服务，可以实现从传统物流服务向增值服务转变，并提高竞争力。在实际操作过程中，物流企业可以结合自身条件选择适合本企业的金融服务模式。此外，在为中小企业提供物流金融服务，物流企业还能为企业带来新的利润源。利润源来自于对物的处理提升到物的附加值方案管理上，物流企业通过为金融机构提供质押物评估、监控、保管和咨询等服务获得增值服务利润。同时，通过提供融资进而发展出的客户群也成为一个固定的利润增长点。

二、物流金融创新的价值生成

在以上 8 个策略组合中，“守信，监管无效，履约”的博弈策略组合是生成价值最好的体现，也是三方能实现价值最大化的方案。在此策略组合下，中小融资企业不但融到了资金，也得到了商业银行的额外奖励 B，提高了信用等级，加强了合作，为以后的融资需要奠定了良好的信誉基础。由于中小融资企业能够按照贷款协议还款，商业银行不仅获得了利息收入，也降低了风险，并且商业银行与物流企业在物流金融业务中签订了第三方监管协议，使物流企业在保管融资企业贷款的质押物之外，还要对其质押物以及融资企业本身进行评估，为商业银行提供放贷依据，物流企业在获得传统的物流服务项目费用外，还会收到中小融资企业和商业银行的服务费以及奖励 W，并吸引到更多的中小企业来合作。由于物流企业履约，使商业银行大大减少了监管成本，在监管无效的情况下，收益最大，三方获得了各自的利益。

在物流金融服务中，物流企业与商业银行共担风险，物流企业起着“第三方担保”的角色，商业银行最担心的就是中小融资企业违约风险以及其他两方的合谋行为。所以，在物流金融服务中最重要的就是信用。物流企业的履约和中小融资企业的守信，会促进整个物流金融的价值生产。对于中小融资企业来说，不仅要善于借助物流企业来改造升级自己的物流体系，还要与物流企业建立战略合作关系，建立相互信用机制从而避免双方企业的信息不对称。这样不但使中小融资企业的物流成本得以减少，并且能够增加企业的赢利能力，有助于金融机构充分了解中小企业的信息，也有利于中小企业与金融机构建立长期合作关系。与此同时，中小融资企业也要与金融机构建立长期合作机制和长远利益关系。增强金融机构对中小企业的信用度是有效开展物流金融的关键。通过与银行合作机制的建立和利益关系的培育，中小融资企业能够有效克服其逆向选择和道德风险，从而增加中小融资企业在金融机构中的信用度。

总而言之，物流金融服务使中小融资企业、金融机构和第三方物流企业三者形成了一个紧密的利益共同体。

第四节　国内外物流金融创新的发展趋势

如何使金融服务创新获取最大的价值效应，是创新产品开发以及模式运营中需要关注的。从物流金融服务创新实践来看，目前国内外物流金融创新表现出以下一些趋势。

一、从单一企业向供应链全过程转变

传统的融资模式并没有考虑到供应链节点之间的动态联系，以孤立静止的视角对待企业的借款需求，商业银行和企业之间是典型的“一对一”的关系。供应链核心生产企业由于自身资金实力、资信条件较好，获取银行贷款往往相对简单，并且金额充足。然而向其提供原材料的供应商以及下游销售其产品的经销商却由于企业规模较小、自身实力有限、缺乏固定资产而难以获得银行的青睐。如图 9-2 所示，由于银行 1 和银行 3 受制于严苛的借贷条件，如此一来整个供应链的正常运转也会受到不良影响，无法达到最佳效率。

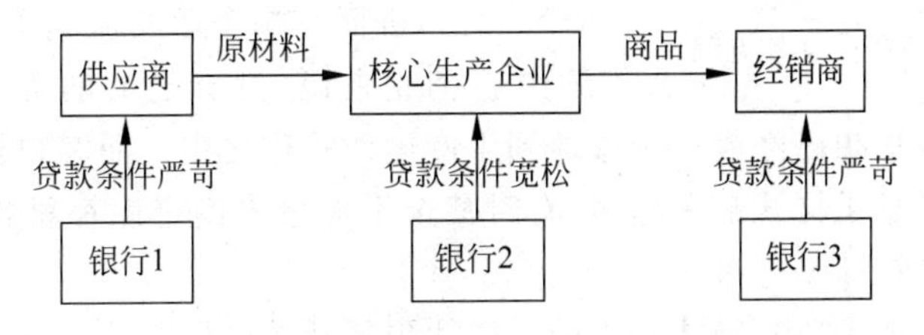

图 9-2　传统融资模式下银行放贷模式

随着市场竞争的不断升级，银行通过改变传统的信贷评估方式，对于借款企业的信贷准入评估不再是孤立的、静止的，而是考虑到整个供应链的运作情况以及供应链成员企业之间的相互关系。对于借款企业的融资准入标准放在了其与核心企业的紧密程度、既往交易历史上。对满足条件的供应链中小成员企业提供专项优惠政策，帮助这些中小成员企业依托核心企业的信誉，获得专项资金组织向核心企业供货或销售核心企业产品。资金沿着供应链流动，进而将资金流整合到物流、信息流之中，提高供应链运作效率，并实现了风险控制和市场的竞争优势，最终实现银商业银行、中小融资企业和第三方物流企业多方共赢。图 9-3

为创新融资方式下银行放贷模式。

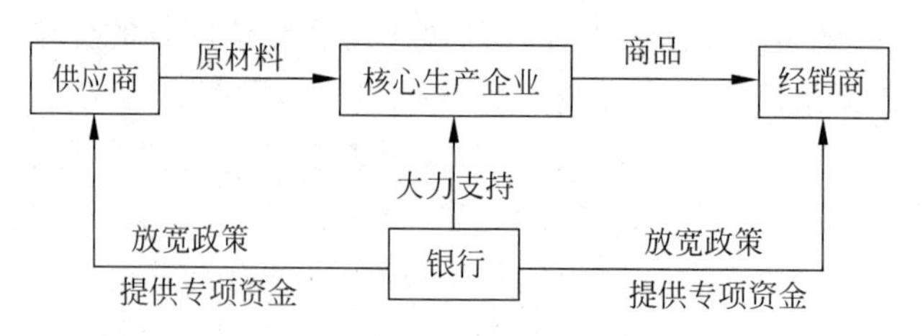

图 9-3 创新融资方式下银行放贷模式

与此同时，物流企业提供物流金融服务面对的将不仅是一个企业，而有可能是一个供应链上的一个或多个企业。向供应链上单个企业提供物流金融服务虽然能够很好地解决借款企业的融资问题，但是对于整个供应链来说往往是不够的。在激烈的竞争形势下，物流企业只有协助供应链进行资金流、物流、信息流的整合协调管理，解决供应链资金不足的问题，才能有效提高整个供应链的运作效率。所以物流企业应该通过向供应链中买卖双方提供物流金融服务，协调供应链管理，从而实现整条供应链和多条供应链整体效益最优。

二、从静态质押向动态质押转变

在最开始的物流金融服务模式下，银行为了控制其贷款风险，往往需要企业拥有足够可以用来抵押的固定资产，然后通过与物流企业的合作，实现监管质押。这个时候的监管质押往往都是静态质押监管，如图 9-4 所示，也就是说借款企业的货物在质押后将不再变动，一直到质押期结束才放货。但可以随着借款企业还款，融资余额减少而提取出相应部分，直至债款还清为止。对于中小融资企业来说，这样的质押监管方式往往会带给企业很大的困扰，因为多数企业都要不断地进行生产、不断采购原材料、不断出货生产，也就是不断提货的过程，静态质押会使企业流动资产得不到及时地卖出，进而影响企业的流动资金。对于资金不足的中小企业来说，没有足够的资金来保有过多的库存，按单生产的精益思想已经越来越渗透到生产运作管理之中。而客户越来越讲求个性化、定制化的服务，产品种类样式越来越多，有时甚至不能事先确定库存材料的种类，静态质押将和生产要求相矛盾。

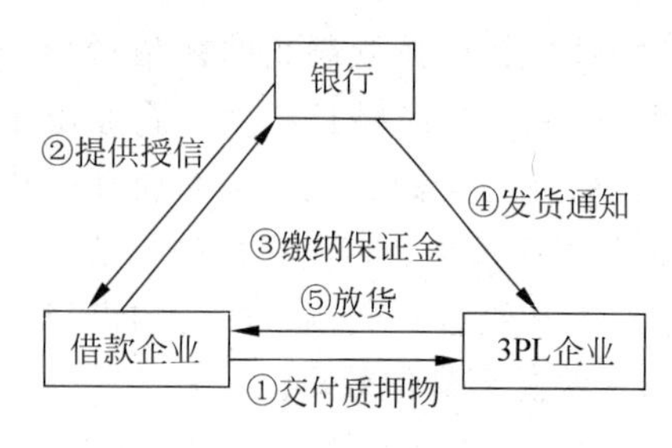

图 9-4 静态质押授信业务流程

相比之下，动态质押监管模式带给中小企业更灵活的融资方式。在动态质押下，企业可以将不同种类的原材料(但必须满足最低价值)，如钢材经销商可以将经营的角钢、工字钢、螺纹钢等不同形态的库存都作为质押商品，融资过程中对于限额以上部分可以随时存取，根据市场变化安排进货，对质押商品进行滚动置换，为中小企业经营活动的顺利开展提供更多便利。当然这些活动都需要在物流企业的监控之下，并且不同形态的商品必须变现能力足够强，需经过物流企业进行估值，以降低银行的信贷风险。图 9-5 为动态质押授信业务流程。

动态质押相对于静态质押更能够契合企业生产的经营需要，也适应中小型融资企业的发展要求，所以物流金融服务由静态质押向动态质押拓展将是一个必然的过程。

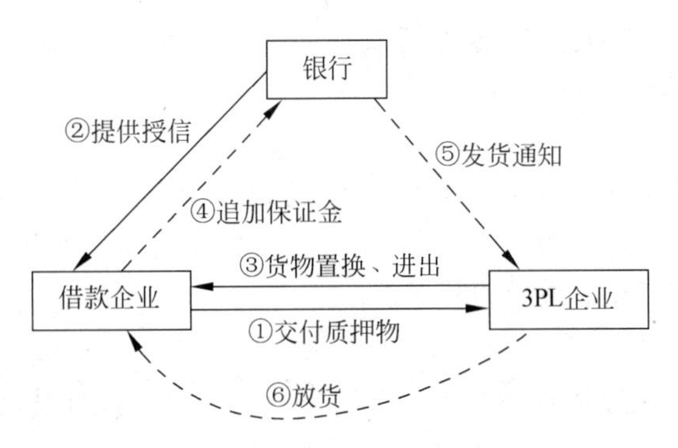

图 9-5　动态质押授信业务流程

三、从物流与信息流的两者整合到与资金流的三者整合

物流和信息流的整合很大程度帮助供应链管理活动的顺利实施。但是其中一个很明显的问题就是企业具体物料流和资金流的运作不顺畅时，企业经营过程中往往会出现资金缺口。

如果在供应链管理中将资金流同物流、信息流进行整合，可以降低供应链中的不确定性和风险，从而给库存水平、周期时间、作业流程和最终客户的服务水平带来积极影响。换句话来说，通过实施供应链上下游诸多资金筹措和现金流的统筹安排，合理分配各个节点的流动资金，可以实现整个供应链财务成本最小化。这样的管理模式不仅对于供应链上的企业具有吸引力，也为银行等金融机构提供了良好的发展方向。由于赊销方式的盛行(全球大约85%的交易以赊销方式结算)，银行的传统贸易融资产品市场逐渐萎缩，逐渐失去竞争力。但这并不说明企业对于资金的需求有所减少。供应链的全球化给企业的流动资金提出了更高的要求，包含资金流的供应链集成管理的呼声越来越高。

图 9-6 为供应链环境下物流、信息流以及资金流集成管理的示意图。实现物流、信息

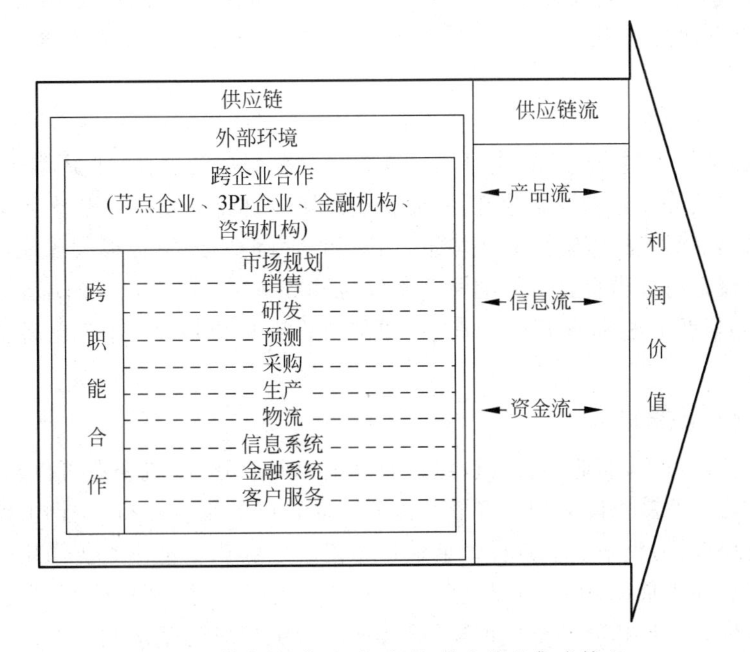

图 9-6　供应链、物流、资金流、信息流的集成管理

流以及资金流“三流合一”是供应链管理发展的一大趋势。在保证渠道成员现金流改善的前提下，进一步松绑核心企业的流动资金约束，可以有效提高整个供应链的稳定性和运行效率。

作为金融和物流集成式创新服务，物流金融能够实现整个供应链的一体化服务。供应链集成管理使物流、信息流和资金流三者有效整合，并促进物流效率和资金的有效回笼，同时也使银行的竞争力上升，带来新的利润源。

第五节　物流银行——中小企业的新型融资方式

受我国银行混业分业经营管理的影响，物流金融服务及创新产品都是建立在归属不同主体的两方——物流企业和银行合作的基础上。然而在现实情况中，特别是在供应链环境下，这样的模式不能协调企业在经营过程中与上下游合作伙伴资金往来关系，以致影响到整条供应链运作的顺利进行。从目前来看，有两个问题比较突出。第一个问题是生产商和零售商之间的矛盾。从生产商的角度来看，生产商生产工业品半成品或产成品后希望能够尽可能快地得到支付，甚至希望下游零售商能够以预付款的方式提前支付一部分款项，这样才能够保证生产商的流动资金以及生产商生产工业品的效率。从零售商的角度来看，零售商希望能够推迟支付，以赊销的方式等拿到货物的时候再支付，这样才能保证零售商有充足的流动资金，所以生产商和零售商之间的矛盾需要相互协调。第二个问题是金融服务提供商和生产商以及零售商之间的矛盾。由于在物流金融服务中，物品需要质押在物流企业里，并由物流企业监管和维护。中小融资企业依靠物流企业的信誉和担保从银行获得需要的贷款，但是银行和中小融资企业之间存在着严重的信息不对称。具体表现在银行需要知道质押物的类型、数量、价格变动情况等才能够确定贷款利率，而中小融资企业本着获得更低的贷款利率的目的出发，则不希望银行了解足够的质押品信息。这种信息不对称现象会导致由于不透明性产生的交易成本的增加。

这两个矛盾的存在说明了物流企业除了作为物流服务供应商提供监管质押物的物流服务之外，还应当承担为供应链中的各环节企业提供金融服务的责任，即所谓的“物流银行”模式。如果未来我国分业经营政策放开，物流企业能够涉足商业银行特许经营范围，或是商业银行能够从事实业经营的混业经营环境下，两者相结合的物流银行模式才能顺利化解这一矛盾。因为物流银行凭借自己雄厚的资金不仅能够帮助生产商有足够的流动资金用于生产和采购，而且还帮助下游零售商周转资金，调整协作整条供应链，有效提高整条供应链的效益。

一、物流银行服务框架

在混业经营政策下，商业银行特许经营的范围得以放开，物流企业可以从事金融服务。实力雄厚的物流企业就可以利用自身资金优势建立自己的物流银行，协调上游生产商和下游零售商签订协议，为整条供应链提供金融和物流集成服务。物流银行采用分期付款的方式向下游零售商提供货物，由于自身经营物流服务，对抵质押物的类型、特征有着充分了解，能够信息对称地评估出相应的抵质押物风险，进而确定相应的基准利率。由此在物流银行模式下，物流企业将包含两个方面的角色，即物流服务商和金融服务商。物流银行服务框架

如图 9-7 所示。

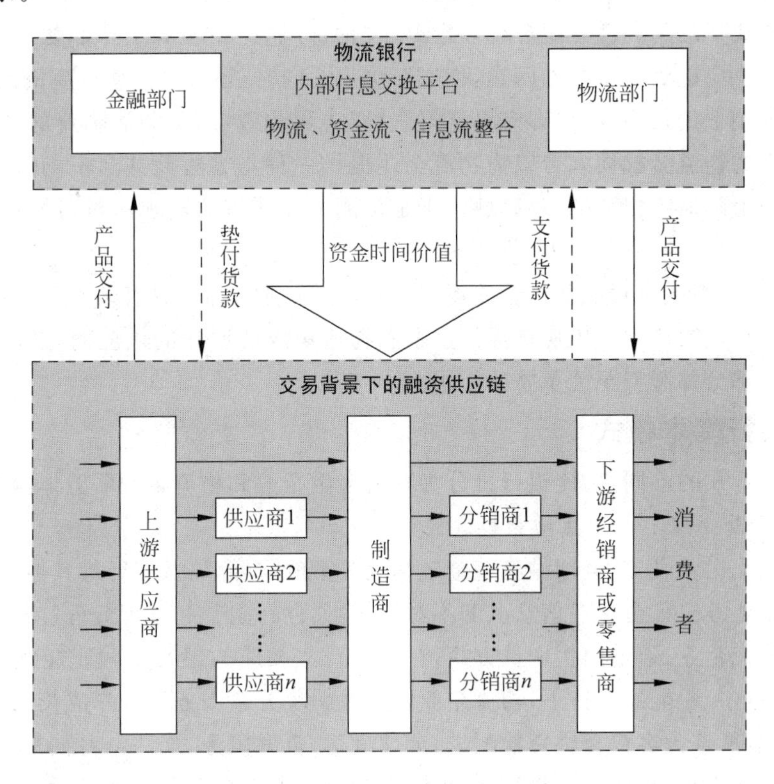

图 9-7 供应链环境下的物流银行服务框架

首先,由于物流企业在这种供应链中扮演了丰富的角色,不仅解决了零售商资金不足的问题,又确保了供应链中产品的供应问题,这将大大增强零售商的采购热情,使供应链之间的协作和协调问题更加紧密。同时,对于上游生产商来说,由于物流企业提供购买担保,使产品生产商可以尽量地减小产品库存,增加产品周转率,大大降低库存成本;对于下游零售商来说,由于物流企业储存了零售商需要的产品或半成品,当零售商需要产品的时候,物流企业可以迅速地以分期付款的方式为零售商提供产品,这样大大减小了零售商等待产品的时间,有助于提高整条供应链的效率和整体效益。

其次,供应链的发展趋势表明越来越多物流企业接入到客户的供应链管理中,对于买卖双方的经营状况和资信程度都有相当深入的了解。这种趋势导致了在对客户进行信用评估时不仅手续较银行更为简捷方便,而且其风险也能够得到有效地降低。这个形态下的物流企业提供的基准利率往往会比其他金融机构的利率低。

此外,物流企业开展金融服务能够将质押物控制在自己手中,使损失风险大大降低。物流企业对质押品的充分了解能够帮助企业对质押物的风险有一个更为精确地评估,很好地消除了由于信息不对称造成的风险问题。物流企业对于所从事的货运市场有着相当的了解,并且由于和上下游企业存在长期合作的关系,与行业内部的供应商和销售商有着良好的联系,不仅可以作为广阔的客户资源,还可以为其在处理变现货物时提供业内信息或者其他帮助。这样可以有效地提高物流企业的市场竞争力以及市场份额。

从收益方面看,物流企业获得收益也是双向的:物流服务提供商收益以及金融服务收益等。这种模式下的物流金融服务可以理解成"内部融资"。相对于外部融资而言,内部融资既可以解决供应链资金不足的问题,创造新价值的同时,还有可能使供应链最高的收益超过传统报童模型下的最高收益,即有可能解决"双边际化效应"。物流企业的延迟支付信用合同相比现在的物流金融模式可以为物流企业提供一种与零售商共享市场风险的机制,从而在一定程度上降低零售商的市场风险,于是可能激励零售商实现超过传统报童模式的最优订货量。

总而言之,随着政府对混业经营的逐步放开以及对物流金融法律环境的不断完善,物流企业将逐渐取缔银行成为向供应链提供金融和物流集成的服务的供应商,进而成为物流金融服务的核心部分并起着至关重要的作用。

二、物流银行基本模式

根据建立方式的不同,物流银行可分为物流金融企业和物流金融联盟体两种类型。

1. 物流金融企业——内生增长模式

由于全球化运营、实现全球供应链金融解决方案的需要,以及银行等其他金融机构合作完成物流金融业务往往会存在信息上的不对称、沟通存在阻碍和办理流程过长等问题,一些实力雄厚的物流企业,通过内生增长方式,在旗下设立相应的银行金融职能作为支撑,寻求战略发展。在这一职能的支持下,物流企业以金融解决方案服务于客户成长,为客户处理资金流动与管理,能够为客户提供货物配送、全球货运、金融服务、邮件包裹服务和业务拓展咨询等一揽子服务方案,从而实现物流、信息流和资金流真正意义上的无缝衔接。物流金融企业运作模式如图 9-8 所示。

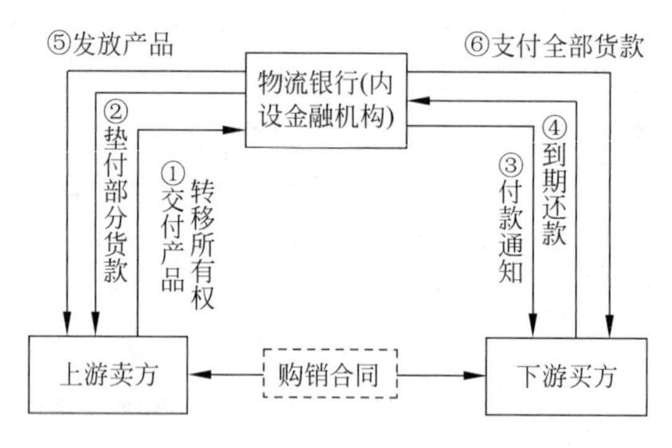

图 9-8 物流金融企业运作模式

首先由买卖双方达成购销合同,上游生产企业(卖方)为尽快获得资金进行周转将产品所有权或期权转让给物流银行。物流银行作为物流服务和金融服务提供商,将生产商生产出来的产品存放并监管在仓库里,并支付相应的款项,一般而言应当是部分款项。之后银行向下游买方发出通知,下游企业可以选择到期支付全部货款或者采用分期付款的付款方式,向银行购买其需要的货物。在下游买方完成全部款项支付后,银行将剩余款项支付给上游卖方,完成物流银行运作。从图 9-8 可以看出,由于实现了物流职能和金融职能的整合,省去了烦琐的银行和物流企业之间相互发送指令、核对凭据、信息传递的流程,流程办理的时间也大大缩短,物流银行运作模式无论较之何种现有物流金融服务模式而言都更加简洁

高效。

案例 9-1 为 UPS 实现物流银行运作模式。

案例9-1

UPS 成立资本公司实现物流银行模式[1]

随着 UPS 物流在融资过程中参与程度的不断深入，UPS 逐渐集信用贷款的提供者和物流金融服务的提供者两种角色于一身，开创了物流金融的特色产品。①预付贷款业务。UPS 作为中间商在大型采购企业和众多的中小出口商之间斡旋达成协议之后，UPS 在两周内把货款先行支付给出口商，前提条件是揽下其出口清关、货运等业务以得到一笔可观的手续费。②货运融资业务。UPS 资本公司推出了针对美国小型进口企业的"货运融资"服务。美国进口企业把委托 UPS 运送的货物作为贷款的抵押担保，只需要向 UPS 资本公司支付进口货物总额 50%的费用，既可以得到 UPS 资本公司在货物启运后向出口企业付清全额货款的融资服务，进口企业在 60 天内偿还 UPS 所付垫货款和融资费用。最重要的是 UPS 资本公司无须第三方核实就可以启动贸易融资的程序。

2. 物流金融联盟体——战略联盟合作模式

与内生增长模式不同，物流金融联盟体是物流企业寻求外部的金融资源而寻求的一种战略发展。在这种模式下，物流企业和金融机构形成战略联盟合作而结成联盟体，联盟体中的金融机构一方，通过物流企业长期合作所了解掌握的客户资信情况、货物情况，向符合条件的中小企业提供贷款支持。而物流企业由于与企业之间平时的接触、交往比较频繁，对组织内的企业信息比较了解，通过将这些信息与银行等金融机构共享，有利于降低银企之间的信息不对称。联合体内的银行和物流企业共担风险、共享利益，实现物流金融服务的整合，也有效地提高整体供应链的效益。物流金融联盟体的运作模式如图 9-9 所示。

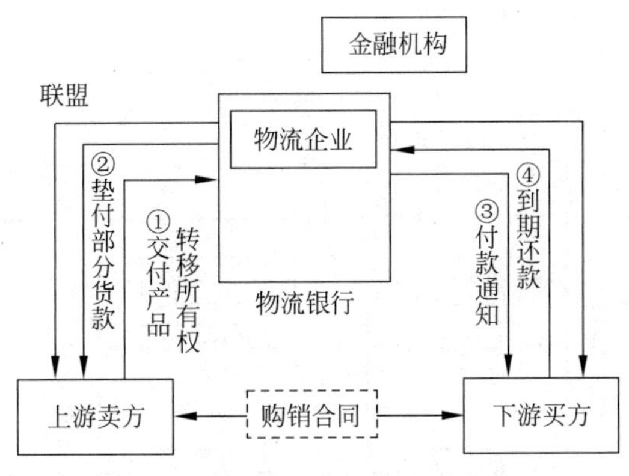

图 9-9 物流金融联盟体运作模式

案例 9-2 为 DHL 与 PB 资本公司建立战略合作，实施物流银行运作。

---

① 摘自唐洋：UPS 成功物流金融模式的探讨，大众商务，2010 年第 4 期。

DHL 与 PB 资本公司合作实现物流银行模式[①]

随着 DHL 的重建和在美国市场的不断深入，PB 资本公司决定与 DHL 合作实现物流银行模式，双方共同建立了一个拥有大量制造飞机零件的制造商和零售商的联盟，旨在为飞机制造业开发出一个集合物流和金融服务的解决方案。由于飞机制造商存在着巨大的流动资金缺口，所以制造商往往都想要剥离资产来增加现金流和提升短期财务业绩。DHL 能够给飞机制造业提供物流和运输服务，而 PB 资本公司能够帮助企业解决资金问题，这样一来，一方面零售商能够从 DHL 拿到需要的飞机零件，再将这些零件销售给需要的客户，另一方面制造商也不会存在过大的资金缺口问题。PB 资本公司与 DHL 合作实现了物流服务和金融服务的整合，大大缩短核对凭据、信息传递的流程和流程办理的时间，也大大优化了整条飞机制造业供应链的效益。

三、物流银行创新产品实现途径

根据物流金融的业务类型来分，物流银行服务可分成仓单质押、存货质押以及仓单存货混合质押三种形式。图 9-10 为混业经营下的物流银行创新产品实现框架。

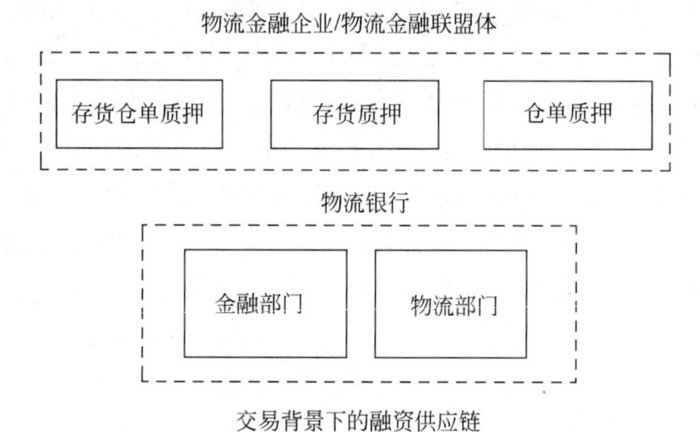

图 9-10 物流银行创新产品实现框架

① 案例改编自：DHL 与 PB 资本公司物流银行模式。

在开展物流银行业务中，买卖双方达成购销合同之后，卖方为尽快获得资金进行周转将产品所有权或期权转让给物流银行。物流银行作为物流服务和金融服务供应商，对卖方转让的产品进行评估和保管，由于产品存在着不同的特性，对于产品的保管也提出了更高的要求。物流银行通过仓单质押、存货质押或仓单存货混合质押的模式向下游买方发出通知，下游企业可以选择到期支付全部货款或者采用分期付款的付款方式，通过仓单向银行购买其需要的货物。待下游企业支付全部费用，物流银行将下游所需产品全部运给下游企业，从而完成整个物流银行服务流程。

案例9-3

医疗设备供应链借助物流银行实现"共赢"①

S贸易投资公司与B物流公司合作(物流金融企业联合体)为医疗设备供应链提供物流和金融集成式服务，其主要提供三种服务：①贸易代理服务，帮助医疗设备供应链下游分销商向上游采购物品；②金融服务，包括委托贷款、库存融资、应收应付账款管理、担保等；③物流服务，包括基础性的货代、仓储和配送等。其供应链物流金融服务结构如图9-11所示。

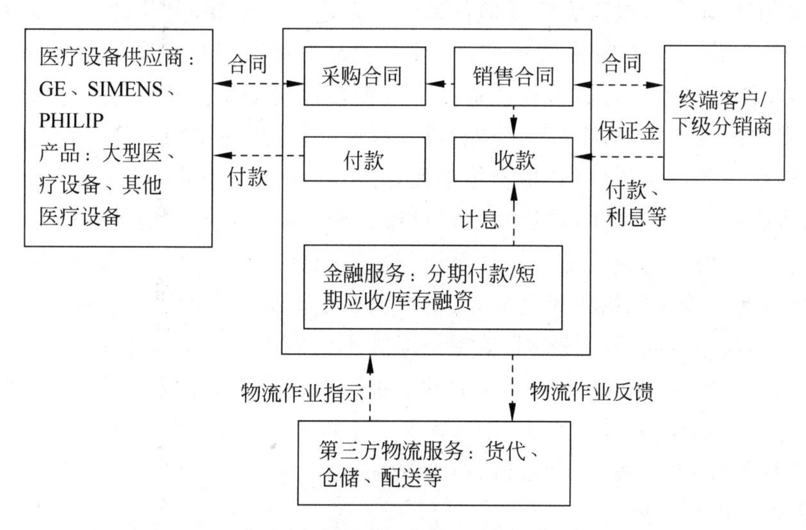

图9-11　某贸易投资公司供应链物流金融服务结构

S贸易投资公司与B物流公司的物流金融服务有效地降低了成本，提高了供应链管理的效率，使医疗设备供应链的参与方获得了"共赢"的局面。下游分销商通过与贸易投资公司签订合同，获得高质量的物流和金融服务，利用分期付款的付款方式，有效提高贷款资金利用率，提高销售收益；上游供应商通过与贸易投资公司签订合同，使下游分销商获得更多的订单扩大了销售额，而且贸易投资公司提供短期应收、库存融资等付款方式，有效提高资金利用率；贸易投资公司凭借本身雄厚的资金优势，提供相应的物流金融服务，使物流金融服务成为新的利润增长点，增加了利润的同时也提高了市场竞争力。

---

①　源自陈祥锋：供应链金融服务创新论，2008年。

四、物流银行服务创新对各方的影响

1. 对商业银行等金融机构的影响

尽管目前国内的政策尚未允许混业经营，但是在不久的将来国内法律环境和政策环境逐步完善和成熟之后，混业经营必将是银行业未来发展的必由之路。对金融机构而言，开展物流银行业务无疑是开辟了新的业态模式。物流银行通过与物流企业的合作，及时获得库存商品充分的信息并对商品进行可靠的物资监管，进而有效降低了信息不对称带来的风险，并且帮助质押贷款双方良好地解决质物价值的评估、拍卖等难题，降低了质物评估过程产生的高昂费用，使银行有可能对中小企业发放频度高、数额小的贷款。物流银行一方面凭借仓单标准化、程序规范化、质押品监管信息化、业务远程化和企业广泛性在物流金融领域中获得相对的竞争优势，并以这种新型的业态模式带动着整个银行业的创新与发展。另一方面，随着物流银行的兴起以及物流银行业务的开展，商业银行等金融机构也将在物流金融业务上受到不同程度的冲击，银行之间的竞争将会越来越激烈，推动着商业银行借鉴物流银行的混合经营组合模式，进而更多地开发出能够满足不同需求的融资对象需要的“量身定做”的金融服务模式，更大程度地推动商业银行的服务产品和经营模式的创新。

2. 对中小企业的影响

开展物流银行业务可以很大程度地帮助中小企业获得贷款，尤其是对大多数缺少土地、房产等固定资产，但却拥有较多流动资产，难以满足常规融资担保条件的中小企业十分有利。一方面，物流银行通过打破常规融资的思维创新地引用动产质押来解决企业实现规模经营与扩大发展的融资问题，不仅为金融机构提供了可信赖的质物监管，还帮助质押贷款主体双方良好地解决质物价值评估、拍卖等难题，并有效融入中小企业产销链当中，提供良好的第三方物流服务。另一方面，物流银行通过银行和物流企业之间的共享信息，可以迅速地锁定符合银行风险要求的企业融资。甚至银行可以根据物流企业的规模、经营业绩、信用程度等，把贷款额度直接授权给物流企业，再由物流企业根据客户的需求和条件进行质押贷款和最终结算。物流企业向银行按企业信用担保管理的有关规定和要求提供信用担保，并直接利用这些信贷额度向相关企业提供灵活的质押贷款业务，这样极大程度地盘活了沉淀的资金，提高了资金的流转效率。而且由于减少了中间环节，大大提高了中小企业的融资效率，降低了结算风险，最终提高了经济运行的质量。

3. 对物流企业的影响

物流企业最大的优势就是拥有专业的物流知识及丰富的运作经验。对于物流企业来讲，通过与金融机构合作开展物流银行业务，一方面，增加了配套功能，增加了附加值，提升了企业综合价值和竞争力，稳定和吸引了众多客户，更好地融入客户的商品产销供应链中去，同时也加强了与金融机构的同盟关系。通过物流银行业务的开展使得参与业务的金融机构、物流企业、中小企业三方都获得切实的利益，真正达到“三赢”的效果。从宏观角度看，开展物流银行业务实现了物流、信息流、资金流三流合一，极大地提高了全社会生产流通的效率和规模，促进了经济和整个物流业的发展。另一方面，随着物流银行业务的深入开展和成熟运用，物流企业可以将物流银行服务这一新型业态模式运用在更多的“混业经营”模式上。物流企业凭借自身的资金实力、专业运作能力和资信水平可以与其他行业的企业进行资源互补，充分利用双方的优势和能力，实现整条行业供应链效率优化，使物流企业成为混业经营环境下维系各方的重要纽带，并带给整个行业新的发展空间和增长模式。

案例与分析

中储股份物流金融业务创新案例[①]

近年来，我国的物流金融业务发展迅速，规模不断扩大，参与主体不断增多，全国数十家银行、上百家监管公司、成千上万家工商企业参与到该类业务中。根据中国物资储运协会2011年年底对60个大型会员单位的统计，质押监管业务在仓储企业的业务收入比重虽然仅有9%，但收入利润率(毛利)达47.5%。2011年物流金融业务增长38%，虽低于往年的增长速度，但依然属于高速增长。物流金融业务的创新，使金融业、制造业等与物流业有效结合，形成“多赢”局面，带动了物流业升级，保障了国家金融安全，提升了制造业等行业的产业竞争力，在国民经济发展中扮演着越来越重要的角色。

作为国内物流金融业务的开拓者，中储发展股份有限公司(以下简称“中储股份”)始终坚持创新发展，业务规模持续扩张，业务模式不断丰富，监管体系日益规范，管理水平渐趋科学，将物流金融业务不断引领到新的水平。

一、物流金融业务模式创新的背景

1. 中储股份物流金融业务发展历程

中储股份物流金融业务自20世纪90年代末以来，主要经历了以下四个发展阶段。

(1) 仓单质押监管(1999—2005年)：1999年3月，中储股份无锡公司在国内与交通银行率先开展了融资额度8000万元的库内质押业务，该项业务被中国物流与采购联合会评为“2004年十大创新物流业务模式”之首。

(2) 质押监管(2005—2008年)：这一阶段的业务模式包括仓单质押监管、动产质押监管，并以动产质押监管为主。

(3) 动产监管(2008—2010年)：主要包括质押监管、抵押监管和贸易监管。

(4) 物流金融业务(2010年至今)：这一阶段，由动产监管业务为主逐步转向以物流监管为主。

以上四个阶段是渐进的包含关系，前一阶段是后一阶段的基础，后一阶段是前一阶段的发展与延续。

2. 中储股份物流金融业务规模

2010年，中储股份动产监管业务融资规模达到700亿元/年，年增长率在30%以上；公司与工行、交行、民生、中信、深发展、华夏、招商等20多家银行签订了总(公司)对总(行)监管协议，2010年累计合作银行(含支行)近500家，其中外资银行7家；2010年累计合作客户1140家，年增长率在20%以上。目前，中储股份从事动产监管业务的人员2200多人，包括开发人员、操作人员、巡查人员、管理人员及监管员，监管地点涉及27个省(直辖市、自治区)的上百个地级市。

---

① 本案例为2011年度中国物流管理优秀案例，已改编。

二、中储股份物流金融业务模式

1. 监管物品种类别

中储股份目前操作的监管物品种包括黑色金属、铁矿石、煤炭及制品、石油及制品、有色金属、化工轻工材料及制成品、粮食、木材、棉麻、机电及制品、建筑及装潢材料等 11 大类。其中，以钢材、铁矿石、煤炭、有色金属、油品为主。

2. 客户结构

截至 2010 年年底，中储股份物流金融业务拥有 1 140 家合作客户，客户结构呈以下特点：以钢铁、煤炭、有色金属行业企业为主，占总客户数 78%；以民营企业为主，占总客户数 94%；以中小型企业为主，占总客户数 82.9%。

3. 物流金融业务模式

中储股份目前主要的物流金融业务产品如下：

(1) 动产监管业务。目前，中储股份在操作的物流金融业务以动产监管业务为主，分为质押监管、抵押监管及贸易监管，监管地点包括自管库、出质人(抵押人或应付人)作业库及第三方仓库。上述业务均是在仓储环节实行监管的物流衍生业务。

(2) 物流监管业务。物流监管业务主要有提单模式、保兑仓模式及供应链模式，其他还包括代购物资、电子平台、交易市场等多种模式。

① 提单模式。是指进口货物时，物流企业以接到提单为起点操作的货代、运输、仓储、配送、加工、监管等环节不同组合的物流金融业务模式。图 9-12 为提单模式流程。目前，该业务模式主要集中在沿海地区。

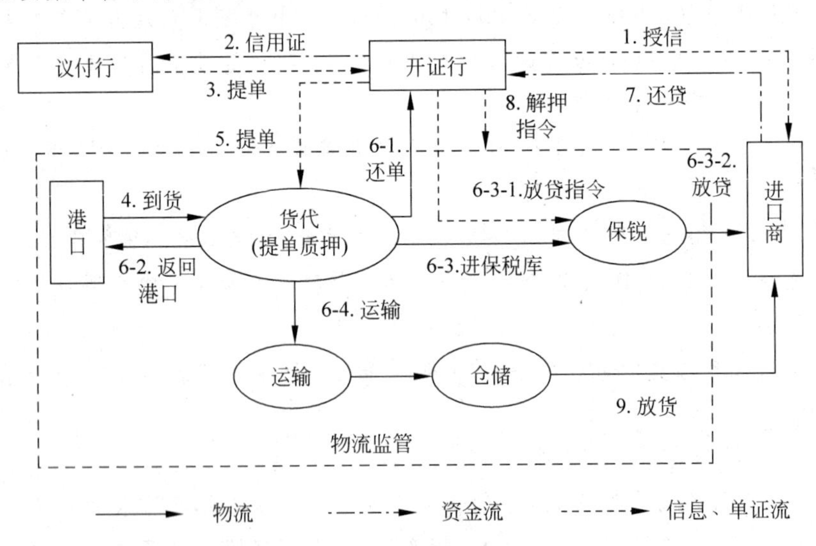

图 9-12 提单模式流程

开证行对进口商授信后，将信用证发送到议付行，议付行将提单发送到开证行，货物到达港口，开证行向物流企业提供提单等单证并由物流企业办理货代手续，形成提单质押监管业务。

提单模式的特点是：a. 以货代为起点；b. 货到港口后，其主体或全部环节由物流企业完成；c. 进口商的质押货物权属清晰、品质明确，并在物流企业的控制下，违约风险得到有

效控制；d. 进口商在货物到港前，不需提前准备资金，有助降低财务压力。

② 保兑仓模式。这种模式是在银行传统保兑仓业务基础上，引入物流企业对货物进行监管，由核心企业的仓库保兑延伸到物流企业的仓库保兑，至经销商打款赎货为止，形成保兑仓物流金融业务，如图 9-13 所示。

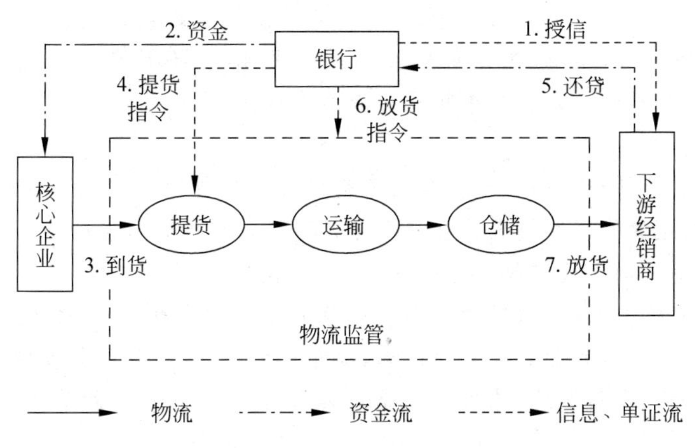

图 9-13　保兑仓模式流程

银行向下游经销商授信后，将资金汇给上游核心企业；核心企业将货物发出，在该货物办理提货、运输、仓储时均处于动产监管状态，直至下游经销商还款放货。

银行传统的保兑仓业务是以供应商信用为基础的业务模式。但由于经销商在提货时不能立即向银行还款，所以物流企业到供应商仓库提货并运输至供应商以外的仓库进行监管，将货物延伸到物流企业的仓库保兑。因此，目前的保兑仓监管业务是监管公司在现场接货，实行现场动产监管，不是传统意义上的保兑仓业务。

③ 供应链模式。是指银行对供应链中相关企业进行授信，并由物流企业对其动产进行物流运作的物流金融业务模式。该种业务模式是目前银行及物流企业首选的业务模式之一，如图 9-14 所示。

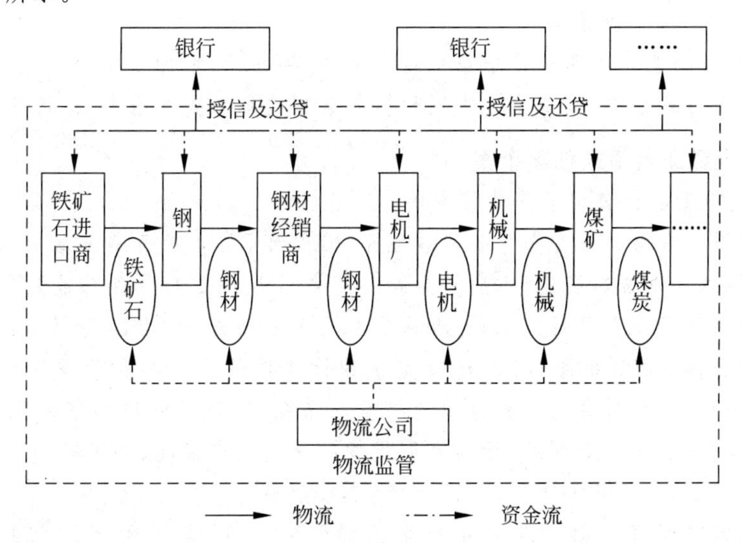

图 9-14　供应链模式流程

以图9-14为例，在多家银行对供应链上下游各企业授信的情况下，铁矿石进口商将铁矿石发至钢厂，钢厂将生产的钢材发至钢材经销商，钢材经销商将钢材销售给电机厂，电机被销售给油脂厂，油脂厂生产出的食用油再通过商场销售。以此类推，直至相关企业还款放货，整体过程均处于全程控货状态。

供应链模式的特点是：a. 由多家银行对供应链上的多家客户授信，但由一家物流企业操作全过程的物流业务；b. 货物权属清楚，品质有保证，多环节控货；c. 物流企业收入较为可观，同时解决了企业上下游资金流转及物流运作难题。

4. 赢利模式

目前中储股份开展最多的动产监管业务是以现货质押为主，并以仓储保管为基础的业务形式，形成点式监管的赢利模式。物流企业在监管过程中收取监管费，一般是按照借款企业融资敞口的一定比例来确定收费标准。

随着物流金融模式的创新，以物流金融业务为龙头的多环节操作的物流监管业务会更多，综合收益相比动产监管业务要高。例如，提单模式下，除了收取监管费之外，还要收取货代的代理费、运输费、仓储费等，随着业务模式拓展，还会有代垫货款手续费、利息收入等。

5. 信息技术应用

物流信息技术是保证物流金融业务顺利实施的重要保障，这里以动产监管业务为例介绍中储的信息技术应用。

(1) 项目上报及审批系统。目前，中储股份动产监管业务已建立了从"项目申报""业务操作"到"数据统计分析"的全业务流程的信息化系统架构。依托"X3协同管理系统"，公司实现了动产质押、抵押、贸易监管等业务模式项目申报途径的规范统一、内容准确翔实以及历史数据便捷查询，各方面数据的积累也为项目审批人员提供了大量可靠的评审案例。

(2) 业务操作系统。中储股份动产监管业务现场操作软件系统包括"现场操作系统"与"总部查询系统"两部分。目前，此系统基本覆盖到公司95%以上的监管项目，实现了监管点账目的无纸化、业务额度控制与收入成本利润统计数据的自动化，有效降低了各级业务人员的劳动强度和管理复杂程度。

下一步，公司将在现有业务信息系统基础上，完善功能，增加模块，将各种监管模式与业务模式全部纳入信息化管理，并为合作银行提供数据接口和查询服务，促进业务发展。

三、物流金融业务模式创新个案

1. 中储股份青岛分公司动产监管案例

中储发展股份有限公司青岛分公司成立于2002年，具有青岛港进出货物集散、生产企业物流中心、城区生活资料配送、供应链金融物资监管等多方面业务功能，拥有高等级的现代化高站台立体库房1.1万平方米，标准库房0.7万平方米，标准集装箱场约6万平方米，业务大厅及办公楼1 500余平方米，建有完整的计算机通信网络及管理系统、闭路监控系统、智能通信系统、自动报警系统和自动消防喷淋系统，实现了管理的信息化和现代化。客户可以通过互联网登录中心网站，授权查询货物的进、出、存情况，并可在网上看到货物存放的实物形态。目前，青岛分公司开展以下物流金融业务：

(1) 聚乙烯自管库监管。A企业属聚乙烯经销企业，其经营产品全部为国外进口。2010年A企业向B银行融资，申请开立信用证，B银行委托青岛分公司进行动产质押监管。

由于A企业为经销型企业，青岛分公司要求其要将货物存放在中储自有仓库，并进一步承接了该融资企业的货代、运输、仓储、动产监管等环节业务。以动产监管为依托，青岛分公司深入挖掘融资企业的其他需求，开发本公司多环节物流业务，形成套餐服务，增强了整体业务实力和收益。

(2) 橡胶保税库监管。某橡胶经销企业E到F银行申请开立信用证，F银行委托青岛分公司进行监管，但橡胶处于保税状态下，受海关法限制不得设立抵、质押。但保税货物可以自由买卖、更换货权人，保税仓库严格按照货权人指令收发货物。鉴于此，青岛分公司与F银行、E企业沟通，确定保税橡胶的监管方案：通过货权转移实现青岛分公司对货物的控制权。F银行开立信用证后将收到的提单、购销合同等报关报检材料交接给青岛分公司，青岛分公司货代部门进行报关报检服务，同时与融资企业E签订销售合同(约定货款延付)，货物存放到保税库后三方清点，青岛分公司拿销售合同到海关办理海关清单，明确其为货物所有人。融资企业E将贷款全部偿还给F银行后，青岛分公司与融资企业E再次签订销售合同并到海关办理海关清单，明确E企业为货物所有人。如E企业到期无法偿还贷款，F银行寻找买家，青岛分公司协助其办理海关清单过户或通关配送等事宜。

2. 中储股份郑州南阳寨分公司物流监管案例

中储发展股份有限公司郑州南阳寨分公司占地面积22万平方米，库房面积4.5万平方米，库内两条铁路专用线总长1 500米，直接与京广铁路干线连接，具有同时接发整列的能力。南阳寨分公司探索的物流金融业务供应链模式创新实践取得了较好效果。

南阳寨分公司业务合作主体包括：A公司，为特钢生产联合企业，拥有铁矿进口资质。2006年以来，产品出口欧亚、南美、中东二十多个国家和地区；B公司，是A公司的区域总经销商，以批发、零售为主，销售网络遍布沪、豫、滇、川、鄂、冀、皖等省市，拥有稳定的客户群体；C公司，是以煤矿综采支护设备——液压支架为主导产品的生产企业，从B公司购进钢板。

南阳寨分公司(即下述“物流公司E”)物流金融业务发展情况如下：

(1) 初始阶段。A公司从银行贷款开证进口铁矿砂，货物到达港口时需要在短时间内筹集大量资金还贷，难度大，成本高，同时库存大量铁矿砂和钢坯、成品钢板等物资。B公司主要以自有资金从A公司购进钢板，占压资金较大，资金紧张，不能充分享受价格优惠政策。C公司租用物流公司E的空余货场作为生产车间，并由物流公司E开展了铁路发运业务。随着采煤业的发展，C公司产品需求扩大，业务发展加快，库存钢板明显不足，以零售价从B公司购进原材料价格较高。

(2) 动产监管阶段。A公司与银行D开展动产监管业务，委托物流公司E进行现货监管，质物品种为铁矿砂，并承揽部分运输业务。B公司也与银行D开展动产监管业务，委托物流公司E进行现货监管，质物品种为钢板。C公司从B公司购进钢板，并与银行D开展动产监管业务，质物品种为钢板和液压支架(按废钢计价)，委托物流公司E进行现货监管。A、B、C三家公司，均通过动产质押监管业务缓解了资金紧张的局面。

(3) 供应链监管阶段。A公司从银行D融资3亿元，开证进口铁矿砂，由物流公司E负责港口货代、铁路运输、公路运输至工厂并进行现货监管的全程监管业务，A公司原材料供应充足及时、资金充裕，形成良性循环。B公司从银行D融资5 000万元，开展保兑仓业务，并与物流公司E共同出资开展代客采购业务，从A公司购进钢板，解决了资金不足的问题，享受了价格优惠政策。C公司从银行D融资2 000万元，物流公司E出资与C公司合作开展代客采购业务，从B公司购进钢板，并开展公路运输、仓储保管、现货质押、铁路发运等业务，保障了C公司原材料库存充足，物流环节通畅，如图9-15所示。

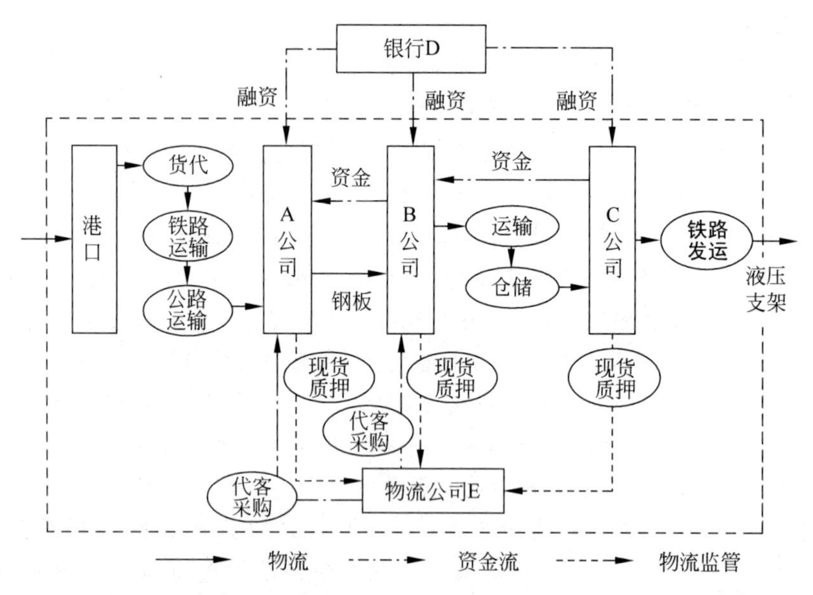

图9-15 中储股份南阳寨分公司供应链模式物流监管业务流程

四、物流金融业务模式创新的实施效果

1. 经济效益

从南阳寨分公司物流金融业务发展各阶段情况可以看出(见表9-3)，由初始阶段到供应链监管阶段，物流企业的业务环节逐渐延伸，由铁路发运单项业务拓展到五项业务；业务收入显著增长，由最初的40万元/年急剧扩大到892万元/年，增长了22.3倍。

表9-3 中储股份南阳寨分公司年(差价)收入 单位：万元

阶　　段	监管	货代	运输	代客采购	铁路发运	合计
初始阶段	0	0	0	0	40	40
动产监管阶段	38	0	210	0	60	308
供应链监管阶段	170	80	500	76	66	92

在传统物流阶段，工商企业资金不足，物流不畅，规模不大。通过物流金融业务，尤其是从现货质押监管发展到全程供应链监管，链上的多家工商企业资金充足，物流畅通，得到了快速发展，同时银行信贷风险大大降低，实现了多赢局面。

通过大力发展物流金融业务，中储股份不仅巩固和发展了新老客户，增强客户忠诚度，还充分发挥网络优势，提高了物流企业的竞争力、业务规模和综合收益，从多环节、多渠道控制业务风险，实现了物流、资金流、信息流的充分结合，使中储股份在激烈的市场竞争中脱颖而出，为其发展创造了前所未有的机遇。

2. 模式创新对物流业发展的重要意义

(1) 促进物流业态提升。随着物流金融业务体系的完善，物流金融业务由点式监管延伸到整个物流过程的监管，与物联网结合，将形成跨地区、跨行业、多环节的融资、交易平台，实现物流、信息流、资金流的有效结合。物流企业可在不增加资金和固定资产投入的情况下，在货代、运输、仓储、动产监管、中介信誉服务等方面，通过输出管理取得很好的经济效益，充分发挥在经济链条上的特殊价值。

(2) 带动物流业其他业务领域的发展。物流金融业务除触及客户企业的融资及物流渠道外，还可以此为入口，延伸到资金周转、销售计划、库存管理、订货计划、生产计划等整个生产经营过程，带动货代、运输、仓储、配送、经销等多个物流服务环节，不仅能提高物流企业的服务能力、经营利润，而且为企业提供了"一站式"服务，提高了物流企业的竞争力和行业话语权。

3. 模式创新对金融业发展的重要意义

(1) 保障了国家金融安全。在开展物流金融业务过程中，物流企业受银行委托，对抵、质押物在一个环节或多个环节，甚至贯穿整个物流过程进行监管，保障了银行授信资金的安全，降低了银行贷款风险，其不良率大大低于银行其他贷款方式的不良率。

(2) 拓展了银行业务空间。物流金融业务作为金融业务的创新和衍生品，丰富和发展了银行的担保体系，拓展了银企合作领域和业务空间，尤其在股份制银行获得了长足发展。

4. 模式创新对所服务行业的重要意义

(1) 实现了资金融通，提高了经济运行效率。工商企业将产成品和原材料的合理库存(如生产企业必备的原材料、经销企业的待售货物)作为担保资源，实现了资金融通，盘活了流通环节沉淀的大量资金，可以视为预售货物提前获得了资金，有助于提高效率，节约成本，增强企业竞争力。由于与物流企业在业务上的密切合作，可获得系统的物流服务，对提高企业供应链管理能力，合理安排原料、产成品流通和库存，也具有积极意义。

(2) 成为解决中小企业融资难题的重要出路之一。中小型企业以其合理库存，作为融资贷款的担保，引入物流与金融集成化的服务，将更容易获得银行贷款，降低生产经营成本和资金运营成本，提高资金周转率，减少了融资与物流的综合费用，使企业经营得以持续。中储股份目前服务的客户结构中，中小型企业占到总数的82.9%，表明物流金融业务对中小企业融资具有重要意义。

五、中储股份物流金融业务创新的经验

1. 制度建设是基础

物流金融是高端的物流业务形态，也是高风险业务，需要由一系列规范、严格、统一的业务流程和操作标准来保障正常运转。公司规章制度建设伴随业务成长而不断完善，先后经历了三次大的修订。特别是2011年进行的第三次修订，将动产监管业务管理办法拓展为物流金融业务管理办法，制度文件由18个精简为8个，明确了授权管理的条件与范围，细化了监管物品种，新增了监管岗位及人员管理、业务合作方管理内容，完善了风险分散机制和担保体系，规范了协议文本，推行系统内部委托制度，可操作性进一步增强。

2. 风险控制是关键

开展物流金融业务，除承担传统物流业务的风险外，还要承担银行分散的风险，以及监管业务的特殊风险；随着业务拓展，操作节点增加，操作过程中的风险也在增大。因此，风险控制能力是保障业务正常运行的关键。中储股份从业务流程上实行事前、事中和事后控制。事前控制包括：制度体系建设，评审体系建设，借款人(出质人)资信状况考察，监管人员培训，质物品种选择等。事中控制包括：安全、可操作的监管流程设计，监管现场操作管

理，巡查工作和信息系统管理等。事后控制主要是建立危机事件管理机制。

另外，物流金融业务机构设置采用三权分立原则，各经营单位分别设立质押开发部、质押操作部、质押巡查部，相互制约，控制风险。

3. 产品研发是动力

物流企业只有加大产品研发力度，集成先进服务理念、业务模式、现代科技，不断开发适应市场需求的物流金融产品，才能立足于市场。目前，中储股份物流金融业务正逐步由动产监管业务向物流监管业务方向发展，即以动产监管为龙头、物流监管为拓展的物流金融业务方向发展。

4. 队伍建设是保障

加强对监管人员的培训，包括道德素养与业务能力。加强对现场监管人员的岗前、岗中培训和项目培训，对监管员在工作和生活中的困难要认真听取，积极解决；在业务知识和能力上的不足，进行有针对性的资料培训；建立体系化的监管员考核制度，明确考评流程，实现奖惩到位、有章可循。

分析与思考：

（1）中储股份开展物流金融创新的背景情况。

（2）中储股份物流金融业务创新模式类别。

（3）中储股份青岛分公司和中储股份郑州南阳寨分公司物流金融业务模式创新特点。

（4）中储股份物流金融业务模式创新实施效果及保证。

本章小结

本章从物流与供应链视角，对物流金融创新的驱动因素、创新机理和价值生成进行了系统地阐述。同时，还对国内外物流金融创新趋势进行了分析，并以物流银行为例进行了说明。

物流金融创新主要由中小企业的融资环境、金融机构拓展中间业务领域的需求以及物流企业提升价值增值空间三个因素所致。

物流金融创新可以用博弈理论来解释。物流金融中的三个运营主体，即中小型融资企业、商业银行和物流企业，为了实现共同效应，形成了一个紧密的利益共同体。三者相互影响、相互作用，实现了“1＋1＋1＞3”的效果。

国内外物流实践表明：物流金融创新正在呈现出一些新趋势。这主要表现在：从单一企业向供应链全过程转变；从静态质押向动态质押转变；从物流与信息流的两者整合到与资金流的三者整合。

物流银行代表着物流金融未来发展方向。物流银行对中小融资企业、银行以及第三方物流企业都有积极的影响。根据建立方式的不同，物流银行可分为物流金融企业和物流金融联盟体两种类型。根据物流金融的业务类型来分，物流银行服务可分成仓单质押、存货质押以及仓单存货混合质押三种形式。

物流金融创新机理　物流银行

思考题

1. 物流金融创新的驱动因素有哪些？

2. 请说明物流金融创新机理。

3. 请说明物流金融创新的价值生成。

4. 国内外物流金融创新正呈现出哪些新趋势？

5. 物流银行有哪些基本模式？物流银行的实施对物流金融各方参与体有何影响？物流银行有哪些创新服务产品？

CHAPTER 第十章

物流与供应链金融决策分析

引导案例

阿里巴巴一达通：“补贴+贷款+信保”组合拳解决中小企业融资难及跨国交易信用困局①

当前世界经济复苏进程曲折而乏力，再加上国内原材料成本上涨、工资成本上涨、出口退税下降等因素都成为企业的紧箍咒，我国的中小企业利润空间小，抗风波能力低，在金融、物流配送等问题上缺乏管理运营经验，只能被动接受成本压力，一般的银行往往都不愿意涉足中小出口企业的交易。

但其实这些看似细小的需求，如果能被组织起来，那就是大需求。这就是一达通给我们的启示。

“大多数同行都是做大客户，前3%是它们的，后面的97%则都是我的。”一达通创始人魏强说，“中小企业的贸易融资一直很难开展，因为信息不对称，银行不大信任中小企业，调查的成本也很高，所以银行不愿意开展此类业务。我们是‘农村包围城市’，先吃别人不要的肉。”

“一达通不管订单多少和金额大小，通关、物流、融资都给企业做。”一达通副总经理肖锋说。一达通的物流服务包括国内国际运输和口岸处理，协调运输与报关、报检、仓储等服务之间的配合等。一达通庞大的物流规模和专业物流管理能力，可以为客户平均节约10%～30%的开支。

2014年5月13日，一达通正式发布“出口1美元补贴3分钱”政策，出口商只要委托一达通做通关、外汇、退税等服务，不收取任何的基础服务费，还可获得一达通提供的外贸服务津贴。其标准为每出口1美元网上自助下单更可获得3分钱的人民币补贴。

同年12月10日，阿里巴巴服务再次升级，根据每个供应商在国际站上的基本信息和贸易交易额等其他信息综合评定并给予一定的信用保障额度，帮助供应商向买家提供跨境贸易安全保障。正式发布后，仅仅1晚，600家客户开通成功，最高额度达到207 000美金。

一达通与银行战略合作推出“中小企业外贸融资易”产品，提供进口综合贷款、出口信用

① 整理自门户网站新闻及学者评论。

证贷款、出口退税融资三大类服务，覆盖了进出口贸易的货款和税款的各项融资领域。一达通承接了中小企业包括报关、物流、金融在内的整个外贸环节，掌握了与之相关的所有资讯，且都是真实的。这解决了信息不对称的问题。此外，中小企业贷前、贷中和贷后的整个资金管理也都通过一达通，这些事情中90%是银行没法做到的。

那么别人不愿意做的，一达通又如何来赢利呢？

通过为中小企业提供融资服务，一达通可以从银行取得返点收益，并向企业收取"融资服务费"。一达通可以确保贷款回收的安全性，因为一达通不仅可以控制货物，也掌握企业真实的业务信息及海关交易记录。并且贷款企业的货款，必须经一达通的账户结算。一达通把小企业汇聚起来，又可以为银行带来大量其他业务，如外汇结算等，还可以从银行取得返点收益。现在，一达通从物流和金融环节获得的收入，已超过了进出口业务的代理费。

一达通在物流与供应链金融决策中充分发挥了其作为物流企业所享有的信息优势，那么物流与供应链金融决策包含哪些内容和流程呢？在本章中我们将进行详细阐述。

第一节　物流与供应链金融决策分析的基本内容

一、物流与供应链金融决策行为界定

银行信贷主要是指商业银行向企业客户投放信贷资金、为企业客户提供保证或证明等银行贷款业务。不同的信贷业务种类为我国企业提供了广阔的融资，空间和渠道，对我国企业的投融资活动有着重要的影响。目前，我国商业银行的信贷业务种类按照具体的用途可以分为流动资金贷款、项目贷款、房地产贷款、票据业务、贸易融资、特定担保项下融资，以及包括担保、承诺、证明、银团贷款、委托贷款、资金业务在内的其他贷款业务近50个品种。而这些业务是商业银行的主要经营内容，对于商业银行来说实际上又是对外投资活动，其信贷决策对商业银行的经营绩效有重要的影响。

同样，物流与供应链金融也拥有丰富的产品线。按照深圳发展银行的分类，供应链金融所涵盖的自偿性贸易融资基础产品，从风险控制体系的差别以及解决方案的问题导向维度，分为存货融资、预付款融资和应收账款融资三类，包括特定化资产支持的贷款、资产辅助支持的贷款、应收账款池贷款、保理等。

科学合理的信贷决策是物流与供应链金融决策者保证银行信贷业务顺利进行和经营稳健的不可缺少的前提条件。这里我们限定研究的供应链金融决策是指物流与供应链主导方为实现其目的而从若干个信贷决策可行方案中选择一个满意方案的，从客户及项目信息收集开始贯穿整个贷款流程的分析判断过程。物流与供应链金融决策可以从三个角度来理解：

(1) 从信息收集处理上，物流金融决策者的信贷决策是在信贷官的信息支持下，通过以信贷官为核心的相关决策程序进行的。在信贷决策过程中信贷官是物流金融决策者所委托的代理人，负责全面地搜集并分析信贷项目的信息，在其授权范围内进行信贷决策；或者以信贷报告的形式向上一级物流金融决策者代理人进行信息披露，提供有关信贷项目的信息以供最终信贷决策使用。

(2) 从信贷决策的内容上，信贷决策是以独立经营的企业或经济主体所在的供应链为对象，在了解供应链整体经营状况的基础上通过信用分析，运用科学的方法对借款企业的资金实力、偿债能力、经营管理能力、获利能力、履约能力、发展能力等各个方面状况做出评定和预测，从而对贷款申请做出贷与不贷、贷多贷少、利率高低和贷款方式等问题最终决策的行为。

(3) 从贷款的流程上，信贷决策是从贷款的调查开始，经过审查、审批、发放、检查，直至回收的一系列过程。物流与供应链金融决策是其信贷经营、审批和风险监测控制部门在一系列信贷制度指导下，分工合作又具有相对独立性的管理过程。

信贷决策包括如下步骤：

① 信贷经营部门在接到贷款申请后详细调查借款企业以及标的物情况，把调查得到的信息报审批部门选择。

② 贷款审批部门决策后，各参与方签订合同。

③ 被批准的项目由信贷经营部门组织发放资金，并进行贷后管理和风险控制。

最后各种资料数据交由风险管理部门收集整理、归纳提纯，进入信贷决策制度与决策技术，反馈给经营和审批部门供再次决策时借鉴使用。正如许多管理过程一样，物流与供应链金融决策分析也是一个反复循环的过程。

二、物流与供应链金融决策分析要点

物流与供应链金融决策也是一个管理的过程，既然是管理，那么就必然有其管理目标。对此，不同的物流金融决策者有着不同的关注点，这些关注点就通过选择关键指标来进行量化控制。比如最常见的利率、风险、收益率等指标。随着物流与供应链金融服务的发展，物流与供应链金融决策的目标也越来越多样化，物流金融决策者不再仅仅停留在追求期望收益率最大化，而是更加注重资产的安全性。

本节将阐述利率、质押率、收益和损失、风险、信息、波动性收益、贷款期限与盯市周期、警戒线与平仓线、保证金等决策关键指标。

(一) 利率

利率是指在一定期限内因持有某种计价单位而承诺的回报率。同传统信贷业务一样，物流金融产品的定价必须坚持风险与收益成正比的原则，涉及产品的预期收益能够抵补银行所承受的风险。利率一直作为信贷业务中最基本的定价工具，在物流金融业务中亦不例外。一个合适的利率水平可以缓释银行面临的逆向选择和道德风险，为此，银行在开展业务时，往往对不同客户设定不同的利率，主体评级和债项评级好的企业，银行往往给予较为优惠的利率，而对于综合评级水平较差的企业则设定较高的利率水平，比如在基础利率水平上再上浮10%或者20%。

然而，在我国利率尚未完全市场化的情形下，利率的确受到诸多政策管制，存在一定的上下限，这就使得当面临完全市场化的风险时利率的作用早已打了折扣。这也就迫使银行继而寻找为物流金融业务量身定做的其他控制变量。

(二) 质押率

存货质押业务模式作为物流金融业务中最为基本和成熟的模式，在产品的合约设计中，鉴于利率工具的局限性，银行有必要寻找拥有更大自主性的风险控制变量。质押率(又称为质押贷款比率)由于设定的相对自由，而成为银行在管理存货质押业务中的核心控制变量。

质押率是银行授信额度与质押存货价值的比率。质押率的最终设定是银行在综合考虑了包括宏观经济环境、质物自身风险、授信企业以及交易对手的资信水平，贸易背景的真实性，以及物流企业、担保公司、保险公司的参与程度等相关风险因素后，结合自身的风险偏好水平而做出的系统性安排，它如实反映了银行对业务集成风险的承受能力。因此，质押率的设定最为核心的技术工作即是对多方参与下的物流金融业务集成风险的综合考量。

由于信用风险及操作风险难以量化，现有的研究中多以对质物价格波动风险进行测度，然后根据宏观经济环境以及其他风险因素，辅以修正参数，得到最终的质押率。银行在实践中，则采用更为保守的经验估值法，质押率多为50%～70%。

（三）收益与损失

1. 期望收益率

由于是否收益具有不确定性，所以最终的收益率对于当期决策而言是随机的。这需要将各种情况以及出现概率进行分析，对于有限种可能性的离散型的概率分布，我们通常会用期望收益 $E(r)$ 和标准差 σ 来表示收益率的概率分布。期望收益值是在不同情境下收益率以发生概率为权重的加权平均值。假设 $P(s)$ 是各种情境的概率，$r(s)$ 是各种情境下的持有期收益率，情境由 s 来标记，我们可以将期望收益写作：

$$E(r)=\sum_{s}P(s)r(s)$$

2. 风险溢价和超额收益

无风险收益率是通过投资无风险的资产比如说短期国库券、货币市场基金或者银行时所获得的利率。持有期收益率计算公式如下：

$$\text{持有期收益率}=\frac{\text{期末收入}-\text{期出投入}}{\text{期出投入}}$$

一般来说，收益可以表示为预期的持有期收益率和无风险收益率的差值，差值可以称为风险溢价。在任何一个特定的阶段，风险资产的实际收益率与实际无风险收益率的差值称为超额收益。因此，风险溢价是超额收益的期望值，超额收益的标准差是其风险的测度。

3. 净现值

在选择贷款项目组合时，由于提供给各个贷款者的借贷期限或者贷款项目的寿命不尽相同，此时使用总净现值来评价项目则更为合适。

总净现值法是基于以下三个基本假设：

第一，企业持续经营假设，即假设企业投资周而复始进行，从长期的观点求得总净现值。

第二，假设预计的现金流入在年末可以实现，并把原始投资视为按预定贴现率借入的。

第三，假设投资资金在投资期的第一年年初一次性投入。

其计算公式为：

$$\begin{aligned}\text{总净现值}&=\lim_{z\to\infty}\left[NPV+\frac{NPV}{(1+i)^{n}}+\frac{NPV}{(1+i)^{2n}}+\cdots+\frac{NPV}{(1+i)^{zn}}\right]\\&=\frac{NPV(1+i)^{n}}{(1+i)^{n}-1}\end{aligned}$$

式中：NPV 为第一次投资的净现值(指某项目未来现金流入的现值与未来现金流出的现值之间的差额)：n 为投资年限；i 为折现率；z 为循环投资次数。

4. 预期尾部损失

通常我们通过最坏的5%情况来评估尾部风险，风险价值VaR(详见下文“波动性收益”部分)是所有最差情况中损失最小的。一个对敞口头寸更加现实的观点是：关注最坏情况发生条件下的预期损失。预期损失或者条件尾部期望可以用来表示最坏情况下的预期损失，其中后者更加强调其与左尾分布之间的密切关系。

（四）风险

1. 标准差

收益率的标准差(σ)是度量风险的一种方法。本书在第六章中对于风险及风险管理有着较为详细的叙述，在此只简要进行说明。它是方差的平方根，方差是与期望收益偏差的平方的期望值。结果的波动性越强，这些方差的均值就越大。因此，方差和标准差提供了测量结果不确定性的一种方法，也就是：

$$\sigma^2 = \sum_s P(s)[r(s) - E(r)]^2$$

2. 偏度和峰度

日常中正态分布频繁出现，同样在许多研究中，如果投资者对收益的期望是理性预期，那么也会假设其服从正态分布。然而许多数据显示出资产收益对正态分布的偏离已经非常显著。正态偏离可以通过计算收益分布的高阶矩来看到，超额收益 R 的 n 阶中心矩为$(R-\bar{R})^n$。比如偏度就可以用三阶矩来表示：

$$\text{偏度} = \left[\frac{(R-\bar{R})^3}{\hat{\delta}^2}\right]\text{的平均值}$$

偏差可能为正也可能为负。如果分布是右偏，那么偏度为正，说明标准差高估风险，如果偏度为负，标准差低估风险。

另一个正态偏离的度量考虑分布两端极端值出现的可能性，即从图像上来看有肥尾特征的情况，这种度量成为峰度，计算公式如下：

$$\text{峰度} = \left[\frac{(R-\bar{R})^4}{\hat{\delta}^4}\right]\text{的平均值} - 3$$

之所以和3进行比较，是因为正态分布的峰度为3，如果减去3后峰度为正说明存在肥尾现象。极端负值可能由负偏度以及负峰度产生。

3. 下偏标准差

正态分布情况下用标准差作为风险的度量存在以下几个问题：①分布的非对称性要求独立考察收益率为负的结果；②因为无风险投资工具是风险投资组合的替代投资，因而我们应该考察收益对无风险投资收益的偏离而不是对平均投资收益的偏离；③正态分布没有考虑实际分布中尖峰厚尾特征。

下偏标准差可以解决前两个问题。其计算方法和普通标准差的计算相似，但是只使用造成损失的那部分样本，即它只使用相对于无风险收益率负偏(而非相对于样本均值负偏)的那些收益率，类似求方差一样求这些偏离的平方和的平均值，然后在求其平方根就得到了“左尾标准差”。因此，下偏标准差实际代表的是给定损失发生情况下的均方偏离。应当注意这样一个值忽略了负超额收益的频率，不同的负超额收益的分布可能产生相同的下偏标准差值。

4. 风险偏好

风险偏好是银行为了达到既定目标而愿意代表股东承担的风险数量和种类，规定了银行管理层经营风险的边界。巴塞尔资本协议第二支柱指出，商业银行应建立健全的风险治理和风险偏好管理体系，并以此作为全面风险识别和评估的前提。

银行的投资决策意愿取决于其风险厌恶水平，许多研究都假设决策者是风险中性的，但金融风险分析师通常假设投资者是风险厌恶的，当风险溢价为零时，人们不愿意对股票市场投资。但许多投资决策者关注的不仅仅是风险或者收益，许多决策者也关注相对于购买安全的国债，他们获得的预期超额收益和对应的风险情况到底如何，这就要关心波动性收益了。

（五）信息

在影响物流与供应链金融决策的众多因素中，信息被认为是主要影响因素之一。信息论的奠基人 C. E. Shannon 认为“信息是用来消除不确定性的东西”。根据交易双方掌握信息的程度，又可分为对称信息和不对称信息。Jeremy C. Stein 认为信息根据其可传递性不同可以分为硬信息和软信息：软信息是指除了提供信息的人以外无法被其他人直接证实的信息，而硬信息则是指能被直接证实的信息。如一个借款人具有诚实、谨慎、努力工作的品质，对于没有直接接触借款人的银行来说就是软信息，而一份住房抵押凭证对银行是硬信息。根据交易双方掌握信息的程度，又可分为对称信息和不对称信息，商业银行信贷的信息环境对银行信贷决策有着重要的影响。

（六）波动性收益

1. 收益波动性比率（夏普比率）

尽管国债可能利率并不固定，但是在进行购买时就可以确定债券的持有到期收益。银行进行其他投资可以获得比投资国债更多的收益，同时也要承担更多的风险。金融决策者为风险资产定价时的其风险溢价能够弥补预期超额收益带来的风险。这样利用溢价的标准差代替总收益的标准差来衡量风险更好。

收益（风险溢价）和风险（风险溢价的标准差）之间的权衡意味着人们需要利用投资的风险溢价与标准差的比率来度量投资组合的吸引力：

$$\text{夏普比率}=\frac{\text{风险溢价}}{\text{超额收益率的标准差}}$$

2. 索提诺比率

在风险衡量指标中我们提到过“下偏标准差”的概念，在实际操作中银行从业人员有时会用下偏标准差来替代标准差，同样也用索提诺比率来替代夏普比率（即平均超额收益率对标准差的比率），索提诺比率的计算公式如下：

$$\text{索提诺比率}=\frac{\text{风险溢价}}{\text{超额收益率的下偏标准差}}$$

3. 风险价值

风险价值（Value at Risk，VaR）是度量一定概率下发生极端负收益所造成的损失。风险价值一般会写入银行的管理条例并有风险管理人员监控。风险价值的另一个名称是分位数。一个概率分布的 q 分位数是指小于这一分位数的样本点占总体的比例为 $q\%$。银行从业者通常估计 5%的 VaR，表示有 95%的收益率都将大于该值。因此这一 VaR 实际上是指 5%的最坏的情况下最好的收益率。

VaR 的含义是“处于风险中的价值”，是指市场正常波动下，某一金融资产和证券组合的最大损失。更为确切的是指在一定概率水平下，某一金融资产和证券组合在未来特定的一段时间内的最大可能损失。可以表示为：

$$\text{Prob}(\Delta P > \text{VaR}) = 1 - c$$

式中：ΔP 为投资组合在持有期 Δt 内的损失；VaR 为置信水平 c 下处于风险中的价值。VaR 及收益或风险均取正数形式。当投资组合的收益率为正态分布时，VaR 可以从分布的均值和标准差中直接推导出来。查表可得标准正态分布的 5%分为数为－1.65，因此相应的 VaR 为：

$$\text{VaR}(0.05,\text{正态分布}) = \text{均值} + (-1.65) \times \text{标准差}$$

（七）贷款期限与盯市周期

在存货质押业务中，贷款期限即是指质押期。商业银行实践中，规定质押期限不超过一年，这也正是动产质押贷款自身最大的特点，即为短期多频次的授信产品。而且，鉴于业务的自偿性，银行在设定贷款期限时，必须考虑到授信企业自身的销售周期，以实现两者相匹配，避免销售账款不能及时回流到银行监管账户，诱发授信企业违约的风险。

除此之外，盯市周期亦是一个重要风险控制变量。在研究中，也常将之称为银行的风险持有期或者风险窗口。盯市周期是银行审计评估存货价值的周期，衡量了银行对授信风险的监控程度。在常见的股指、债券以及期货等金融产品的交易中，由于多以场内交易的标准合约为主，因此证券交易所或者期货交易所有能力采用逐日盯市制度。与之相比较，物流金融业务多以场外交易的现货为主，加之流动性差，从风险发现到风险处置的事件势必比较长，因此，盯市频率过高势必造成盯市成本过高，银行有必要选取合适的盯市周期，做到既能及早发现问题，又不至于成本过高，实现成本和监管的平衡。

（八）警戒线与平仓线

警戒线与平仓线均是应对质物价格波动风险的风险控制指标。如图 10-1 所示，当质物的价格跌破警戒线时，银行会要求授信企业通过补足质物或者追加保证金的方式，使质物的价值恢复到合约初始水平。如果授信企业在约定期限内未按时补足货物或追加保证金，或者质物价格继续下跌至平仓线，银行有权提前结束授信，并采取措施处置质物，所得费用用于清偿贷款本息；不足部分通过其他方式向授信企业追缴，多余部分予以退还。

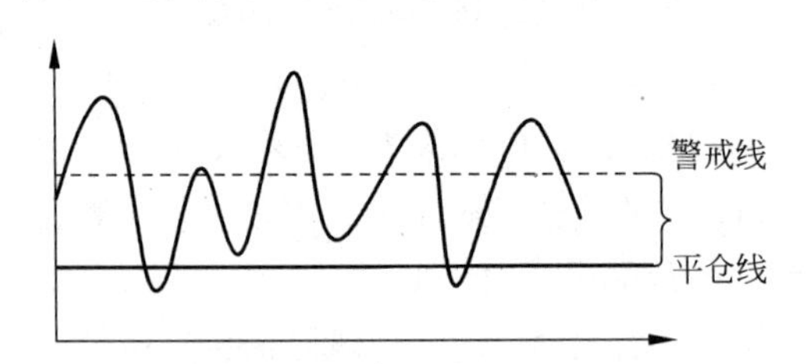

图 10-1 警戒线与平仓线

以华夏银行为例，警戒线与平仓线分别设为 6%、12%。当质物价格下跌超过 6%时，价格专管员（或要求经营单位）向借款人发出书面通知，要求追加质物或提供新的担保，同时通知经营单位；若发出通知书五个工作日内借款人仍不能追加质物或者提供新的担保，或者发出通知后质物价格继续下跌，总跌幅超过 12%且借款人未追加质物或者提供新的担保，银行有权立即宣布授信终止并且采取措施处置质物。

（九）保证金

保证金制度在证券、期货等成熟的金融市场章广泛使用，是一种较为成熟的风险控制制度。保证金分为初始保证金和追加保证金，对于预付类融资产品比如先票（款）后货模式和担保提货（保兑仓）模式，银行会要求要求授信企业缴纳一定比例的初始保证金。

业务操作中，根据融资期限的长短及质押融资的比例，预交风险保证金，以承担质物市场价格波动的风险。当市场价格下跌到预警线时，按协议规定通知融资企业增加质物和保证金。如果出质人超过融资期限，则以风险保证金抵充融资额或质物变现的差额；如果出质人按期归还，则退换保证金。

初始保证金与质押率和利率变量相同，均是风险补偿措施，也是风险定价手段，以缓释授信企业带来的违约损失。目前，大宗商品的期货市场的初始保证金设定在5%～12%，而对于流动性较差的现货交易收取的保证金比例则更高，以天津渤海商品交易所为例，所有上市交易的现货品种初始保证金均为20%。以场外现货交易为主的物流金融业务中，其面临的风险更高，因此保证金收取的比例至少为20%。比如华夏银行对于预付类融资业务类，要求初始保证金比例至少为30%。

追加保证金往往与另一风险指标警戒线紧密联系，当存货价格跌破至警戒线以下，银行往往要求授信企业通过追加保证金或者补货的形式，使质押存货的价值恢复到初始水平。

除此之外，银行为避免监管物流企业违约造成损失，也会在合约中约定物流企业缴纳初始保证金比例。

第二节　基于存货/仓单质押模式的决策分析

一、存货/仓单质押模式下的决策要点

根据存货/仓单质押融资业务的过程，可以把整个业务管理分为三个阶段，即筹备期、启动期和执行期。在筹备期管理重点是完成质物品种、合作企业和借款企业的选择；在启动期主要是完成信贷合约的设计和签约；在执行期业务已经正常开展，需要重点关注各类风险的存在，加以严格防范，如图10-2所示。

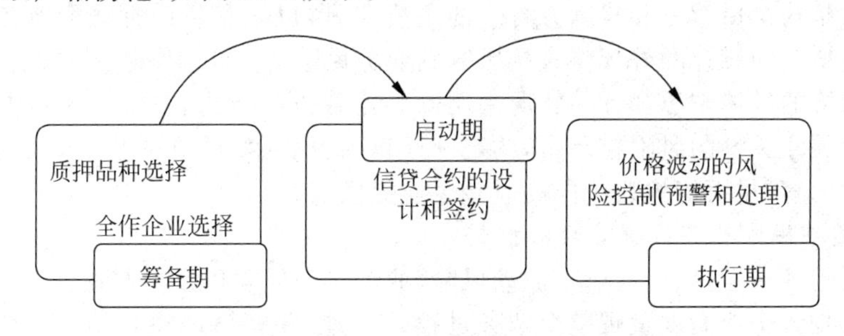

图10-2　存货/仓单质押融资业务决策阶段及要点

1. 质押品种选择

存货/仓单质押融资业务之所以能够有效降低贷款风险，解决中小企业融资难题，是因为此类业务是在物流企业参与下的基于动产质押的一种新型融资方式。在这里，质物是金

融开展方贷款的风险承担者，同时也是物流企业的保管物以及物流操作对象。在进行质物选择时，主要注意以下几个方面问题：

(1) 通过品种选择，保证质物的市场流动性，以便在融资期限结束后，借款企业完全有归还贷款本息资金的能力。

(2) 通过品种选择，起到防范业务风险的作用，选择风险抵抗能力强或市场前景好的质物。

(3) 选择便于进行实际管理的质物，综合考虑其法律属性、物流操作属性和经济属性，增强业务的运作效率。

针对已有的质物品种，需要采用一定的分析方法来研究和总结质物的分布规律。分析认为，在同等条件下，流通能力弱的物品需要通过其高价值来弥补它对预期收益的贡献，而单位价值低的物品需要通过提高它的流通能力来弥补对预期收益率的贡献。

2. 合作企业的选择

鉴于物流与供应链金融服务开展的主体可能是不同的，他们所选择的项目合作方也随之不同。比如物流金融服务的主导方一般是物流企业，而合作方可能是商业银行等第三方金融机构；而供应链金融的主导方一般是商业银行(或者供应链核心企业)，此时的合作方就很可能是第三方物流企业(或者商业银行)；而其他物流及供应链金融服务可能拥有不同的项目合作方。但鉴于目前物流及供应链金融的开展情况，我们主要讨论监管物流企业的选择和合作银行的选择。

在目前金融业分业经营的制度环境下，银行不具备仓储职能，客户进行产品抵押时，银行无法直接监管质物；而在仓单质押模式下也同样需要物流企业的参与，银行必须选择可信赖的物流企业，否则极易发生无意或蓄意欺诈事件，在第六章中已经对此进行了充分的说明。

而同样，对于开展物流金融服务的物流企业来说，其本身无法具备银行一样丰厚的资金实力，仅凭借自有资金难以支持物流金融业务的开展，所以需要选择合适的银行作为合作对象。对此需要对银行的商业信誉、管理规章制度、管理水平等进行考察后再进行选择。

3. 借款企业选择

选择借款企业问题可以说是物流与供应链金融服务开展的重中之重，也是所有金融风险控制所关注的重点。物流及供应链金融区别于传统金融的最重要特点在于其服务对象不再仅仅是某一单一借款企业，而是该客户所在整个供应链。除借款企业外，其所在供应链的其他成员的生产经营状况也与项目能否顺利开展息息相关。

4. 信贷合约设计

信贷合约是约束借款方和贷款方行为的主要工具，也是存货质押融资业务顺利进行的法律保障。信贷合约设计的好坏将直接影响到业务风险的大小，因此在三方合约的签订中，需根据融资风险的具体来源和评估状况来明确界定各方的行为权限，规定各方的权利和义务。尤其是要关注关键的风险控制带，约定好还款时间、还款方式等内容，制定好质押率和平仓线等关键内容，尽可能地避免向高风险企业提供贷款。

5. 存货质押融资业务风险管理与控制

在业务签约开展后，因存在价格波动风险、业务操作风险以及参与业务的三方道德风险等，需要银行、物流企业高度重视整个业务过程的管理，并将管理控制的重心放在事前控制和事中控制上，以减少发生风险事件而带来的损失。对此第六章已经进行过详细阐述。

二、存货/仓单质押模式下的重点决策内容

(一) 质押物品选择

在存货/仓单质押业务中，除客户本身信用风险以外，一个重要的风险就是来自于质物。

对此，冯耕中、何娟(2014)等提供的区域归类分析方法可供借鉴。

区域分析法需要首先找出两个以上能够将质押物品按一定规律划分的分类依据，如价值和流通能力，根据这种分类特性来研究待质押物品的分布规律和选择特点。举例来说，可以对已开展存货质押融资业务的质押物按价值等级和消耗频率划分为三类，各类所含品种范围及其特点如表10-1所示。

表10-1　区域分类法——按质物价值

价值等级	低值消费品	中值消费品	高值消费品
品种范围	食品、石油、原油	粮油、有色金属、钢材、建材、家电、玻璃、手机、橡胶、棉花、化肥	汽车
特点	生活常用、社会消耗总额大	大部分为中间加工产品原料	消费群体小、利润空间大

除按照价值等级对物品进行分类以外，物品的消费频率也是相对易于统计，并且能够较好地反映商品流通情况的属性。下面选择消耗频率作为另一维度来进行分析，将质押物品按照消耗速度分为三类，如表10-2所示。

表10-2　区域分类法——按消耗频率分类

消耗类型	日常消耗性	定量消耗性	零散消耗性
品种范围	石油、原油、粮油、钢材、橡胶、化肥、棉花	有色金属、玻璃、建材、手机、家电	汽车
特点	持续、长期消耗	周期性、季节性消耗	耐用、消耗慢

作为商品经济属性的两个要素，商品的流通情况与商品价值有着密切的关系。我们在存货质押融资业务实证研究中发现，较为成功开展的业务尚集中在少部分质物上。通过对质物的价值、流通对存货质押融资业务银行收益关系的分析发现，价格和流通状况对整个业务预期收入的影响由其单位价值和市场流通能力共同体现出来。

结合以上两个维度，可以得到质物品种的价值一流通区域分布，如表10-3所示。

表10-3　质押物品的区域归类分析

流通＼价值	低值消费品	中值消费品	高值消费品
日常消耗性	① 部分物品适合作为质物，防范价值过低物品及波动情况	② 绝大部分物品适合作为质物	③ 理想质物区域，但现实中很少存在
定量消耗性	④ 小部分物品适合作为质物，慎重考虑	⑤ 大部分物品适合作为质物，部分需要注意价值或需求波动情况	⑥ 绝大部分物品适合作为质物
零散消耗性	⑦ 质押条件最差，不适合作为质物	⑧ 小部分物品适合作为质物，慎重考虑	⑨ 部分物品适合作为质物，防范需求过低物品及波动情况

根据价值和流通速度两个维度的划分，可以将质押物品归为九个象限。综合来看，区域⑦的物品最不适合作为质物，因为这类物品价值低、流动能力差、需求量小，对总体预期收益的贡献最小，不论从哪个方面看都不适合作为质物。而区域③中的物品在现实生活中几乎不存在，因而剩下的七个象限可能存在质物的分布。

第Ⅰ类：区域②和⑥中的绝大部分物品具备作为质物的条件，区域②中的物品流动能力强，价值也较高；而区域⑥的物品单位价值量大，也具备较强的流通能力，所以这一类物品具有较高的预期收益，抗风险能力强，可以容忍的价格波动幅度大。

第Ⅱ类：区域⑤中物品也较为适合成为质物，该区域的物品具备良好的流通能力和单位价值，也具备一定的抗风险性，虽比不上第Ⅰ类物品，但也能够成为质押品的候选，少部分该类物品需要考虑价值或需求的变动情况，若波动太大则将拒绝其作为质押物品。

第Ⅲ类：区域①和⑨相对于前两类物品，这一类物品作为质押物的适合性差。由于区域①的物品价值偏低，而区域⑨物品的流动能力较差，因此显得风险性更高，从而使选择范围较小。但该类别中也存在不错的质押品，如价值不太低而消耗频率极高的物品，或者消耗频率不太低而价值高的物品。但总体上，需要对第Ⅲ类物品采取一定的风险规避措施。

第Ⅵ类：区域④和⑧是作为质物的最次选择，数据高风险区域，必须进行严格的管理和控制。考虑这两个区域的物品时，需要保持谨慎的态度。

采用区域归类分析方法，我们可以从价值和流通能力的关系角度对选择物品做出分析和判断。区域类型Ⅰ和Ⅱ呈现出很强的质物分布规律，其所属物品因为对预期收益的贡献大，因此风险抵抗能力也比较大。

（二）合作企业的选择与评估

1. 质押监管企业的选择

中华人民共和国国内贸易行业标准《质押监管企业评估指标》(SB/T 10979—2013)中明确给出了质押监管企业的选择条件和评估标准，同时也描述来质押监管企业的责任权利，如表10-4所示。

表10-4 质押监管企业评估指标

类别	序号	指　标	证明材料	评估分数
基本条件	1	企业法人或企业法人担保的非法人企业(10分)	① 企业营业执照 ② 企业组织机构代码证 ③ 企业税务登记证	
	2	财务资产情况：注册资本500万元以上(10分)	① 资产负债率 ② 利润分配表 ③ 权威发布的审计报告	
	3	监管库的所有权和使用权(10分)	① 监管人自有仓库的产权证 ② 第三方仓库的产权证和租赁协议 ③ 出质人仓库的权属证明	

续表

类别	序号	指　　标	证明材料	评估分数
管理状况	4	监管场所安全情况(10分)	① 监管仓库、货场、容器满足需要 ② 防火、防洪、防雷、防盗设施设备齐全 ③ 计量工具合格,并按照规定进行年检 ④ 作业设备齐全有效	
	5	监管部门和人员(10分)	① 监管部门设立的文件 ② 监管人员职务及任职文件 ③ (专业)培训证明	
	6	制度(10分)	① 出入库制度 ② 监管制度 ③ 监管业务流程 ④ 单证管理 ⑤ 安全制度 ⑥ 巡查制度 ⑦ 合同管理制度 ⑧ 仓储管理办法	
	7	作业(20分)	① 监管区域标志明显 ② 质物标志标签明显 ③ 装卸搬运操作规范 ④ 质物存放安全 ⑤ 盘点规定及记录 ⑥ 账卡物相符率 ⑦ 电话、打印机、传真机、计算机配备情况 ⑧ 监视探头使用情况 ⑨ 监管员工作环境	
诚信情况	8	信誉(20分)	① 银行信用等级 ② 不良行为记录 ③ 安全事故史 ④ 重大诉讼事项 ⑤ ISO 9001 认证情况	
综合评估结果100分				

主要内容包括质押监管企业的资格和条件,包括经营合法性、从业年限、经营规模、经营相关资产持有情况及管理规范等要求,以及监管质量、监管企业不应有的行为,还有对于监管企业的评估指标。评估指标中将上述考察内容转化为评分要求,供银行选择时进行评价。

2. 合作银行的选择

现阶段由于物流与供应链金融业务开展的主导者几乎大多是金融机构,而少部分得以开展物流金融业务的企业几乎也都是国内大型物流企业,比如中储发展股份有限公司、中国邮政速递物流、中国远洋运输集团、中外运等,而民营物流企业中能够开展物流金融的,如深圳怡亚通毕竟是少数。鉴于目前物流企业在物流金融业务开展中起到的作用还较为有限，选择合作银行的相关研究或行业标准还并不完善，在此我们根据银行开展业务的一般要求来筛选合作银行。

(1) 首先是基本要求，物流企业选择的合作银行应具备以下条件：

① 具备经营许可证；

② 资金充足；

③ 具有良好的商业信誉、完善的规章管理制度、近三年内无严重违法行为记录；

④ 具有高效、准确的信息管理设备和技术，具有与物流企业实现实时通信的能力。

(2) 业务要求包括：

① 具有较为充足的资金，能够保障贷款工作的正常进行；

② 能够在和物流企业沟通后，快速实现合同约定的阶段性放款；

③ 在借方归还部分贷款后降低存货量的限制，并告知物流企业存货量限制变动；

④ 在国家调整借款利率时，要及时通知物流企业和借方按合同约定解决。

当物流企业开展物流金融服务更具规模且获得更多话语权时，物流企业可以考虑建立更加完善的银行合作伙伴评价体系。目前国外对于商业银行竞争力的评价已经有了一套非常丰富的系统，开展评价的机构主要是资信评级机构和政府监管机构两类机构。

(3) CAMELS 评级法。

下面简要介绍一下最具影响力的 CAMELS 评级法所涉及的内容。

CAMELS 评级法(又称骆驼评级法)源于 1952 年美联储和货币监理署决定将银行评价体系统定为五项：资本充足率(Capital adequacy)、资产质量(Asset quality)、管理水平(Management)、赢利能力(Earnings)和流动性(Liquidity)，缩写为 CAMEL。进入 20 世纪 90 世纪年代以后，随着金融全球化的发展以及利率作为货币政策中介目标被美联储频繁使用，金融资产的市场价值受到利率波动的影响越来越大。1996 年美联储理事会决定在过去 CAMEL 体系中增加“敏感性指标”(Sensibility)，开始实施新的银行评级体系——CAMELS，其中：

① 资本充足率为资本与风险资产之比，代表着商业银行通过外援融资增加资本，应付流动性及消化潜在损失的能力。

② 资产质量代表银行的资产管理和支付能力。

③ 管理能力涉及的内容较广，其中包含银行的投资组合的分散化和风险水平、管理技能、科技竞争力、领导能力、遵守现有条例的能力以及对环境的应变能力。

④ 赢利能力从财务指标上反映银行的获利能力。

⑤ 银行资产流动性的考评主要是考察核心存款的稳定性、银行对借入资金的依赖程度、资产及负债的利率敏感性、资产负债的管理水平、银行向外借款的能力等。

⑥ 敏感性主要考察其监控和管理市场风险的能力，对市场风险的反应能力，特别是对利率风险的管理能力。

经过上述六个方面多个指标的评价后，最终将银行分为五个等级，如表 10-5 所示。

(三) 借款企业选择

传统银行对借款企业的研究已经相当深入，在一般性贷款业务中，银行对于借款企业已经拥有一套相对完整的评估体系。目前银行对于借款企业的考察主要是四个方面：借款企业的偿债能力状况、财务效益状况、资产营运状况和发展能力状况，如表10-6所示。

表10-5 CAMELS评级法等级评价结果[①]

等级	等级相关描述
Ⅰ级	经营十分稳健的银行，几乎在所有方面都比较优秀的银行
Ⅱ级	健康的银行，具有控制风险的能力，但在正常经营中存在可改正的些许的缺陷
Ⅲ级	需要引起监管者特别关注，该银行已经出现不良资产并存在一系列缺陷
Ⅳ级	问题银行，有很大的资产缺陷或其他令人不满意的地方；存在破产的可能性，但目前还尚不明显
Ⅴ级	濒临破产的银行，需要股东或其他方面进行紧急帮助，破产的可能性很大

表10-6 银行行业客户评分标准

项目	子项目	参考值	得分
偿债能力状况	资产负债率		
	流动比率		
	总债务		
	全部资本化比率		
	已获利息倍数		
	速动比率		
	经营活动现金净流量/总债务		
财务效益状况	净资产收益率		
	销售（营业）利润率		
	总资产报酬率		
	成本费用利润率		
	营业活动现金流入量/主营业务收入净额		
资产营运状况	总资产周转率		
	流动资产周转率		
	存货周转率		
	应收账款周转率		
发展能力状况	销售（营业）增长率		
	资本积累率		
	总资产增长率		
	三年平均利润增长率		

但供应链金融的客户选择较之传统金融的最大区别在于，物流及供应链金融服务基于的不是单一企业，而是企业所在的整个供应链。因此，还应当加入对借款企业生产运营过程及其所在行业分析。

对于借款企业运营过程的了解有助于银行针对企业的实际情况采取不同类型的融资方式，以便于降低风险、保证物流金融服务开展方的利益。企业的一个生产运作周期包括企业采购原材料、产成品入库、销售以及收回应收账款等过程。企业在整个运作周期内必须保持足够的现金流以满足生产销售的资金需要。生产运作周期将决定借款企业花费多长时间购

① 整理自王娟：美国信用风险评估体系简介，金融时报，2002-09-16。

买原材料和货物，生产出商品，销售产品并回收应收账款。生产运作周期的长短随着企业所在行业的不同而不同，物流金融服务开展方和借款企业必须考虑在原材料采购之后多长时间内能将产品或服务转化为现金以偿还贷款，便于在签订合约时确定合适的还款期限。

同时银行需要了解客户所在的供应链上下游企业是否能够对企业提供资金支持，比如增加企业采购信用额度或者放宽信用期限等；当然也可能正好相反，上游企业采取压货策略，而下游企业故意拖欠账款，使整个资金回笼时间大大延长。此时，物流金融开展方需要谨慎考虑是否选择该客户。

同样，对借款企业经营状况有影响的还有行业因素，例如，当国内钢铁行业不景气时，预期相关的企业和供应商都会遇到各种问题。这也是银行在进行客户选择时所需要注意的。

（四）存货质押业务关键参数的决策

在信贷合约中涉及许多因素的确定，如还款期限、企业还款方式等，其中质押率和平仓线是两个极为重要的参数。

1. 质押率

在实际的物流金融业务中，银行往往是根据业务经验和质押物的历史价格数据确定质押率。最一般的做法是取得某种质押物钱一个时间段的市场价格数据，分别记录最高值和最低值，将最低值除以最高值作为质押率。

冯耕中等(2014)提出了综合考虑物流金融开展方和借款企业双方的质押率确定。首先来看对于贷款方而言的期望收益。

假设 W 为借款企业提供的质押品初始总额，p_1 为估计的借款企业投资项目的成功率，Ψ 为借款企业违约时质押商品价格与签约时价值的比值，θ 为质押率，r 为贷款利率，r_0 为利率，则贷款方的期望收益为：

$$E_\sigma = p_1 r\theta W + (1-p_1)[\Psi W - \theta W(1+r_0)]$$
$$\text{s.t}\quad E_\sigma \geqslant \Omega W$$

约束条件的含义是，贷款方的期望收益不得低于事先确定的最小收益，一般有 $\Omega<r$。

由于 Ψ 事前不可测得，因此，在进行决策分析时可采用历史数据的均值 $\bar{\Psi}$ 代替，根据约束条件可以计算出贷款方可接受的质押率上限：

$$\theta_\sigma = (1-p_1)\bar{\Psi} - \Omega/[(1-p_1)(1+r_0) - p_1^r]$$

而对于借款企业而言，假设其初始资金为 x_0，x_1 为借款企业用于投资生产项目所需的费用，$x_0 \leqslant x_1$。企业拥有单价为 v、数量为 q 的库存原材料，贷款方设定的质押率为 θ。假设贷款后投资成功可获得收益为 R（项目完成之前无法获得收益），预测的项目成功率为 p，贷款利率为 r。

假设双方采用的是动态质押的贷款方式，借款企业如需进行生产则需要以单位价格 v_1 用现金补偿提取的这部分原材料。

设 $f(T)$ 为 T 时刻借款企业的库存提取量（$T=0,1,2,\cdots,n$），借款企业在 n 时刻的现金为 c_n：

$$c_n = x_0 + \theta vq - x_1 - \sum_{r=0}^{n} f(T) - v_1$$
$$E_m = pR - x_0 - vq - r\theta vq$$

$$\text{s.t.} \quad c_n \geqslant 0$$
$$E_m \geqslant 0$$

约束条件的含义是：

(1) 借款企业必须在 n 时刻获取收益之前资金流不为负，保证其生产经营能够运行，故可求得对借款企业而言的 θ 下限：

$$\theta_{m1} = x_0 - x_1 - \sum_{x-0}^{m} f(T) - v_1/vq$$

(2) 再根据期望收益不为负计算 θ 上限：

$$\theta_{m2} = pR - x_0 - vq/rvq$$

所以借款企业所接受的 $\theta \in [\theta_{m1}, \theta_{m2}]$，而贷款方可以接受的质押率区间为 $\theta \in [0, \theta_\sigma]$，若两方可接受的范围之内有交集(如图10-3灰色部分所示)，那么便可进行协商，达成融资业务。

2. 平仓线

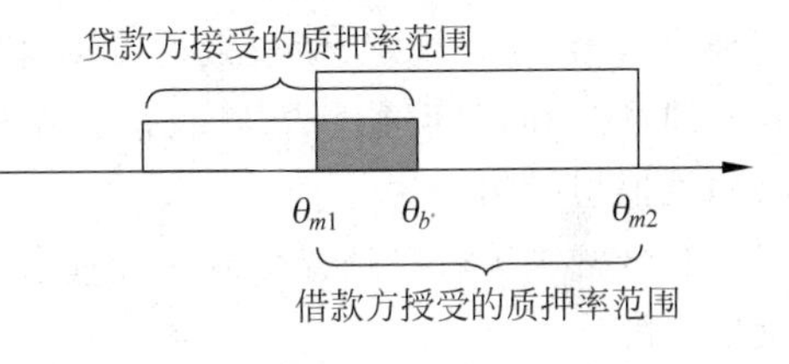

图10-3　借贷双方质押率决策图示

由于借款方在生产或销售过程中会随时需要提取库存货物，于是物流企业在监管借款企业质物时，可以获得借款企业关于生产或销售的信息。这些信息有助于物流金融开展方判断借款企业的运营状况，从而更准确地确定平仓线。

假设物流企业可以获得借款企业提货量 $f(T)$ 以及支付给银行的现金 $g(T)$，库存商品在 t 时刻的价格为 v_t。考虑到库存物品实际价格的波动，必须保证在最坏的情况下贷款方不至于亏损。最坏的状况是商品价格下降后，借款企业不愿用现金提取库存商品而违约，银行将被迫处理库存商品。因此银行必须设立平仓线，当商品价格下降至该水平时，银行可以依照合约强行平仓。假设平仓线为 εv，其中 ε 为质押商品现实价格与签约价格的最低比率。

假设银行的目标是即使借款企业违约，也必须保证银行从该笔业务获得的最终收益不小于贷款给借款企业资金的预期收益。假设借款企业在 t 时刻违约($t \leqslant n$)，则有：

$$\sum_{T=0}^{t} g(T) + v_t\left[q - \sum_{T=0}^{n} f(T)\right] \geqslant \theta vq(1+r)$$

由此可得

$$v_t/v \geqslant \left[\theta vq(1+r) - \sum_{T=0}^{t} g(T)/v\right] \Big/ \left[q - \sum_{T=0}^{n} f(T)\right]$$

平仓线 ε 应大于每一时期的 v_t/v，即有 $\varepsilon \geqslant v_t/v, t=0,1,2,\cdots,n$。

由此可得

$$\varepsilon \geqslant \max\left\{\left[\theta vq(1+r) - \sum_{T=0}^{t} g(T)/v\right] \Big/ \left[q - \sum_{T=0}^{n} f(T)\right]\right\} \quad t = 0,1,2,\cdots,n$$

5. 其他决策

关于存货/仓单融资下的其他决策如存货质押融资业务合约、业务流程管理和风险控制、价格预测等也是实践中较为重要的内容，前面章节已经有所涉及，此处不再详述。

第三节 基于应收账款模式的决策分析

一、应收账款模式下的决策要点

传统的供应链是推式供应链，它以制造商为核心，产品生产建立在需求预测的基础上，并由分销商逐级推向客户，客户处于被动接受的末端。新型的拉式供应链则以消费者需求为导向，对消费者需求进行分析，力求快速反应。相对于存货质押融资业务，应收账款融资业务由于弹性更高、融资时间更短、风险程度较低等特点更具有发展前景。

应收账款融资主要将经历如下三个环节。

1. 应收账款选择

同其他物流金融业务模式一样，应收账款融资业务风险控制的重点是质物管理。应收账款的实质是在劝人对债务人享有的金钱债权，因此应收账款质押转让的性质为债权转让。《合同法》第79条规定，债权人可以将合同的权利全部或者部分转让给第三人，只要通知债务人即可。2007年通过的《物权法》"担保物权"第223条明确规定了应收账款可以作为合法的质押担保物。

在金融决策者在选择借款企业应收账款时应充分考虑应收账款的合法性、可实现性以及集中度。

2. 应收账款融资合同签订与质权设立

出质人与质权人首先要达成应收账款质押融资的意向，之后出质人提交相关的申请材料，其中至少要包括应收账款债权的证明文件、认证材料以及申请的质押担保额度，经过银行信贷部门的审查，最终确定的应收账款质押融资方案。出质人与质权人双方签订应收账款质押合同，合同中要载明融资额度、质押比率、付款期限、宽限期限、质押费率、账户管理和之后的质押管理。应收账款质押合同不仅要符合《物权法》和《合同法》等国家相关法律要求，也要符合具体商业银行等金融机构制定的应收账款质押管理办法及规定。

而应收账款质权的设立还需要经过质权人登记才能完成。《物权法》第228条规定：以应收账款出质的，当事人应当订立书面合同，质权自信贷征信机构办理出质登记时设立。这意味着在出质人与质权人签订合同后，应收账款质权并没有存在，而必须是到信贷征信机关登记后，应收账款质权才真正地设立。

应收账款质权的设立证明质权人对出质人的应收账款有优先受偿权，但为防止出质人多次保理或出质，需要对应收账款进行公示。

目前，对于应收账款质押的公示方式，主要有三种方式：第一种是交付书面合同；第二种是交付书面合同加债权证书；第三种是书面合同加登记的方式。

我国采用的是第三种方式，这种方式的公示效果最佳，更能保护作为质权人的商业银行等金融机构的利益，防范风险。

3. 应收账款质权的实现

应收账款质权的实现是指应收账款已经到达偿还期限，质权人没有得到清偿，可以依法使其质权得到受偿的行为。

应收账款质权的实现因牵扯到出质人与质权人和应收账款的债务人与债权人等两个债权而变得复杂。根据我国《担保法》司法解释的第106条推断，当质押的债权与应收账款的

债权期限相吻合时，质权人可以直接向应收账款的债务人要求给付；如果应收账款的债务人偿还的金额超过应收账款的总额，质权人将超过的部分退还给出质人。

当质押的债权期限晚于应收账款债权期限时，由于质权人与出质人的债权尚未届满，商业银行等金融机构不能直接向出质人要求偿还债权；但质权人可以与出质人事先协议在此情况下，出质人要把款项存入在质权人处的专门账户中，使尚未到期的质押质权转化为定期存单；或者三方也可以事先直接与出质人达成协议，让其提前清偿。

当质押的债权早于应收账款债权期限时，由于应收账款的债权尚未届满，质权人只能要求出质人清偿债权，待应收账款的债权到期后出质人再向债务人要求给付，根据《物权法》第219条规定，也可由质权人折价、拍卖或变卖应收账款来清偿债权。

由于应收账款质权实现涉及多种情况，金融决策者需要进行慎重考虑。

对此，下面主要从以下三个部分叙述应收账款融资业务的重点决策内容。

(1) 质物选择和借款企业选择。应收账款融资是一种短期的商业贷款，注重于解决生产或销售型企业的融资问题。对于该业务的管理主要在核心企业的经营能力和信用风险监控，以及产—销供应链的合作稳定性。

(2) 应收账款融资业务合约设计。应收账款融资中的质押率设计取决于应收账款的各种特性。对于一般合法的应收账款，银行制定的质押率一般在70%～90%；如果银行对于某种应收账款的判断是其风险较高，那么质押率可能会更低。

(3) 应收账款融资业务风险管理与控制。相对而言，应收账款业务风险较低。其风险管理的重点是在监控核心企业的经营能力和产—销关系合作稳定性的基础上对应收账款的管理和控制，以及对作为第三方参与业务的物流企业进行道德风险监控。

应收账款融资业务的管理同存货质押融资业务一样，着重于对质押物的管理与控制，因此第二节存货/仓单质押融资业务管理的许多思想、方法在此节仍可借鉴运用。

二、应收账款模式下的重点决策内容

(一) 借款企业的选择

借款企业的选择可以参照存货/仓单质押的管理要点来进行，重点分析其生产经营能力、财务运作能力、行业特征、管理水平等。除此之外，结合应收账款融资的特点，还应从借款企业的客户构成、关联企业的经营能力等方面加以重点分析和判断。

1. 客户构成的质量

企业所拥有的下游客户组成往往多种多样，对于不同的客户构成，企业拥有的应收账款也存在着不同的风险级别。大多数应收账款的价值取决于借款企业下游客户的信誉和经营能力。因此，对于应收账款的分析应该从借款企业客户的财务金融状况评估开始。

一般来说，借款企业客户群体的财务状况越好，其客户构成的质量就越好。当一个企业的应收账款对象是财政状况不好的企业时，该企业收回应收账款的风险就会比较大。

为了鉴别借款企业客户的财务状况，物流金融开展方应当参考其客户以往的信用记录、交易记录和负债情况，或者亲自进行信用评估。在对借款企业完成客户构成评估后，这些分析报告应当存入相应的信用档案里。

2. 应收账款的集中程度

像所有其他贷款组合一样，物流金融开展方的借款对象拥有更高的集中程度就拥有更高的风险，即贷款集中度风险。一般认定应收账款的集中程度不能超过总应收账款融资的

10%。同时,贷方对于存在过于集中的客户构成的借款企业也必须加以控制。对于客户构成过于集中的借款企业,银行应该控制器最高融资规模在总营收账款融资规模的10%~20%,或是采取降低质押率的手段来降低风险。

3. 业务波动程度及可能性

一般来说供货不足导致生产受阻,价格波动造成企业产品销售不畅,自然原因造成供应链断裂,上下游信息不透明造成供应链协作效率低下,这样的一系列原因都会引发借款企业预定业务周期的延长。逾期30天的账目或是比合约约定的交易期限推迟的情形都被认为是延迟,延迟的产生表明风险的增加。贷款方应尽可能掌握借款企业与其客户企业的交易记录,特别是分析业务延迟出现的程度以及概率。对此我们可以借鉴 Perreault & Russ (1974)的7RS理论以及美国田纳西大学(2001)对物流相关整体服务质量的内容对业务波动风险进行分析,比如:

(1) 订单释放数量。许多情况下,物流企业会出于供货、存货或其他原因,减少部分订单的订量。可以用需求满足率来进行衡量:

需求满足率=需求得到满足的次数/总需求次数

(2) 货品精确率。指实际配送的商品和订单描述的商品相一致的程度。货品精确率应包括货品种类、型号、规格准确及相应的数量正确。通过发货准确率来进行衡量:

发货准确率=1-一段时间内的错误发货次数/总订单次数

(3) 货品完好程度。指货品在配送过程中受损坏的程度。如果有所损坏,那么物流企业应及时寻找原因并及时进行补救。通过货物完好送达率来衡量:

货物完好送达率=一段时间内的完好送达次数/总订单次数

(4) 时间性。指货品是否如期到达指定地点。它包括从顾客落订到订单完成的时间长度,受运输时间、误差处理时间及重置订单的时间等因素的影响。可以用以下指标进行衡量:

货物及时发送率=一段时间内的及时发货次数/总订单次数

货物准时送达率=一段时间内的准时送达次数/总订单次数

(5) 损失程度。指由于货物延迟或不准确造成的损失程度,可以用以下指标来衡量:

失销比率=失去的销售额/总销售额

破损赔偿率=货物破损赔偿费用/总销售额

对于业务合作中出现大量业务延迟的企业,应收账款融资业务应谨慎进行。

4. 借款企业客户方的运营能力

为了控制借款企业可能发生的风险,贷方常常将评估重点延伸到借款企业的客户上,这也是物流与供应链金融区别于传统接待的一个重大特点。客户方企业的运营包括采购、生产、销售、物流和应收账款回收等环节,其运营能力直接影响到借款企业应收账款的实现。所以,对于客户方企业运营能力的考核应关注其整个生产销售直至货款回收的流程。

(1) 在采购方面:

① 分析其采购的成本,了解成本的高低以及在贷款期间内可能发生的波动。

② 分析采购方式,了解是属于一次性采购还是分批采购。如果是分批采购,还需要了解每批次的周期和批量。

③ 分析采购团队的能力,了解采购的反应速度和反映采购能力的历史记录。

④ 分析供应商情况,了解供应商的类型、实力、信誉和供应商数量。

(2) 在销售方面：

分析售后服务的水平和反应速度，销售的组织水平和业务素质。

(3) 在物流方面：

① 分析物流服务提供方，是由借款企业完成，客户自己完成还是交付给第三方物流企业完成。

② 分析物流成本，了解物流成本占比高低。

③ 分析物流的反应速度，对于外界需求变化的相应程度。

④ 其他因素，比如物流过程面临的风险，物流服务沟通的质量，误差处理的水平等。

(二) 应收账款的选择

1. 应收账款的合法性

关于应收账款的合法性，物流金融决策者应从以下几个方面进行考虑：

(1) 应收账款是否真实。应收账款的真实性风险是指出质人的应收账款可能是虚假的，出质人恶意虚构骗取质押融资。应收账款质押的标的尽量选择在《应收账款质押登记办法》中指明的主体，避免引发应收账款的风险。

(2) 应收账款价格是否虚高。在实践过程中，有一些出质人为了获得更多的应收账款质押融资，故意将其他应收账款的数据移花接木，使应收账款的价格被恶意抬高。在出质人未与质权人达成融资协议前，应收账款的付款人与出质人合谋，故意将应收账款的价格抬高，甚至是远超于应收账款的价格来谋取利益。

(3) 应收账款是否面临撤销变更风险。《中华人民共和国物权法》第228条规定，未经过质权人同意，出质人不可以转让已出质的应收账款。但这里仅仅规定了禁止转让，并未提及像抛弃应收账款、免除应收账款、抵销或赠予应收账款、变更债权数额、延长债权期限等行为，这些撤销或变更都可能使质权人遭受重大损失。再如出质人可能会将已经出质的应收账款全部或部分赠予债务人，或可能放弃全部或部分债权，这些都属于应收账款的撤销或变更，会对质押的标的产生影响，影响质权人对质权的实现。

(4) 应收账款是否可能抵销。应收账款的债务人与出质人可能利用到期的同种债权相互抵销，使出质人作为质押标的物的应收账款消灭，进而使商业银行的金融机构无法行使债权。在我国目前的相关法律没有明确规定应收账款的债务人不能行使抵销权，只要债务人的应收账款是合法的，质权人就不能限制债务人行使抵销权，这使商业银行等金融机构存在潜在的风险。

(5) 应收账款是否面临代位行使风险。这种现象可能出现在出质人以同一应收账款担保两个以上债权的情况。除了应收账款的出质人以外，应收账款债务人的其他债权人的债权人，可能代替其债权人行使求偿权，使应收账款的债务人财产减少。财产的减少意味着偿债能力的减弱，会使债务人对作为质权人的商业银行等金融机构的清偿的实现存在一定的隐患。

(6) 应收账款的出质登记。《中国人民银行征信中心应收账款质押登记操作规则》中规定质权人要承担登记结果而产生的法律责任，这就产生了法律上的不对等。在登记质押时，许多登记机构不会详细地核实相关情况。这样就无法确定登记双方之间的质权关系是否真实有效，所以质权人必须提高自身警惕性，否则势必会因审查漏洞遭受损失。

(7) 应收账款是否逾越诉讼时效。应收账款的诉讼时效风险主要有两个方面：一方面是诉讼时效风险；另一方面是法定期限的风险。诉讼时效风险主要是应当注意应收账款的债权合同应该在诉讼时效之内，因为这是应收账款清偿权的前提。而法定期限主要是指应收账款的标的是公路、桥梁、隧道等不动产的收费权的情况。当应收账款的不动产收费权已经到达法定期限，或是超过届满期仍在继续进行时，行政机关便会依法取消其收费权，致使无法得到清偿。

2. 应收账款的可实现性

应收账款的合法性也会对其可实现性产生影响，但此处我们主要针对质押物品的市场属性、应收账款债务方和债权方的运营能力以及供应链的效率和管理水平角度出发进行说明。

(1) 应收账款融资业务一般应选择风险较小的质押物品相关的业务。与存货质押融资相似，即要有良好的物流属性和流通属性：被选择的质押物品应当容易变现、出现滞销的可能性较小、价格波动幅度较小、物流业务操作面临风险小等。

(2) 债权、债务方所在的供应链管理和运营水平将影响应收账款的实现，银行对供应链所涉及行业以及供应链自身的情况都需要做出评估以帮助决策。对供应链管理与运营水平的评估应从评价供应链核心企业入手，核心企业往往决定来整个供应链的运作效率和赢利水平，他们的战略决策、运营优劣和风险应对能力将决定整个供应链的竞争力。如果借款企业拥有的是对核心企业的应收账款则应当优先考虑。

(3) 借款企业和债务方企业的关系稳定性也是评价应收账款实现能力的一个重要指标。如果借款企业和债务方企业是长期合作伙伴，那么说明双方越有可能享有共同利益，应收账款的实现也就越有保障。一般来说，物流企业对于了解借款企业和债务方企业的关系具有独特的优势，因为物流企业比较了解上下游企业的过往交易记录和历史信誉，因此，能够比较准确地评估借款企业和债务方企业的关系稳定性。

3. 应收账款的集中度

和其他金融业务类似，物流金融开展方和多家企业进行应收账款融资业务时，需考虑应收账款的集中度，即需考虑所融资的应收账款是否都集中在同一行业或领域，是否都集中在同一类型的供应链中，更需要进一步考虑应收账款的债务方是否都集中在同一家企业。同信用风险组合管理一样，应收账款越是集中于同一行业、同一类型供应链甚至同一家企业，面临的风险就越大。

降低应收账款融资业务过于集中的风险管理方法有两个，一是选择能够降低集中度从而分散组合风险的应收账款进行融资；二是通过减少应收账款融资业务的质押率来降低由过于集中造成的风险。

另外，也可以利用应收账款融资业务下个对集中的优势实施应收账款池融资方案。对于业务相对固定、交易频繁、笔数多、单笔交易金额小、过往记录良好的企业，凭其贸易形成的零散应收账款集合成“池”，为其提供融资服务有利于帮助该企业迅速发展壮大。但这种服务方式也对贷款方的业务管理水平提出来更高的要求。

(三) 应收账款融资业务合约设计

一般来说，应收账款信贷合约将确定银行、物流企业和借款企业三方的基本权利和义务。除此之外，信贷合约中要明确一些关键性的内容。

1. 贷款期限

在合约中要确定贷款的期限，对贷款期的确定主要依据从借款采购到应收账款完全收回的整个运营周期的长短，京东金融的京保贝贷款所约定的期限是 90 天，一般情况下贷款期限为3～12个月。

2. 质押率

应收账款融资业务的质押率一般为50%～90%，具体数值取决于银行对于质押的应收账款属性的判断、对借款企业应收账款对象信用以及经营实力的判断、对借款企业及其下游客户构成的产-销关系稳定性的分析。除此之外，质押率的设定还与银行对风险容忍水平、实现应收账款的风险大小等因素。

3. 利率

在利率市场化的条件下，影响利率变动的因素越来越多，如价格波动、制度现值等，正确确定利率水平对融资业务的顺利进行具有重要的意义。

4. 留置权

需要特别强调的是，质押物品的留置权在合约中必须有法律性强制条款予以保证。为了保证银行留置权的优先地位，贷款方必须在正式贷款给企业前对物品的留置权进行审查。最理想的状况是贷款方能够确定自己是拥有借款企业应收账款留置权的唯一方，如果不行则需要采取频繁、全面的审计。如果无法控制风险，则应做出取舍。

5. 违约处理方案

根据质押模式的不同，违约后的处理方式也有所区别。在应收账款抵借融资模式下，由于借款企业拥有追索权，即承担坏账的责任，如果如法回收应收账款则判定借款企业发生违约，银行(或物流金融开展方可以要求银行)依据合约或者相关法律冻结借款企业在银行开设的账户；在应收账款让售融资模式下，应收账款的追索权属于贷方。如果无法回收应收账款，贷方将自行承担损失。

6. 收益分配方案

在应收账款融资业务中应事先确定物流金融服务开展方和合作方的收益分配方案。常见的收入分配方案有三种：一是银行获得贷款利差收益，而物流企业获得物流服务相关收入，双方的费用都由借款企业分别付偿；二是银行获得贷款利差收益，而物流企业获得物流服务相关收入，但借款方只用将金额全部付给主银行，再由银行支付给物流企业；三是受委托银行开展订单融资业务，除按合约规定给银行相应收益外，物流企业获得其他利差和物流费用。

在确定了基本的分配方式后，具体的收益指标应在合约中明确指出，此外还需指明结算方式、交接程序和违约处理方式等。

(四) 应收账款模式其他决策

关于应收账款模式下的决策和存货/仓单质押模式下的决策有许多值得相互借鉴的部分，为避免重复，本节中没有一一列明。比如在客户选择中，存货/仓单质押章节中叙述的考察标准对于应收账款模式同样适用。

应收账款模式下的其他决策如业务流程管理和业务风险识别控制也是实践中较为重要的内容，前面章节已经有所涉及，此处不再详述。

第四节 基于订单融资模式的决策分析

一、订单融资模式下的决策要点

一般来说，订单融资业务贷款发放的对象为产品有市场、有效益，但缺乏生产流动资金的中小企业，贷款用途是满足企业生产销售订单产品的流动资金需要，贷款手续力求简便。这种贷款的主要特征有三个：

（1）封闭性，即一单一贷、专款专用；

（2）灵活性，即业务具有及时、简便、循环使用、效率优先；

（3）复杂性，即业务由以主体准入为基础的风险控制理念转变为基于流程控制或把握主体行为的同时控制资金流、物流的风险管理理念，所涉及的物流和资金流较为复杂，监控难度较高，所以需要专业的物流企业有效参与。

类似于存货/订单质押融资业务管理，同样可以将订单融资业务划分为三个阶段，即借款企业和订单选择阶段、合约涉计阶段，以及业务管理和风险控制阶段，如图10-4所示。

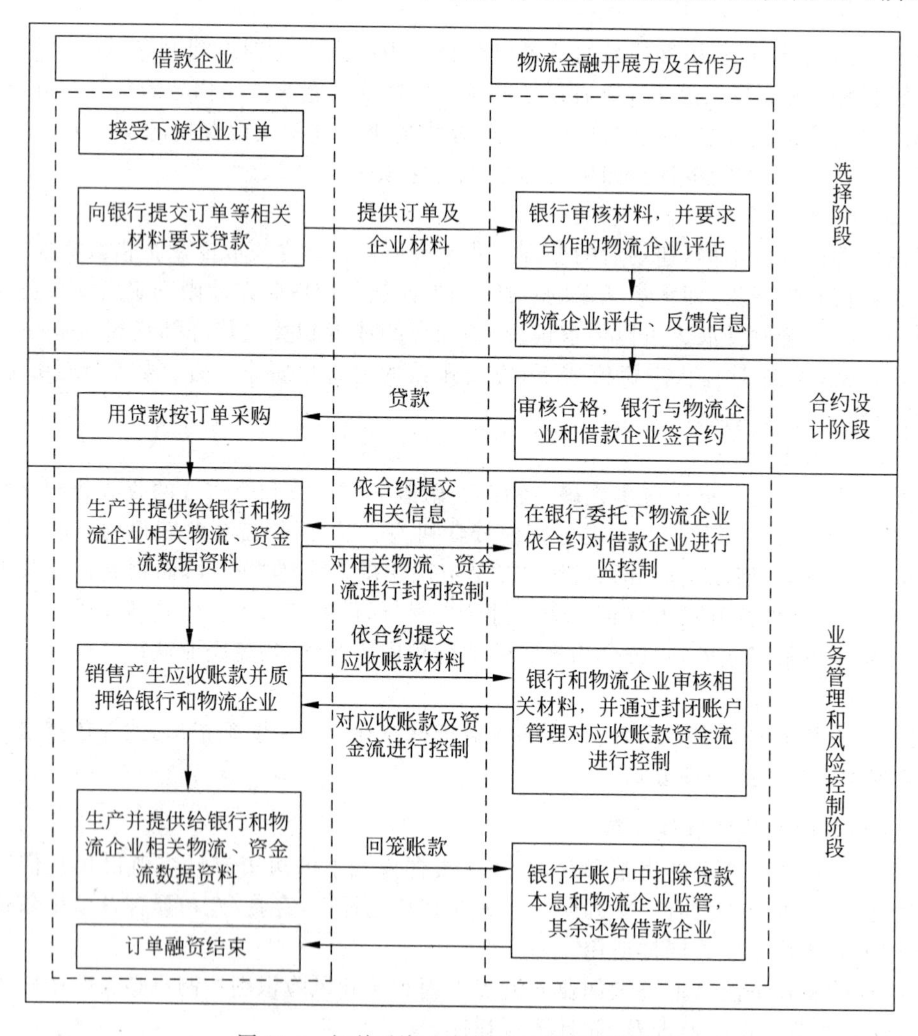

图10-4 订单融资业务管理与过程控制流程

在借款企业和订单选择阶段，借款企业在接到下游企业订单后，将订单及相关材料递交给物流金融开展方作为申请材料，然后由物流金融开展方和合作方共同审核评估，从而确定是否要为借款企业提供融资。

在合约设计阶段，确定给借款企业贷款后，由银行、物流企业和借款企业三方签订贷款

合约。此阶段需要确定一些重要指标，比如授信额度、贷款期限等。同时，需要建立起封闭式账户，并确定封闭式账户的操作方式，确定物流企业的监控模式，违约后处理程序以及物流企业、贷方和借款企业各方责任以及赢利方案等。

在业务管理和风险控制阶段，银行拨付资金进入封闭账户后，将定期审核借款企业订单实现情况；而物流企业则按照合约对借款企业在生产、销售等活动过程的资金使用情况和货物流动情况进行封闭式监控。

订单实现后，如果借款企业的客户延迟付款，则转为对应收账款进行管理和控制，直至货款完全收回。

二、订单融资模式下的重点决策内容

（一）订单选择评估

订单融资业务中最重要的是对订单的直接评估，同前述应收账款的选择类似，在进行订单选择时需要考察订单的有效性和订单的可实现性。

1. 订单的有效性

在订单融资业务中，对订单的选择首先需要考察订单是否有效，关注订单内容是否真实，这是进行下一步评估的基础。

2. 订单的可实现性

订单的可实现性是对订单评估的核心。

(1) 订单的实现需要发出订单的企业能够诚信履约合同。因此订单的实现和发出与订单企业的信用密切相关。对发出订单企业进行信用评估和信用贷款对借款企业的评估方式基本一致，包括了一些基本指标，例如，财务状况、资本实力、企业管理素质、领导人素质和现金流状况等，不过由于订单融资业务主要依靠订单的实现，所以对发出订单企业的信用评估更强调它们的历史信誉和过往的交易记录，这些指标理应获得更高的权重。

(2) 借款企业和订单发出企业的关系稳定性也是评价订单实现能力的一个主要指标。双方的交往越深，双方的关系就越稳定，订单的实现就越有保障。现实实践中，客户企业延迟付款、挤占上下游企业的资金是经常发生的现象，所以对借款企业的订单客户的评估应当全面。

(3) 借款企业的运营包括采购、生产、销售、物流和应收账款回收等各环节，运营的能力直接影响订单的实现。对于借款企业运营能力的考核应该关注从采购到生产销售直至货款收回的整个流程状况，如图 10-5 所示。可以结合借款企业的选择同时考量。

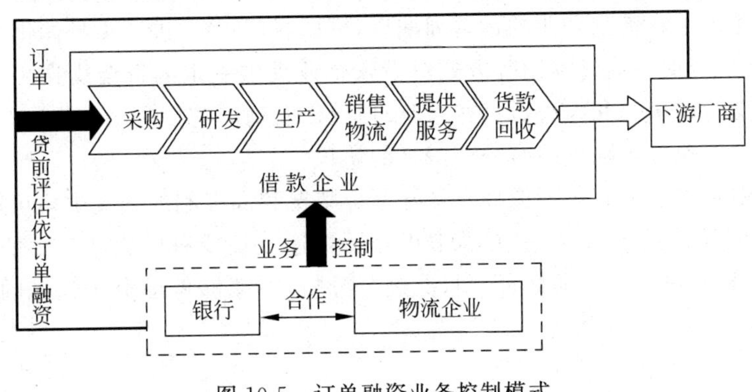

图 10-5　订单融资业务控制模式

(4) 影响订单实现的重要因素之一是其所在供应链的运作水平。供应链效率将直接影响供应链上企业的经营状况。对供应链水平的评估应该从评价供应链上核心企业入手,此方面的评估可以借鉴对应收账款可实现性考察的相关内容。

李道芬(2012)综合前人研究建立了订单可实现性评估指标体系,可供决策参考,如图 10-6 所示。

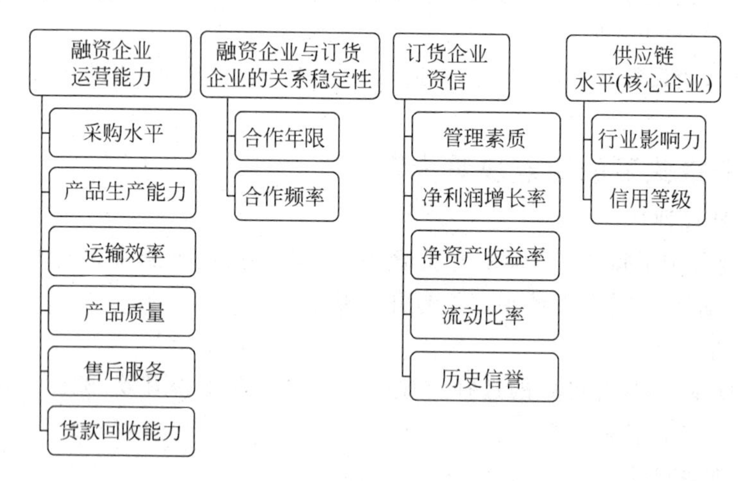

图 10-6 订单可实现性评价体系

(二) 借款企业选择

因为订单融资业务是否顺利完成主要依靠订单的实现,所以银行即使对借款主体的考核也应该侧重于分析与订单实现相关的指标,例如,借款企业的金融状况,借款企业的行业状况,借款企业在行业中的地位,运营周期和管理团队的水平等。

1. 管理团队水平

因为需要订单融资业务的借款企业大多财务杠杆很高或者增长很快,所以控制这类公司对管理团队的能力也要求很高。一个好的管理团队将能够有效地提高借款企业的生产运营水平,保证订单的顺利实现,实现企业的预期目标,从而保证贷款的安全。

2. 借款企业的运营周期

明确运营周期能够使贷款方确定的贷款合约比较适合借款企业的需要,并最终保证自己的利益,如图 10-7 所示就是一个典型的生产企业的运营周期过程。运营周期的长短随行业的不同而不同,贷款者需弄清在购买原材料及服务后借款企业需多长的周期转化这些成为现金。在清楚地了解借款企业的运营周期后,可以将图 10-7 进一步具体化。

一般来说,供应商会通过赊销等方式对借款企业提供一定的资金支持。了解借款企业其他形式资金支持的来源和大小、运营过程中何处以及何时需要资金支持,需要资金的数量将能够对订单融资业务风险事前有一个清晰的认识。

要求订单融资的借款企业不像拥有良好资金状况和高赢利的企业那样可以通过内部资金的运转满足流动性资金需求,它们通常正经历快速成长或有较大波动性的资金需要,因此,对借款企业赢利模式和流动性资金状况进行分析,将能够保证资金运用的效率,降低贷款的风险。

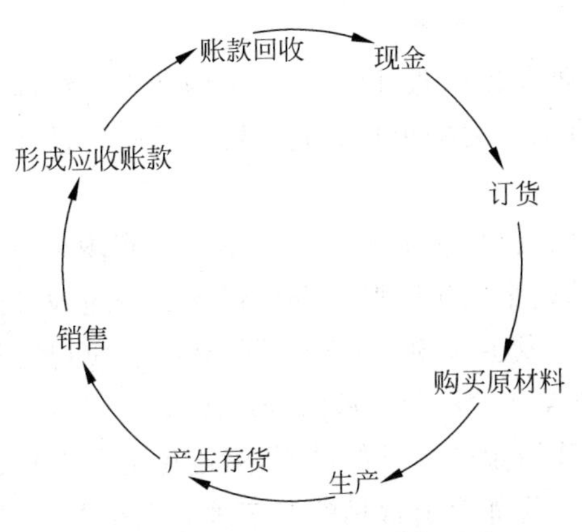

图 10-7　借款企业运营周期示意

3. 借款企业的其他情况

借款企业的其他情况，如金融财务状况、行业发展情况以及偿债能力状况、资产运营状况等同在前面章节已经有所介绍，此处不再详细说明。

（三）订单融资业务合约设计

一般来说，订单融资信贷合约将确定银行、物流企业和借款企业三方的基本权利和义务。除此之外，信贷合约中要明确一些关键性的内容。

1. 贷款期限

在合约中要确定贷款的期限，对贷款期的确定主要依据是从借款采购到应收账款完全收回的整个运营周期的长短。

2. 授信额度

授信额度与质押率有关，该指标的确定往往与贷方对风险的容忍水平、实现订单的风险大小、所控制的物流情况、运营周期的长短，以及是否循环使用等因素有关。一般来说，借款企业的资信越好，订单发出企业的实力越强且信誉越好，营运周期越短以及银行的风险容忍水平越高，则给予借款企业的授信额度就越高。

比如京东为具有申请资格的供应商建立风控模型，在分析以往供应链数据的基础上，将提取出的定性和定量信息相结合输入模型，对供应商做出 A～E 五个级别的评级。评级会将影响供货商可获得的融资额度，并且随着供应商在京东的采购情况、入库情况等信息的变动，模型会对融资额度进行动态调整。

3. 账户操作方式

关于封闭式账户的操作方式，主要考虑以下内容：

（1）需要什么凭证，物流金融开展方的批准及合作方的建议对于动用账户内的金额是否必须。

（2）订单实现所涉及的资金回流方式，是否可以循环使用。

（3）封闭式账户的结算方式，应经过何种手续进行办理。

（4）封闭式账户内的资金的使用限制，比如其不能作为长期资金使用，不能用于固定资产，不能用于缴纳税款、发放工资或弥补亏损等。

4. 监控模式

考虑物流企业采取何种监控模式，以及管理机构和人员组成，物流活动的流程和货物交接，以及物流企业释放质押品与通知银行之间的流程顺序等设计。

5. 违约处理方式

现实中会出现多种违约情况，借款企业在订单无法实现或订单实现成本太高时可能违约，也可能在其他项目流动资金发生问题时挪用资金作假违约，还有可能在下游厂商不履行合约或应收账款无法收回时发生违约。针对不同的情况，应规定不同的违约处理方式。

6. 物流金融主导方与合作方之间的收益分配方案

收益分配方案是开展物流金融服务的动因，为避免主导方和合作方最后发生纠纷，应当事先确定好收益分配方案。比如目前常见的有三种收益分配方式，具体内容可参考应收账款的合约设计的收益分配方案部分。

案例与分析

金融服务的鲜花与陷阱①

嘉农的会议室里，几个高级主管正在为要不要配合洋酒公司的渠道改革争辩得不可开交。

国内著名的洋酒公司喜马洋酒近日打算抛弃中间经销商，对作为零售终端的嘉农直接供货，以此来降低双方的成本。当然，喜马洋酒在降低价格的同时，也要求嘉农承担运输的任务，并且提出货款现结的条件来渠道之前经销商给予嘉农的30天账期。嘉农的高管对此问题看法意见不一，只有采购经理表示应当同意。

不速之客的提议

这场争论起源于总经理杨波与喜马洋酒总经理方为信的一场短暂而突然的会面。喜马洋酒是业内非常知名的龙头企业，由法国喜马国际酒业公司和湖北武新酒业有限公司合资组成，主要进口机生产XO干邑、香槟、威士忌等烈性洋酒。虽然喜马洋酒的产品都价格不菲，但在嘉农这里却非常畅销，也是嘉农非常重视的厂商，喜马旗下的喜年来XO干邑还被评为2005年度国内最受欢迎的干邑。

一直以来，嘉农所采购的喜马洋酒都是从上海的一级经销商鼎丰处进货的。鼎丰除了代理喜马洋酒以外还代理来一些国内啤酒与葡萄酒业务。嘉农和鼎丰已经合作了两年来，双方关系也不错，没有想过要更换进货渠道，也从未与喜马洋酒直接打过交道，杨波对于方为信为何突然上门也非常意外。

方为信开门见山地告诉杨波，目前喜马洋酒正准备开展一场大计划："随着我们业务的不断扩大，我们发觉原有的经销商模式的运作可能不太适应我们的发展需要，我们有计划改变模式。我们打算撤销经销商这一环节，通终端的零售商直接合作，现在我们初步先选取几家有潜力的重要零售商作为我们的第一期合作伙伴，准备来一起推行这个新模式。"

杨波这才明白喜马洋酒是希望通过类似直销的模式省去中间的经销商环节来进行产品

① 改编自王嘉豪：金融服务的鲜花与陷阱。

分销，但这种模式运用在快速消费品的零售上，似乎业内鲜有耳闻。

方为信接着说："我们希望嘉农今后所有的喜马洋酒产品直接从我们公司购买，不再通过鼎丰。我们给鼎丰的价格差不多比鼎丰给你们的价格低10%，现在这部分利润可以省下来，由我们五五平分。"听起来方为信已经对嘉农的销售情况进行了详细的了解，他很明白喜马系列的产品在嘉农的销量中占到的重要比例。

这对于嘉农来说确实是难以拒绝的提议，但是杨波并没有被冲昏头脑，中间商的存在有其合理性，那么除了利润以外，鼎丰之前所承担的工作又由谁来负责呢？

方为信说："确实，如果嘉农对这个提议有兴趣，还得接受两个条件：第一，所有的送货工作都由你们来承担。"杨波当即想了想，这种做法虽然会加大嘉农的物流负担，但嘉农有自己的车队，所以应该不是大问题。

"第二个条件是和我们的贸易采用款到发货结算方式。你们先把货款打到我们的银行账户，待我们确认无误后会立刻安排发货。"这让杨波无法感到轻松。现在嘉农和鼎丰之间的结算方式是30天账期，嘉农向鼎丰提交订单后，鼎丰会在两个小时内安排车辆把所订购的货物送到嘉农的仓库。等到嘉农收货确认无误后开始计算30天的账期，只需在期限内付清货款就可以了。在这种模式下，嘉农的现金流状况较为宽裕，可以在一个月内完成销售后再还款给鼎丰，但如果和喜马进行交易，嘉农就需要填补这30天的资金缺口。这还不包括从武汉工厂到上海仓库的运输时间。过去鼎丰能在两个小时内完成发货，而现在从武汉到上海的运输就要经过两天，这就意味着嘉农必须在仓库内备有1～2天的存货，加起来账期就变成了32天。

杨波没有立即做出答复，他需要和管理层进行讨论。

会议室之争

会议室里，杨波简要地陈述了方为信的建议和条件后，各部门主管很快开始了热烈的讨论。除了采购经理对这个方案感兴趣以外，其他人都持反对意见。

仓库经理黄豪表示，嘉农对客户有着两小时即时供应的承诺，而鼎丰也能够满足嘉农的需求，这种做法不仅增强了嘉农的竞争力，也保证了嘉农只需要保有很低的存货水平。之前说服鼎丰参与两小时送货计划花费了许多心血，现在却要将其抛弃，况且还很难找到符合要求的供应商。

运输部经理张严也同意黄豪的看法。他认为虽然嘉农拥有自己的车辆，但是为数不多，而且大都在本市范围内运作，负责对客户的配送工作。如果需要到武汉的工厂去拉货，从上海到武汉的单程中，车辆是处于空载阶段，成本上就不经济。张严预计成本将上升2%～3%，武汉到上海的这两天运输对于所有的车辆调配工作都产生很大的影响，并且目前车辆配置并不适合长途运输。

最后财务经理沈亦芸也发表了自己的意见。嘉农之所以在同行竞争中一直处于优势地位，很重要的原因在于嘉农能够用供应商的账期来维持自身的运转。

"举例来说，嘉农现在和鼎丰的协议账期是30天，但实际上却可以达到45～60天。嘉农将产品从仓库销售给客户一直到完成货款收取，整个周期差不多20天时间。假设在今年1月1日，嘉农向鼎丰采购了价值100万元货物，在1月20号完成销售回收120万元货款，以60天账期来算，嘉农会在3月1日将货款付给鼎丰。在1月20日到3月1日的40天里，如果把这120万元现金按照当期嘉农15%的年收益率来算，就能够产生20 000元的收益。

但反过来，如果接受喜马洋酒的提议，那么嘉农就需要在1月1日把货款付清，同样在1月20日完成并收到120万元的货款。从1月1日到1月20日的20天时间里，如果按照15%的平均年收益来看，相当于损失的机会成本是8 300元。

两种方式之差为28 300元，占100万货款的2.8%，加上张经理所说运输成本上升3%，那么总成本的上升将会超过5%。"如表10-7所示。

表10-7　两种账期模式的成本比较

日　　期	60天账期模式		款到发货模式	
	金额/万元	说　　明	金额/万元	说　　明
1月1日	0		-100.00	支付货款
	120.00	销售货物收回货款	120.00	销售货物收回货款
1月20日			-0.83	从1月1日到1月20日所产生的资金占用成本总计
3月1日	-100	支付货款		
1月20日～3月1日	2	1月20日到3月1日资金再投资的获利		
利润总计	22.00		19.17	

喜马洋酒的渠道改革

听取了大家的意见后，杨波拨通了方为信的电话，杨波表明，第一，嘉农不同意先前提出的款到发货的模式，要求喜马洋酒遵守所有嘉农供应商的条件，也就是给嘉农30天的账期；第二，嘉农同意负责安排从武汉工厂到上海的物流，但是喜马洋酒需要承担50%的物流费用。

方为信也有他的难处。自从开始推行零售商直销模式以来，方为信就一直四处奔走，亲自去向零售商游说直销的好处。虽然喜马洋酒通过经销商渠道已经占有了部分市场份额，但这中间也有不少问题。

凡是通过经销商分销的，所有的渠道都控制在了经销商的手里。一方面，一些大的经销商已经开始长着手里掌握的渠道向喜马洋酒压价；另一方面，采用经销商的模式，喜马洋酒离终端客户更加遥远，对于最终消费者的实际需求的了解也需要更长的反馈时间。此外，有一些经销商私自窜货，由此层层分拨、层层加价，最后到达消费者手中的产品不仅价格昂贵，而且货损率也非常之高。还有就是由于批发环节的增多，每个经销商手中都或多或少囤积了一些存货，这些存货的数量喜马洋酒无法掌握，自然也就无法对商场上到底有多少货量进行判断。货源充足还是过剩，是否应当继续生产，又应生产多少也都成了难题。喜马洋酒现有渠道模式如图10-8所示。

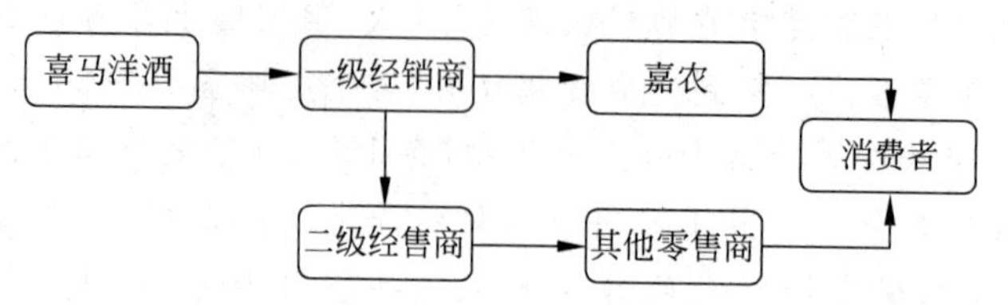

图10-8　喜马洋酒现有渠道模式

方为信认为要解决上述问题，最好的办法就是跳过经销商直接向零售商供货，将供应链改造成图10-9所示新模式。

但是困难重重，大部分零售企业都属于国有企业，采购经理们通经销商们经过多年的合作，有着“千丝万缕”的联系，所以对于方为信的计划并不感兴趣。

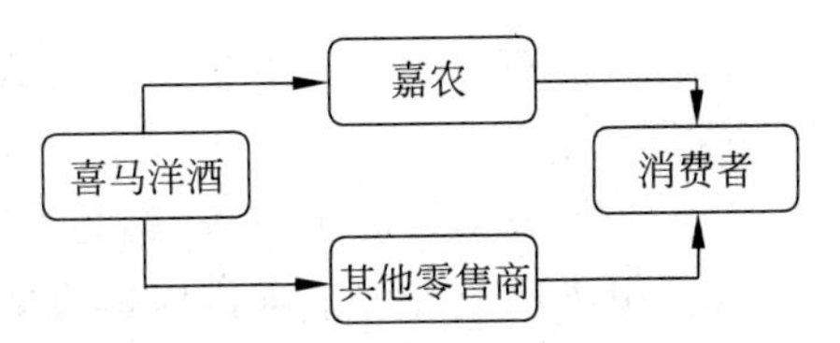

图10-9　喜马洋酒希望采用的新渠道模式

像嘉农这样务实、富有朝气并且蓬勃发展的零售企业绝对是另类。方为信深信，他所推行的模式肯定比现有模式更好。之所以大家不感兴趣是因为没有成功的先例，没有人愿意做第一个吃螃蟹的人。方为信认为嘉农是最适合的候选，无论如何都要争取到嘉农加入自己的直销模式。

杨波提出的条件中，承担一半的物流费用还比较好说，就相当于再给嘉农一部分价格折扣。但是要求30天账期就有困难了。喜马洋酒的控股方曾经规定，任何的客户都要实行款到发货、现金结算，不适用任何账期，否则宁可不要这单生意。事实证明，这项财务制度对喜马洋酒能够健康运营有不小的作用。财务制度能否变更？方为信也无法给出肯定的答复。

灵孚物流的三赢方案

就在方为信为了30天账期而烦恼时，却意外接到了灵孚物流客户经理沈毅的电话。灵孚物流是一家总部在澳大利亚的物流集团公司，刚刚开始在国内开展业务，资金实力雄厚。之前灵孚与方为信接触过，希望喜马洋酒能够把所有的分销物流外包给灵孚物流。尽管灵孚开出的条件很优惠，但当时喜马洋酒的分销和配送都交给来当地经销商，因此双方也似乎没有深入合作的必要。

但现在，方为信打算重新改造喜马洋酒的分销模式，似乎对于第三方物流的需求也就真正摆上了日程。但方为信对于灵孚能否给予帮助其实并没有信心，没想到当他说完他的想法，沈毅就立马提出一套解决方案。

原来灵孚物流在澳洲市场除了向客户提供传统意义上的物流服务外，还提供其他多种增值服务，其中就包括金融业务。根据方为信所描述的情况，沈毅借鉴来公司在国外的方法提出来一套增值服务方案。

由灵孚物流提供贷款，先替嘉农付给喜马洋酒，然后等嘉农的账期完成后再从嘉农那里把贷款收回，这样就能解决喜马洋酒和嘉农争执不下的30天账期问题。当然，灵孚物流将从中收取一定比例的服务费用，比如货款的3%，由喜马洋酒和嘉农共同承担。

沈毅认为这种做法既可以让方为信在不违反公司财务制度的情况下推行直销模式的改革，又可以让嘉农继续享受30天账期的条件。而且与此同时，灵孚物流作为专业的第三方物流企业，拥有自己的运输网络，可以以更有优势的运输成本来负责从武汉喜马洋酒工厂到上海嘉农仓库的物流配送。

听了沈毅的介绍后，方为信心中一喜，这样一来，似乎当前的困难都得到了解决。但他又转念一想，沈毅所描述的金融服务究竟能否实施他还是有所怀疑。毕竟这种做法在中国还没有可依据的先例，而且澳洲和中国的法律情况也有所不同。

更重要的是，方为信对于灵孚物流起到的角色还是非常费解，如果灵孚物流来提供金融贷款，是否意味着喜马洋酒把货先卖给来灵孚物流，然后再由灵孚物流卖给嘉农，这当中会不会产生重复征税？灵孚物流是不是又成了另一个经销商呢？方为信陷入了深思……

分析与思考：

(1) 灵孚物流提供的方案属于物流与供应链金融下的哪种典型融资模式？请简述该模式流程。

(2) 开展该项目对于三方(喜马洋酒、嘉农和灵孚物流)来说有何重大意义？

(3) 灵孚物流开展该项供应链金融业务是否可行？比如你认为灵孚物流需要和银行合作吗？请从多个角度分析该业务的可行性。

(4) 方为信对灵孚物流的担心是否有道理？如果你是沈毅，你将如何与方为信沟通？

本章小结

美国著名管理学家赫伯特·西蒙有一句名言"管理就是决策"。西蒙之所以称"管理就是决策"，正是为了强调决策是管理的核心内容。管理实际上是由一连串的决策组成的，决策贯穿于管理过程的始终，决策质量好坏对于管理各项职能工作的效率和效果都有着不容忽视的影响作用。同样，物流与供应链金融决策分析也是物流与供应链金融管理的中心内容，管理效果的好坏正取决于分析决策工作的水准。因此，本章我们重点对于供应链金融决策分析进行了详细说明。

要做好物流与供应链金融的决策分析，首先要明确其定义，这里我们所研究的供应链金融决策是指物流与供应链主导方为实现其目的而从若干个信贷决策可行方案中选择一个满意方案的，从客户及项目信息收集开始贯穿整个贷款流程的分析判断过程。

明确定义后，我们重点介绍了供应链金融决策分析的关键指标，包括利率、质押率、风险、收益和损失、波动性收益、信息、贷款期限与盯市周期、警戒线与平仓线、保证金等。决策者应根据自身目标以及现实情况对这些内容做出科学的决策。

接下来分别介绍了物流与供应链金融三种重要模式，存货/仓单质押模式、应收账款融资模式以及订单融资模式下的决策要点和主要决策内容。三种模式虽然运作方式不同，但对于物流和供应链金融决策者来说也有许多可以相互借鉴之处。比如在标的及借款企业的选择，业务合约的设计以及业务风险的管控，都贯穿在三种模式的决策之中，尤其是后两种模式都应当将决策的关注点放在借款企业客户上。当然，三种模式也各具不同。存货融资是目前最为普遍的物流金融开展模式，但应收账款融资和订单融资模式下，如果融资标的付款者是供应链核心企业，那么将更有保障，理应更加受到供应链金融开展方的青睐。读者可以在对三种模式的学习中总结规律，更深入地理解物流与供应链金融的决策分析。

关键概念

物流与供应链金融决策行为　利率　质押率　风险　收益和损失　波动性收益　信息　贷款期限与盯市周期　警戒线与平仓线　保证金　区域分类法　CAMELS 评级法　需求满足率　发货准确率　货物完好送达率　货物及时发送率　货物准时到达率　失销比率　破损赔偿率　融资业务管理的三个阶段

思考题

1. 请你谈谈物流与供应链金融决策可以从哪些角度来理解。
2. 质押率的决策需要考虑哪些因素？
3. 请比较夏普比率和索提诺比率的异同。
4. 存货/仓单质押、应收账款融资、订单融资的决策有何共同之处，请谈谈你的看法。
5. 应收账款融的质权实现应注意哪些内容？
6. 订单融资模式下考虑订单的可实现性可以从哪几个方面入手？

参考文献

[1] 黄湘民，陈雪松. 中国物流金融研究、实践现状及进展[J]. 商品储运与养护，2008(10)：26-29.

[2] 张凯，董千里. 物流银行金融服务创新解除中小企业融资障碍[J]. 财经理论与实践，2008，1(151)：39-41.

[3] 夏露，李严锋. 物流金融[M]. 北京：科学出版社，2008.

[4] 李向文，冯茹梅. 物流与供应链金融[M]. 北京：北京大学出版社，2012.

[5] 肖雄伟. 论物流金融的创新[J]. 中国市场，2008(23)：64-66.

[6] 王福清，易静薇，王栋. 金融创新对现代物流业的支撑作用研究[J]. 物流科技，2009(8)：61-63.

[7] 袁开福，高阳. 我国第三方物流企业仓单质押的盈利机理及增值业务分析[J]. 生产力研究，2007(24)：124-126.

[8] 姜小文. 我国物流金融服务创新[J]. 合作经济与科技，2008(18)：62-63.

[9] 李毅学. 物流金融创新——订单融资业务的贷前评估[J]. 统计与决策，2008(24)：168-170.

[10] 张玉言. 物流金融如何创新[J]. 企业研究，2009(7)：75-77.

[11] 徐琪. 供应链物流金融集成化协同服务创新管理[J]. 中国流通经济，2009(8)：29-32.

[12] 胡跃飞，黄少卿. 供应链金融：背景、创新与概念界定[J]. 金融研究，2009(5)：194-206.

[13] 深圳发展银行、中欧国际工商学院"供应链金融"课题组. 供应链金融：新经济下的新金融[M]. 上海：上海远东出版社，2009.

[14] 李向文，冯茹梅. 物流与供应链金融[M]. 北京：北京大学出版社，2012.

[15] 冯耕中，何娟，李毅学，等. 物流金融创新：运作与管理[M]. 北京：科学出版社，2014.

[16] 何娟，冯耕中. 物流金融理论与实务[M]. 北京：清华大学出版社，2014.

[17] 陈四清. 贸易金融[M]. 北京：中信出版社，2014.

[18] 苏宗祥，徐捷. 国际结算[M]. 北京：中国金融出版社，2010.

[19] 周利国，耿勇，高咏玲，等. 物流学[M]. 北京：清华大学出版社，2010.

[20] 陈金亮. 服务供应链企业间的互动与关系持续[M]. 北京：经济科学出版社，2013.

[21] 宋华. 供应链金融[M]. 北京：中国人民大学出版社，2015.

[22] 殷剑峰. 结构金融：一种新的金融范式[J]. 国际金融，2006(10)：56-61.

[23] 汤曙光，任建标. 银行供应链金融：中小企业信贷的理论、模式与实践[M]. 2 版. 北京：中国财政经济出版社，2014.

[24] 文科，朱延平. 供应链成员企业相关利益分配研究[J]. 商业研究，2010(1)：50-51.

[25] 兰天，徐剑. 企业动态联盟利益分配的机制与方法[J]. 东北大学学报(自然科学版)，2008(2)：302.

[26] 马丽娟. 基于 Shapley 值的供应链信息共享收益分配研究[J]. 上海管理科学，2014(2)：77-79.

[27] 孙家庆. 物流风险管理[M]. 大连：东北财经大学出版社，2009.

[28] 李永华. 中国商业银行全面风险管理问题研究[D]. 武汉：武汉大学，2013.

[29] 张云起. 营销风险管理[M]. 2 版. 北京：高等教育出版社，2007.

[30] The Committee of Sponsoring Organization of the Treadway Commission. Enterprise Risk Management：Integrated Framework[R]. 2004.

[31] 张桓. 解读 COSO 新报告《企业风险管理——整体框架》[J]. 天津职业大学学报，2005，14(8)：27-29.

[32] 保罗・霍普金. 风险管理：理解、评估和实施有效的风险管理[M]. 蔡荣右，译，北京：中国铁道出版社，2013.

[33] 郭宝民. 论商业银行全面风险管理体系的构建[J]. 中南财经政法大学学报，2011，186(3)：80-85.

[34] 李明强.通向全面风险管理之路——风险管理理论与实践感悟[M].北京：中国金融出版社,2014.
[35] 杨德勇.现代商业银行组织设计研究[M].北京：中国金融出版社 ,2006.
[36] 苏巍.中国商业银行组织结构改革探析[D].厦门：厦门大学,2008.
[37] 凌轩坤.跨国银行矩阵式组织架构模式分析——以德意志银行和花旗集团为例[J].农村金融研究,2006(4)：54.
[38] 杨德勇.现代商业银行组织设计研究[M].北京：中国金融出版社,2006.
[39] 汤曙光,任建标.银行供应链金融：中小企业信贷的理论、模式与实践[M].北京：中国财政经济出版社,2010.
[40] 薛锦辉.供应链金融驱动银行新变革[J].中国外汇,2015(10)：28-31.
[41] 史建平.中国中小微企业金融服务发展报告(2014)[M].北京：中国金融出版社,2014.
[42] 银监会.将适时启动财务公司金融债发行[EB/OL].[2013-29].http://www.cnstak.com.中国证券网,2013-11-29.
[43] 史佳乐.在线供应链金融呈现四大发展趋势[J].中国银行业,2014(11).
[44] 民生银行启动"2.0事业部改革",银行业监督管理委员会网站[EB/OL].[2014-4-10].http://www.cbrc.gov.cn/index.html.
[45] 马云燕.美国商业银行的组织结构特点[J].经济导刊,2007(1)：43-44.
[46] 周菁.美国花旗银行和荷兰银行组织结构变革模式及启示[J].时代经贸,2008(9)：86.
[47] 交通银行总行课题组.西方商业银行主流架构模式研究[J].新金融,2003(9)：6-8.
[48] 孙飙.中国大型商业银行组织架构再造研究——基于委托代理理论的视角[D].北京：北京交通大学,2012.
[49] 周文强.中国商业银行组织结构改革研究——以民生银行为例[D].广州：暨南大学,2014.
[50] 陈祥峰.供应链金融服务创新论[M].上海：复旦大学出版社,2008.
[51] 卢现祥.新制度经济学[M].2版,湖北：武汉大学出版社,2011.
[52] 孟魁.促进我国物流金融发展的对策研究[J].经济纵横,2013(10)：75-78.
[53] 陈祥峰.供应链金融服务创新论[M].上海：复旦大学出版社,2008.
[54] GOMM M L. Supply Chain Finance：Applying Finance Theory to Supply Chain Management[J]. International Journal of Logistics：Research and Applications,2010,13(2)：133-142.
[55] HOFMANN E. Inventory financing in supply chains：A logistics service provider-approach[J]. International Journal of PhysicalDistribution & Logistics Management,2009,39(9)：716-740.
[56] PFOHL H C,GOMM M. Supply Chain Finance：Optimizing Financial Flows in Supply Chains[J]. Logistics Research,2009,1(3-4)：149-161.
[57] WUTTKE D A,BLOME C,FOERSTL K,et al. Managing the innovation adoption of supply chain finance-empirical evidence from six European case studies [J]. Journal of Business Logistics,2013,34(2)：148-166.
[58] 万联网资讯.阿里巴巴一达通的前世、今生、未来[A].[2015-04-17].http://www.chinawuliu.com.cn/zixun/201504/17/300491.shtml.
[59] 林楚榕.整合碎片需求的商业模式：一达通[A].[2011-03-27].http://blog.sina.com.cn/s/ blog_7a2fd5ef0100qqwd.html.
[60] 龙超,蒋冠.信贷决策、信贷官激励与金融资源配置效率[J].华东经济管理,2008(9)：70-75.
[61] 章宁,韩文英.我国软件及信息服务离岸外包业发展状况及影响因素研究[J].统计研究,2008(4)：56-60.
[62] 牛路辰.汇金公司维护金融稳定的管理架构[J].金融教学与研究,2007(3)：57-58.
[63] 何娟.冯耕中,物流金融理论与实务[M].北京：清华大学出版社,2014.
[64] 滋维,博迪.投资学[M].9版,汪昌云,张永冀,等,译.北京：机械工业出版社,2012.
[65] 张守川,任宇宁,邓庭.商业银行风险偏好设置与传导——基于巴塞尔协议视角的研究[J].国际金融

研究,2012(1):72-78.

[66] C E SHANNON. A Mathematical Theory of Communication[J]. Reprinted with corrections from The Bell System Technical Journal,1948(27):379-423,623-656.

[67] JEREMY C STEIN. Information Production and Capital Allocation: Decentralized vs. Hicrarchical firms[J]. Journal of Finance,2002,57(10).

[68] 菲利普·乔瑞. VaR:风险价值——金融风险管理新标[M]. 张海鱼,译. 北京:中信出版社,2000.

[69] 王东. 中国商业银行竞争力研究[D]. 太原:山西财经大学,2005.

[70] 王娟. 美国信用风险评估体系简介[A]. 金融时报. 2002-09-16.

[71] 李毅学. 物流金融创新——订单融资业务的贷前评估[J]. 统计与决策,2008,24.

[72] NOAH P B,ANTHONY H C. Evaluating Business Risks in the Commercial Lending Decision [J]. Commercial Lending Review,2005,20(3).

[73] COMPTROLLER OF THE CURRENCY,ADMINICTRATOR OF NATIONAL BANKS. Accounts Receivable and Inventory Financing[J]. Controller's Handbook,2000(1).

[74] 朱金玉. 京东供应链金融版图再扩[A]. 中国外汇《金融 & 贸易》. [2014-1]. http://www.chinaforex.com.cn/index.php/cms/item-view-id-34811.shtml.